WITHDRAWN

VALLE INCLÁN

NUEVA VALORACIÓN DE SU OBRA
(Estudios críticos en el cincuentenario de su muerte)

VALLE INCLÁN

NUEVA VALORACIÓN DE SU OBRA
(Estudios críticos en el cincuentenario de su muerte)

Edición a cargo de
CLARA LUISA BARBEITO

PPU
Barcelona, 1988

Primera edición, 1988

No podrá reproducirse total o parcialmente el contenido de esta obra,
sin la autorización escrita de PPU.

© Clara Luisa Barbeito

© PPU
Promociones y Publicaciones Universitarias, S.A.
Marqués de Campo Sagrado, 16
08015 Barcelona

I.S.B.N.: 84-7665-329-8
D. L.: B-35012-88

Imprime: Limpergraf, S.A. Calle del Río, 17. Nave 3. Ripollet (Barcelona)

*A la memoria de mi inolvidable
hermano Vladimir.*

Ramon del Valle-Inclán

INTRODUCCIÓN

Y el poeta ha de esperar siempre en un día lejano donde su verso enigmático sea como diamante de luz para otras almas de cuyos sentimientos y emociones sólo ha sido precursor.

VALLE INCLÁN: *La lámpara maravillosa*

Esta edición de una serie de ensayos críticos inéditos sobre la obra de don Ramón María del Valle Inclán —que ahora sale a la luz— se concibió y se comenzó a organizar en 1984 al recordar que dos años después se cumplirían cincuenta años de la muerte del gran escritor gallego. También al recordar que durante la época del centenario de su nacimiento (1866-1966) se habían publicado numerosos estudios de tipo global e infinidad de artículos que proporcionaron un nuevo impulso a una investigación valorizadora y valorativa de su no bien comprendida obra, especialmente su teatro. Al conmemorarse el cincuentenario de su muerte, ocurrida en 1936, se pudo comprobar que el interés sobre la obra de Valle Inclán jamás había decaído sino que, por el contrario, había ido creciendo de manera ascendente. Se justifica así, por lo tanto, presentar al público interpretaciones de la crítica actual que añaden una nueva dimensión a laobra valleinclanesca. Por eso el interés en ofrecer al público, y especialmente a las nuevas generaciones de estudiosos de los más grandes valores de la literatura española, una colección de ensayos, resultado de las investigaciones de distinguidos valleinclanistas, obedece además de rendirle homenaje de merecido recuerdo al insigne poeta —a un marcado propósito didáctico.

VALLE INCLÁN: NUEVA VALORACIÓN DE SU OBRA (Estudios críticos en el cincuentenario de su muerte) *no es meramente una compilación de artículos, sino una colección de ensayos que se han estructurado expresamente en cinco capítulos que enfocan de manera orgánica aspectos de su vida y de su obra. Estos ensayos han sido escritos por especialistas que se han consagrado seriamente a la interpretación y el análisis de la obra valleinclanesca a través, en gran parte, de los últimos métodos de investigación literaria.*

En este volumen se halla un primer capítulo que se propone guiar al lector dentro del ámbito vital del escritor gallego y en este capítulo se presentan datos biográficos poco conocidos. Un segundo capítulo complementa al primero, al ofrecer varios enfoques vinculados al pensamiento estético de Valle Inclán a través de su poesía, novela, teatro y ensayo estético propiamente dicho. El capítulo central —el más extenso de todos— que corresponde al tercero, presenta análisis de obras dramáticas desde diversas perspectivas. El cuarto trata de la produccióón narrativa valleinclanesca: sus primeros cuentos y las novelas del Ruedo ibérico, *y finalmente, el quinto y último capítulo, ofrece una interpretación de la novela* Tirano Banderas *y su influencia e nla novelística hispanoamericana actual. Al final de este volumen figuran, además, fichas bibliográficas complementarias, entre las cuales se hallan títulos de los estudios más recientes, para cumplir con el interés didáctico propuesto.*

La lectura de una obra de don Ramón María del Valle Inclán es siempre motivo de placer estético. La perfección formal que revela cada una de sus creaciones sólo puede lograrla el genio poético de un gran artista. Y eso era todo Valle. Pero si bien esta belleza formal sería suficiente para estimular extremo deleite en el lector amante del arte de la buena literatura, este mismo lector puede sentirse incitado a descifrar la estructura interna relacionada con esta expresión artística. De esta manera el lector puede entrar en una seria reflexión sobre el sentido del arte literario de Valle Inclán, para verificar que su estética está en recíproca correspondencia con el contenido de cada una de sus obras. En éstas se evidencia que su escritura expresa una honda meditación en torno a la historia de España, la vida occidental y el hombre en general de cualquier latitud.

Desde el inicio de su quehacer literario Valle Inclán parte tanto de los movimientos artísticos, plásticos y literarios europeos de su época, como de las preocupaciones patrias que caracterizaron a la llamada generación del 98. En sus cuentos, novelas, piezas teatrales, poesías y ensayo podemos comprobar estas huellas de los movimientos artísticos y literarios europeos de las dos últimas décadas del siglo XIX. *Entre éstos destacamos el simbolismo con sus implicaciones de reacción en contra del positivismo científico y del progreso materialista que ha caracterizado al mundo occidental contemporáneo. En sus obras también se observa una temática que apunta a preocupaciones y a crítica de índole social e histórica. Pero, además, la obra valleinclanesca muestra una evidente relación con los movimientos que caracterizan las creaciones plásticas de su época. Así se advierte el impresionismo en sus primeros cuentos y en las* Memorias del Marqués de Bradomín, *obra que aparece en fragmentos llamados* Sonatas, *entre 1902 y 1905. El mundo expresionista de las* Comedias bárbaras *(más tarde también en los esperpentos) y el cubismo en* Luces de bohemia *y* Tirano Banderas.

En la trayectoria que en su evolución recorre la obra de nuestro autor se observa que la realidad artística, filosófica, científica, histórica y social del primer tercio del XX *se convierte en originales formas literarias netamente valleinclanescas, exponentes de extraordinarios mundos de ficción. Es axiomático que todo escritor vive inmerso dentro de la estructura social de su época: económica, política y cultural en todas sus manifestaciones con todas sus contingencias, causas y consecuencias. A Valle, artista sumamente intuitivo y consciente, le tocó vivir en una época de profunda y extraordinaria transformación de la sociedad occidental; no sólo política y social sino también técnica y científica. Añadido a esto, vivió además en una circunstancia patria de postración en todos los órdenes. A través de su obra puede observarse que nuestro escritor se halla ubicado dentro de la corriente revisionista —emprendida por un grupo de intelectuales: pintores, literatos y filósofos europeos— de todas las instituciones y los valores que han regido la cultura occidental de los dos últimos milenios.*

Cuando el joven Valle Inclán llega a Madrid estaban en vigor las formas literarias que todavía imperaban: el realismo y el naturalismo. España había llegado, después del desastre del 98 al nadir de la decadencia en la que había entrado esta nación después de una etapa de gloria y esplendor político y cultural, en cuyos dominios «no se ponía el sol». Nuestro autor venía de Galicia donde había adquirido una formación literaria dentro del renacimiento de la cultura y las letras gallegas. Sus dirigentes estaban en contacto directo con los acontecimientos artísticos y culturales del restos de Europa, especialmente de París, centro máximo cultural europeo en aquel entonces. Al llegar a Madrid se encuentra con una constelación de jóvenes intelectuales que andando el tiempo alcanzaría fama internacional. Este grupo iniciaba un movimiento de renovación artística y literaria que los identificaba por aquellos tiempos como modernistas y cuyos miembros más destacados, tales como Unamuno, Baroja, Azorín, Maeztu y Antonio Machado se hallaban absorbidos por una honda preocupación por los destinos de la patria. Como es bien sabido, a este grupo se le denomina con el nombre de «generación del 98». En ella debe ubicarse, sin lugar a dudas, a Valle Inclán desde el principio de su carrera literaria hasta el final. Lo de hijo pródigo acuñado por Salinas, al referirse al momento en que nuestro poeta crea el esperpento, hoy ha dejado de tener significación. Pero, como 98 y modernismo son movimientos que hoy se consideran como perfectamente compatibles y como si fuera cada uno de ellos respectivamente, una de las dos caras de una misma moneda, Valle está entre el 98 y el modernismo; es decir, participa en «los movimientos fin de siglo».

Las cuatro famosas Sonatas *—creaciones novelescas— que Valle agrupa bajo el título de* Memorias del Marqués Bradomín *no son fragmentos inconexos de las peripecias vitales del marqués, creados con el prurito aristocrático de su autor, ni como expresión meramente estética y evasiva del movimiento modernista. La estructura de las* Sonatas *en conjunto está organizada a base de un eje histórico que enfoca el devenir de la nación española en su evolución durante la etapa histórica occidental llamada Moderna, desde 1492 hasta 1898; es decir, desde el Renacimiento hasta fines del* XIX. *Como podrá apreciarse estas obras responden a una preocupación valleinclanesca que conduce a la búsqueda de las esencias e identidad de su patria, a través de la historia y, las tradiciones, que él ofrece con el sentido crítico de sus instituciones, bajo el título de* Memorias del Marqués de Bradomín, *personaje arquetípico de la España moderna.*

Dentro de esta trayectoria Valle Inclán inicia también un teatro que apenas podía ser apreciado en el ambiente español de principios del siglo XX. *Para presentar con éxito una obra teatral de la calidad artística e innovadora que alcanza la creación dramática valleinclanesca era preciso contar con directores y actores de talento y cultura, sensibilidad estética y habilidades histriónicas no comunes. El comercialismo que imperaba en el teatro de la época y la deplorable influencia que esta situación ejercía en actores y directores para la realización de un teatro artístico es ya un tópico bien conocido. Tema que luego fue dramatizado en 1921 por Jacinto Grau en la comedia* El señor de Pigmalión. *Valle Inclán hizo varias declaraciones a la prensa quejándose de este problema, el cual obstaculizaba la floración de la puesta en escena de sus creaciones dramáticas en los escenarios de su época. Por otra parte, su arte dramático era demasiado avanzado para el público español del momento por las razones ya apuntadas. Nuestro autor tenía una poderosa sensibilidad artística y encontró la posibilidad de desarrollar su vocación dramática dentro de las nuevas corrientes que aspiraban a expresar un mundo distinto a través de una forma diferente.*

Nuestro dramaturgo cultivó más géneros teatrales que ningún escritor de su tiempo: comedia, tragedia, farsa, teatro épico, tragicomedia, auto para siluetas, melodrama, etc., y fue el inventor del esperpento. Por otra parte estamos ante el dramaturgo más sensible a la historia de España. En sus obras se ha dramatizado la historia española y europea en estructuras dramáticas sumamente originales. En su teatro puede apreciarse una síntesis de todas las artes: música, pintura, escultura y recursos escénicos como luz, color, etc., que llevan como fin la creación de una unidad artística por medio de la acción y el contenido de la obra. Estos elementos estructurales y otros, tales como los movimientos de ballet, la gesticulación y la mímica, que añaden expresión al lenguaje teatral, al no limitarlo solamente al diálogo, dan forma al teatro de Valle Inclán, *que está regido por la concepción dramática de* teatro total. Si descontamos Cenizas, comedia puesta en escena en 1899, primer *pación por expresar nuevos contenidos en el teatro, toda la producción dramática de Valle Inclán está elaborada dentro del concepto de* teatro total. Cenizas *exhibe todavía una forma dramática finisecular que pronto abandona el dramaturgo por comprender su esterilidad. Valle se lanza a un experimento formal a base de sus nuevas ideas estéticas teatrales con la pieza* El Marqués de Bradomín (1906), *pieza tan poco entendida por la crítica.* El Marqués de Bradomín *es calificada como mera dramatización de la* Sonata de otoño, *tildada simplemente de decadentista, entre otras cosas por creer que el tema del adulterio y otros elementos que sirven de motivo a la acción tienen un sentido gratuito, y su único interés es la puesta en escena de la estética modernista. Se la relaciona en algunos aspectos formales con las* Comedias bárbaras, *obras que comienzan a publicarse en 1907, pero descontando toda conexión con la trilogía y con el resto del teatro valleinclanesco, es decir, como un callejón sin salida en la dramaturgia de nuestro escritor. Sin embargo, en un análisis más a fondo de la obra hemos podido comprobar que esta pieza es el inicio de una trayectoria dramática,* dedicada no solamente a la belleza formal sino también a la creación de un teatro expresivo de contenidos histórico-críticos, *por medio de situaciones, símbolos y metáforas y cambiar a través de mitos y otros recursos literarios. Teatro cuya evolución y trayectoria de creación y renovación constante conduce a nuestro autor a la máxima invención de su genio, el esperpento. En el esperpento Valle expone, la realidad percibida por medio de una nueva forma estética que se hinca en lo groteco como expresión justa del mundo actual.*

Otro aspecto muy importante del teatro de Valle es la concepción que sustenta su creador de que la puesta en escena debe causar un impacto en la emoción del público para crear en éste una experiencia colectiva ante la cual la representación se convierte así en ritual: para Valle Inclán, el verdadero teatro. Concepción ésta que unida a la de teatro total *nos conduce a la postularía que años más tarde tendré Antonin Artaud en su obra* Le théâtre et son double [1] *El verdadero sentido del teatro valleinclanesco no ha sido dilucidado todavía. La crítica está más familiarizada con su obra creada a partir de 1920; en particular, los esperpentos, aunque acaso el verdadero contenido de estas piezas permanece aún sin desentrañar. Evidentemente, la crítica no ha reflexionado lo suficiente sobre este complejo teatro que es el teatro de Valle Inclán. Por otra parte, según el gran estudioso del teatro español, Ruiz Ramón, «la dramaturgia de Valle Inclán constituye en su sentido último y más profundo un auténtico acto revolucionario en la historia del teatro contemporáneo y lleva en si... las semillas de las nuevas vías abiertas al teatro actual. Constituye en su esencia la invención de un teatro».[2] La influencia que la creación dramática de Valle ha ejercido en los dramaturgos españoles, por ejemplo, es patente desde García Lorca —cuya deuda con nuestro dramaturgo es inmensa— hasta muchos de los dramaturgos de nuestros días. (Por supuesto, su influencia no se circunscribe al teatro, ya se sabe que en cuanto a la novela es inmensa también, citemos solamente este a Camilo José Cela como ejemplo en España y a los hispanoame-*

---

1. Obra publicada por Gallimard en Collection Metamorphoses, núm. IV, 1938.
2. Francisco Ruiz Ramón, *Historia del teatro español*, Siglo XX, Alianza, Madrid, 1971, p. 99.

ricanos de hoy). *Valle Inclán comienza en el siglo* XX *con un teatro completamente distinto del vigente, sujeto al comercialismo y a las formas del estilo realista y en otros casos a la repetición de tópicos históricos vacíos de significación, «vacas sagradas» que Valle desprecia por falsas, emprendiendo una labor de desmitificación de dichos tópicos. Este escritor comienza su obra literaria en un ambiente muy poco preparado para entender sus innovaciones de forma y contenido. Valle sería como la voz que clama en el desierto, pero su teatro —y volvemos a citar a Ruiz Ramón— «es como totalidad una de las más extraordinarias aventuras del teatro europeo contemporáneo y, desde luego, el de más absoluta y radical originalidad en el teatro español del siglo* XX. *Desde* La Celestina *y el teatro del Siglo de Oro no había vuelto a darse en España una creación teatral de tan poderosa fuerza ni de tan sustantiva novedad en forma y significado como la dramaturgia de Valle Inclán».*[3] *Cuando en el resto de Europa, dramaturgos, escenógrafos, críticos, directores y actores, luchaban, en condiciones óptimas, por la renovación del arte dramático, Valle Inclán levanta y crea los cimientos de un teatro nuevo para España sin el menor apoyo de nadie, ni siquiera de una crítica inteligente y al día, con escasas excepciones. Debemos aclarar y hacer verdadero énfasis en el hecho de que Valle no es un precursor dentro de este gran esfuerzo, sino el creador de un teatro de extraordinaria envergadura que, sin embargo, permanece sin ser bien conocido, a pesar de los trabajos logrados por varios críticos sagaces y bien orientados en el campo del teatro valleinclanesco.*

Todo aquél que se encare con la obra de Valle Inclán no podrá acercarse a ella con éxito, a menos que se adentre en su concepto del espacio y el tiempo que nada tiene que ver con el de los escritores naturalistas o realistas. En sus obras y en declaraciones a la prensa, Valle fue muy explícito sobre este particular. Ya se sabe que no puede sintetizarse toda la realidad, sólo puede expresarse una interpretación de lo que se percibe. Aquí entra la teoría valleinclanesca de la percepción del mundo a base de la intuición, tal como nos lo explica en su ensayo de estética La lámpara maravillosa: *«Ante la razón que medita se vela en el misterio la suprema comprensión del mundo» (LM 557)*[4]. *A la medita-*

---

3. Francisco Ruiz Ramón, op. cit., pp. 98-99.
4. Valle-Inclán, *La lámpara maravillosa*, en *Obras completas*, 3.ª ed. vol. II (Madrid, Editorial Plenitud, 1953, p. 557. Todas las citas de *La lámpara maravillosa* proceden de esta edición.

*ción opone la contemplación como única vía hacia la intuición, la
cual resulta, según él, el medio más idóneo para la captación del
mundo. A la percepción de la realidad por medio de la intuición
añade la técnica del distanciamiento que permite una comprensión
cíclica del conocimiento cronológico que posee el poeta. Valle define este distanciamiento que rige su estética como su técnica literaria. Con ella organiza y crea sus obras de arte por medio de las
cuales expone con impasibilidad la realidad vista «con ojos de altura» —como si se hallara en una estrella— y reflejada en una
estructura circular. A este concepto místico del tiempo se asocian
los principios de la evocación, del quietismo y la eternidad en contraposición al movimiento y a las implicacionessatánicas de éste:
«Dios es la eterna quietud, y la belleza suprema está en Dios; Sa-
tán es el estéril que borra eternamente sus huellas sobre el camino
del tiempo» (LM 567). De esta manera encara Valle la historia en
su elaboración artística abarcando grandes espacios de tiempo, problema imposible de resolver en una estructura de cronología lineal. A esta técnica enlaza la alusión y la alegoría, elementos con
los que se logra la expresión metafórica de la realidad percibida,
formas que permiten contener en la escueta estructura de una obra
literaria todo el sentido de extensos períodos históricos. En su relato «La media noche: visión estelar de un momento de guerra»[5],
Valle abunda en estos conceptos que ilumina en la introducióón al
mismo, titulada «Breve noticia»:*

Todos los relatos están limitados por la posición geométrica del narrador. Pero aquél que pudiese ser a la vez en
diversos lugares, como los teósofos dicen de algunos faqui-
res... de cierto tendría de la guerra una visión, una emoción
y una concepción en todo distinta de la que puede tener el
mísero testigo, sujeto a las leyes geométricas de la materia
corporal y mortal. Entre uno y otro modo habría la misma
diferencia que media entre la visión del soldado que se bate
sumido en la trinchera y la del general que sigue los acci-
dentes de la batalla encorvado sobre el plano. Esta intuición
taumatúrgica de los parajes y los sucesos, esta comprensión
que parece fuera del espacio y del tiempo, no es sin embargo, ajena a la literatura, espacio y del tiempo, no es sin em-

---

5. Valle-Inclán, en *Obras completas*, 2.ª ed. Vol. II, Madrid, Editorial Plenitud, 1955, pp. 631-632.

bargo, ajena a la literatura, y aun puede asegurarse que es la engendradora de los viejos poemas primitivos, vasos religiosos donde dispersas voces y dispersos relatos se han juntado, al cabo de los siglos, en un relato máximo, cifra de infinitos ojos que cierra el círculo... el círculo, al cerrarse, engendra el centro, y de esta visión cíclica nace el poeta, que vale tanto como decir el Adivino (O. C., 631-632).

Toda obra literaria de cualquier tiempo requiere la colaboración del lector, pero en la escritura de Valle Inclán ésta es premisa indispensable para un acercamiento lógico y sensible de lo que su estética significa y a la vez para disfrutar con mayor goce sus creaciones que se caracterizan por ser densas y complejas, compuestas a base de varios niveles estructurales con los que se expresan distintos significados. Su forma es protéica y caleidoscópica comparable al diamante en la variedad de brillantes y de irisadas facetas.

Valle Inclán viajó por la América hispana en más de una ocasión, México, Cuba y varios países de la América del Sur, especialmente Argentina cuyos intelectuales más avanzados tanto supieron apreciar a nuestro escritor. Sus conferencias sobre literatura, arte y estética, no cayeron en el vacío. Su influencia en estos países es muy importante. Es raro que haya sido escasamente explorada, la novela Tirano Banderas *ha gozado un poco más del interés de la crítica en este renglón a causa de que su trama se desarrolla en un ambiente americano y, también por su temática sobre las dictaduras. Sería de gran valor didáctico, inestimable para los que se interesan en el conocimiento de la literatura hispanoamericana del xx, un estudio que estableciera claramente el magisterio ejercido por Valle Inclán en la creación artística de nuestros escritores latinoamericanos, con los que, por otra parte, no es tan difícil de identificarse.*

Valle crea sus mundos de ficción dentro de la tradición artística y literaria española y europea. En su obra se destaca el uso de la ironía, la parodia, y la estética de lo grotesco y por medio de esta técnica nos presenta una visión analítica y desmitificadora de la historia y de la condición humana. Nuestro autor observa una sociedad cada vez más mecanizada, donde los aspectos más nobles de la naturaleza humana se han ido obliterando. A lo largo de toda su obra aparecen la animalización y la cosificación del ser humano como expresión metafórica del nivel retrógrado en el que se ha sumido moralmente el hombre del siglo xx. La tecnología y la ciencia

*de nuestro mundo contemporáneo pueden enorgullecer a la criatura
humana por su inteligencia y poder creativo pero esto no va paralelo con su sentido moral de la vida, al contrario, su tecnología
y su ciencia tienen un poder destructor jamás soñado. En la obra
valleinclanesca se percibe la honda preocupación que siente su
autor por los destinos de la humanidad y a veces se declara con
pesimismo sobre la poca capacidad humana para actuar razonable-
mente. En 1924 se expresó de esta manera:*

> «Creo cada día con mayor fuerza que el hombre no se
> gobierna por sus ideas ni por su cultura. Imagino un fata-
> lismo del medio, de la herencia y de las taras fisiológicas,
> siendo la conducta totalmente desprendida de los pensamien-
> tos motrices, consecuencia de las fatalidades del medio, he-
> rencia y salud. Sólo el orgullo del hombre le hace suponer
> que es un animal pensante» [6].

*Valle vio como se empeñecia el hombre en general y lo observa
también actuando en dos grandes categorías: como animal y como
cosa. El poder convierte al hombre en un ser brutal, animalizado,
que manipula todo. A través del lenguaje y de muchos otros medios,
como los de comunicación, por ejemplo el hombre queda transformado en mera cosa. El títere, el pelele, y otras formas similares que
abundan en la obra de Valle Inclán son expresiones metafóricas exponentes de esta cosificación de lo humano.*

*Los variados enfoques que los estudiosos proporcionan al lec-
tor de la obra valleinclanesca en este volumen, tienen por objeto
acompañarlo en el peregrinaje que emprende en el camino dl cono-
ciminto del arte literario de Valle Inclán. Asimismo el libro puede
ser útil para aquellos que hayamos recorrido parte de este interminable y placentero camino que es el estudio y la interpretación
de la extraordinaria creación del insigne escritor.*

*Para terminar esta introducción deseo dejar constancia de mi
profundo agradecimiento a todos los autores que de manera tan
gentil y entusiasta han colaborado con sus estudios, especialmente
escritos en honor de Valle Inclán, para que este homenaje a su
recuerdo se convirtiera en realidad. Deseo también agradecerle en-*

---

6. Valle-Inclán, citado por Rivas Cherif, *Las comedias bárbaras de Valle-Inclán*
en José Esteban: *Valle-Inclán visto por...*, Ed. Madrid: Editorial Magisterio Español, 1968, p. 102.

carecidamente su interés a la infatigable, entusiasta y querida amiga, la Dra. Ángeles Cardona por el aliento y apoyo que me ofreció en esta empresa tan cara a mi corazón. A ella y a la Dra. Celsa Carmen García-Valdés les estaré siempre reconocida por la inestimable ayuda que me dieron en la revisión final de este trabajo.

Gracias también a la ayuda financiera otorgada por la Escuela de Humanidades y Ciencias Sociales de Montclair State College pude disponer de suficiente sosiego durante el verano de 1985 para trabajar en la investigación necesaria para la preparación de este volumen.

Por último, doy mis más sinceras gracias a Promociones y Publicaciones Universitarias, S. A., de Barcelona (España), por la cálida acogida que dispensaron a este proyecto, cuyo interés ha hecho posible la publicación de VALLE INCLÁN: NUEVA VALORACIÓN DE SU OBRA (Estudios críticos en el cincuentenario de su muerte).

CLARA LUISA BARBEITO
Montclair State College

I

ASPECTOS BIOGRÁFICOS Y VIVENCIAS DEL AUTOR

HOMBRE, MÁSCARA, ARTISTA: SÍNTESIS VITAL
DE VALLE INCLÁN

Acaso ocurriera algo fuera de lo común por los cielos de **Villanueva de Arosa** ese 28 de octubre de 1866 en indicio del nacimiento de un niño que llegaría a ser famosísimo como individuo estrafalario y como estilista brillante de las letras. Pero si tal ocurrencia tuvo lugar, no ha sido inscrita en los anales del pueblo gallego ni ha sido preservada en la tradición familiar. Sin embargo, el que nació ese día llegó a creer que ciertas circunstancias alrededor de su fecha natal eran augurios de su vida y creó una ficción sobre ellas con el fin de darle el exotismo y distinción que, según él, merecía su nacimiento. Solía contar, por lo tanto, que había nacido durante un temporal mientras su madre cruzaba la Ría de Arosa en un velero. Años después de esta anécdota, daba otra versión de esa noche en el poema «Rosa de pecado», de *El pasajero:*

> ¡La noche de Octubre! Dicen que de Luna
> Con un viento recio y saltos de mar:
> Bajo sus estrellas se alzó mi fortuna,
> Mar y vientos recios me vieron llegar.

El niño que nació bajo el signo de Escorpión y fue bautizado al día siguiente con los nombres Ramón José Simón Valle y Peña era el heredero de una familia con títulos de nobleza en su pasado, pero llegada a una situación reducida en su presente. Si él no llegaría ni a restaurar sus títulos de nobleza ni a reestablecer su posición financiera, sí lograría darle a la familia una fama duradera, pues su nombre se destacaría en la historia de la literatura hispánica. Ese niño se transformó en Ramón del Valle Inclán —dramaturgo, novelista, poeta y esteticista—, uno de los grandes escritores de las letras en castellano y miembro de esa distinguida e influyente agrupación de individuos denominada «La Generación de 1898».

La necesidad de erigir una biografía extraordinaria sobre los lugares comunes de su existencia era típica de toda la vida de Valle Inclán —vidas, mejor dicho, ya que vivió en tres dimensiones paralelas como Hombre, Máscara y Artista. La vida del Hombre es su realidad física;

la vida de la Máscara es su realidad social; la vida del Artista es su realidad estética.

Hombre, Máscara, Artista —ninguna de las tres dimensiones sola puede identificar a Valle Inclán, pues es ese nombre una síntesis de ellas, una personificación del ideal y una entidad que supera a sus partes. Tan importante es esta integración de las tres dimensiones, que los momentos cumbres de la vida de Valle Inclán se ven fluir inexorablemente hacia esa síntesis.

La muerte de su padre en 1890 actuó como el primer catalizador en la vida del que sería Ramón del Valle Inclán. Desaparecida la influencia que le había llevado al estudio del Derecho, el joven se vio libre de sus obligaciones académicas y, sin terminar sus estudios en la Universidad de Santiago de Compostela, se encaminó en busca de una vida más adecuada a sus intereses.

Ya reconocía Valle la atracción de la carrera literaria, pero también sentía el magnetismo de la aventura. Para satisfacer las dos fuerzas, partió de su tierra natal y entró por primera vez en la capital española; prefería combatir en el campo castellano que lograr una victoria fácil en su propia provincia, donde las amistades de su padre le podrían abrir muchas puertas. Madrid le ofrecía otras oportunidades y Valle escogió la del periodismo, publicando seis artículos y dos cuentos en *El Globo* entre 1891 y 1892.

A pesar de estos primeros éxitos periodísticos, Valle no estaba satisfecho. Y así, no viendo campo abierto en España para la aventura que tanto ansiaba, se decidió a viajar en busca de ella. Mostraba ya una inquietud que sería típica.

Desembarcó en Veracruz el 8 de abril de 1892 y pasó dentro de poco a la capital mexicana, donde obtuvo empleo en los periódicos *El Correo Español* y *El Universal.* Entre abril y agosto del mismo año llegó a publicar veintinueve escritos, incluso un poema. Ya emergía con vitalidad el escritor, demostrando en estas tempranas obras mexicanas muchos de los aspectos estilísticos que más adelante definirían su maestría. En las obras publicadas en México se destacan: el llevar a su ficción rasgos autobiográficos e históricos, el uso marcado de la adjetivación doble y triple, temas y tramas menos derivativos, preferencia por cierta terminología arcaica y obscura, economía en el uso de frases preciosas, relación inusual de palabras e ideas, y una fuerte tendencia al esteticismo. Ya también firmaba sus trabajos en forma definitiva: Valle Inclán.

Valle-Inclán cultivó su imagen pública tanto como su obra literaria. Con acentos deliberados creó una figura seria y madura. Las caricaturas y los dibujos que le hicieron en esa época muestran un hombre de bigotes, peinado hacia atrás, elegantemente vestido, y con gafas *pincenez*. Tal figura impecable y correcta desmiente la imagen de un Valle Inclán zarrapastroso y excéntrico creada por algunos escritores que desconocen la iconografía de esa época.

Pero mientras su apariencia era conservadora, hasta distinguida, su personalidad empezaba a mostrar cierta inclinación hiperbólica. Le intrigó el uso de la marihuana entre los indios mexicanos y la probó en varios ocasiones, llegando a un hábito que gustó en varias épocas, como admite en *La pipa de kif*. La inclinación a la aventura también le puso a punto de participar en un duelo con el director de un periódico mejicano por creerse aludido en una carta anónima contra los españoles que dicho señor había publicado. Después, hay muchas anécdotas sobre sus ficticias intervenciones en campañas políticas y militares, fantasías que años más tarde narraría en sus tertulias madrileñas como autobiográficas; hasta llegó a presentarse frente a las autoridades de Madrid con el título de Coronel-General de los Ejércitos de Tierra Caliente. Fue en México donde nació el aspecto ficticio de su vida —la Máscara—, igual que el núcleo de cuentos, una de las *Sonatas*, y la tremenda novela de Tierra Caliente, *Tirano Banderas*.

Ya a principios de 1893 Valle Inclán estaba dispuesto a volver a Europa. De ese año hasta 1896 reside principalmente en Galicia, sea en Pontevedra, Villanueva de Arosa o Puebla del Caramiñal, en un proceso de transición en el cual trató Valle Inclán de definir su identidad personal, social y estética.

El proceso tuvo su aspecto intelectual. Las lecturas desordenadas de su juventud en la biblioteca de su padre fueron complementadas con investigaciones particulares en las vastas colecciones de Jesús Muruáis y de Torcuato Ulloa, escritor éste muy conocido en la provincia. Las bibliotecas de estos amigos le ofrecían periódicos y revistas europeas muy variados y, especialmente, obras de los mejores escritores franceses e italianos desde el medioevo hasta el momento, trabajos griegos, latinos y orientales en traducción, y libros eróticos, místicos y filosóficos. La amistad de estos hombres cultos y e lacceso a sus bibliotecas fue un factor importantísimo en la evolución de Valle Inclán.

La transición se marcó además en su aspecto físico. El hombre correcto y bien vestido se convirtió en un bohemio al estilo de los escritores románticos y parnasianos franceses que empezaba a leer ávidamente. Anduvo por las calles de Pontevedra con su nueva indumentaria: barba larga («luenga», como solía decir), melena, espejuelos de carey, poncho mexicano y ancho sombrero negro. Así empezó a crear la máscara que, una vez adoptada, seguiría portando toda su vida.

Su posición estética empezó a conformarse también en estos años, como se nota en su primer libro. *Femeninas, seis historias amorosas*, publicado en Pontevedra en 1895, contiene versiones pulidas de cuentos que ya habían visto la luz en los periódicos de Madrid y México. Sin embargo, la obra era el primer intento de definir su estilo y edificar una base íntegra para su obra futura. De ahí en adelante, sus escritos se dirigen a esa importante misión estética.

En el invierno de 1896 Valle Inclán se trasladó a Madrid. Llevaba sus credenciales de periodista y su primer libro. También llevaba la seguridad de un puesto político conseguido por amigos gallegos. Valle Inclán vio su futuro seguro y lleno de promesas. Pero todo era una ilusión. Por razones desconocidas no llegó a tomar posesión de su cargo. Se cree que rehusó el puesto cuando supo que requería su traslado a León, pero más verosímil parece la suposición de que se le negó por su apariencia bohemia y actitud radical. De cualquier modo, la posibilidad de estabilidad económica desapareció tan pronto como había llegado; el autor se encontró encaminado hacia la vida incierta del artista pobre. Tras esta experiencia Valle Inclán renunció a la mediocridad del orden social y se dedicó a vivir exclusivamente por y para la creación artística. Es una decisión que nunca revocó.

Pero aunque esta posición moral iba a producir grandes galardones estéticos que ennoblecen la obra del artista, no ayudó en nada a la situación física del hombre. Durante estos años Valle Inclán sufrió su arte viviendo en cuartos pobres, ayunando diariamente por falta de dinero, pasándose largas horas en cama cuando le fallaba la energía o cuando se enfermaba (lo que ocurría con frecuencia), pidiendo prestados pluma, tintero y papel con que escribir entre tormentos su prosa exquisita. A todo se adaptó y, superando lo negativo de su vida, hizo de ella un mundo donde el ayuno y la privación eran los senderos «para llegar a la exaltación y la perfección mental y moral». Echó a un lado su difícil realidad y la reemplazó con el misterio y la fantasía; escapó a un mundo de belleza superior. Su camino hacia la perfección lo detallaría en *La lámpara maravillosa*.

El planteo, sin embargo, no incluía rechazar todo lo de la sociedad en que vivía. Existir en dos mundos a la vez ha sido siempre el destino del que busca la perfección, y Valle Inclán reconoció la necesidad de participar en lo cotidiano. Lo que jamás hizo fue rebajarse a lo cursi. Encontraba sus diversiones en largas caminatas por las calles históricas de Madrid y por pueblos castellanos y gallegos, en las reuniones diarias de los cafés y salones donde existía una atmósfera intelectual que le placía, en las visitas a museos de arte, en amistades... Soñaba con el ambiente histórico y místico que creaban las calles de Santiago de Compostela y Toledo, ciudades que le sirvieron como piedra de toque para el pasado, según dice en *La lámpara maravillosa*.

En sus primeros años de bohemia madrileña era típico de Valle Inclán pasearse con sus amigos por la Plaza de Oriente y parar delante de alguna de las estatuas para recitar, con arranque histriónico, trozos melodramáticos de *Los amantes de Teruel* o del romancero, o narrar vívidas anécdotas históricas asociadas con los seres que habían inspirado a los escultores. También en tertulias celebradas en salones y cafés de la capital se destacaba el talento juglaresco de Valle Inclán.

Ya por 1897 se había establecido la notoriedad de Valle Inclán como una de las máscaras principales de Madrid. Anécdotas de sus hechos audaces —verídicos o imaginarios— corrían de boca en boca para ser recogidas en periódicos y revistas no sólo de la capital sino de provincias. El carácter dramático de Valle Inclán fascinaba tanto a sus coetáneos que llegó a ser la base de personajes estrafalarios para Pío Baroja (Juan Pérez del Corral en *Aventuras, inventos y mixtificaciones de Silvestre Paradox*) y Ramón Pérez de Ayala (Alberto del Monte-Valdés en *Troteras y danzaderas*); Rubén Darío, Antonio Machado y Francisco Villaespesa, entre otros, escribieron poesías sobre sus obras y su persona. Pintores españoles, muchos de ellos ya eminentes o que pronto lo serían, lo usaron como modelo para sus óleos, grabados o caricaturas, los cuales representan una vasta iconografía.

El carácter enigmático de Valle Inclán fascinaba mucho más que sus libros; no se vendían ni *Femeninas* ni su segundo, *Epitalamio*, y él seguía en malas condiciones financieras. Pero la verdadera fama contemporánea de Valle Inclán no estaba ni en su bohemia ni en sus escasas obras literarias sino en su conversación. Él era un juglar contemporáneo. Se ha dicho que la pérdida de sus conversaciones (monólogos, en realidad) representa lo mismo que si se hubiera perdido todo lo que publicó. Solo le faltó un Boswell para captar su genio vocal.

En el salón y en el café era donde se destacaba este talento. Luis Ruiz Contreras, escritor y editor, prestaba su estudio-biblioteca para una tertulia que se celebraba todos los miércoles a partir de 1896; en ella brillaba la voz de Valle Inclán junto a los comentarios de Joaquín Dicenta, Jacinto Benavente, José Martínez Ruiz, Ramiro de Maeztu, Rubén Darío, Pío Baroja y Miguel de Unamuno, entre otros. También se reunían en casa de los Baroja. Pero fue en el Café de Madrid donde se celebraron las tertulias más importantes, juntándose allí los ya nombrados y numerosos otros novelistas, poetas, pintores, dramaturgos, periodistas y bohemios de toda índole. Entre ellos se destacaban también Gregorio Martínez Sierra y los hermanos Solana.

Valle Inclán y Benavente formaban el centro de las tertulias que se celebraban en el Café de Madrid. Pero no sólo su gran individualismo sino el de todos los participantes impedía que la masa fuera homogénea y pronto hubo un aislamiento. Benavente llevó su grupo a La Cervecería Inglesa y Valle Inclán se marchó a la Horchatería de Candelas, mientras otra facción, formada por Pío Baroja, Ramiro de Maeztu y el futuro «Azorín» («Los Tres») se quedó en el Café de Madrid. Sin embargo, las tertulias no eran exclusivas; sus miembros fluctuaban entre una y otra, o intercambiaban noticias por medio de «mensajeros». Así cada tertulia se dedicaba a lo que preferían sus partidarios sin perder la visión de conjunto; así cada «cacique» establecía su comarca estética a la vez que mantenía sus contactos externos. Valle Inclán florecía en su papel de líder de los esteticistas; algunos los asociaban con el modernismo de Rubén Darío, quien frecuentaba la tertulia en sus visitas a la capital española.

Ya Madrid había visto a Valle Inclán pasearse por las calles y en un momento mágico cambiarlas en escenario para sus manifestaciones instantáneas; ya su indumentaria bohemia lo había señalado como actor peripatético; ya café y salón conocían su voz ceceante y sus ademanes dramáticos. No sorprendió entonces ver al juglar intentar subir al verdadero tablado teatral para representar algo superior. La oportunidad se la ofreció su amigo Benavente, que preparaba el estreno de *La comida de las fieras*, en la cual figura el papel de Teófilo Everit, destinado a Valle Inclán, ya que él había sido modelo para el personaje. Nada más normal y bienaventurado que su actuación en ese papel. Hizo su debut como actor en Madrid la noche del 7 de noviembre de 1898 en el Teatro de la Comedia. La obra recibió aplausos y uno de los críticos elogió «el aplomo y la discreción del debutante». Pero tan menudo reconocimiento no era suficiente para el que buscaba en el teatro más la satisfacción personal que la remuneración económica. Creyéndose inepto para el papel, ya que la crítica no había dado importancia a su debut, Valle Inclán renunció a su cargo. Los ruegos de Benavente no le hicieron cambiar de plan, aunque se resignó a continuar en el escenario hasta que se encontrara otro actor capaz de dar vida a Teófilo Everit. Después de tres representaciones Valle Inclán cerró las puertas de su primera aventura en un escenario profesional. Pero no llevó consigo sólo la amargura de no haber sido reconocido; algo positivo le había ocurrido: conoció a la joven actriz que interpretó el papel de Anita en la obra de Benavente. Años más tarde Josefina Blanco Tejerina sería su esposa.

Deshechas de momento sus aspiraciones de actor, Valle Inclán volvió a las mesas de café. Pasó meses en su exilio voluntario del teatro sin que la pasión del actor disminuyera. Ya no le eran suficientes los escenarios menores y esperaba la nueva oportunidad. Ésta se presentó a principios de 1899 con los ensayos de *Los reyes en el destierro*, adaptación de la novela de Alphonse Daudet realizada por Alejandro Sawa.

Su interés en el teatro le llevó a aceptar el cargo de director artístico en un grupo formado por Benavente para dar a conocer obras del repertorio clásico y moderno. Este «Teatro Artístico» presentó primero *La fierecilla domada*, traducción de la obra de Shakespeare realizada por Manuel Matoses, y el 7 de diciembre de 1899 en el Teatro Lara se estrenó *Cenizas*, la primera obra dramática de Valle Inclán; la misma se publicó en edición que el dramaturgo dedicó «A Jacinto Benavente, en prenda de amistad». Este drama es el clímax de la primera etapa teatral (1898-1899) de Valle Inclán. Pero su estreno y publicación tienen un segundo significado, todavía mayor, pues surgen de un incidente que alteró la vida del hombre, la concepción de la máscara y hasta se reflejó en la obra del artista.

En julio de 1899 Valle Inclán frecuentaba el Café de la Montaña. En una ocasión el tópico de conversación era un duelo pendiente. Valle Inclán y Manuel Bueno discutían la legalidad del duelo. A pesar de su amistad, el argumento se calentó y el bastón de Bueno dio en uno de los gemelos de su adversario, clavándoselo en la muñeca. Al concluir el conflicto por intervención de los presentes, Valle Inclán no prestó atención a la herida; unos días después la hinchazón del brazo izquierdo estaba tan avanzada que se le tuvo que amputar. A pesar de las anécdotas que señalan lo contrario, el manco reaccionó de una manera muy humana, sintiendo toda la angustia, el dolor y el miedo que puede provocar un traumatismo de tal orden. Llegó a llorar por su brazo perdido. Pero aunque no faltaron momentos en los que hasta quiso matar a Bueno, se reconcilió con éste y la amistad interrumpida se reanudó. Tal era su generosidad.

Con el fin de comprarle un brazo ortopédico a Valle Inclán, Benavente estrenó su obra *Cenizas*. La función única alcanzó el fin deseado y el manco pudo obtener un brazo postizo. Durante los meses siguientes el aparato mecánico le sirvió de puente entre el ajuste psicológico y la resignación estoica. Sin embargo, Valle Inclán pronto se cansó del juego y abandonó el brazo postizo, pensando en lo bien que le iba a su personalidad altiva el ser manco; por el accidente se acercaba más al autor de *Don Quijote* a quien, según diría el ya manco Bradomín en *Sonata de invierno*, envidiaba más su carrera militar que su genio artístico. Desde entonces Valle Inclán se veía, y haría que otros le vieran, como el segundo gran manco de las letras españolas.

Es verdad que tuvo que abandonar su idea de ser actor pero su nueva condición le pagó el sacrificio con más notoriedad pública. Las anécdotas se multiplicaron y llegaron a ser tantas las versiones absurdas de cómo perdió su brazo que Ramón Gómez de la Serna hizo una colección de las principales. Valle Inclán, mientras tanto, no negaba nada ni trataba de corregir lo que producían los periodistas; aceptaba todo como la veneración de un público hambriento de héroes. Así fue creando su ser mítico.

Con la manquedad a cuestas, Valle Inclán se vio frente a una decisión de suma importancia. Hasta entonces su actividad literaria había sido esporádica y temperamental. En ese momento traumático vio cercenada como su brazo la ambición de destacarse como actor y optó definitivamente por lo que antes había desdeñado: ser escritor. Así se cerró su brevísima primera etapa de actividad en el teatro.

Pero nunca abandonó la idea de la aventura. En 1901, siguiendo el ejemplo de Balzac y Bécquer, Valle Inclán montó una expedición en busca de tesoros. A caballo, con armas y acompañado por Ricardo Baroja, partió como Don Quijote por rutas manchegas, pero en busca de ricas minas. Y una noche de enero, mientras andaba solo, se hirió accidentalmente en un pie. Con la ayuda del distinguido político Segismundo Moret, quien lo encontró en una estación de ferrocarril, logró volver a su domicilio en Madrid; allí tuvo que pasar tres meses en cama recuperándose de la desventura. Se olvidó, naturalmente, de las riquezas que le habían atraído pero, en una de las muchas ironías de su vida, encontró otras mayores: su recuperación le dio el tiempo para traducir varias novelas, lo que le proporcionó buena remuneración y, lo que es más importante, le permitió empezar a escribir las que serían sus obras más famosas, las cuatro novelas que constituyen las *Memorias del Marqués de Bradomín*, mejor conocidas como las *Sonatas*.

Manco como Cervantes, cojo como Lord Byron, Valle Inclán solía decir a sus visitantes que el único requisito de grandeza que le faltaba era ser ciego como Homero. Aunque nunca le tocaría esta desgracia, su preocupación con la ceguera es muy evidente en obras escritas después de esta época: *Luces de bohemia* y *Voces de gesta*, por ejemplo, tienen protagonistas ciegos y en varios de sus cuentos se destacan pordioseros ciegos.

La mejora relativa en la condición económica le hizo posible mudarse en 1903 al Hotel Pastor, donde su habitación era más cómoda aunque no menos humilde. De ahí salía todas las tardes para su tertulia en el Nuevo Café de Levante, la que duraría hasta principios de la primera guerra mundial. En la tertulia se reunían primero escritores de todo tipo, incluso los que «Azorín» bautizó «La Generación de 1898»; más adelante, la tertulia atraía principalmente a pintores, escultores y caricaturistas que buscaban en la estética de Valle Inclán el guión de los nuevos movimientos del arte moderno. De esa tertulia salieron grandes figuras del arte internacional, entrenadas en la estética de Valle Inclán. Entre los que escuchaban las enseñanzas del maestro estaban Pablo Ruiz Picasso, Gutiérrez Solana, Ignacio Zuloaga, el mexicano Diego Rivera y el francés Matisse. Como decía Valle Inclán: «El Café de Levante ha tenido más influencia en el Arte y la Literatura contemporáneas que un par de Universidades y de Academias».

Su desarrollo incluyó también la negación de ciertos valores que consideraba hipocríticos, artificiosos y falsos. Para Valle Inclán, el autor que representaba la más baja prostitución del arte a un fin ajeno era el venerable José Echegaray. Y por eso, cuando el Académico recibió el Premio Nobel de Literatura en 1904, Valle Inclán declaró públicamente su oposición. Además unió su nombre al de «Azorín» y otros de su generación en un acta protestando por el homenaje nacional a Echegaray, que se celebró en 1905. Para Valle Inclán el arte era supremo, pues representaba el camino hacia la perfección, y el que lo usaba mal merecía el castigo infernal y la ira de todo amante de la belleza.

En 1903 comenzó la segunda etapa del Valle Inclán dramaturgo. Señala su comienzo la publicación de *Tragedia de ensueño* bajo el embozo de cuento, y continúa humildemente en 1905 con la aparición de *Comedia de ensueño*, otra obrita dialogada del mismo género. Pero éstas fueron tan sólo tentativas que mostraban que el autor no había abandonado totalmente el concepto dramático de composición. Su retorno oficial al teatro como dramaturgo fue con *El Marqués de Bradomín* (1906), la primera de sus obras que se puso en escena en esta época. A través de ella se consolida la figura de Bradomín nacida en las *Sonatas* y se añaden elementos y caracteres aparecidos ya en *Flor de santidad*. Este proceso de consolidación indica ampliamente el giro dado por Valle Inclán con respecto a su productividad literaria; lo que había comenzado en varios cuentos y encontrado plenitud en cuatro novelas, finalmente se tornó en drama.

En el *Marqués de Bradomín* se había hecho evidente la teatralidad del personaje don Juan Manuel Montenegro. Pronto Valle Inclán se dedicó a crear igualmente un vehículo adaptable para el patriarca que se había convertido en grandioso a pesar de sus papeles menores. El resultado fue la trilogía de obras tituladas *Comedias bárbaras: Cara de Plata, Aguila de blasón* y *Romance de lobos;* la primera de éstas, aunque pertenece a su última época de dramaturgia, inicia la acción de la serie.

Ya más confiado y maduro como dramaturgo después de las primeras *Comedias bárbaras*, Valle Inclán restauró *Cenizas* con cambios estilísticos y estructurales hacia su nueva edición con el título de *El yermo de las almas. Episodios de la vida íntima* (1908). Pero ésta no llegó a ser representada y tuvo Valle Inclán que esperar hasta 1910 para ver en escena alguna de sus obras; en marzo de ese año se montaron *La cabeza del dragón,* bajo los auspicios del «Teatro de los Niños» de Benavente, y *Cuento de abril* bajo otra administración.

Poco después de estos acontecimientos, la esposa de Valle Inclán, que acababa de regresar al teatro después del nacimiento de su primer hijo, realizó una tournée con la compañía de Francisco García Ortega durante la temporada teatral de 1909-1910. Valle Inclán se unió a ella en la primavera y formó parte del elenco como director artístico. Poco después, los actores se embarcaron para la Argentina para participar en los festejos del Centenario, y llegaron a Buenos Aires el 22 de abril de 1910. Allí Valle Inclán dirigió la presentación de *Cuento de abril,* dio conferencias bajo un contrato con el Conservatorio Labardén y asistió a un homenaje que el Centro Gallego, el periódico *Nosotros* y el Círculo Tradicionalista dieron en su honor.

Habiendo pasado unos disgustos artísticos con García Ortega, Valle Inclán y su esposa se unieron al elenco de María Guerrero y Fernando Díaz de Mendoza, que también había ido a Buenos Aires. Con esa compañía viajaron a Chile, Paraguay y Bolivia. El circuito duró hasta noviembre. Fue entonces cuando llegó a su fin el primero y último viaje que Valle Inclán hizo a Sudamérica. Cuando la compañía regresó a España, él y su esposa permanecieron con ella en una gira que los llevó a Valencia, Barcelona, Zaragoza, Pamplona, San Sebastián y Bilbao.

En el descanso que buscó Valle Inclán después de la larga gira, se internó en Raparacea. Allí, Valle Inclán trabajó en dos obras nuevas: *Voces de gesta* y *La Marquesa Rosalinda*. La primera se publicó al principio del año siguiente con un prefacio poético titulado «Balada Laudatoria que envía al Autor el Alto Poeta Rubén». El poema demostró nuevamente la estima en que Rubén Darío tenía a su amigo; era el tercer trabajo de esa clase que había escrito en honor de la facultad creadora de Valle Inclán.

El año 1912 fue testigo del estreno de *Voces de gesta.* La tragedia carlista se representó en varias ciudades españolas antes del debut madrileño el 26 de mayo en el Teatro de la Princesa. La aclamación del público que acogió la obra en la noche del estreno incluyó el aplauso del monarca reinante, Alfonso XIII. También se había estrenado en marzo *La Marquesa Rosalinda*.

A pesar de estos éxitos, Valle Inclán no quedó satisfecho. Tal como había ocurrido con la compañía de García Ortega, las diferencias de opinión sobre la interpretación de sus obras llevaron a Valle Inclán a separarse de la compañía de Guerrero-Díaz Mendoza. En esta ocasión, la separación tuvo repercusiones económicas y artísticas. Valle Inclán se vio obligado a dejar la costosa vida de la capital y ese otoño de 1912 su familia se radicó de nuevo Galicia. El efecto artístico fue más severo aún. Con la terminación de relaciones artísticas se dio fin al plan de estrenar *El Embrujado*, su nueva obra.

Tal situación afectó la sensibilidad del dramaturgo y ocasionó un nuevo alejamiento del teatro. Su reacción fue tan pronunciada que Valle Inclán se apartó no sólo de los escenarios sino también de la composición dramática. Aunque a la larga reasumiría su papel de dramaturgo, no publicaría una nueva obra hasta 1920. La segunda etapa de su actividad en el teatro llegó así a un final abrupto y amargo. Entonces se dedicó a formalizar su estética, publicando *La lámpara maravillosa* y *La media noche;* también volvió a la poesía con *La pipa de Kif*, su segundo poemario, y *El pasajero*, el último.

La evasión de su ser como *hombre de teatro* duró hasta 1920 cuando, de repente, publicó cuatro obras dramáticas de gran variedad temática: *Farsa italiana de la enamorada del rey, Luces de bohemia, Farsa y licencia de la reina castiza* y *Divinas palabras*. El año siguiente dio a luz a *Los cuernos de don Friolera*. Su tercera y última etapa empezó de esta manera propicia. Apareciendo tan intempestivamente como lo hicieron estas obras dramáticas, la implicación es que Valle Inclán encontró que le era necesario publicar sus aseveraciones del drama y tratar de retornar al ambiente principal del cual había desertado. Pero aunque estas obras eran testigo del resurgimiento del dramaturgo, Valle Inclán siguió siendo autor sin escenario.

Debido en parte a una larga enfermedad, esta situación continuó hasta fines de 1924. Volviendo a Madrid en julio de ese año, se benefició al abrírsele las puertas de los teatros a través de los esfuerzos de su esposa. El 17 de octubre se estrenó en el Teatro Centro *La cabeza del Bautista: Melodrama para marionetas*. En el mismo cartel se anunció *Cuento de abril*. También encontró nuevas oportunidades teatrales, aunque menores, en «El Mirlo Blanco», un grupo fundado en su casa por Ricardo Baroja y Carmen Monné, su esposa; el 8 de febrero de 1926 inauguraron su comedor-teatro con el prólogo y epílogo de *Los cuernos de don Friolera*. El teatro de cámara lo subyugó de tal manera, que Valle Inclán decidió estrenar allí su obra *Ligazón* el 8 de mayo de 1926. En fecha anterior, cuando el grupo presentó una versión cómica de la obra de Zorrilla *Don Juan Tenorio*, la parodia alcanzó brillo con

la interpretación de Doña Brígida por Valle Inclán, con barba desgreña-
da y otros rasgos que completaban la exagerada interpretación del personaje. Según Baroja, Valle Inclán tomó el asunto muy en serio pues
era su primera actuación en un escenario desde 1899.

Inspirado por «El Mirlo Blanco», formó su propia compañía, primero bajo el nombre de «Ensayo de Teatro», pero más tarde, llamada «El
Cántaro Roto». Su presentación inicial fue el 19 de diciembre de 1926
en el teatro del Círculo de Bellas Artes. Después de un prolongado discurso de apertura por Valle Inclán, se presentaron *La comedia nueva
o el café*, de Moratín y *Ligazón*. El grupo montó otras dos obras pero,
desafortunadamente, el proyecto no fue más allá. Sin embargo, la variedad de las obras sirvió para ofrecer un bosquejo de la aspiración de
Valle Inclán de establecer un teatro que funcionase en la capacidad
de museo y laboratorio. «El Cántaro Roto», con su nombre pesimista,
fue lo que más se acercó a ese ideal estético. Ya viejo, se daba cuenta
de que su misión artística estaba en escribir y publicar más que en dirigir obras o fundar grupos teatrales; además su estado físico no le
permitía el trajín de estas actividades.

Como si presintiera que le quedaban pocos años para escribir, volvió
a la prosa novelística y en rápida secuencia publicó *Tirano Banderas*,
una de sus novelas cumbre, y las dos primeras obras de la serie *El
Ruedo Ibérico: La corte de los milagros* y *¡Viva mi dueño!* También
empezó a recoger sus dramas en varias colecciones: *Retablo de la avaricia, la lujuria y la muerte*, que juntaba sus piezas breves, y *Martes de
carnaval*, que unía entre sus cubiertas los esperpentos *Los cuernos
de don Friolera, Las galas del difunto* y *La hija del capitán*. Cuando se
publicó originalmente esta última causó sensación debido a su ataque
inequívoco al régimen militarista de Primo de Rivera. Su poderosa sátira, llegando en una época en que existía una creciente oposición nacional, demostró ser turbadora para los miembros del gobierno, quienes
se veían en los grotescos personajes creados por Valle Inclán. La risa
de Madrid era el golpe de gracia. Primo de Rivera, confrontándose con
la influencia destructora de la obra y obligado por las circunstancias a
reconvenir al autor por su ligereza, ordenó la confiscación de la edición.
Siendo una declaración oficial, y dada la necesidad de publicar los decretos del gobierno, el aviso apareció en todos los periódicos de Madrid.
Esto sirvió para enaltecer más aún la obra y engrandecer la imagen
popular de su autor.

Sin embargo, el polemista que era Valle Inclán impidió el progreso
del talentoso escritor. Quizá debido a su reciente renombre y a su posición radical contra el gobierno, no tuvo éxito en encontrar quien pro-
dujera *Los cuernos de don Friolera*. Más tarde, después de la caída de
la dictadura, el teatro español reconoció la indiferencia que había tenido hacia Valle Inclán y procedió para remediar la situación, aunque
solamente en parte. Se representaron *La reina castiza* el 3 de junio de
1931 y *El embrujado* el 11 de noviembre del mismo año, ambos estrenos

siendo en el Teatro Muñoz Seca de Madrid. También se formularon
planes para el estreno de *Divinas palabras,* lo que se logró el 16 de noviembre de 1933. Esta obra tuvo un éxito bastante grande, lo cual fue
fortuito porque *Divinas palabras* sería la última de sus obras teatrales
que Valle Inclán llegaría a ver puesta en escena. A su fallecimiento el
5 de enero de 1936 aún quedaban por ser estrenadas en un escenario
español las obras *Cara de plata, Aguila de blasón, Romance de lobos,*
Los cuernos de don Friolera, Las galas del difunto, La hija del capitán,
El yermo de las almas y varias de sus obras breves. También quedaba
por terminar la serie de novelas de *El Ruedo Ibérico.*

Como Hombre, Máscara y Artista, Valle Inclán siempre fue inquieto, y toda su vida lo muestra. Fue ella una búsqueda de lo esencial que
pudiera unir esas tres dimensiones en una entidad. La búsqueda se explica en *La lámpara maravillosa,* obra cumbre para entender la vida
inquieta de Valle Inclán.

> Hay dos maneras de conocer, que los místicos llaman Medita-
> ción y Contemplación. La Meditación es aquel enlace de razona-
> miento por donde se llega a una verdad, y la Contemplación es
> la misma verdad deducida cuando se hace sustancia nuestra, ol-
> vidado el camino que enlaza razones a razones, y pensamientos
> con pensamientos... El Alma Creadora está fuera del tiempo, de
> su misma esencia son los tributos, y uno es la Belleza. La lám-
> para que se enciende para conocerla es la misma que se enciende
> para conocer a Dios: la Contemplación. Y así como es máxima
> en la mística teológica que ha de ser primero la experiencia y
> luego la teoría, máxima ha de ser para la doctrina estética amar
> todas las cosas en una comunión gozosa, y luego inquirir la razón
> y la norma de su esencia bella.

Tras este proceso, él llegó al nivel del quietismo estético, en el que
el Hombre, Máscara y Artista se entremezclaron hasta confundirse en la
síntesis que representa el nombre Valle Inclán.

ROBERT LIMA

The Pennsylvania State University
University Park

GALICIA EN VALLE INCLÁN

Cuando el recuerdo se vuelve historia: un paseo por la Galicia de Valle Inclán

Quizá debamos comenzar este paseo por la Galicia valleinclanesca recordando que Valle Inclán es, al mismo tiempo, un artista puro, cuya ética era una estética y un artista comprometido, incluso partidista. Enfrentado con la realidad cambiante del siglo XIX, Valle la rechaza por fullera y mediocre, refugiándose primero en un pasado aristocrático y carlista y tomando después una postura socialista acerba y demoledora. Esta aparente contradicción significa, sencillamente, que cuando el escritor se encuentra en una encrucijada que le requiere una elección, va a escoger, consistentemente, la estética sobre la ética. Para los que nos hemos criado en la literatura comprometida y conflictiva de la postguerra, el esteticismo del autor gallego es, a veces, difícil de entender, y resulta cruel y artificioso a nuestra sensibilidad «moralizada». Para un lector actual, el asesinato de Rosarito es imposible de explicar porque no puede encuadrarse en ninguna de las categorías éticas que nos son familiares. Podemos aceptar la atracción que la niña siente por el viejo Don Juan, y hasta la seducción de aquélla a manos de éste, pero su muerte se nos antoja no sólo perversa y cruel, sino también innecesaria porque no prueba nada y estamos acostumbrados a que la literatura pruebe algo.

Este sanbenito esteticista, en parte merecido, que le colgaron a Valle Inclán influyó tremendamente en la apreciación de la Galicia descrita en las obras narrativas del arousano, que es la que aquí nos interesa. Valle viste a la Galicia campesina con el dengue repinicado del modernismo y el resultado nos sorprende. ¿Es esta una Galicia real o se la ha sacado Valle de la manga para asombro de necios y viandantes? Muchas veces olvidamos que fue Galicia la que salvó a Valle del modernismo al llenar la envoltura modernista de contenido real y de sentimiento auténtico.

La Galicia de las primeras obras de Valle ha sido calificada, con verdad, de arcaica, primitiva, campesina y supersticiosa. Adjetivos muy aptos porque Galicia en tiempos de Valle Inclán, y ciertamente durante el siglo XIX, era arcaica, primitiva, campesina y supersticiosa. No sabe-

mos a ciencia cierta si fueron estas características las que atrajeron al
autor o si escogió Galicia porque era el mundo de sus vivencias infantiles, y como la mayor parte de los autores noveles, Valle comienza por
describir el entorno que conoce: Galicia y América, que para un gallego
de entonces era bastante más familiar que el mismo Madrid; algo así
como la otra orilla exótica del paisaje gallego. Valle Inclán, hombre de
mar y costa, oyó historias de emigrantes al mismo tiempo que de difuntos y de almas en pena.

Es su Galicia una tierra aureolada por el recuerdo. Muchas de sus
historias las sitúa el autor en el pasado. Recuerda las narraciones de
Micaela la Galana, la vieja criada de su abuela, y añade: «Murió siendo
yo todavía niño.» El mismo comentario acompaña a la descripción de
«Mi hermana Antonia.» Otras veces narra historias de «su bisabuelo»,
o de su niñez de estudiante bajo la tutela del Arcipreste de Céltigos y,
naturalmente, nos deja los recuerdos cínicos y saudosos, del Señor Marqués de Bradomín.

¿Cómo era, en realidad, esta Galicia recordada por Valle Inclán?
Dice Xosé Ramón Barreiro que el siglo xix en Galicia fue una larga
noche de invernia. Época de grandes inventos, como el gas y el ferrocarril, de «las banderas y los himnos», fue también «el siglo del cólera,
de la emigración, de la guerra de Cuba, de las contribuciones y del
hambre».[1]

La sociedad gallega del xix y de principios del xx era estamental con
clases estrictamente separadas por barreras prácticamente infranquea-
bles para miembros ajenos a la casta social. Tres eran las clases sociales gallegas: los rentistas que controlaban, directa o indirectamente, el
80 % de la tierra y eran miembros de la hidalguía y del clero; una
clase media débil y en gran parte foránea, compuesta por catalanes,
maragatos y vascos, además de gallegos; y un campesinado perpetua-
mente endeudado, cuyo excedente se empleaba en pagar rentas, impuestos e intereses y cuya única esperanza de mejora yacía en la emigración.

La mayor parte del territorio gallego era tierra de señorío. Según
la Real Audiencia del Reino de Galicia, había unas 1.600 jurisdicciones
y cotos, de los cuales sólo 45 eran de realengo; mientras que un documento de las Cortes de Cádiz nos informa de que de los 3.755 estados
de Señorío que había en Galicia, solamente 300 eran de realengo y los
3.455 restantes eran «pertenecientes a seculares, eclesiásticos y órdenes
de caballería».[2] A pesar de sus discrepancias, ambos documentos ponen
en relieve el mermado dominio real en la región.

Este control de la tierra se lleva a cabo a través de un complicado

---

1. Xoxé Ramón Barreiro Fernández, *Galicia eterna*, I (Barcelona: Ediciones
Nauta, S. A., 1984), p. 217.
2. Todas estas figuras y el «Informe de la Real Audiencia del Reino de Galicia
del 16 de enero de 1809», aparecen citados por Xoxé Ramón Barreiro Fernández en
Historia contemporánea de Galicia, I (La Coruña: Ediciones Gamma, 1982, p. 83.

sistema foral uyo establecimiento data de la Edad Media y que pertenece virtualmente inalterable hasta principios del siglo xx. Andando el tiempo, los propietarios originales de la tierra, la nobleza y los monasterios, especialmente los benedictinos, delegaron el cobro de las rentas en una clase social intermedia, la hidalguía. Esto se debió, en parte, al progresivo distanciamiento de la alta aristocracia gallega que emparenta con las grandes casas castellano-andaluzas y establece residencia fuera de Galicia y también al miedo de levantamientos campesinos, especialmente a partir de la revuelta de los *Irmandiños* en el siglo xv.

Esta clase hidalga de *foreiros*, poco a poco se atribuye todos los derechos de propiedad, tales como la venta e hipoteca de las tierras y, a su vez, renta muchos terrenos a los campesinos en «subforos». La fragmentación de la tierra y las complicaciones legales a que llevó el sistema son aún visibles hoy día. La mayor parte de los labriegos operaban, y todavía operan, en condiciones de una gran diversidad: tierras forales, arrendadas, de su propiedad, etc., a cuyas cargas se unían laudemios, apeos, censos, pensiones y otros impuestos fiscales que hacían de la vida del labriego un perpetuo caminar al borde del desastre económico e imposibilitaban la modernización de la agricultura. Esta atomización de las partijas territoriales, agudizada por la tradición de dividir las tierras entre todos los hijos, ha hecho de Galicia una tierra de pleitos y del *paisano* gallego un experto en cuestiones legales. Como protección se han desarrollado una serie de costumbres y castigos, algunos ultraterrenos, destinados a dificultar el fraude.

El control que la aristocracia ejercía sobre la tierra se vio reforzado por lazos familiares y sociales entre la hidalguía y el clero, ya que, como hemos dicho, muchas veces eran los señores los que administraban las tierras de la Iglesia y los segundones de casas nobles los que ostentaban altos cargos eclesiásticos. Para ocupar puestos importantes en la administración civil, militar y eclesiástica se requería titulación profesional universitaria, lo que cerraba el paso al campesinado. Los colegios mayores de Fonseca y San Clemente, en Santiago de Compostela, estaban reservados exclusivamente a miembros de la clase hidalga. Así pues la hidalguía extiende sus tentáculos sobre todo el territorio al diversificarse. Por un lado estaban los mayorazgos o *vinculeiros* que heredaban la mayor parte de la hacienda, y cuya responsabilidad era mantener y aumentar la herencia familiar. Los otros hijos, entroncados por matrimonios arreglados a otras casas hidalgas, se integraban a la burocracia como escribanos, jueces, magistrados, etc., al ejército como oficiales y a la Iglesia «a la procura de los pingües beneficios y mediante siempre de titulación universitaria.» [3]

Unidas por lazos de sangre y de interés, la Iglesia y la hidalguía formarán un frente sólido en la primera mitad del siglo xix, y juntas pre-

---

3. *Galicia eterna*, I. p. 221.

sentarán batalla contra la nueva burguesía empresarial y contra los intentos campesinos de aliviar o suprimir el ruinoso sistema foral. La desamortización de los bienes eclesiásticos causa la primera fisura en la clase rentista ya que la Iglesia pierde poder político mientras que algunos hidalgos se benefecian con la compra de los bienes desamortizados. Este declive del poder eclesiástico se acentúa con la pérdida de los diezmos en 1837. Sin embargo, esto no escinde la alianza hidalguía-clero a la que acucia el deseo de mantener privilegios o de recobrar, en el caso de la Iglesia, el poder perdido. Los intereses de ambos grupos no divergen definitivamente hasta 1853, cuando la situación económica del clero se soluciona mediante la introducción de oblatas, tasas y pensiones estatales. Desde este momento la hidalguía refugiada en sus pazos solariegos opondrá resistencia solitaria pero firme a los intentos de reforma liberales y a las presiones clasistas de una burguesía por otra parte muy débil en Galicia. La lucha se mantendrá hasta finales de siglo; el foro no se suprimió hasta 1923. Pero, a pesar de la resistencia, los días de la hidalguía estaban contados. La causa principal de su decadencia fue su incapacidad de transformarse en clase empresarial. Siguió invirtiendo el dinero en la tierra y sacando ventaja de préstamos usurarios al campesinado. La crisis agrícola de finales de siglo, con la consiguiente caída de precios, y la recuperación económica de los campesinos, gracias a las remesas de oro de América que los liberan de prestamistas nobles, unidos al fracaso de la última carlistada, disminuye radicalmente el poder económico de la clase señoril. A comienzos del nuevo siglo, sólo unos cuantos sobreviven convertidos en empresarios. La mayoría languidecen en sus pazos, vendiendo una a una sus posesiones más valiosas para cubrir sus gastos. Finalmente, de la antigua hidalguía sólo se conservaron los apellidos.

Este es el mundo señorial que Valle Inclán refleja y exalta en sus obras. Un mundo contradictorio, heroico y corrupto a la vez, firmemente anclado en la tradición y resquebrajado por grietas que anuncian su desaparición final. Es un mundo todavía iluminado por resplandores de grandeza pero amenazado ya por una decadencia visible. Valle se recrea describiendo las viejas encomiendas de nobleza. La condesa de Porta-Dei descendía de la Casa de Barbanzón «una de las más antiguas y esclarecidas, según afirman ejecutorias de nobleza y cartas de hidalguía signadas por el Señor Rey Don Carlos I.» Don Miguel de Montenegro era «el mayorazgo de una familia antigua y linajuda, cuyo blasón lucía dieciséis cuarteles de nobleza y una corona real en el jefe.» El protagonista de «El miedo» nos informa que sobre el retablo de la capilla paciega «campeaba el escudo concedido por ejecutorias de los Reyes Católicos al Señor de Bradomín Pedro Aguiar de Tor, llamado el Chivo y también el Viejo.»[4] Y Pedro de Tor es también el nombre del

---

4. Todas las citas de Valle-Inclán mencionadas en este trabajo provienen de

primer hidalgo montañés que hace acto de presencia en los escritos del autor.

Asoma por vez primera en las «Cartas galicianas» y ya muestra muchas de las características de los futuros hidalgos valleinclanescos. Es alto, el autor se refiere a él como una especie de «hércules de feria», naturaleza de roble y toro, al mismo tiempo. Ojos verdes y barba cobriza, valiente, fuerte y lleno de vida. El autor incluso nos traza su genealogía salida directamente de *Los hidalgos de Monforte* de Benito Vicetto, cuya influencia sobre Valle ya ha señalado Rubia Barcia.[5] Este don Pedro de Tor desciende de los condes de Lemus, y sus antepasados anduvieron en pleitos reclamando derechos. Valle Inclán al contarnos el retorno del caballero a su pazo dice que sólo dos cosas pueden mover a un hidalgo montañés de su madriguera: una feria y ¡cómo no!, un pleito. El apellido aparece de nuevo en varias historias de *Jardín umbrío* y en la *Sonata de otoño* se menciona a un Marqués de Tor que tiene reconocidos a diecisiete bastardos. Otro Marqués de Tor ha pleiteado con don Juan Manuel, según nos enteramos en *Los cruzados de la causa.*

El tipo físico del Hidalgo de Tor, que recordaba «el de algunos reyes suevos de Galicia», aparece repetido en la figura de don Miguel de Montenegro en «Rosario» : «Tenía ese hermoso y varonil tipo suevo tan frecuente en los hidalgos de la montaña gallega.» Idéntica descripción encontramos en *Los cruzados de la causa*, referida, esta vez, a don Juan Manuel. También la varonil hermosura de Cara de Plata le parecía al Marqués de Bradomín «la herencia de una raza noble y antigua.» En su apariencia presenta rasgos físicos típicos de la antigua nobleza gallega: el pelo roji-rubio y los ojos verdes, como en el caso de Cara de Plata cuyas pupilas, «verdes como dos esmeraldas, parecían los ojos de un tigre joven». Los ojos de don Miguel de Montenegro, también verdes, eran «soberbios y desdeñosos como los de un tirano o de un pirata».

Los hidalgos presentan otro rasgo común: el orgullo en sus apellidos. Don Juan Manuel se enorgullece al explicarle a Bradomín el origen de su casa. Ocasión que aprovecha Valle Inclán para incorporar la leyenda de la sirena que tuvo un hijo de don Roldán, Paladín, el Padín gallego. La encarnación anterior del mayorazgo, don Miguel, presume de «liberal aforrado de masón» que al volver de la emigración hizo picar los escu-

---

las *Obras escogidas*, (Madrid: Aguilar, 1958); *Sonata de otoño*, 4 ed. (Madrid: Espasa- Calpe, S. A., 1963). «Las cartas galicianas» se encuentran en las *Publicaciones periodísticas de Don Ramón del Valle-Inclán anteriores a 1985*, editadas por William L. Fichter (México: El Colegio de México, 1952). Finalmente la historia corta «La hueste» aparece recogida en *Flores de almendro* (Madrid: Suárez Hermanos, 1936).

5. José Rubia Barcia, *Mascarón de proa: Aportaciones al estudio de la vida y obra de Don Ramón del Valle-Inclán y Montenegro* (La Coruña: Ediciós dos Castros, 1983), pp. 63.64.

dos nobiliarios de la fachada de su casa. Su liberalismo teatral y byroniano tenía, no obstante, límites muy concretos porque no impedía que fuese «altivo y cruel como un árabe». El abuelo de Concha, don Miguel de Bendaña «enhiesto como un lanzón, pasó por el mundo sin sentarse al festín de los plebeyos».

Liberales o carlistas, los señores conocen el lugar que les corresponde en el orden de las cosas y saben poner a los plebeyos en su sitio, como lo demuestra Cara de Plata, cuando se encuentra con el señor Ginero en casa del Marqués de Bradomín. Al saludo del usurero: «¡Me alegro mucho de verle, joven del bigote retorcido!», responde burlonamente el segundón: «Yo ni me alegro, ni lo siento, señor Ginero.» El mensaje es claro. A pesar de estar adeudado con Ginero, Cara de Plata no se digna a reconocerle socialmente e incluso, más tarde, amenaza con negarse a pagar su deuda.

Junto al orgullo de casta está la violencia que Valle Inclán exalta e incluso justifica. «El vinculero reía con risa violenta.» Los ojos de Cara de Plata «tenían una violencia cristalina y alegre». El mismo Cara de Plata, furioso con su padre por haberle quitado a Sabel, amenaza con hacerse capitán de bandidos y opta, finalmente, por levantar una partida carlista. La violencia de los hidalgos y los excesos a los que conduce aparecen magistralmente reflejados en las *comedias bárbaras*, pero también en la obra narrativa aparecen ejemplos, especialmente en las figuras de los dos Montenegro, don Juan Manuel y Cara de Plata.

En una de sus primeras encarnaciones, en «Rosarito», don Juan Manuel es cruel, teatral y mujeriego, rasgos que va a conservar hasta el fin de sus días en *Romance de lobos*. Sabemos de una tal Amada de Camarasa que aún suspiraba por él. En cuanto a su comportamiento, «contentábase con hacerse obedecer de los criados y manifestar a los amos cierto desdén de gran señor». La seducción de su joven parienta es cruel y cínica. La muerte de Rosarito se justifica únicamente por el hecho de que las mujeres en el modernismo más que personajes reales son, para citar a Ildefonso Manuel Gil, «un motivo, un pretexto para un juego estético».[6] Parece que la razón principal del asesinato es proporcionar una estética descripción del cadáver yacente sobre el gran lecho señorial e inyectar en la historia una dosis de perversidad muy al gusto del Valle Inclán de esta época.

La figura del Mayorazgo, esbozada en «Las cartas galicianas» y en «Rosarito», reaparece en la *Sonata de otoño* como un viejo magnífico y atrabiliario que asoma fugazmente de camino a «apalear a un escribano», y que informa al Marqués de Bradomín que el leer es malo para los ojos y que la única lectura interesante es la crónica familiar. El

---

6. Ildefonso Manuel Gil, «Innocent Victims in the Works of Valle Inclán», *Centennial Studies*, Ricardo Gullón, ed. (Austin: The University of Texas, 1968), pp. 43-62.

mundo del Montenegro se ha estrechado y disminuido, y su vida en poco
se distingue de la de los campesinos acomodados. Se pasaba el tiempo
«chalaneando en las ferias, jugando en las villas y sentándose a la
mesa de los abades en todas sus fiestas». El mundo espiritual no le
interesa. Cuando en *Los cruzados de la causa* Bradomín comenta que
el Vinculero haría un buen cabecilla, éste contesta que nunca levanta-
ría partida por rey o emperador alguno sino para hacer su propia justicia «en esta tierra donde han hecho camada los raposos y garduñas».
Y explica que llama así «a toda esa punta de curiales, alguaciles, india-
nos y compradores de los bienes nacionales». Los tiempos ya son idos
cuando la burocracia estaba dominada por los segundones de casas
hidalgas. Ahora la controlan los burgueses enriquecidos con la compra
de los bienes eclesiásticos. La burocracia no sólo se les ha ido de las
manos sino que se ha convertido en un enemigo, en «esa ralea de criados que llegan a amos». El orgullo de raza se ha transformado en una
soberbia estéril desvinculada de responsabilidades sociales. El Mayorazgo confiesa que no cree en las leyes porque «las leyes, desde que se
escriben, son malas», y la virtud no está en la ley «sino en el hombre
que la aplica». Su orgullo de familia es lo único importante. Ayuda a la
madre Isabel por razones de parentesco, no por ideales patrióticos.

Es en los Montenegro en donde se nota más claramente la ambiva-
lencia del autor hacia la nobleza. Por un lado, expresa una actitud ad-
mirativa, porque, como dice Carballo Calero, Valle Inclán nunca se
siente pueblo, siempre adopta el punto de vista de los señores.[7] Pero,
al mismo tiempo, se da cuenta de que el mundo hidalgo cuyas antiguas
virtudes canta, ya tiene los días y los virtudes contadas. Esta dicotomía
se percibe claramente en *Los cruzados de la causa*. Cuando se enteran
de que la partida de Roquito el sacristán ha sido hecha prisionera y
que Roquito ha confesado, don Juan Manuel exclama: «Debisteis haberle arrancado la lengua antes de enviarle a mandar soldados. Con esos
villanos todas las precauciones son pocas.» Por su parte, Cara de Plata
cree que «el ánimo para mandar se necesita haberlo heredado»; momento que aprovecha el Marqués de Bradomín para lanzar un panegírico al
«genio del linaje» representado por «los hidalgos rancios y dadivosos
que venían de una selección militar». Eran los únicos españoles capaces
de amar «la historia de su linaje y el orgullo de las cuatro sílabas del
apellido. Vivía en ellos el romanticismo de las batallas». Si hemos de

---

7. Ricardo Garballo Calero cuando compara a Valle-Inclán con otros escritores
gallegos, comenta: «Don Ramón se non identifica endexamáis co pobo, como o fai
Rosalía. Pertenece a clase dos señores, non á dos servos, e os seus valores son os
aristocráticos... Non pode iñorar, naturalmente, aos aldeáns, e non só lles concede
un lugar na súa obra, senón que mesmo escribe obras que enchen totalmente
a escea. Veos endebén, con ollos de señor. Non é a súa unha literatura redente-
rista». *Libros e autores galegos: Dos trovadores a Valle-Inclán* (La Coruña: La
Voz de Galicia, S. A., 1979), p. 259.

creer a Bradomín, el caballo de Atila que quebrantó todo esto fue el liberalismo igualador y burgués. Una opinión que es, por lo menos, discutible en luz de la documentación histórica fehaciente. Pero ni el mismo Valle puede ignorar completamente que el poder se les fue de las manos gracias a su propia incompetencia y degeneración de las que los mismos Montenegro son el mejor ejemplo.

De todos los hijos del Vinculero, cuyas figuras están apenas esbozadas en *Los cruzados de la causa*, el único que presenta rasgos de nobleza y valentía es Cara de Plata a quien el padre enemista con sus excesos. De los demás, el Mayorazgo se da cuenta de que no puede contar con ninguno. Confiesa que quisiera llamarlos en su ayuda, como Diego Laínez llamó a sus hijos, pero sabe que entre ellos no encontrará a su Rodrigo. Y por esta razón el asesinato del marinerito, un crimen que «es una vergüenza para toda la villa», va a quedar impune. Los Montenegro están demasiado ocupados con sus placeres para hacer justicia. La decadencia señoril aparecerá retratada con gran belleza en las *comedias bárbaras* pero ya en las obras narrativas se apunta a los fallos de visión y de carácter que llevarían a la desaparición de la hidalguía como fuerza política.[8]

Si el retrato de los varones nobles es complejo y realista, el de las mujeres es mucho más estilizado, sobre todo el de las «víctimas inocentes», como Rosarito y Beatriz que se nos antojan mera excusa para las acciones de los varones. En primer lugar, las hidalgas suelen ser tristes. Las niñas de «albos» vestidos, lucían cabelleras sueltas que les caían a los lados del rostro «iguales, tristes, nazarenas». Las mejillas de la Condesa de Porta-Dei eran «tristes y altaneras», y las de doña Soledad Amarante tenían una «dolorida expresión». En cuanto a la madre de Concha era «una santa, enlutada y triste».

Las mujeres están generalmente ocupadas en tareas tradicionales que despiertan recuerdos de otros tiempos, como la Mayorazga del Pazo que era «una evocación de otra edad». La Condesa de Porta-Dei vivía retirada como una priora noble y «con los ojos vueltos hacia el pasado». Los trabajos femeninos son siempre estéticos y no requieren demasiado esfuerzo. Hilan mucho, usando ruecas de palo de rosa, sentadas en sillas tapizadas de damasco o terciopelo carmesí y claveteadas de plata. También recogen flores para sus imágenes o para sus amantes; rezan arrodilladas en la penumbra de sus capillas nobles o desgranan lánguidamente las cuentas de rosarios de coral o azabache mientras yacen tendidas sobre canapés y divanes carmesí. Suelen ser rubias y de ojos verdes, como los varones, aunque doña Soledad y la Condesa de

---

8. Para las reacciones hidalgas ver el estudio de Gustavo Planchard, «Sobre el mundo social en la literatura de Valle-Inclán», *Revista de Occidente*, IV, 2 época, Noviembre-Diciembre, 1966, Núm. 44-45, pp. 257-287 y el excelente análisis de María del Carmen Porrúa Figueroa en *La Galicia decimonónica en las comedias bárbaras de Valle-Inclán* (A Coruña: Ediciós do Castro, 1983).

Porta-Dei tienen ojos azules del «venenoso color de las turquesas». Unas pocas tienen el pelo negro, como Concha y Antonia, y todas son pálidas, la blancura siendo un rasgo de fuerte atracción sexual en tiempos de Valle Inclán. El Marqués de Bradomín le dice a Concha: «Para mí eres más hermosa cuanto más pálida.» [9]

Algunas de las mujeres son algo más activas. La Madre Isabel, «pálida y visionaria», hace frente a los soldados isabelinos sin mostrar temor porque no ha nacido para ser atropellada por la soldadesca. Como informa al comandante, «puede ambicionarse el martirio bajo las garras de los tigres, pero no bajo las herraduras de los asnos». Al final, se marcha al frente carlista para quemarse en una hoguera purificadora y así pagar por la muerte del capitán inglés. A la Porta-Dei la mueve la venganza y Xavier Bradomín dice que su madre, de no haber nacido Mayorazga, hubiera sido santa a la española, «abadesa y visionaria, guerrera y fanática». Pero, en general, las mujeres tienden a ser pasivas, aceptando las acciones del varón y sólo en contados casos reaccionando independientemente, como la Condesa de Cela que abandona a su amante o Eulalia que puesta a escoger entre marido y amante, elige el suicidio en una de las historias donde Valle Inclán dejó rienda más suelta al sentimentalismo sensiblero.

Los pazos solariegos, adjetivo que Valle usa y abusa, son elegante estilización de los reales. Tallados en granito, con torres señoriales sobre las que vuelan bandadas de gaviotas, sus estancias solitarias, sombrías y, ocasionalmente tristes, huelen a lino y a manzanas reinetas y pardillas puestas a secar en los alféizares de las ventanas. Cornucopias doradas adornan las paredes donde resalta el colorido de los retratos de nobles antepasados: «damas con basquiña, prelados de doctoral sonrisa, pálidas abadesas y torvos capitanes». Cortinajes y tapizados son de damasco y velludo «carmesí», la palabra rojo no aparece en descripción alguna. Salas entarimadas de nogal, espejos nebulosos, puertas de floreados herrajes, estrados de corcho, techos artesonados, cómodas antiguas con incrustaciones, ventanas enrejadas y alhacenas con herrajes y tallas del renacimiento. A veces, un reloj tintinea, interrumpiendo las conversaciones o los rezos. Las damas hilan en la solana o se asoman a balcones de piedra tallada. En ocasiones, pasean por jardines frondosos de mirtos y álamos, con rosaledas y estatuas de mármol verdeantes de musgo. Las hojas de otoño se arremolinan en los cuencos de las fuentes secas, pero a veces se oye la canción del agua y el susurro cadencioso de los arroyos. En las capillas, lámparas de mariposa alumbran al Santísimo y estatuas orantes de guerreros y abades guardan eterna vigilia.

Es un paisaje poblado por criados que parlan en «dialecto», por

---

9. Sobre el tema del uso de los colores en Valle-Inclán, es muy interesante el trabajo de Joaquina Canoa Galiano, *Semiología de las «Comedias bárbaras»*, (Madrid: Planeta/Universidad de Oviedo, 1977).

perros que vigilan atados a los hórreos, o aúllan anunciando la muerte del alma. Hay mirlos y ruiseñores, lebreles de caza, vacas mansas y recentales, caballos blancos, negros y tordos, y mulas tranquilas para las mujeres. Y, naturalmente, no podía faltar la estampa grave del capellán de la señora, ni la marcial del abad cazador, ni la silueta encorvada bajo el paraguas rojo del rector de aldea.

Las figuras eclesiásticas que pueblan las obras narrativas de Valle Inclán presentan ciertos rasgos comunes. Pertenecen a dos grupos. Uno compuesto por párrocos de aldea, capellanes paciegos, abades y priores campesinos. Y otro formado por los clérigos palatinos, políticos, de modales exquisitos y elegante porte. El primer grupo comprende la mayoría de clérigos valleiclanescos. Son todos altos, «magros» y buenos cazadores. Muchas veces irrumpen en escena rodeados de lebreles, como el Prior de Brandeso, o montados a caballo, como Fray Ángel y el Arcipreste de *Flor de santidad*. Fray Ángel, el rector de San Rosendo de Gondar, el de Céltigos y el de Santa Baya de Cristamilde son buenos latinos. Los clérigos hablan con voz «grave y eclesiástica», y caminan con paso grave, o con «rudo empaque». Semejan guerreros más que monjes.

El prior de Brandeso era un hombre «arrogante y erguido»; fray Ángel era un viejo «alto y seco, con el andar dominador y marcial». Más tarde el autor nos informa que sus ojos «enfoscados bajo las cejas, parecían dos alimañas monteses azoradas». Éste es un rasgo que el sacrílego capellán comparte con el cura de San Rosendo de Gondar que tenía ojos «enfoscados y parduscos, como de alimaña montés». Pero la característica más interesante que todos tienen en común es la casi total falta de virtudes cristianas. No en vano nació Valle Inclán en Galicia donde el anticlericalismo es endémico. Verdad es que no nos muestra la tradicional figura del cura rechoncho y gordinflón, degustador de manjares y buen catador de vinos, en ocasiones amancebado con ama o sobrina. De todos los sacerdotes que aparecen en estas obras, el único bajito es el fray Bernardo de «mi hermana Antonia», cuya cara redonda difiere también del usual «perfil monástico». Pero como fray Bernardo resulta ser el demonio en persona, quizás esta circunstancia explique su falta de estatura. En lo referente a los placeres de la mesa, sólo el cura de Gondar se muestra saboreador de *filloas* que cata «con golosina de viejo regalón», y está orgulloso de su vino que «no se hacía mejor en diez leguas a la redonda». Los eclesiásticos se mueven y actúan más como señores seglares que como representantes de Cristo. Son supersticiosos, a veces sacrílegos y en ocasiones interesados. Cuando los tres mozos a los que mordió el lobo rabioso le piden al cura que diga una misa a San Electus, lo primero que les pregunta el sacerdote es si tienen dinero para pagar por ella. No muestra en ningún momento ni la más mínima compasión por la tragedia de los jóvenes. Por lo que se refiere al episodio donde el cura de Gondar quema el cadáver del abad de Bradomín en el horno de cocer pan, no requiere comentario alguno.

El segundo grupo de eclesiásticos está compuesto por los que ocupan altos cargos en la jerarquía y cuya presencia en las obras es considerablemente más escasa. Los más desarrollados como personajes son el penitenciario de «Beatriz» y el maestre-escuela de *Los cruzados de la causa*. La descripción del primero es puro Valle Inclán: «Era alto y encorvado, con manos de obispo y rostro de jesuita.» Y añade por buena medida que era «mundano y tibio, perfumado de incienso y estoraque, como los corporales de un cáliz», una imagen deliciosamente perversa de las que tanto le gustaban. Por su parte, el maestre-escuela llevaba hebillas de plata en los zapatos y tenía una mano blanca que «parecía reclamar la pastoral amatista». Éste es uno de los más políticos de los clérigos vallainclanescos. Es un defensor de la causa; se refiere a Mendizábal como el anticristo y el nuevo Atila; entiende de arte y recuerda que los antiguos papas eran buenos mecenas. Pero también él «era más soldado que contemplativo». Su visión del gobierno es patriarcal: «los pueblos son siempre niños y deben ser regidos por una mano suave». Y no falta en este grupo el antiguo compañero del Marqués que responde al apodo de Minguiños como el famoso catador de empanadas de *La casa de la Troya*. Hay algo más que todos los clérigos tienen en común y comparten con los hidalgos: su carlismo.

Quizás uno de los aspectos más interesantes de la obra de Valle Inclán es la clara distinción que hace entre el carlismo gallego y el vascongado: el primero casi exclusivamente clerical y aristocrático; el segundo de marcado raigambre popular. Gran parte de los carlistas gallegos son monjes o curas. Fray Ángel y el rector de San Rosendo de Gondar están descritos idénticamente como «cabecillas tonsurados» que habían vendido la plata de sus iglesias «para acudir en socorro de la facción», y todavía dicen misas por el alma de Zumalacárregui. Carlistas son los Aguiar, cuyo representante el Marqués de Barbanzón «maldijo en su testamento, con arrogancia de castellano leal, a toda su descendencia, si entre ella había uno solo que, traidor y vanidoso, pagase lanzas y anatas a cualquier Señor Rey que no lo fuese por la Gracia de Dios». Carlista ciertamente es Bradomín que regresa al patrio solar a deshacerse de sus propiedades para contribuir a saldar los gastos de la guerra. El protagonista de «A medianoche», que aparece identificado en la primera versión del cuento como uno de los del Pazo de Quintañones, galopa a la raya de Portugal para unirse a una partida. Carlistas son también el maestre-escuela, los canónigos de Viana del Prior y don Manuel Bermúdez y Bolaño, que como el padre del protagonista de «Del misterio» había estado en la cárcel de Santiago por faccioso. En el desfile de legitimistas que vienen al palacio de Bradomín a entregar su contribución para el triunfo de la causa, todos son clérigos e hidalgos, excepto por dos campesinos ricos. Los únicos representantes del pueblo que apoyan la facción son el protagonista de «Un cabecilla», el malhadado Roquito el Sacristán y el Girle que era «recadero, hortelano y cavaba la sepultura de las monjas»; los dos últimos son, pues, empleados del convento.

El carlismo gallego que pinta Valle Inclán es, por lo tanto, estrictamente señoril con un apoyo popular casi nulo. Algunos mozos aldeanos «de aspecto torpe y asustadizo, que *de fuerza o de grado* venían a engrosar las filas», nos cuenta en «Un cabecilla». Curiosamente, también, el hijo mayor del cabecilla carlista se llama José María, un nombre común en Euskadi pero extraño entre el campesinado gallego. Valle Inclán, pese a su entusiasmo legitimista, no disfraza la realidad. La hidalguía y el clero fueron los dos pilares del carlismo en Galicia. De 532 carlistas procesados en todos los años que duró la refriega, el 65,3 % no eran campesinos. El número de labriegos es aún menor si se tiene en cuenta que la mayoría de los campesinos procesados lo fueron «por no haber prestado armas a su debido momento, o por haber participado en las partidas por dinero». En una palabra, tampoco eran carlistas convencidos. El campesino gallego no tenía interés alguno en el carlismo porque «estaba económicamente agarrotado por un sistema socioeconómico del que eran los directos beneficiarios la hidalguía y el clero, es decir, los defensores del carlismo». En Galicia, los cabecillas carlistas eran los mismos que cobraban rentas y foros, diezmos y primicias, los usureros y los ejecutores de embargos. Lógicamente, el campesino se da cuenta de que «nada bueno tiene que esperar del triunfo de una causa que elevará más a los señores».[10] El episodio de la madre que apostrofa al marinero por ir contra la religión, es una buena muestra del fanatismo religioso subyacente en el carlismo, pero no es un reflejo muy exacto de la realidad política gallega.

No solamente no pinta Valle héroes populares, fuera de los ya nombrados, sino que nos presenta al cribero y a su mujer espiando sobre los facciosos. Un episodio fácilmente creíble ya que gran parte de los aldeanos no sólo no apoyaron al carlismo sino que le fueron abiertamente hostiles. Los vecinos de ciertas aldeas denunciaron a los carlistas y los atacaron hasta el punto de tener que intervenir las autoridades. De los campesinos carlistas, Roquito se va a convertir en una figura picaresca y trágica, deambulando por las páginas de las novelas carlistas; mientras que el protagonista de «Un cabecilla» es más bien un ejemplo del fanatismo bárbaro y brutal, que tanto le gusta pintar al autor, que un héroe legitimista.

Como puente entre los rentistas y el campesinado, existía en Galicia una mermada clase burguesa, en general concentrada en las ciudades costeras y en Santiago de Compostela. Esta clase presentaba características especiales. Era en gran parte foránea, compuesta por catalanes,

---

10. *Historia contemporánea de Galicia*, p. 299. Para un estudio más completo del fenómeno carlista en Galicia, conviene consultar *El carlismo gallego* de Xoxé Ramón Barreiro Fernández (Santiago de Compostela: Pico Sacro, 1976).

vascos, maragatos, castellanos y extranjeros. Dependía fuertemente de la tierra y carecía, por lo general, de conciencia empresarial. Valle Inclán nos deja escasos, pero interesantes ejemplos de esta clase media.

El primero es Pedro do Vermo, el mayordomo del Marqués de Bradomín en *Los cruzados de la causa,* al que Cara de Platas acusa de haber envenenado a sus perros. Pedro do Vermo es hijo del antiguo mayordomo, «un viejo avariento que, durante cuarenta años, pareció haber resucitado el poder feudal: tan temido era de los aldeanos». Económicamente, Pedro do Vermo es clase media, un campesino rico, socialmente es todavía «un aldeano de expresión astuta, con el pelo negro y la barba de cobre». El retrato del mayordomo continúa en tintes negativos. «Con el dominio que le daban las rentas del Marqués tenía mozas en todas las aldeas y los parceros y los llevaderos de las tierras lo aborrecían con aquel odio que habían aborrecido a su padre.»

Otra vez nos deja Valle Inclán un retrato que concuerda exactamente con la realidad como aparece descrita en el ya mencionado informe de la Real Audiencia del Reino de Galicia que condena la proliferación de criados a cargo de la administración como una de las causas de la miseria campesina.[11] La alianza entre el corrupto mayordomo y el escribano expoliador, Malvido, aparece esbozada en «Mi bisabuelo».

Apoyando y aconsejando al mayordomo en sus empresas está su mujer, Basilisa, menuda y silenciosa, de ojos negros, bizcos y suspicaces, «inquietos como los de las gallinas enjauladas». Basilisa y su marido entienden que no les conviene que el Marqués venda sus propiedades que son la fuente principal del poder y riqueza que ellos disfrutan y por lo tanto le convencen de que acepte un préstamo sobre sus tierras arreglado entre el mayordomo y el señor Ginero.

El señor Ginero es el otro representante de la clase media. Su retrato es expresivo y poco apetecible: «Era un viejo alto, seco, rasurado, con levitón color tabaco, y las orejas cubiertas por un gorro negro que asomaba bajo el sombrero de paja.» Saluda y se despide con grandes zalemas. Sabemos que había comprado su huerta durante la desamortización y que ha prestado dinero a los pescadores a los que amenaza con llevar al juzgado si no pagan los réditos. Usa la misma amenaza contra Cara de Plata que la ignora. Pero el hermoso segundón no puede ignorar el peligro que el mayordomo y el prestamista representan para su casta. En una escena muy significativa vemos como Bradomín acep-

---

11. El ya mencionado informe de la Real Audiencia del Reino de Galicia dice: «Hombres ineptos, criados de los señores, y a veces un mozo de espuela de los monasterios, toman por destinos servir estas judicaturas [señoriales]. Nada se les da de dotación para mantenerse, cada una necesita de un escribano que autorice y de aquí tantos de estos oficiales, tanto enredo, tanto abuso, como que en ellos se afianza la subsistencia. De ahí también la miseria de estos naturales que la agricultura e industria popular y pecuaria debía tener en la abundancia». *Historia contemporánea de Galicia,* p. 249.

ta los consejos de Pedro do Vermo sin prestarles apenas atención. El
hablar de cuestiones de dinero está muy por debajo de su dignidad.
Cuando el señor Ginero viene a arreglar el préstamo portando un regalo
de frutas para el Marqués, éste lo acepta con cortesía pero sin entusiasmo y le indica a Ginero que se entienda con el mayordomo, lo que
ya han hecho sin que Bradomín lo sepa. Cuando Pedro do Vermo y el
usurero abandonan la estancia, exclama Cara de Plata: «¡Cómo van a
robarte!» El Marqués se encoge de hombros: «Peor sería que tratase
conmigo ese zorro viejo.» Aún hay clases y los marqueses no se dignan
a pedir favores a usureros por muy ricos que sean, se limitan solamente a aceptarlos. Este orgullo mal entendido y el descuido del gobierno
de sus tierras, les costaría caro a los hidalgos. Cara de Plata lo sabe
cuando sonríe con amargura. «¡Ese hombre también será el heredero
de nuestra casa! ¡Se acaban los mayorazgos! ¡Desaparecen los viejos
linajes!»

No hay muchas más figuras burguesas en las obras primerizas de
Valle Inclán y las que aparecen están apenas esbozadas. Sabel, la barragana del Montenegro, es rubia y blanca. La otra Sabel, que es sobrina
del cura de San Rosendo de Gondar, tiene el pelo castaño y viste «camisa de estopa arremangada mostrando hasta más arriba del codo los
brazos blancos, blanquísimos, rubia como una espiga, mohína como un
recental, frondosa como una rama verde y florida», es decir, una típica
moza valleinclanesca. Por último, tenemos la dueña de la fonda y su
hija, la prometida del capitán inglés, que aparecen brevemente en *Los
cruzados de la causa*. La madre demuestra atisbos de humor y una
dedicación a la causa carlista nunca bien explicada. La hija, rubia y
sordomuda, pertenece a la ya mencionada galería de víctimas inocentes.
Después de la muerte trágica de su prometido, se mete monja y acompaña a la Madre Isabel en su odisea vasca. Y, finalmente, la figura
simpática de la lega del convento que era hija de labradores montañe-
ses y había entrado a servir en el convento «por devoción». La lega se
conmueve ingenuamente con las palabras del maestre-escuela, pero no
se asusta ante los desmanes de los soldados isabelinos y escogiendo la
llave más pesada les advierte sin miedo: «¡Al que me apalpe lo es-
crismo!»

Mucho más extenso es el número de campesinos que pululan por las
obras gallegas del escritor arousano. Pueden dividirse, a grandes rasgos,
en cuatro grupos: los criados, los labriegos independientes, los bandidos y los mendigos. Naturalmente, a veces las líneas entre los distintos
grupos se difuminan hasta casi desaparecer.

En el primer grupo destacan los criados de casa noble como Micaela
que hilaba su copo en la antesala redonda y «contaba a los otros criados
las grandezas de la casa y las historias de los mayores». A veces, los
criados aparecen reunidos alrededor del *lar* de la cocina paciega, como
en *Flor de santidad*, sentados en escaños, al calor de la lumbre de sar-
mientos que cobija la alta chimenea de piedra. Es una chimenea «que

pregona la generosidad y la abundancia con sus largos varales de donde cuelga la cecina puesta al humo». Es una escena patriarcal. Los sirvientes, muchos nacidos y criados en la casa, alaban las bondades y la generosidad de sus amos, en el curso de las largas veladas: «¡Rapaza, puerta de tanta caridad no la hay en todo el mundo!... ¡Los palacios del rey todavía no son de esta noble conformidad!...» La nobleza de los señores se refleja en sus criados que se enorgullecen de pertenecer a la casa. Cuando Adega se ofrece a servir «por los bocados», el ama de llaves «se yergue, sintiendo el orgullo de la casa cristiana e hidalga» y le advierte a la chiquilla: «Oye, moza: aquí todos ganan su soldada, y todos reciben un vestido cada año.»

Existen momentos en que la descripción se aproxima al trazo delicado de una miniatura: «el criado de las vacas, al otro lado del hogar, endurece en las lenguas de la llama una rama de roble para calzar en ella el tocino.» «En el fondo de la cocina, otro de los criados afila la hoz, y produce crispamiento aquel penetrante chirrido que va y viene, al pasar del filo por el asperón.»

También vemos la llegada de los mozos de la aldea «que todos los años espadaban el lino en el generoso Pazo de Brandeso», y que comenzaban la tarea cantando «y cantando le dieron fin». Hay criados especiales como Micaela la Roja que vio nacer al Vinculero y disculpa sus acciones y las de sus hijos o don Galán, el viejo patizambo, que «como los bufones reales, jugaba de burlas con su amo, temblaba ante los segundones, y procuraba esquivarlos». El dibujo de ambas figuras se completará magistralmente en las *comedias bárbaras*. Otro criadito es Florisel, cuya apariencia picaresca desdice el nombre poético que le impuso la fantasía de Concha. Éste «maestro de mirlos» tenía «las respuestas estoicas del paria», y también su sabiduría resignada. Cuando Bradomín le pregunta lo que hacen sus padres, el paje contesta: «Pues no hacen nada. Cavan la tierra.» De él nos dice el autor que con «su vestido de estameña, sus ojos tímidos, su fabla visigótica y sus guedejas trasquiladas sobre la frente, con tonsura casi monacal, parecía un hijo de un antiguo siervo de la gleba».

El grupo de campesinos independientes ofrece una gran variedad pero, de acuerdo con la visión aristocrática de Valle, a excepción de Adega, nunca alcanzan una posición de protagonismo. Generalmente, aparecen dibujados con trazos rápidos y móviles, ocupados en un sinfín de tareas. Mujeres aldeanas van y vienen de la fuente con cántaros de agua o del molino con maíz y centeno; un zagal encorvado siega la yerba mientras «la vaca de trémulas y rosadas ubres pace mansamente arrastrando el ronzal». Algunas veces son personajes arriscados y desagradables como los venteros de *Flor de santidad*. La mujer tenía ojos adustos, donde brillaba la varicia y una cabeza de bruja; «sus dedos de momia daban vueltas al uso». Otras veces es un zagal «agigantado y fuerte», con los ojos llenos de ingenuidad, «con la boca casta y encendida», que ha matado un lobo y se dirige a la villa «para demandar aguinaldo de puerta en puerta».

La mayoría de los campesinos son rubios y de ojos azules y, a diferencia de los criados que suelen estar sentados, escuchando o contando historias, aparecen frecuentemente en movimiento, ocasionalmente en grupos, como los vaqueros y chalanes que se dirigen a la feria de Brandeso, «armados con luengas picas y cabalgando en jacos de áspero pelaje y enmarañada crin». La descripción de su atuendo está hecha con un plumazo rápido y tremendamente expresivo: «Sobre el pecho llevan cruzados ronzales y rendajes, y llevan anchos chapeos sostenidos por rojos pañuelos a guisa de barboquejos.» Labradores de Cela y de San Clodio se dirigen también a la feria, «guiando sus yuntas lentas y majestuosas». Y «mujeres asoleadas y rozagantes pasan con gallinas, con cabras, con centeno». Pastores suben y bajan por las laderas de la montaña guiando ovejas, vacas y cabras. En ocasiones, los campesinos esperan pacientemente en los zaguanes de los pazos para pagar los forales. Otras veces se dirigen cargados a casa de los señores a entregar un fuero «de dos ovejas, siete ferrados de trigo y siete de centeno». En años de sequía las mayorazgas perdonan el pago del foral, no en vano son piadosas y compasivas. Desgraciadamente, la realidad fue menos admirable. El continuo aumento en la demanda de alimentos hizo que los propietarios elevaran las rentas de los colonos. Como éstos no pudieran pagar ni los aumentos ni, en muchos casos, los impuestos que ya pesaban sobre la tierra, la falta de pago o la tardanza en pagar «dio lugar a los desahucios de los colonos por las abadías benedictinas y algunos señores civiles, como el Conde de Altamira, el de Ribadavia y el Marqués de Astorga».[12]

Un grupo considerablemente más pequeño pero muy interesante es el de los bandidos. Dos de ellos aparecen sólo brevemente. El primero es el hijo «cruel y adusto» de la ventera de *Flor de santidad*. Sólo sabemos que recibe a sus congéneres secretamente por la noche, ha tomado parte en la muerte de algunos de los huéspedes y es, finalmente, detenido por el asesinato del segundo peregrino. En «A medianoche» tenemos al hijo del molinero cuyo apodo, el Chipén, parece llegado a Galicia tras un garbeo por los barrios bajos madrileños, y anuncia a los chulos matoncetes y navajeros de *El ruedo ibérico*.

El más interesante de los bandidos es, sin duda alguna, Juan Quinto, «un bigardo que tenía aterrorizada a la tierra de Salnés». Su lugar de origen es objeto de vívida controversia. Según los rianxeiros, Xan Quinto, que así lo nombra la leyenda gallega, nació en Araño; según los de Barbanza por la banda de Almeira; en Cambados, protestan otros. La misma dificultad ocurre en cuanto a su localización en el tiempo. Lo

---

12. Emilio González López, *Historia de Galicia* (La Coruña: La Voz de Galicia, 1980), p. 429.

tenemos en la primera mitad del XIX matando a un cura y a su sobrina en la rectoral y durante la caza que siguió liquidando a una pareja de guardias civiles e hiriendo a otros tres. Y también lo vemos cometiendo fechorías a finales de siglo, longevidad que parece altamente improbable. Por cierto, hay que aclarar que la tal sobrina era, en realidad, la hija del cura y vivía amancebada con su padre-tío. Por lo tanto, parece que se merecían la que les cayó. Esta explicación es importante porque Xan Quinto es la versión gallega del bandido generoso (sombras de Diego Corrientes, Luis Candelas y los Siete Niños de Écija). Xan Quinto roba sólo a labradores ricos, tratantes de ganado, curas y empleados municipales y del juzgado, villanos todos en la conciencia popular. También se carga, de cuando en cuando, a una pareja de guardias civiles. Roba del rico para dárselo al pobre, y si en ciertas ocasiones muestra un sentido del honor casi calderoniano, se redime de este desliz gracias a una gran dosis de sorna gallega. Además de Valle Inclán, se ocuparon del famoso bandido J. A. Durán, Leandro Carré y el poeta cambadense, Ramón Cabanillas.[13]

De todo lo cual se deduce que el Xan Quinto que ha llegado a nuestros días más que una figura real es una recreación metamorfoseada por la imaginación popular. Valle Inclán le añade rasgos propios. Juan Quinto, nos dice el autor, «era alto, fuerte, airoso, cenceño. Tenía barba de cobre y las pupilas verdes como dos esmeraldas, audaces, exaltadas». Juan Quinto tenía fama le valiente entre los chalanes y feriantes. En la versión valleinclanesca es derrotado por el cura cazurro y socarrón, que no se deja amilanar por las amenazas del bandolero. Otro rasgo típico de Valle es que Juan Quinto presume de bastardo noble. Cuando el cura le aconseja que se ponga a cavar, el bandido responde: «Yo no nací para cavar tierra. ¡Tengo sangre de señores!» Y más adelante nos enteramos de que era hijo de Remigio de Bealo y nieto de Pedro. En *Romance de lobos* encontramos a un Oliveros, bastardo de don Juan Manuel e hijo mayor de Ramiro de Bealo, lo que demuestra que los Bealos tenían una tolerancia tan vasta como sus tragaderas... y que cuando a Valle Inclán le gustaba un nombre, no lo soltaba fácilmente.

El último subgrupo campesino son los mendigos, cuya mística Valle Inclán entendió intuitivamente y explica a lo largo de las obras gallegas, culminando con la trilogía de los Montenegro. Los mendigos vienen en todas las formas y colores, desde la cándida y visionaria Adega, hasta la caravana que se dirige a la feria y cuya descripción anuncia el *esperpento*.

«Como cordón de orugas se arrastran a lo largo del camino. Unos son ciegos, otros tullidos, otros lazarados. Todos ellos co-

---

13. Para más información sobre este tema, recomendamos «Xan Quinto, un bandolero a caballo de la leyenda», incluido en Xavier Costa Clavell, *Bandolerismo. Romerías y Jergas gallegas* (La Coruña: La Voz de Galicia, S. A., 1980), pp. 45-59.

men del pan ajeno, y vagan por el mundo sacudiendo vengativos su miseria y rascando su podre a la puerta del rico avariento. Una mujer da el pecho a su hijo cubierto de lepra, otra empuja el carro de un paralítico. En las alforjas de un asno viejo y lleno de mataduras van dos monstruos. Las cabezas son deformes, las manos palmípedas.» (p. 508).

Entre los pobres hay categorías. El ciego Electus ocupa un puesto elevado en la jerarquía mendicante. Es cazurro y cachondo; se permite libertades con las mozas que no se lo toman a mal y ayuda a otros pobres a conseguir empleos. Los criberos, que espían sobre los carlistas, presentan ya rasgos picarescos que anuncian obras posteriores. No tanto en su apariencia renegrida y sucia como en su peculiar filosofía del gobierno: «En las Españas pasa que todos los que mandan son unos ladrones... Pero quieren ser solos... y ésa no es justicia. La justicia sería abrir los presidios y decirle a la gente: «No podemos ser todos hombres de bien, pues vamos a ser todos ladrones.»

El pordiosero gozaba de un *status* especial en la sociedad gallega porque su papel era parte del diseño divino. Proveía a los ricos con la oportunidad de demostrar su generosidad, y era rara la ocasión cuando los pobres dejaban casas o santuarios sin haber sido socorridos. La mayoría de los pobres llevaban vidas itinerantes, y raras veces permanecían en un lugar fijo. Ya que el tener residencia permanente cambiaba su situación con relación a sus vecinos. En general cubrían una comarca en sus correrías reuniéndose en ferias y romerías donde las posibilidades de buenas limosnas aumentaban.

Los pobres salmodian gracias y claman bendiciones para sus benefactores, pero son astutos y saben calibrar la reacción a sus plantos. De todos los retratos el más conmovedor es, sin duda, el del pequeño «malpocado», más tarde incorporado a *Flor de santidad*. Un joven rapacín de nueve años, que atiende a los consejos de la abuela, mientras caminan a la búsqueda de empleo:

—Agora que comienzas a ganarlo has de ser humildoso, que es ley de Dios.

—Sí, señora, sí...

—Has de rezar por quien te hiciere bien y por el alma de sus difuntos.

—Sí, señora, sí...

—En la feria de San Gundián, si logras reunir para ello, has de comprarte una capa de juncos, que las lluvias son muchas.

—Sí, señora, sí...

—Para caminar las veredas has de descalzarte los zuecos.

—Sí, señora, sí... (p. 487).

La resignación es una característica compartida por campesinos y mendigos. La visión de una clase baja revolucionaria concuerda mal con la idea de un mundo aristocrático dirigido por «los mejores». Los campesinos y los mendigos aceptan la injusticia de sus amos con quejas pero sin rebeliones. Esto se ve claramente en «Mi bisabuelo».

Los aldeanos se lamentan de que el escribano Malvido está quitándoles los montes comunales valiéndose de trampas. Dos hijos del ciego Serenín de Bretal están en la cárcel por haberse atrevido a protestar contra tal desmán. Los otros se conforman con quejarse: «¿Adónde irás que no penares? ¡La suerte del pobre es pasar trabajos! Para el pobre nunca hay sol. ¡Sufrir y penar! ¡Sufrir y penar! Es la ley del pobre.» Cuando don Manuel les advierte: «En la mano tenéis el remedio. ¿Por qué no matáis a ese perro rabioso?» Los hombres contestan que tienen las manos atadas y que «el que nació de nobleza tiene un sentir, y otro el que nació de la tierra». Cierto es que las mujeres insultan a los hombres acusándolos de cobardía, pero al fin es el señor quien se toma la justicia por su mano y le descerraja un tiro al escribano ladrón. La solución a la injusticia social es la misma que el autor expandirá en *Romance de lobos*. Los pobres no pueden redimirse. Sólo los señores pueden salvar a los pobres, cuando los señores se hagan cristianos.

Campesinos y mendigos visten de forma similar. Las mujeres llevan cofias, dengues, corpiños, camisas, sayas de estameña y mantelos repinicados con bordados y adornos de terciopelo para los días de fiesta. De vez en cuando asoma un capotillo mariñón. Calzan zuecas y madreñas y los hombres zuecos herrados, que se sacan a veces para evitar estropearlos. A veces llevan los pies desnudos: las mozas descalzas «ocultaban vergonzosas los pies bajo los refajos amarillos». Si llueve, se protegen de la lluvia con capas de juncos. Cuando los hombres sudan, se limpian la cara con un pañuelo de yerbas y las *paisanas* se cubren los cabellos con pañueletas negras o de colores, mientras que las campesinas acomodadas gastan basquiñas y se tocan con mantillas de velludo. En las manos, llevan rosarios de azabache engarzados en plata.

A veces la descripción de figuras y vestimenta alcanza un colorido que recuerda los cuadros de Sotomayor:

> Pasaban los hidalgos llevando del diestro sus rocines enjaezados con antiguas sillas jinetas, pasaban viejos labradores arrastrando lucientes capas de paño sedán, y molineros blancos de harina, y trajinantes que ostentaban botones de plata en el pantalón de pana, y clérigos de aldea cetrinos y varoniles, con grandes paraguas bajo el brazo. (p. 491).

Los labriegos comen berzas y caldo gallego en espumeantes cuencos de madera o de corcho, valiéndose de cucharas de boj. A veces se acompañan con un pedazo de borona, el pan de maíz típico de la región. Los señores beben vino de Arnela y de Fontela, o consumen el producto de sus viñedos. A los criados se les invita a vino nuevo.

No hay muchas descripciones de las viviendas campesinas. Se ve el humo salir de las cabañas. Algún que otro arcón sirve de asiento y armario. Los establos son oscuros, con olor a hierba húmeda. La habitación de la posada «era pequeña, toda blanca de cal, y con el techo partido por una viga». Se percibía el vaho de la taberna: olor a higos, azúcar húmedo y moreno y a caña holandesa». En las casas de los pescadores, se ven caballetes azules sosteniendo los colchones.

Los campesinos hablan una lengua, que a veces Valle Inclán identifica como «fabla visigótica», con numerosas influencias gallegas. Algunas palabras son préstamos directos del gallego. Entre ellas tenemos: *agora, rapaza, manteos, malpocado, abade, arrodeo, sabedes, banda* (lado), *dengue, suras* (para llamar a las gallinas), *válanos, reisiño, furricallo, neno, can, mal cativo, frade, estábades,* y *vos* (en vez de os). Otras son castellanizaciones directas del gallego: *tojos* (aliaga), *refajo* (falda que usan las campesinas), *aturujan, enantes, curmano* (primo), *fijo, fierro, broando, fujiendo,* que corresponden a las gallegas *toxos, refaixo, aturuxan, denantes, curmán, fillo, ferro, bruando, fuxindo.* Hay también muchas construcciones sintácticas gallegas tal como la colocación de los pronombres después del verbo, construcción ahora arcaica en castellano: *dejaríaslas, diole, túvelo, sonlo, tiénela.* Se ve claramente en las frases: «A la rapaza *dale* por veces el ramo cativo»; «solamente tú *puédeslas* coger»; y la colocación del pronombre entre la preposición y el verbo: «*para se juntar*», «esa gente tiene mañas *para los hacer*» y un caso claro del dativo de solidaridad tan característico del gallego: «Sus padres *sonle* muy honrados.»

Otra construcción común en el habla campesina es la colocación del adjetivo posesivo largo antes del nombre: «el mío querer» *(o meu querer)*; «murió la vuestra madre», *(morreu a vosa nai).*

Un uso típico de los gallegos cuando hablan castellano es el empleo del imperfecto de subjuntivo en lugar del pluscuamperfecto de indicativo. Valle Inclán nos deja varios ejemplos: «*Tomara* (había tomado) el poder», «*fuera* (había sido) muy conocido». La razón es obvia. El gallego no tiene tiempos compuestos y su pluscuamperfecto de indicativo se asemeja extraordinariamente al imperfecto de subjuntivo del castellano. En los ejemplos citados, las formas verbales gallegas serían: *tomara* y *fora.*

Valle Inclán incorpora múltiples expresiones del habla popular gallega tales como el uso del imperfecto en vez del presente, para expresar respeto: «¿Qué mandaba, mi ama?» Otras veces simplemente traduce expresiones del pueblo: «Tiene los ojos lucientes como un can adolecido.» «¡Así hubiera gracia de Dios!» «¡Santos y buenos días nos dé Dios;» «¡Malos demonios lo lleven!»

No podemos concluir este estudio de Galicia en la obra narrativa de Valle Inclán sin hacer algunas observaciones sobre la religiosidad gallega. Dice Fernando Sánchez Dragó que la circunstancia del celta es «una herencia teosófica que obliga al gallego a dialogar con su entorno, a recoger en cada objeto su cuota de eternidad». Y añade más adelante que en Galicia «lo anterior convive siempre con lo posterior»; el paso del tiempo «no se mide por sustitución sino por acumulación».[14] Xexús Taboada concuerda al decir que en muchas de las fiestas gallegas hay «pervivencias de espresione primixenias que, aínda degradadas atraveso dun longo proceso de aculturación, conservan componentes nidios de primitivismo».[15] Xosé Ramón Barreiro corrobora la existencia de este sincretismo gallego cuando dice que «los labriegos mantienen [durante el siglo XIX] un cuerpo de creencias, que fue mínimamente alterado por el dogma católico, pese a sus intentos de monopolizar el fenómeno religioso».[16] Y el mismo Valle Inclán lo confirma, de forma más poética. «En Santiago de Galicia, escribe en "Mi hermana Antonia", las almas todavía guardan los ojos atentos para el milagro».

Valle Inclán, desde el principio, recoge una serie de prácticas y supersticiones, de larga andadura en la etnia gallega. Para citar a Sánchez Dragó de nuevo, son cuatro las «obsesiones gallegas que han alcanzado el siglo XX sin perder un destello de su garra, cuatro anticuerpos combaten en esa tierra la infección racionalista: los vestiglos de la *Santa Compaña*, los *mouros*, los *tesoros escondidos* y los *lobishomes* o licántropos».[17] De estas cuatro «obsesiones» Valle Inclán recoge las tres primeras.

La leyenda de la *Santa Compaña*, también llamada *estadea* o *la hueste*, ya aparece mencionada por George Barrow,[18] y está estrechamente relacionada, según Menéndez Pelayo, Murguía y Roso de Luna, con el culto a los muertos que, de origen celta, fue cristianizado, con el beneplácito de la Iglesia y tomó la forma de culto a las Ánimas del Purgatorio, en cuyo honor tantos *cruceiros* se han levantado en las encrucijadas gallegas. Hasta el cabecilla carlista fusila a su mujer al pie de una cruz de piedra con el retablo de las Ánimas. Según algunos autores, la *estadea* la forman las almas que purgan sus pecados hasta poder entrar en el paraíso, es una especie de infierno frío. Novoa Santos distin-

14. Fernando Sánchez Drao, *Gárgoris y Habidis: Una historia mágica de España* (Barcelona: Argos Vergara, 1982), pp. 277-78.
15. Xexús Taboada Chivite, *Etnografía galega* (Vigo: Galaxia, 1972), p. 51.
16. *Galicia eterna*, I, p. 226.
17. *Gárgoris y Habidis*, p. 281.
18. George Barrow oyó por primera vez hablar de la *estadea* a su guía que utiliza también la palabra portuguesa *estadinha*. «What do I mean by the *Estádea*? My master asks me what I mean by the *Estadinha*. I have not met the *Estadinha* but once. I was in company with several women, and a thick haze came on, and suddenly a thousand lights shone above our heads in the haze, and there was a wild cry, and the women fell on the ground screaming, 'Estádea! Estádea!' and I myself fell to the ground crying out, '*Estadinha!*' The Estádea are the spirits of the dead wrhich ride upon the haze, bearing candles in their hands. I tell you frankly, my master, that if we meet the assembly of the souls, I shall leave you at once, and then I shall run and run till I drown myself in the sea, somewhere about Muros». *The Bible in Spain* (London: John Murray, 1930), pp. 442-443.

gue tres niveles: el psicodélico que es una alucinación sugerida por el
desfile del Viático en las *corredoiras*, con su anuncio implícito de que
alguien está en peligro de muerte, el psicológico: desdoblamiento y toma de conciencia ante la propia vida; y el escatológico, la visión real
de un fenómeno ultrafísico. Según Roso de Luna, la *estadea* está formada por las almas de los que quisimos y nos quisieron durante la
vida, que vienen a recibirnos a los umbrales de la eternidad.

Una interpretación más común cree que el encuentro con la *hueste*
indica que alguien se va a morir. Generalmente, el que se encuentra
con la *estadea* ve la figura caminando detrás de un féretro abierto. No
vamos a entrar aquí en las medidas defensivas que los *paisanos* des-
piertos toman para protegerse del *aire de morto* y de la amenaza de
tener que carrear un cirio por el resto de sus días y vamos a concre-
tarnos a la descripción de la *Santa Compaña* tal como se le aparece a
don Juan Manuel Montenegro en la estampa «La hueste» que el autor
incorporó más tardíamente a *Romance de lobos*.

El Mayorazgo galopa borracho por un camino aldeano, no lejos de
un cementerio, cuando su caballo se encabrita. Se oyen voces del otro
mundo que anuncian la muerte del Mayorazgo y amenazan castigo:
«Siete diablos hierven aceite en una gran caldera para achicharrar tu
cuerpo mortal, pecador». Retumba un trueno y entre los maizales bri-
llan las luces de la Santa Compaña. La procesión de las ánimas le rodea
y siente un «aire frío, aliento de sepultura». Los espectros marchan al
son de cadenas y salmodian en latín. Estos fantasmas son más cultos
de lo normal, por lo que parece. Excepto por este detalle, Valle sigue
las directrices tradicionales. Cuando el Vinculero mira el cirio que tiene
en la mano, «advierte con espanto que sólo oprime un hueso de muerto». Un rasgo verídico porque las velas de la *estadea* son, en realidad,
los huesos de los difuntos. Otra nota de autenticidad es que don Juan
Manuel llega a la orilla del río y ve un entierro al otro lado. La *visión*
del entierro a veces aparece mezclada con la de la *hueste* en las creencias populares. Hasta aquí, pues, Valle Inclán se limita a repetir la
leyenda tradicional.

Pero no sería Valle Inclán si se limitara a esto, así que arroja otros
elementos en el caldero de la superstición: unas brujas que departen
sentadas en rueda mientras levantan un mágico puente sobre las aguas
infernales para que pueda cruzar el entierro. Pero el gallo canta antes
de poder terminarlo y las brujas, transformadas en murciélagos, desaparecen volando, llevándose con ellas la última piedra. El entierro se
vuelve a la aldea. Las cosas retornan a su estado normal, pero cuando
el Montenegro llega a su casa encuentra «muerta y amortajada en su
lecho la moza con quien vivía en pecado mortal».

El escritor gallego añade sabor a su guisote metafísico con una serie de alusiones a frailes sacrílegos, maridos cabrones, y madres que
han roto el tabú del fuego: «la madre tiñosa, tiñosa raposa, que se mea

en la hoguera». Incorporando así la creencia popular de que el fuego nuevo nunca debe mancillarse bajo peligro de castigo.

Otra tradición que Valle Inclán recoge es la de los *mouros*. Los *mouros*, aunque a veces confundidos con los hijos de Mahoma, (don Ramón se refiere a ellos como «alarbios»), no tienen, en realidad, nada que ver con los moros que invadieron España a los que, por cierto, preceden por varios milenios. Los *mouros* son gigantes protohistóricos que viven en los castros o en las *mámoas*, por eso los labriegos que habitan estas tierras tienen que tener cuidado de no arar hondo, porque no sería el primer *mouro* que protesta porque le destejen la casa. Las compañeras de los *mouros* son, naturalmente, las *mouras*, que salen con mucha frecuencia a tomar el sol y a peinarse sus largos cabellos con peines de oro. Muchas veces quisieran ser desencantadas. Para conseguirlo, se valen de varios métodos. Valle Inclán en «Las cartas galicianas» y en *Flor de santidad* nos explica uno de ellos. La *moura* muestra muchas joyas al viandante y le pide que escoja; cuando éste elige una de ellas, la *moura* y sus tesoros desaparecen porque lo que se debe decir es : «Me gusta mucho la tienda pero más la tenderita», o, en la versión valleinclanesa: «Entre tantas joyas, solo a vos quiero, señora.» Lo que demuestra que, aunque *mouras*, son también mujeres que aprecian la galantería.

Se han dado muchas explicaciones sobre quiénes son los *mouros*. Murguía los creyó genios de carácter demoníaco descendientes directos de los mitos precristianos. Otros eruditos los creen remembranzas de los primitivos núcleos de población. Para Vicente Risco, son «los antiguos, los infieles, los gentiles, los depositarios del inmenso saber perdido». Y Sánchez Dragó dice que *mouro* es sinónimo de diferente: «lo que no es español ni cristiano (ni siquiera gallego) ni moro ni judío ni histórico ni tangible ni bastardo de cabrón y mona». Sean quienes fueren, hay una cosa que todos los *mouros* guardan cuidadosamente: su tesoro.

Los gallegos han conservado, a través de los siglos, una acendrada creencia en la existencia de tesoros escondidos. Esta esperanza, en el que muchos ven, más que avaricia, un deseo de recobrar la inocencia perdida, se puede realizar de muchas maneras diferentes. Consultando *vedoiros*, o sea personas con tercer ojo que pueden ver dentro de la tierra; observando el comportamiento de los animales; contemplando las estrellas; traduciendo petroglifos; y excavando en los castros. Pero uno de los métodos más seguros, creen algunos *paisanos*, es hacerse con una copia del *Libro de San Cipriano*, un popular grimorio del siglo XI, aunque las versiones conocidas datan de una copia del XVI. Está firmado por una tal *Beniciana Rabina*, *rabino hembra*, que parece ser una deformación fonética de Antonio Venitiana del Rabina, autor del *Grand Grimoire* francés. El tal *Ciprianillo*, como suele llamársele, o *Libro de San Cibrán o Cidrán* en gallego, vale lo mismo para un zurcido que para un bordado. Escribe Xesús Taboada que además de un resumen de la vida del santo, el *Ciprianillo* incluye: «Sináis de maleficios. — Oracións i esconxuros apelando a San Cipriano. — Sobre os pantasmas que aparecen nas encrucilladas, a pedir oracións. — Desencanto de tesouros. — Ladaiñas dos Santos. — Maxia das fabas e do gato preto. — Misterios de feiticería. — Cartomancia. — Quiromancia. — Poderes ocultos. — Cartomancia cruzada. — Tesouros ocultos. — Espritus diabólicos. Contén, ademáis, moitas fórmulas e conxuros pra diferentes usos.» [19]

En las obras gallegas de Valle encontramos a grupos de criados y de campesinos hablando, entre otras cosas, de tesoros ocultos. En *Flor de santidad*, Valle Inclán nos presenta a un buscador de tesoros, que por la noche estudia los misterios del libro de San Cidrán a la luz de un cirio. Adega, que lo ve, cree que entre los pinares hay enterrado «dinero para siete reinados, y días de un rey habrán de llegar, en que las ovejas, escarbando los descubran». La vieja mendiga que la acompaña opina que todo eso son cuentos y recuerda que un primo suyo vendió todas sus posesiones «hasta el cuenco del caldo», para conseguir el tesoro y no descubrió cosa alguna.

Además de estas tres creencias con tan honda raigambre entre los gallegos, Valle Inclán recoge otras muchas tradiciones. A Antonia y a la renegrida moza de «Milón de Arnoya» les han puesto un hechizo en las manzanas reinetas. Este hechizo las mantiene cautivas de sus amantes. En el caso de Milón, parece una relación puramente física; pero en el de Antonia la atracción es más sutil. El estudiante de Bretal le dice que no quiere su cuerpo, sino dominio sobre su alma y para conseguirlo pacta con el diablo.

Otra creencia muy extendida, y no sólo en Galicia, es la del mal de ojo. Cuando la ventera de *Flor de santidad* trata de quitar el hechizo, o mal de ojo, a las ovejas traza en la testuz de los animales el círculo del Rey Salomón. ¿No es esto un recuerdo del llamado *nudo de Salomón* o *esvástica del Miño* que se encuentra esculpido en tantas piedras prehistóricas?

El hijo de la ventera, también para deshacer el aojamiento, lanza un cordero al fuego en una ceremonia que reúne el sacrificio y la purificación , y su madre lleva a los animales a la fuente de San Clodio, para que beban el agua, por la noche, bajo la luna. La magia de las aguas es común a todos los pueblos celtas y ciertamente extendida en Galicia, donde «casi todas las fuentes de las iglesias y santuarios tienen para las gentes virtudes especiales para curar enfermedades de personas o animales».[20] El santuario de San Andrés de Teixido, al que según el refrán, van de muertos los que no fueron de vivos, tiene una fuente con supuestas virtudes curativas, en la que beben los peregrinos. Es probable que la fuente misma fuera en un tiempo la divinidad, porque

---

19. *Etnografía galega*, p. 131.
20. *Galicia eterna*, II, p. 396.

el lugar ya era santo cuando los druidas se asomaron por primera vez al brocal a beber el agua milagrosa. El agua se considera viva y por la noche duerme, por eso hay que agitarla antes de beber o, mejor, meterle un tizón encendido. Y naturalmente en las aguas viven las *xacias* que son hermosísimas mujeres que como los *mouros* practican y exigen una ley del silencio que deja tamañita a la de la Cosa Nostra. La descripción física de las *mouras* de Valle Inclán recuerda mucho a la de las *xacias*.

Muchos más ejemplos podríamos notar de supersticiones que Valle Inclán menciona, a veces de pasada, y que recogió de las más íntimas creencias de su pueblo. El saludador Texelán de Cela que ayuda a la ventera a quitar el mal de ojo por sus ovejas y la saludadora de Céltigos, que con un conjuro que podría haber salido del *Ciprianillo*, lanza una maldición sobre fray Ángel, son una sincretización de los *sabios*, *meigas*, *curandeiros*, *pastequeiros*, y demás practicantes de la magia cuyos poderes y atributos sería demasiado largo ennumerar.

El gallego acepta el hecho de que el mal puede ser provocado por fuerzas naturales, demoníacas, por los muertos y por los vivos. Consecuentemente, ha desarrollado líneas de defensa contra tantos posibles enemigos. Entre ellos, uno de los más útiles es el santoral.

Los santos pueden ayudar al hombre prácticamente en todos los trances. Encuentran pareja, protegen el matrimonio, fecundan a las estériles, facilitan el parto, ayudan en los viajes, y curan las distintas enfermedades. Cada santo tiene su especialidad médica, por ejemplo, San Benito es de la piel, de la garganta San Blas y San Agustín, que está especializado en la ronquera; Santo Domingo de los dolores de cabeza; de la lepra San Lázaro, etc., etc. Eso explica la devoción a los muchos santos que llenan el calendario valleinclanesco: Santa Baya, San Rosendo, San Clodio, San Gundián, San Clemente y tantos otros cuyas iglesias, ermitas y santuarios salpican el paisaje aldeano.

Pero los santos no son el único remedio contra los males, hay higas y amuletos, medallas y rosarios, como los que usan el peregrino, Adega, la ventera y la esposa de Pedro de Vermo. Hay conjuros y oraciones como las que salmodia Micaela la Roja al sentir los golpes en la pared, que naturalmente imagina de origen diabólico y hay yerbas milagrosas como las que la molinera le da al Marqués de Bradomín para que las ponga bajo la almohada de Concha.

En la religiosidad hay mucho de toma y daca. Se ofrece algo a cambio de los favores; la Condesa de Porta-Dei le promete su collar de perlas a la Virgen de Bradomín, si cura a su hija. La misma condesa usa los conjuros de la saludadora de Céltigos para alcanzar venganza de fray Ángel. La superstición no conoce barreras sociales, por eso no es de extrañar que sea el Abad el que confirme que Adega padece del *ramo cativo*.

El campesino gallego hacía y hace dos distinciones claras entre las enfermedades: enfermedades «de médicos» y enfermedades que no son de médicos y que deben ser curadas por otros medios. Entre estas últimas la enfermedad de Adega es muy común. Se refiere a ella de muchos modos: *mal dafora, males extraños, embruxamiento, endemoniado, o mal do demo, mal cativo* y *ramo cativo*. Hay también muchas maneras de referirse a los que sufren esta enfermedad: *tolos, parvos, atolados*, etc. Todas estas denominaciones apuntan a desórdenes mentales. Las víctimas «son con frecuencia llevados, en esperanza de mejoría, a algunos santuarios —que genéricamente se llaman corpiños— a sacerdotes, bruxas, corpos abertos y demás arúspices del sufrimiento, quienes, después de insinuar las causas, los manipulan místicamente».[21]

En estas circunstancias, la idea de llevar a Adega a Santa Baya de Cristamilde para sacarle, literalmente, el demonio del cuerpo es lógica y concordante con las creencias del pueblo. La figura de Adega, una de las más «literarias» del autor, simboliza esta alma supersticiosa del gallego. Adega es rubia y tiene los ojos de color violeta. Se pasa una gran parte del tiempo hilando, sentada en «piedras célticas» adornadas de «líquenes milenarios». Su inocencia bordea en lo increíble. Es, no obstante, una buena excusa literaria para presentarnos el retrato de un paisaje físico y espiritual de indudable belleza. En Adega, así como en Beatriz, vemos también el bimonio sexual-demoníaco. Ambas sufren manifestaciones físicas que «demuestran» que están poseídas por el demonio. Beatriz grita y se retuerce «como una salamandra en el fuego». Esta explicación psíquico-religiosa, que Valle apenas esboza, es menos comprensible en Adega que en Beatriz porque Beatriz se siente culpable por sus relaciones con fray Ángel, pero en Adega no hay asomo de culpabilidad ya que está convencida de que el peregrino es Jesucristo, por eso sus pesadillas parecen inculcadas por otros y no innatas. La relación sexo-demonio, se da también, como ya hemos mencionado, en «Mi hermana Antonia», «Milón de Arnoya» y, de forma indirecta, en «Rosarito».

En Santa Baya de Cristamilde, Valle Inclán reúne la tradición de la misa de los endemoniados que se celebraba, entre otros sitios, en el santuario de Nosa Señora do Corpiño, y la mitología del mar. Las nueve ondas de muchas playas, principalmente de A Lanzada y San Andrés de Teixidó, sirven para curar las enfermedades. A las endemoniadas de *Flor de santidad*, las someten a siete olas. La descripción que Valle nos deja de las endemoniadas lanzando «gritos estridentes» y cuya bocas blasfemas «cuajan espumas», coincide con lo que cuenta Costa Clavell de la romería del Corpiño y con la que Luisón Tolosana presenció en la iglesia de San Pedro Mártir, en Ribadavia, hace unos pocos años.[22]

---

21. Carmelo Lisón Tolosana, *Brujería, estructura social y simbolismo en Galicia*, vol. 2 de *Antropología cultural del Galicia*, 2 ed. (Madrid: Akal, 1983), p. 153.

22. Costa Clavell cuenta como el enfermo, en este caso un epiléptico, se revolcaba por los suelos y echaba espuma por la boca (p. 63). Lisón Tolosana dice que el enfermo salía de la iglesia «jadeante y descompuesto» (p. 153).

De todo lo anteriormente dicho, podemos concluir que el cuadro que Valle Inclán dibujó en sus obras primerizas, es un retrato de Galicia no sólo variado sino también entrañablemente real. Siendo un gran artista, seleccionó y desechó ciertos rasgos y características; era su derecho y su arte, pero esta selección que pule y da esplendor al retrato final, no disminuye en lo más mínimo la realidad de esta Galicia «pobre, pensativa y sola» que Valle Inclán ya menciona en la carta que escribió al gran galleguista, Ramón Murguía, pidiéndole que prolongara su obra primigenia, *Femeninas*.[23] En sus primeras obras, Valle Inclán reflejó, como él mismo dice, el amor a la tierra que sienten «los que como herencia sagrada, conservamos, al través de los siglos, un dejo de *celtismo*, que nos hace amar los robles carcomidos y las rocas vetustas, de nuestras amadas *gándaras*».

M. D. LADO

23. Naya Pérez, Juan, «Dos misivas de Valle-Inclán a Murguía», *Boletín de la Real Academia Gallega*, 29-30, Año LXII, Tomo XXX, Núm. 351 (Diciembre, 1969), pp. 213-216.

Ramon del Valle-Inclán

VALLE INCLÁN ANTE LA DICTADURA MILITAR: EL VIAJE A ASTURIAS (1926)

Es bien famosa la disidencia de Valle Inclán frente a la dictadura de Primo de Rivera. El golpe de estado de 1923 dio pie a que el escritor gallego denunciara el régimen militar de maneras muy diversas. En cartas privadas, protestas públicas y obras literarias de índole satírica, Valle «patentizó —se apuntó tras su muerte— en múltiples ocasiones su espíritu rebelde, combatiendo al dictador con agudas invectivas que han pasado al más sabroso anecdotario popular».[1] En efecto forman parte de su leyenda ciertos gestos de protesta cuyo fin era socavar la autoridad de la dictadura militar: ora se sumaba a las manifestaciones estudiantiles, ora alborotaba en la representación de un autor teatral asociado con el Directorio; ya arrojaba monedas a los guardias que venían a cerrar el Ateneo, ya desafiaba a la Dirección General de Seguridad mediante el esperpento antimilitarista, *La hija del capitán*. Testigo de algunos de estos actos, Fernández Almagro mantiene en su biografía que «Valle Inclán verdaderamente no desperdiciaba ocasión de atacar al régimen»,[2] testimonio que ya era tópico en las notas necrológicas publicadas en la muerte del escritor.[3]

El mismo biógrafo menciona una ocasión que bien puede servir de antecedente al viaje aquí recordado, viaje que viene a patentizar una vez más aquella oposición a la política de Primo de Rivera. En 1925 Valle fue invitado a inaugurar un curso de conferencias en el Ateneo de Burgos. Advierte Fernández Almagro que en aquella ocasión «abundaron las alusiones hostiles a la política dominante» (p. 206). Años atrás José de Benito había señalado lo mismo, pero añadió —para los lectores de *Heraldo de Madrid*— las siguientes observaciones sobre el efecto producido en el público por dichas «alusiones»:

1. Luis Góngora, «De la muerte de Valle-Inclán», *La Noche* (Barcelona), 6 enero, 1936.
2. Melchor Fernández Almagro, *Vida y literatura de Valle-Inclán* (Madrid: Taurus, 1966), p. 207.
3. Ver *La Voz de Galicia:* «Durante la Dictadura, él, con D. Miguel de Unamuno y con pocos más, levantó su clamor de protesta» (7 enero 1936); y *El Sol:* «La dictadura de Primo de Rivera tuvo en D. Ramón uno de sus más tenaces y terribles enemigos. Su pluma y su lengua no dejaban en paz por un momento al dictador y a sus cómplices» (7 enero 1936).

Era en Burgos, el año 1925. Valle Inclán inauguraba el curso del Ateneo Burgalés en el teatro Principal.

Tema: «La literatura nacional española».

Público: curas, militares y damas, que esperaban de quien imaginaron como al Marqués de Bradomín: feo, católico y sentimental, una conferencia ñoña con más o menos ornatos literarios... La silueta de Valle Inclán dentro de un frac impecable, llenaba el escenario. Durante una hora las palabras geniales del maestro saltaron en ágiles malabarismos ante el pasmo de los oyentes. El terror paralizaba la sangre al capitán de Castilla la Vieja. Su rey y dictador quedaron al desnudo en sus guiñapos.

Burgos esperó el cataclismo: pero éste no llegó a producirse. (12-III-36, p. 13).

Lo cierto es que «el pasmo de los oyentes» no se registró en el resumen de la conferencia publicado al otro día por el *Diario de Burgos* (reproducido en el Apéndice I). Sí aparecieron algunas frases cargadas de intención (v. gr., «La moral del drama, es la del individuo que *no acude a las leyes* para castigar los agravios, sino que los venga por sí mismo, y *eso es anarquía pura*».), mas quedó eliminada toda alusión clara a la política actual. Veremos más adelante que la prensa asturiana, un año más tarde, iba a permitirse más libertad de expresión llegado el momento de transcribir las palabras pronunciadas por Valle Inclán en su gira por la región.

Esta gira comenzó a finales de agosto de 1926 cuando el escritor, invitado por los ateneos populares tan notables de Asturias, llegó a Oviedo con media docena de conferencias en las alforjas: «La emoción de América», «Autocrítica literaria», «La herencia de Roma», «Motivos de Arte y Literatura», «La novela en España», «Recuerdos de mi vida literaria» y —el mismo tema tratado en Burgos el año anterior— «Caracteres de la literatura española».[4] Cabe pensar que Valle Inclán no viajaba a Asturias a hablar solamente de arte y literatura, y así lo confirma el testimonio de Antonio J. Onieva:

No se olvide que estábamos en tiempos de la Dictadura y que a todos los actos públicos debía asistir un delegado gubernativo. Lo sabía también Valle, y lo primero que nos dijo fue:

—No admito que venga a mi conferencia ningún delegado. Yo no arrojo margaritas, etc.

Esto nos ponía en un aprieto. Era el gobernador civil y militar el general Zuvillaga... hombre bonísimo, tolerante, aunque celoso de su fuero.

---

4. Para más conferencias pronunciadas por Valle-Inclán entre 1907 y 1935, ver mi libro *Un Valle-Inclán olvidado: Entrevistas y conferencias* (Madrid: Fundamentos, 1982), p. 288.

A fin de salir del aprieto —añade Onieva—, el gobernador civil y militar propuso una solución astuta:

> —Bien. Vamos a hacer lo siguiente. Puesto que habrá una larga mesa presidencial, yo enviaré a mi delegado, que se sentará entre ustedes, los de la presidencia, como un directivo más. Valle Inclán no se enterará y yo cumplo con mi deber.
> —No creo —repuse— que haga ninguna alusión al régimen; pero si la hiciera, lo discreto es que el delegado no se dé por enterado. Con no recogerla en la prensa, queda todo resuelto. ¿Conformes?
> —Conforme.[5]

No obstante el arreglo así concertado, Valle sí hizo alusiones a la Dictadura, y la prensa, aunque con suma discreción, no dejó de recogerlas.

Antes de sacar a luz algunas de aquellas alusiones, conviene reflexionar sobre la decisión de Valle Inclán de aceptar la invitación a hablar en los pueblos de Asturias. ¿Por qué acudir a la llamada de los ateneos asturianos en 1926? Esa llamada, ¿qué representaba dentro del panorama político de la Dictadura y cómo encajaba en la trayectoria vital de Valle en ese momento?

Ayuda a comprender aquella decisión una advertencia hecha por su amigo Rivas Cherif unos dos años atrás. Refiriéndose a la relación que se daba entre la literatura y la política, conforme las venía practicando el escritor gallego, apuntó en *Heraldo de Madrid*: «Ya no le gusta "el arte por el arte". Cree que el escritor ha de ir con su tiempo. Hay que hacer, pues, literatura política. Y, por consiguiente, política literaria» (2-VIII-24). La «literatura política» aquí mencionada eran los primeros esperpentos (ya publicados en *España* y *La Pluma*) y los manuscritos bien avanzados de dos novelas, *Tirano Banderas* y *La corte de los milagros*, obras todas que representaban críticamente ciertos males enraizados de la patria.[6] En cuanto a la «política literaria», Rivas Cherif

---

5. Antonio J. Onieva, «Valle-Inclán en Asturias», *La Estafeta Literaria*, 37 (30 noviembre 1945), 7.

6. Conviene recordar que para la crítica, la actualidad venía señalada en las obras citadas a través de una estructura analógica fácilmente descifrable. Así lo entendía, por ejemplo, el autor de la nota sobre «El gran éxito de *Tirano Banderas*» publicada en *Heraldo de Madrid* a pocos meses del viaje aquí estudiado: «Apenas publicada la última novela de D. Ramón del Valle-Inclán, que tan afanosamente esperaban sus lectores asiduos, está en vía de agotarse la primera edición, y en reimpresión ya la segunda. Aunque la República de Santa Fe de Tierra Firme, donde el autor sitúa la acción tremenda de *Tirano Banderas*, no tiene límites conocidos sino en el mapa moral de la América Española, la gran idea satírica que de su lectura se desprende ilumina con el poderoso concepto del arte tantos sucesos históricos que el lector de periódicos no acierta a discernir en el telegrama o el artículo de simple información» (1 febrero 1927).

tenía presente el viaje hecho por Valle Inclán a México en 1921, ocasión
en que defendió las reivindicaciones populares proclamadas por la revolución de 1910, en entrevistas y otra serie de conferencias.[7] En éstas
y otras actividades de aquellos años, Valle «iba con su tiempo» en
tanto que se asociaba con el grupo de intelectuales (Azaña, Ortega, Araquistain, etc.) que llegaba a tener cohesión frente al decaimiento del
régimen monárquico.[8]

Dada esta orientación, no sorprende que el escritor aceptara una
invitación a recorrer Asturias en calidad de conferenciante. Por lo
demás, Asturias presentaba en 1926 un clima de inquietud que hacía
de la región una excepción dentro de la España de la ditadura. Como
era de esperar, esa inquietud respondía a una crisis económica. Aunque los historiadores mantienen que la política económica de Primo de
Rivera «puede ser calificada de ampliamente positiva»,[9] la prosperidad
gozada en la península durante la década de los veinte apenas afectó a
Asturias. Poco antes de la huelga minera de 1924, *El Noroeste* escribía
al respecto que «Ninguna zona industrial floreciente de España está
en peores condiciones sociales de vida que la cuenca minera de Asturias»,[10] juicio confirmado por especialistas en la materia.[11] De hecho,
ante la debilidad del sector minero, la dictadura no veía otra solución
que la rebaja de salarios y el aumento de la jornada laboral, medidas
que agravaron las condiciones de vida de la región. Por otra parte, la
oposición se encontraba dividida entre los socialistas (dispuestos a co-
laborar con el régimen) y los anarquistas, comunistas y melquiadistas,
los cuales rechazaban todo vínculo con la política sindicalista del dictador.[12] Así, pues, no obstante los acuerdos realizados tras la huelga de
1924, el problema minero seguía sin resolverse. Por ello, la región que
visitó Valle Inclán en 1926 tenía motivos para lamentarse de sus circunstancias y representaba, en cuanto excepción, un peligro para la
estabilidad nacional. Comenta David Ruiz:

---

7. Ver mi estudio «El segundo viaje a México de Valle-Inclán: Una embajada
intelectual olvidada», *Cuadernos Americanos*, año 38, núm. 2 (1979), 137-76.

8. Evelyne López Campillo estudia la cuestión general en «Esquema de los cri-
terios explícitos e implícitos de los intelectuales bajo la dictadura de Primo de
Rivera», *Cuadernos Hispanoamericanos*, 291 (septiembre 1974), 590-97.

9. Xavier Tusell Gómez, *La España del siglo* xx (Barcelona: DOPESA, 1975),
p. 203. Cf. Raymond Carr. *Spain 1808-1939* (Oxford: Clarendon Press, 1970), p. 581.

10. Bernardo Díaz Nosty, «Asturias bajo el signo de la revolución (1917-1936)»,
en Diego Mateo del Peral, et al., *Historia de Asturias*; t. 8 (Salinas: Ayalga Ediciones, 1977), p. 203.

11. Ver, por ejemplo, el estudio de David Ruiz, *Asturias contemporánea 1808-
1936* (Madrid: Siglo ,XXI de España Editores, 1975): «El nuevo régimen se encontró de bruces con problemas agudos en la minería asturiana, sector que no
reaccionó sensiblemente tras la crisis de posguerra pese a la favorable coyuntura
económica de los años veinte» (p. 44). Cf. Gabriel Santullano, *Historia de la minería asturiana* (Salinas: Ayalga Ediciones, 1978), pp. 180 y 202.

12. Bernardo Díaz Nosty, pp. 198-208.

La sensación de crisis económica del sector central aparece ya en los años veinte identificada como una crisis regional, de la provincia entera, y de esta manera se pretende por parte de la burguesía ofrecer la imagen de una Asturias en peligro capaz de suscitar la creación solidaria de las fuerzas vivas regionales. (p. 44).

Valle Inclán comenzó su gira el 27 de agosto de 1926, llegando «en peregrinación intelectual» a Oviedo donde fue acogido por un grupo de amigos convocado por el escultor Juan Cristóbal.[13] Desde el primer momento resalta el perfil político de dicha «peregrinación». El Valle Inclán que venía a hablar en los ateneos populares ya no era el bohemio extravagante ni el esteta místico de antaño; antes bien era una de las «figuras próceres de la intelectualidad española» en quien las circunstancias recientes habían provocado una notable evolución:

El admirable poeta... fue carlista y luego al preconizar una evolución literaria supo imprimir también a su espíritu una evolución fundamentalmente liberal, adaptada al compás de los tiempos. (*El Carbayón*, 28-VIII-26).

De la misma manera, otro periódico asturiano acogió con entusiasmo la llegada de Valle Inclán, proclamándole «el ejemplo de la juventud» gracias a su «renovación constante de energías».[14] No obstante esta acogida calurosa, la primera conferencia del escritor tardó varios días en realizarse, aplazándose primero en Gijón y luego en Oviedo en espera de la obligada autorización del gobernador civil. Ésta se consiguió por fin el primero de septiembre, fecha en que Valle habló sobre el tema «La novela española» en el Teatro Jovellanos de Oviedo.

Dedicó su primera conferencia (reproducida en el Apéndice II) al retrato psicológico de España según venía expresándose el carácter nacional a través de la literatura. Haciendo hincapié en un contraste entre la novela y el teatro del Siglo de Oro, fijó en aquélla la primacía del pícaro, «tendencia a la consagración individual, dignificando al creador de una ley propia que esquivaba las leyes». Por el contrario, el teatro ofrecía otro modelo, «creando a su vez el arquetipo del honor y de la caballerosidad, que vino a querer constituir una realidad y que jamás existió». Los textos clásicos oscilaban, pues, entre una «cruel ironía» y una «noble aspiración», perpetuándose esta dicotomía en la novela moderna y confirmando, de esta manera, la falta de unidad en el concepto nacional.

---

13. «Valle-Inclán en el parque», *El Carbayón* (Oviedo), 28 agosto 1926, p. 1.
14. «La labor del Ateneo. La próxima conferencia de D. Ramón del Valle-Inclán», *El Noroeste* (Gijón), 29 agosto 1926, p. 3.

Entre los temas abordados en la primera charla, la actualidad política de España figuró de manera disfrazada pero, con todo, reconocible. No cuesta trabajo identificar, en «el pícaro... que burlaba las leyes», al propio general Primo de Rivera, sobre todo al preparar en la evocación nada velada de los orígenes andaluces del mismo: «formó [la picaresca] una moral popular que llegó hasta nosotros haciendo los héroes del *bandidaje andaluz*». Que el dictador había burlado las leyes de la Constitución era, claro está, una de las acusaciones lanzadas por los liberales contra el golpe de estado de 1923.[15] Si ese tema aludía a la supresión de la normalidad constitucional, el imperativo de «revolucionar la conciencia popular» hacía pensar, a su vez, en la reacción liberal en tanto que buscaba fundamentar su protesta en los movimientos de masas. Símbolo de esa oposición liberal, en el código alusivo del conferenciante, era el idealismo de don Quijote. «Despreciado por los nobles», el visionario de Cervantes conmovía en cambio a los humildes, puesto que «el pueblo bajo» era el «único ahíto de justicia».

Sirviéndose de la literatura, pues, Valle Inclán hacía resaltar una división entre el individuo «picaresco» que se hace «ley propia» y un pueblo «idealista» que sufre —y perdona— aquella tiranía. Este último matiz se expresó, y fue recogido por la prensa, sin disfraz alguno: «El pecado de lo que fue se ha purgado siempre con un punto de contrición. La postura de nuestros políticos en todo tiempo. Pecar y arrepentirse para caer, era la postura ideada como eficaz. Y siempre se ha perdonado. Yo quisiera que por una vez los perdone Dios, pero no la Historia». Los protagonistas de la Historia, en fin, no merecen la misma indulgencia que el héroe de Zorrilla. Rematando su crítica de los gobernantes españoles «en todo tiempo» —marco temporal que tenía que incluir la actualidad—, el orador volvió a ensalzar al pueblo, representándolo como fuente de los valores genuinos de la nación: «Confío en

---

15. Tanto las protestas contra «el atropello de las libertades» como la exigencia de una vuelta a la «normalidad constitucional» caracterizan la política de la oposición en 1926 (ver la recopilación de Fernando Soldevilla, *El año político: 1926* [Madrid: Imprenta y Encuadernación de Julio Cosano, 1927], pp. 17 y 179). El propio Primo de Rivera contestaba a esa objeción más de una vez en sus manifiestos. En septiembre de 1926 (al tiempo que Valle se hallaba en Asturias) pasó revista a los logros de su régimen, denegando de paso el cargo de haber impuesto un «poder personal y arbitrario», cargo que la oposición venía repitiendo desde hacía tres años: «Todo esto, que, con ser algo, es mucho menos de lo necesario —manifestó el dictador—, se ha logrado en el breve plazo de tres años ejerciendo el Gobierno, en forma de 'dictadura', calificación exagerada, porque ella parece envolver el concepto de un poder personal y arbitrario, que ni por un momento ha existido por parte del Rey ni del Gobierno, pues éste ha contrastado siempre sus juicios con los órganos adecuados, ha acomodado sus resoluciones a las leyes del país, sin más excepción que la de suspenderlas o modificarlas en casos precisos, y a la sanción real se han sometido todos los decretos, como el Rey ha sometido a su Gobierno todas sus ideas e iniciativas. Así, pues, no es que haya habido 'dictadura', sino 'gobierno'...» (Fernando Soldevilla, pp. 331-32).

la buena entraña del pueblo más que en la de las clases elevadas que le dirigen».

Acabó Valle su primera conferencia de forma bien equívoca, «afirmando que la salvación de España la traerá Minerva» (*El Noroeste*, 2-IX-26). Minerva —diosa de la sabiduría— era también símbolo de la guerra. Con este lenguaje deliberadamente simbólico, el conferenciante proponía una solución meditada y, al mismo tiempo, militante: para «salvar» a España de la degradación que padecía, habían de ser concertadas la razón y la fuerza. Cabe ver en esta advertencia el mensaje político que llevaba Valle Inclán a Asturias en 1926.

Tras su estancia en Oviedo, Valle debió disertar en el ateneo popular de Siero sobre el tema «Recuerdos de mi vida literaria» y hacer en el de Avilés una «Autocrítica literaria». El día 5 de septiembre llegó a Gijón y en este centro comercial ocupó la tribuna del Teatro Dindurra para hablar sobre «Motivos de arte y literatura» (ver el Apéndice III). En esa ocasión el escritor volvió a tratar de cuestiones mayormente estéticas (la perspectiva extática en el arte, la perfección artística como fruto de formas sintéticas, etc.), pero, como si los temas giraran en torno a una sola preocupación, esta temática le conducía a plantear nuevamente una disparidad que aludía a la vida política de 1926:

> Considera que la mejor novela no es la que trata el tipo hegeliano, individualista, que tiene algo de narcisismo, sino la novela que trata de colectividades, de acciones colectivas... La novela no es un producto individual, sino un producto colectivo, que se va formando en el transcurso de las generaciones hasta que encuentra al artista literato que la recoge sintetizada. (*El Noroeste*, 7-IX-26).

La paz y la guerra, de Tolstoy, era modelo de este tipo de novela, ya que recogía —puntualizó Valle— todo «el sentir y el pensar del pueblo».

En un terreno literario quedaban contrastadas así dos visiones de la realidad: una «verdadera» —la del pueblo a fuerza de su virtud sintética— y otra «falsa», la del individuo narcisista ajeno a la relatividad de su punto de vista. Aunque, por cierto, el escritor no llevó su charla de manera explícita al campo político, la dicotomía *artística* apuntaba analógicamente a un antagonismo *político*. Se sugería que en éste como en el otro contexto, el individuo, al no recoger «la idea y el sentir populares, sino el suyo propio», quedaba ensimismado, víctima de un narcisismo (*El Noroeste*, 7-IX-26). Famoso por su personalismo y extraordinaria arbitrariedad,[16] el general Primo de Rivera correspondía al arquetipo así trazado, dando la impresión otra vez de que el conferenciante manipulaba un código no sólo alusivo sino también analógico.

---

16. Xavier Tusell Gómez, p. 179; Cf. Raymond Carr, pp. 564-66.

Refuerza esta impresión otra dicotomía insertada al final de la charla comentada: esto es, el contraste entre un pasado glorioso y la actualidad mezquina de España. Descubriendo en el arte un afán de trascender los límites mortales, Valle pasó a añorar la España heroica que vivía impulsada por semejante aspiración:

> Porque sabemos que tenemos que morir —y en eso está quizá nuestra superioridad sobre los demás seres—, nos esforzamos en sobrevivirnos y en crear belleza y arte. Así España, cuando estaba animada de ese espíritu de supervivencia, creaba naciones, fundaba órdenes y linajes en que perpetuarse.

Perdido ese afán —aclaró a continuación—, la actualidad de España mostraba al mundo un aspecto que sobrepasaba la decadencia y llegaba a la putrefacción consumida:

> Pero desde el momento en que perdió ese espíritu, [España] se convirtió en un vasto osario.
> Lloremos —dijo— sobre ella. (*El Noroeste*, 7-IX-26).

Al invitar a su público a llorar sobre los huesos de la patria, el conferenciante hacía, bien a las claras, una denuncia de la política dominante. Además, sus palabras constituían una llamada a reconocer en las circunstancias del momento una especie de espejismo —la España próspera de los años veinte— que ocultaba claros signos de colapso nacional. Nuevamente, lo que prometía ser una charla amena sobre cuestiones puramente literarias acabó por ofrecer una reflexión dolorosa que desafiaba la visión de España promovida por la dictadura.

Después de las conferencias de Oviedo y Gijón, se anunciaron otras en Noreña (día 8 de septiembre), Langreo (día 9), Sama (día 10), Salas y Turón (día 11), La Felguera (día 12) y otra vez en Oviedo (día 13). De estos actos apenas quedan noticias breves en los periódicos consultados, pero en alguna que otra síntesis transmitida desde los pueblos nombrados sobreviven rastros de la protesta llevada por Valle a Asturias. La conferencia pronunciada en Turón terminó, por ejemplo, «con una hermosa imagen literaria muy alusiva» (*El Noroeste*, 12-IX-26), imagen suprimida en esa ocasión pero sugerida en otra:

> Para finar /sic/, hizo una mención de «Esperpentos», una de sus obras. «Esperpentos» —dijo— son para mi caso ratones. Para que éstos desaparezcan, hace falta un gato. El gato que hay hoy en España no tiene uñas. Esperemos que le crezcan. (*El Noroeste*, 10-IX-26).

La alusión a Primo de Rivera no podía ser más transparente. Pero lo que llama la atención en esta ocasión es el hecho de que Valle Inclán caracterizara su propia postura frente a la dictadura. La analogía, aunque sencilla, capta bien la desenvoltura con que el escritor venía *desafiando* a la dictadura en sus obras (poco después, en agosto de 1927, el «gato» por fin sacó las uñas al prohibir *La hija del capitán*).

Valle Inclán partió de Asturias el día 15 de septiembre, fecha en que *El Carbayón* publicó un artículo que celebraba su visita. Redactado por José Antonio Cepeda, el artículo subraya el hecho de que Valle recorriera gran parte de la región, «del llano a la montaña, de la costa a tierra interior», en vez de parar sólo en Gijón a usanza de otros invitados ilustres. También señala el «entusiasmo caluroso y cordial» que inspiraba la llegada del conferenciante a los ateneos populares. «¿A qué se debe —pregunta Cepeda— este afectuoso acogimiento, este cariño y esta amable confraternidad con el ilustre huésped?» La explicación, la encuentra en el sentir popular que sintetizaba Valle Inclán en su obra escrita y que comunicaba a través de su «vida ejemplar»:

> Valle Inclán es un caso extraordinario en la literatura. Es el único caso en la historia literaria del escritor que siendo un mago del estilo... produce, no obstante, una impresión de artista popular, de vate, en el prístino sentido del vocablo, que puede llegar a lo más profundo del alma colectiva y conmoverla en sus cimientos.

Cabe ver en estas palabras, claro está, una despedida cordial por parte de un amigo y admirador. Pero tanto la semblanza del hombre («en pugna permanente con el medio social») como el juicio de su obra («la manifestación del sentir popular elevada a categoría estética») reflejan cuestiones abordadas más de una vez en las conferencias aquí estudiadas. Así, pues, no está de más considerar el artículo de Cepeda como una especie de epílogo que resume la intencionalidad del viaje ya concluido: junto con los otros documentos examinados apunta al deseo valleinclaniano de remover en el público una conciencia colectiva, y de provocar, con el ejemplo, una resistencia a la dictadura militar.

Apéndice I

Diario de Burgos: 23 octubre 1925

Ateneo de Burgos
Conferencia del señor Valle Inclán

De un modo brillante dio ayer principio el curso de conferencias del Ateneo.

Un numeroso y distinguido público llenaba la sala del Teatro Principal.

Don Leandro G. de Cadiñanos hizo la presentación del orador, con un estudio detallado de la figura del señor Valle Inclán, cuyas obras analizó y de quien dijo que con justicia había sido comparado con Cervantes, pues hasta físicamente tenían analogías: a los dos les falta un brazo.

Demostró el señor Cadiñanos una profunda erudición y singular elocuencia, terminando como los antiguos pregoneros de Burgos: Oíd, oíd, oíd.

El señor Valle Inclán dedica su exordio a exponer lo que en su concepto debe ser una conferencia, que él va a dedicar a la novela, por tener en esa materia una práctica de treinta años.

Y en efecto, el ilustre novelista tiene una noción exacta de lo que es una conferencia, porque la suya fue un modelo, por la claridad en la expresión, la amenidad con que supo adornarla y la habilidad con que tuvo al auditorio pendiente de sus galanas frases.

Con «La Celestina» —dijo— empieza la novela española, pues con los libros de Caballería, que son anteriores, nos pasa como con el arte gótico: no los entendemos, porque no expresan el sentido de la realidad.

Continúa el estudio de las novelas picarescas, analizando su moral, en armonía con la del pueblo y con la del Estado.

El dolor grande de España —dice el insigne novelista— está en haberse criado en el celestinado, pero era de época; el pueblo español se deleita en la picardía.

Con mucho donaire fustiga la moral de la literatura española, de la que el bandido ha sido el último héroe.

La moral del drama es la del individuo que no acude a las leyes para castigar los agravios, sino que los venga por sí mismo, y eso es anarquía pura.

En «El Alcalde de Zalamea», está patente la inmoralidad, como lo demuestra recordando algunos pasajes.

La moral del Quijote es la quietud, el egoísmo. El que sale a romper lanzas por la justicia tiene que ser un loco.

Pasa después a estudiar la novela en el reverdecimiento, que experimentó en el siglo XIX, en el que acaso no exista la verdadera novela española, desenvolviéndose, por el contrario, la novela regional, como se ve en las de Fernández [sic] Caballero, Pereda, Blasco Ibáñez.

En la novela francesa de aquella época, se ve la novela nacional, en la española no.

Hace observar el ilustre conferenciante que la novela marcha paralelamente a la situación política, y que, lo mismo que las artes, florece en España en las épocas de decadencia política.

La novela psicológica, fundada en los derechos del hombre, empezó con la revolución francesa y hoy está en plena decadencia, siendo Tolstoi el que acaso la ha elevado a mayor altura.

La mejor novela española, a juicio del señor Valle Inclán, es «Facundo», de Sarmiento.

Hace un bonito paralelo entre Tolstoi y Sarmiento, que personificaron en sus novelas, la manera de ser, la psicología de sus respectivos pueblos; Rusia y la Argentina.

Con ejemplos pintorescos señala la influencia del tiempo y del espacio en el interés del drama.

En cuanto al estilo, considera tres situaciones en que el autor suele colocarse con respecto a los personajes de sus novelas:

Aquella en que el autor se coloca de rodillas ante sus personajes, como Homero. Éstos, para el autor, son dioses.

Otros autores, como Shakespeare, los colocan a la altura de su corazón.

Por último, algunos los consideran como Dios a sus criaturas, diciendo: «no me ha salido del todo bien esta hornada», y así es como el conferenciante ha querido crear a sus personajes en «El Esperpento».

Al terminar, el señor Valle Inclán fue objeto de una cariñosa ovación.

Apéndice II

El Carbayón: 2 septiembre 1926
(Oviedo)

El Acto Literario de Ayer
Conferencia de Valle Inclán

La figura apostólica al levantarse después de la presentación fácil y sencilla hecha por don Leopoldo Alas encajaba de momento más en el tipo de San Bernardo, el hombre de la excitación, de que nos hablaba que había levantado entre los germanos un ejército de cien mil hombres para las cruzadas, predicándoles en francés. Yo creo que Valle Inclán, sólo con la nobleza de su figura es capaz de hacer comprender y de arrastrar tras de sí. Sin embargo: prefería el conferenciante ampararse en las frases de fray Diego de Cádiz y escudar su sinceridad en la inspiración divina. Prefería, en último caso, recurrir, como éste, a la huida si la inspiración le faltaba, antes que relajar la sinceridad.

Fue las dos cosas; y si cerró su hermosa conferencia con una huida cuando el tema era más sugerente, acaso sea así por lo que Valle Inclán nos dejó con las mieles de sus palabras ansiando volver a escucharle.

Pero con todo lo bello de su disquisición sobre el tema, hubo en la conferencia un fondo doctrinal que consideramos finalidad esencial de la misma.

¿Qué fue, si no, el análisis psicológico de nuestro pueblo? Porque la aparición del pícaro en la novela del siglo de oro, acogido por la masa y disculpado por la tendencia a la consagración individual, dignificando al creador de una ley propia que esquivaba las leyes, influyó, formó una moral popular que llegó hasta nosotros haciendo los héroes del bandidaje andaluz.

De poco sirvió entonces que contra el sentido de que el pícaro era el que burlaba las leyes, el teatro de aquella época tratara de contrarrestar esta influencia, creando a su vez el arquetipo del honor y de la caballerosidad, que vino a querer constituir una realidad y que jamás existió.

Fue el teatro una noble aspiración, pero no pasó de eso. Vivía en el teatro lo más noble de la literatura ejemplar y en la novela una realidad de cruel ironía.

Habla del «Quijote», del que dice haber sido un libro picaresco, por el ambiente, en que se desenvuelve. Don Quijote despierta un gesto zafio, no conmueve su platonismo, no es reconocido su ideal sino más que por las desgraciadas mujeres de la venta, por lo más humilde. En cambio era despreciado por los nobles, al igual que lo hacía Ginesillo de Pasamonte.

Influencia de la literatura del tiempo, pasó el verdadero héroe sin que nadie le conociera... Y así llegó hasta ahora, casi, porque afortunadamente empieza a ser el libro del dolor.

¿Qué conciencia colectiva era la que así desconocía el Quijote? Y el conferenciante recordó cuando «Clarín» en su cátedra preguntaba a los alumnos si conocían al héroe y cómo éstos callaban y cómo uno contestaba después de un silencio: —«Yo conozco un Quijotín». Porque en efecto: el que más leyó leyó eso: Un Quijotín.

Y como el gran crítico francés del pasado siglo, Sainte-Beuve aúna sus lágrimas a las de aquel.

Recuerda cómo en ocasión de esos centenarios de Cervantes se hizo alguna edición del Quijote, y de cómo se leyó ante la corte, y cómo reían todos la escena que más tarde, al pasar al teatro español la celebración de aquellas veladas reían también las clases elevadas y las clases burguesas. La escena de «Los Galeotes»... Y seguían sin comprender el Quijote y un día Díaz de Mendoza repartió las localidades entre el vulgo y la tropa, y entonces surgió el gesto de revelación cuando el pueblo bajo, el único ahíto de justicia, rugió en un ¡ah! de protesta ante las injusticias de los malvados que se burlaban de su salvador...

Confío —dice el orador— en la buena entraña del pueblo más que en la de las clases elevadas que le dirigen.

Entra el conferenciante en el análisis del teatro y la novela contemporáneos.

Aquí hubo un cambio de frente. Pasó al teatro el pícaro, encarnado en esas desgraciadas creaciones del género chico, que ríe con el dolor, que busca al castigado por la naturaleza o por los hombres, cojo, tuerto, o maestro de escuela, encarnando éste al hambriento, para saciar su sed de ironía y de maldad.

Así observamos cómo en el cambio de los tiempos pasa al teatro lo que fue de la novela y a la novela lo que fue del teatro. Pero no es posible que alterne en este el genio de la nobleza literaria, porque no sería posible hermanar a Calderón con Muñoz Seca.

Cree el orador que el ingenio español es más apto para el teatro, pero no cabe en él la sinceridad de nuestra novela, genuinamente luterana.

Por otra parte, el teatro es lo del momento, aspectos sueltos de la vida encerrados en una moral no sincera, mediatizada por el ambiente jesuítico.

La novela es, por el contrario, la revelación de una completa vida.

Revolucionar la conciencia popular es obra no fácil porque falta la unificación. El pecado de lo que fue se ha purgado siempre con un punto de contrición. La postura de nuestros políticos en todo tiempo. Pecar y arrepentirse para caer, era la postura ideada como eficaz. Y siempre se ha perdonado. Yo quisiera que por una vez los perdone Dios, pero no la Historia.

Observa cómo la novela renace en el siglo diez y nueve en Fernán Caballero y Antonio Trueba, para ser continuada, aunque ellos no los han inspirado, por Pereda y Galdós. El estudio de costumbres sigue en «Clarín», en la Pardo Bazán, en Blasco Ibáñez.

Modernamente son Pérez de Ayala, Pío Baroja y Gabriel Miró.

No les interesa el estudio de un tipo humano. Probablemente éste nos demuestra que España es muy diversa.

Habla del error de los Reyes Católicos, al tratar de crear la unificación nacional, vinculando a los pueblos por la religión en el molde de Francia. De esta falsa idea surgió el desquiciamiento a la venida del nuevo concepto religioso creado por Lutero, y entonces, perdido el vínculo católico, que era en el único que falsamente descansaba nuestra unidad, desapareció ésta.[17]

Hay que crear otra, pero al crearla, acaso con las corrientes que nuestra novela, sinceramente protestante, ha traído, no haremos nada nuevo, sino volver a épocas anteriores a los Reyes Católicos, cuando al lado de la Iglesia vivía la pagoda en libertad absoluta y mutuo respeto. Esta será una unificación política y firme que tendrá bases de realidad.

Pero el Imperio español sólo lo ha de traer Minerva, Minerva y Minerva...[18]

El señor Valle Inclán fue objeto, al terminar su conferencia, de ca-

---

17. Cf. *El Noroeste* de la misma fecha: «Dijo que en España se había logrado hacer una unidad religiosa, pero no política, calificando de disparate la expulsión de los moriscos».

18. Dice *El Noroeste*: «En admirables párrafos, terminó afirmando que la salvación de España la traerá Minerva».

lurosa ovación por el público que llenaba la sala del Jovellanos, entre el que se advertía la presencia de distinguidas damas y bellas damitas.

A la conferencia asistió el gobernador civil y lucida representación de la intelectualidad de Oviedo.

Apéndice III

EL Noroeste: 7 septiembre 1926
(Gijón)

Valle Inclán en Asturias
Su Conferencia del Domingo en Gijón
Motivos de Arte y Literatura

Causó verdadera expectación entre nosotros el anuncio de la conferencia que sobre el tema «Motivos de Arte y Literatura» debería dar el domingo por la mañana, organizada por el Ateneo Obrero, el insigne novelista don Ramón del Valle Inclán.

La relevante personalidad literaria del ilustre escritor, uno de los valores más sólidos de las Letras españolas de nuestro tiempo, y autoridad indiscutible en materia de estética, como lo garantiza su magnífica y admirable obra literaria, eran motivos sobrados para que el público gijonés esperase con avidez el momento de escuchar de labios del autor de las Sonatas, sus ideas, siempre con algo de geniales, sobre el tema sugestivo de su anunciada disertación. Tenía además, la conferencia de Valle Inclán, aparte el aliciente de la materia a desarrollar y del prestigio literario del conferenciante, el de su elocuente oratoria, el de su palabra clara, pulida y elegante, siempre salpicada de conceptos profundos y de imágenes bellas y brillantes.

Y no defraudó, ciertamente, al auditorio el gran Valle Inclán. Había en el Teatro Dindurra, que ofrecía un aspecto espléndido, un público numeroso, entre el que se encontraban muchas damas que realzaron el acto con su presencia; y durante la hora que estuvo hablando el conferenciante, el público escuchó, en medio del mayor silencio, de verdadera religiosidad, la palabra amena y llena de sentido profundo del celebrado novelista, prorrumpiendo en nutridísimos y prolongados aplausos al final.

La conferencia de Valle Inclán fue una hermosa pieza oratoria, amena y llena de interés, sembrada de curiosas imágenes y de oportunos ejemplos y explicada con templado tono y con palabra fácil y segura. Nos es imposible seguir punto por punto los términos y las palabras de la conferencia. El maestro habló con elocuencia, con erudición y con atisbos ingeniosos, sobre el concepto del arte y de la literatura. Recogeremos tan sólo algunos de los puntos principales, tales como su referencia al estatismo como cualidad artística perfecta. A este respecto, explica las condiciones que debe tener este estatismo, que ha de ser como el punto de paso para la actividad. La serenidad en Arte es cualidad de ternidad, y la serenidad es éxtasis, que es el estado más perfecto.[19] A propósito del éxtasis, el insigne escritor hace interesantes consideraciones intercaladas de amenos ejemplos, que no nos es posible transcribir por falta de espacio. Recogemos sólo su conclusión de que el estatismo, como condición precisa de eternidad en el Arte, solamente es emotivo cuando lleva un fin de actividad, cuando significa un punto de transición. De ahí el triunfo de Leonardo de Vinci con su «Gioconda»: esta obra es un éxtasis, y está terminada en un punto de transición, con una expresión tan ambigua, que no se sabe si ríe, si acaba de reírse o si va a reír.

Velázquez obtiene también otro triunfo con su estatismo, aprisionando la luz: el gran maestro español, en sus lienzos, aprisiona en un estatismo, que es eterno, la luz, que es continuo movimiento, y aprisiona sintetizada en un momento la luz de todas las horas del día: ambos ejemplos demuestran los puntos estáticos justos que dan a la obra valor de eternidad. Por eso se dijo que las estatuas deben ser incoloras, para que sobre ellas resbale la luz de un modo siempre igual, sin claro-obscuros. Las calidades más perfectas del material artístico, considera que son las del cristal y las del metal.

Habla del ideal de perfección, y se refiere a los sexos. Los seres que buscan su perfección continuamente, tienen sexo, y ambos sexos buscan uno en el otro el logro de la perfección; en cambio, los seres que ya en sí son perfectos, por ejemplo los árboles, no tienen sexo. Los clásicos griegos, atentos a estas observaciones, buscaron en la síntesis de la belleza masculina y la femenina, la belleza en Arte: así dieron a Venus la altura y cierta brevedad de líneas, del hombre, y a Apolo, cierta redondez de formas femeninas.

Se refiere después a la novela, que considera obra de la edad media y que tuvo su complemento en la Revolución francesa. Considera que la mejor novela no es la que trata el tipo hegeliano, individualista, que tiene algo de narcisismo, sino la novela que trata de colectividades, de acciones colectivas.[20] La obra literaria que de sus personajes anota y analiza acción por acción, con valor individualista y con gran precisión y minuciosidad, al estilo de Proust, la llama antigualla, cargada

---

19. Resume *El Carbayón* (8 septiembre 1926): «Comenzó hablando de la emoción estética y de cómo se consigue y se llega a una contemplación absoluta del Arte por medio del éxtasis, en cuyo estado se domina toda la amplitud del arte en sus diversas manifestaciones a la manera que un hombre colocado en la montaña domina el valle».
20. Cf. *El Carbayón:* «El nervio de la Literatura, el fondo de toda creación artística debe buscarse en el pueblo. Se muestra francamente realista, sentimiento genuinamente español diciendo que el que quiera exteriorizar su personalidad, se convierta en un caso clínico».

de barroquismo. La novela no es un producto individual, sino un producto colectivo, que se va formando en el transcurso de las generaciones hasta que encuentra al artista literato que la recoge sintetizada. El novelista individualista no puede hacer buena novela, porque no recoge la idea y el sentir populares, sino el suyo propio; y asimismo, no puede ser bueno tampoco cuando recoge en la novela las cosas de su tiempo sin que antes hayan tenido el necesario proceso de gestación en el pueblo. Así resultan esas visiones de la vida y de la naturaleza, mezquinas. El novelista ve la vida y la naturaleza desde su punto, pero como ambas cosas son una continua relatividad, la visión del novelista es falsa, y la más verdadera es la del pueblo, que tiene varias facetas. Por eso el verdadero novelista recoge sintetizadas las ideas y el sentir de los pueblos, y hace historia, porque toda novela de esta especie es verdadera historia.

Tolstoy es el gran maestro de esta clase de novelas. En su obra «La Paz y la Guerra» recoge los relatos de la guerra napoleónica, a través de varias generaciones, y sintetiza en ella el sentir y el pensar del pueblo: pero además hace novela colectiva, y como no puede pintar con todo detalle las grandes ciudades rusas, pinta admirablemente varias de sus familias típicas, en las que se sintetiza el espíritu de aquellas grandes urbes.

Considera como una de las mejores obras de lengua castellana, si no es la mejor, el «Facundo», del gran argentino Sarmiento. En esa obra se sintetiza admirablemente, en sus dos aspectos más culminantes, el sentir nacional de la Argentina, sus tendencias principales en los comienzos de la constitución de la República.

La gran guerra no tuvo, por eso, aún su novelista, ni lo tendrá hasta que los relatos de cuantos la han presenciado y sentido, no hayan tenido un suficiente proceso de gestación en el pueblo y queden en punto de que un gran novelista los aúne y sintetice con arte e intérprete esos sentimientos y esas ideas populares.

Sobre la emoción artística y literaria hace, finalmente, interesantes consideraciones, parándose a señalar la razón de la diferencia de emociones, por nuestra costumbre de valorar las sensaciones. Vemos un paisaje de ruinas clásicas, y como estamos habituados a ver de esos edificios del arte clásico solamente ruinas, aunque sabemos que existieron en funciones, nuestra emoción es serena. Pero vemos, en cambio, las ruinas de una catedral gótica, por ejemplo, y como la hemos visto alguna vez en funciones, nuestra emoción es melancólica.

Termina refiriéndose a la muerte como motivo único y fuente de creación de arte y literatura. Porque sabemos que tenemos que morir —y en eso está quizá nuestra superioridad sobre los demás seres—, nos esforzamos en sobrevivirnos y en crear belleza y arte. Así España, cuando estaba animada de ese espíritu de supervivencia, creaba naciones, fundaba órdenes y linajes en que perpetuarse; pero desde el momento en que perdió ese espíritu, se convirtió en un vasto osario. Lloremos —dijo— sobre ella.

Valle Inclán fue, después de calurosamente aplaudido, muy felicitado.

BRU DOUGHERTY

Department of Spanish & Portuguese
University of California, Berkeley
Berkeley, CA 94720

Rodriguez
Ruiz . 43

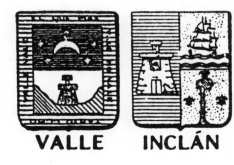

VALLE   INCLÁN

VALLE INCLÁN Y GOYA: MIRAR LA HISTORIA, CONSTRUIR EL ARTE

Siempre que tengo ante mí el estupor calino del papel blanco esperando paciente llenarse de signos, reflexiones, ideas, pensamientos o interpretaciones en torno a Valle Inclán, a su personalidad o su obra, me asalta la misma pregunta rapante y sinuosa: ¿Queda algo que decir? Mi respuesta es afirmativa. El vigor, la supervivencia, la importancia y trascendencia intrínseca de las grandes obras, estriba substancialmente en su capacidad para seguir interesando a los hombres y mujeres de un tiempo distinto, quizá distante, a los que sugiere, plantea o propicia lecturas nuevas, no obvias, en las que emergen no pocas veces soterradas analogías y descubrimientos insospechados. Parece que con Valle ocurre algo así. No es una moda pasajera y vacua la que inclina a su lectura jugosa o a su destripamiento inmisericorde, sino el encuentro apasionado con unos textos que nos sugieren, encandilan, abren perspectivas insólitas y desencadenan una catarata de impulsos cristalizados a veces en la acción.

Lo primero que leí de Valle Inclán, fue *La adoración de los Reyes*. Debía tener doce o trece años y ni la menor idea de que aquella narración perteneciera a *Jardín Umbrío*. Era uno de los textos recogidos a manera de ejemplos en mi manual de literatura. Lo leí una y otra vez, sorprendido y extasiado por la capacidad evocativa y la dimensión aromática de las palabras. Lo recuerdo como algo que tenía olor, textura y colorido de miniado de un Libro de Horas. Despertó en mi una curiosidad ligada quizás a juveniles fantasías, pero implícitamente articulada en el afán de conocer las obras de aquel pintoresco personaje, que nos miraba absorto a través de sus anteojos, por encima de una barba interminable, desde la foto en blanco y negro de tipografía barata.

A los quince leí las *Sonatas*, las cuatro de un tirón, en unas vacaciones de Navidad. Fue en la biblioteca municipal de Zaragoza. Tuve que hacerme el longuis y adoptar el gesto de quien pidiera un breviario devoto, para conseguir que me los sirvieran. No había otro modo de leerlos. No se encontraban en las librerías y las antiguas ediciones estaban muy lejos del alcance de un estudiante de provincias. El silencio de la ignorancia confundía los perfiles de su obra, enroscaba de befa histriónica su persona hasta destruirla, terciaba lo banal ante cualquier pregunta. En aquel tiempo de silencio, su suerte no fue muy distinta a la de otros escritores del pasado reciente o el exilio, ignoto a nuestra edad.

Aquello pudo tener algo de premonición. Desde entonces he seguido leyendo, estudiando, trabajando con Valle. Mi tesis francesa en el Centro Universitario Internacional de Formación y Búsquedas Dramáticas (CUIFERD), tuvo por tema los «Esperpentos». He escrito libros y numerosos artículos. He dirigido exposiciones en torno a su vida, contexto y obra. He buceado en hemerotecas, husmeando antecedentes o episodios olvidados, leído con cuidado, una y otra vez, su teatro, su poesía, sus novelas, sus artículos. He puesto en escena «Las galas del difunto» y «La hija del Capitán»... ¿Qué quiero decir con todo esto? Algo muy sencillo y quizás evidente: a lo largo de mi vida, con perspectivas dispares, las creaciones valleinclaneanas han surgido ante mí, abiertas y palpitantes, para ser observadas, intuidas, exploradas y darles mi propia interpretación.

Esta serie de sucesivos encuentros me ha permitido comparar y relativizar las diferentes lecturas. Entre mi primera aproximación ingenua y fascinada a las *Sonatas*, a la que hoy puedo hacer, nutrido de datos, referencias y experiencias vitales enriquecedoras o deprimentes, media sin duda una enorme distancia. Sin embargo, la misma pasión prevalece ante tantos cambios. La obra prosigue intacta su dinámica en la historia, provocando a nuevas generaciones de lectores, de estudiosos, de espectadores, que posiblemente practican ya una cierta unción reverencial y olvidan, en cierto modo, el desencajado y áspero vivir de quien aquello escribió.

La enjundia literaria valleinclanesca aparece ante nosotros como una totalidad sobre la que podemos actuar de modos y formas diversas. En ocasiones proseguimos el rimero de sus fluctuaciones estéticas. Otras veces, buscamos el substrato temático, las relaciones con el contexto social, literario o ideológico. Podemos ceñirnos a la obra en sí y considerarla en lo que tiene de estructura articulada de signos y modos lingüísticos. Interpretamos también; intentamos descubrir lo que subyace en el transfondo no literal, no expreso, de cada obra. En ocasiones inventamos lo que no existe aunque creemos verlo.

Los estudios y trabajos sobre Valle Inclán constituyen hoy una densa trama en que se entrecruzan y sarmentean opciones dispares, que responden a los diferentes módulos y formas de aproximación que acabo de enumerar. Posiblemente nada sea superfluo. En la aquiescencia o en la negación hallaremos siempre argumentos valiosos, perspectivas sugerentes, respuestas apropiadas. Ante el estupor calino del papel blanco que aguarda impaciente —es su obligación— mis palabras, yo también tengo un sentimiento vago de duda y rebusco en mi interior los brotes nacientes de una lectura renovada.

INTRAHISTORIA E HISTORIA

A lo largo y ancho de toda su obra, Valle Inclán muestra una constante actitud antiburguesa. La mesocracia es vituperada por rapaz, egoísta y miserable. Da lo mismo que se trate del señor Ginero, en «Los cruzados de la causa», o de Pica Lagartos, el tabernero, en «Luces de Bohemia». La oligarquía de terratenientes ennoblecidos, mílites intrigantes de opereta, financieros avezados en la trampa y el medro, obispos cortesanos de ambiciones terrenas, es objeto de escarnio.

Hijo de hidalgos, la Restauración fue ante sus ojos de niño y adolescente el tiempo en que los viejos valores se hundieron para dar paso a una España pesimista, acobardada, hipócrita y absorta en su decrepitud. La superación del filisteísmo burgués, va a ensayarla primero enganchándose al carro modernista; sentando plaza en la cohorte de escritores malditos que haraganean las tertulias, calles y cafés de los amenes del siglo. Es un período vacuo y procaz, en donde el mórbido erotismo se conjuga con la amoralidad para risión y rechifla de puritanos.

El vacío desaparece cuando Valle construye un modelo mítico, susceptible de proponer una salida airosa al naufragio del presente patrio. La idealización de la sociedad arcaica, el tradicionalismo como ideología, apuntalan los cimientos del grandioso edificio literario de *Las Comedias Bárbaras*, la trilogía novelada de la *Guerra Carlista*, *Voces de gesta*, y curiosas y elocuentes narraciones como *La corte de Estella*. El edificio sin embargo va a quedar incompleto. Los materiales utilizados adquieren una dimensión cambiante y la fuerza de los acontecimientos hace surgir del hondón social a los protagonistas de la historia interior que subyace en los relatos oficiales o eruditos.

En 1895, escribía Unamuno en su ensayo *En torno al casticismo:* «Esa vida intrahistórica, silenciosa y continua, como el fondo mismo del mar, es la substancia del progreso, la verdadera tradición.» En marzo de 1896, desarrolla el mismo concepto en *La crisis del patriotismo.* «Debajo de esa historia de sucesos fugaces», dirá, «hay otra profunda historia de hechos permanentes». La búsqueda y descubrimiento de lo intrahistórico, en lo que la vida social tiene de verdadero y constante, se convierte en preocupación de no pocos de aquellos desasosegados y propicios intelectuales o escritores del novecientos.

Tuñón de Lara en su *Medio siglo de cultura española*, afirma que «la intrahistoria es uno de los primeros pasos para la estimación del protagonismo popular en el quehacer histórico». Ello equivale a establecer los parámetros en que el concepto se utiliza, trascendiendo la paternidad unamuniana del término. Refleja una actitud intelectual y civil de ciertos escritores incluidos en el grupo conocido genéricamente como del «noventaiocho».

El crecimiento de la visión intrahistórica de la vida española en la producción valleinclaniana emerge como un fermento que socaba los puntales sustentadores del idealizado palafito de la sociedad arcaica. La trilogía de *La Guerra Carlista* constituye un ejemplo revelador. *Los cruzados de la Causa*, primera de las novelas de la serie, aborda el tema central desde la perspectiva de los señores: El Marqués de Bradomín, don Juan Manuel Montenegro, los canónigos de la Colegiata y el segundón Cara de Plata. El pueblo es un conglomerado de mendigos, soplones, criados sometidos o pistolos de leva forzosa «al servicio del mal». Hay una sobrecogedora declaración de Bradomín en este sentido, cerrando el capítulo XIX:

> «¡El genio del linaje!... Lo que nunca pudo comprender el liberalismo, destructor de toda la tradición española. Los mayorazgos eran la historia del pasado y debían ser la historia del porvenir. Esos hidalgos rancios y dadivosos, venían de una selección militar. Eran los únicos españoles que podían amar la historia de su linaje, que tenían el culto de los abuelos, y el orgullo de las cuatro sílabas del apellido. Vivía en ellos el romanticismo de las batallas y de las empresas que se simbolizan en un lobo pasante o en un león rapante. El pueblo está degradado por la miseria, y la nobleza cortesana por las adulaciones y los privilegios, pero los hidalgos, los secos hidalgos de gotera, eran la sangre más pura, destilada en un filtro de mil años y de cien guerras. ¡Y todo lo quebrantó el caballo de Atila!»

El viejo mito feudal de la pureza de sangre y la nobleza de cuna, va a disolverse en la confrontación con las gentes del pueblo que combaten en ambos bandos. La acción se traslada a Navarra y con ella, los mutiles de las partidas o los soldados liberales pasan a protagonizar los hechos. La corte de Estella, los generales España o Lizárraga, son referencias que se mueven en el telón de fondo ante el que los que realmente actúan son Santa Cruz, Miquelo Egoscué o el capitán García. Este último, en concreto, ejemplifica al militar español surgido de las clases de tropa e impregnado de los ideales de libertad y progreso. En el capítulo VIII de *El resplandor de la hoguera*, declara:

> «Yo me bato como soldado, por el honor de mi bandera.
> Insistió el alférez Alaminos:
> —El soldado, si lo dejasen, tiraría el fusil y se volvería a su casa.
> El capitán enrojeció:
> —No todos. Yo he sido soldado, y también me batí por mis ideas.
> Interrogó el Duque:
> —¿Qué ideas eran las tuyas, García? (...)
> —¡Las ideas de libertad y de progreso!»

Pero sobre todo es la vida de las capas populares la que aparece como elemento vital permanente, víctima de la guerra y única esperanza para el porvenir. «La guerra pasará —dice Diego Mail, sargento de forales—, y nosotros quedaremos, y hemos de vivir juntos acá, que para ello somos de una misma tierra.»

Valle Inclán era consciente de estar descubriendo el nervio histórico oculto por la erudición aséptica, los relatos oficiales o el anecdotario pintoresco. Cuando la trilogía toca a su fin, en el capítulo XVI de «Gerifaltes de antaño», la Marquesa de Redín exclama: «¡La Historia! ¿Sabes tú quién hace la Historia, hija mía? En Madrid los periodistas, y en estos pueblos los criados. ¡Vaya unos personajes!» A esta historia, a la que coloca el escritor una mayúscula ostensible como expresión de su apariencia gradilocuente, que se empantana en el chismorreo o la superficialidad de los acontecimientos, opone su propio novelar. Su creciente visión intrahistórica de la España de nuestra penúltima guerra civil.

Andando el tiempo, en lo que será la segunda gran etapa de su producción, Valle Inclán aborda lo histórico como tema y va a observarlo y asumirlo como una totalidad. Las clases y capas sociales, grupos y estamentos, personajes protagónicos y anónimos currelas, toda la estridencia de voces y colorido de la Restauración, se despiezan y reconstruyen en su prolijo laboratorio literario. Se sentía orgulloso de su saber histórico. En una entrevista publicada en *El Sol*, el 6 de junio de 1931, su interlocutor asegura que «en la época de los «esperpentos», Valle Inclán se nos presenta como el auténtico historiador de nuestro siglo XIX». El periodista adjunta un comentario de Romanones: «después de Valle Inclán yo soy el español que más sabe de la España del siglo pasado». Nada seguramente haría más feliz a don Ramón, pero pocos comentarios acertaban tan plenamente en las intenciones de su obra a partir de 1920.

La substancia temática de los «esperpentos» teatrales está en la historia o en la realidad tratada históricamente. Ambos niveles se conjugan con frecuencia, de ahí la duplicidad de fuentes que observamos en *La Hija del Capitán*, *Luces de Bohemia* o *Las galas del difunto*. Un conflicto individual historizado se inscribe en un marco histórico mucho más amplio.

En el primer caso, la historia de la Sini y el golfante del organillo, se entremezcla azarosamente con la conjura y golpe de Estado del general Primo de Rivera. El mortal periplo nocturno de Max Estrella y Latino de Hispalis por el Madrid austríaco, a la husma de ilusiones perdidas, suertes propiciatorias y peculio que echarse a la boca, transcurre en un tiempo de honda crisis social y nacional, con «leyes de fuga», cargas a caballo, vocerío de huelgas y desmoralización en los ánimos. Juanito Ventolera, «el punto del ralladillo» recién ingresado de Cubita libre, galguea famélico cementerios, boticas y burdeles, surgido del fresco del «noventaiocho», con su desastre militar y el sabor deprimente del naufragio. Incluso una pequeña obrita titulada *¿Para* *cuándo son las reclamaciones diplomáticas?*, no es sino la proyección de un hecho histórico reciente, el asesinato del político progresista alemán Walter Rathenau, sobre la vida y miserias de dos carcundas provincianos.

Sin embargo, es en las novelas de «El Ruedo Ibérico» donde la historia del último tercio de nuestro siglo XIX pasa a primer plano. Para desgracia de quienes amamos la obra de Valle Inclán, el ciclo quedó incompleto. Sólo dos tomos de la primera serie, «Amenes de un reinado», los titulados «La Corte de los Milagros» y «Viva mi dueño», vieron la luz. Del tercero, «Baza de espadas», sólo se publicó una parte, «Vísperas septembrinas». Pero si observamos la totalidad del plan, podemos darnos cuenta de la ambición de su proyecto. Estaban previstas dos series más tituladas respectivamente *Aleluyas de la Gloriosa* y *La Restauración Borbónica*, con tres novelas cada una: *España con honra, Trono de Ferias, Fueros y cantones* y *Los salones alfonsinos, Dios, Patria y Rey, Los campos de Cuba.*

De todo ello, solamente nos han llegado algunos materiales destinados a formar parte de estos libros, a remodelar otros. En colecciones populares como *La novela mundial, Los novelistas* o el folletín del diario madrileño *Ahora,* aparecieron ciertas obritas incluidas total o parcialmente en los libros publicados de la primera serie. Desde el primerizo *Ecos de Asmodeo,* pasando por *Tabladillo de enredo, Otra castiza de Samaria, El fin de un revolucionario,* hasta el póstumo *Trueno dorado* y una curiosa narración corta *Correo diplomático.*

Buena prueba de la minuciosidad del trabajo de Valle en cuanto a la búsqueda de fuentes de información y documentación para «El Ruedo», la constituyen las dos series de artículos publicados en 1935. La primera está dedicada a Amadeo de Saboya, la otra conjetura sobre el terne-gaditano Paul y Angulo y los asesinos del general Prim. Ambas ofrecen inestimables referencias de primera mano, expurgan folletos y escritos raros, y muestran la primera etapa de elaboración de lo que más tarde debería convertirse en literatura.

El conjunto de estos escritos, hace buena la afirmación del anónimo interlocutor de Valle en su entrevista de *El Sol.* Admiramos el sagaz desparpajo y cínica exploración de los comportamientos humanos, pero también su agudo y hondo conocimiento de la historia de aquel período. El plan de *El Ruedo Ibérico* abarcaba los treinta años que median entre la Revolución de Septiembre de 1868, hasta la crisis nacional de 1898. Un período clave en que se fraguaron las contradicciones sociopolíticas que han planeado sobre la vida española del siglo XX. Valle Inclán demuestra conocer los albures, envites y contubernios de esas tres décadas. Su topografía nos conduce del palacio real al tugurio tabernario, del hotelito al convento, del cortijo a la tahona. Un gigantesco mosaico de fisonomías sociales que van desde las reales personas hasta los jornaleros y vagabundos, pasando por ministros, conspiradores, pollos tronados, damiselas blándulas, revolucionarios, camastrones, artesanos... una pintoresca fauna sorprendida en el espasmo de su humanidad recóndita, desfila por estas páginas de prosa exultante.

DEFORMACIÓN AMPLIFICADORA

Como he dicho en otras ocasiones, creo que Valle era perfectamente consciente de lo que quería y hacía. También de las dificultades técnicas para llevarlo a cabo. Refiriéndose a *Baza de espadas*, dirá en ABC el 3 de junio de 1930: «En esta clase de obras históricas la dificultad mayor consiste en incrustar documentos y episodios de la época... Shakespeare pone en boca de su Coriolano discursos y sentencias tomados de los historiadores de la antigüedad; su tragedia es admirable, porque lejos de rechazar esos textos los exige. Ponga usted en cualquiera de esas obras históricas de teatro que se estrenan ahora, palabras, discursos y documentos de la época, y verá usted como les sientan...» Él mismo estaba enredando los personajes de ficción con determinados protagonistas de la España oficial.

En cierto modo, Valle es el continuador de una tradición literaria nacida en el siglo XIX: la novela histórica. La estructura galdosiana de los *Episodios Nacionales*, el propio tema, aparecen como una motivación de *El Ruedo*, incluso si su intención subrepticia era enmendarle la plana a don Benito. De lo que si tenemos constancia es de su admiración por Tolstoy y de su elección de *Guerra y paz* como aspiración, como modelo. En 1926, declara a José Montero Alonso en *La novela semanal*, a propósito de la totalidad de su proyecto literario: «es una novela única y grande, al estilo de *La guerra y paz*, en la que doy una visión de la sensibilidad española (...). No es la novela de un individuo, es la de una colectividad, de un pueblo».

Sin embargo, dos años después en una conversación con Martínez Sierra publicada en ABC el 7 de diciembre, amplía extraordinariamente los objetivos de su escritura. Lo que nos dice, trastoca el sentido de la novela decimonónica y también la de Tolstoy. Como en tantas ocasiones a lo largo de su biografía literaria, una extraordinaria capacidad para captar el sentido de lo contemporáneo, de lo que corresponde al tiempo que vive, le hará coincidir con planteamientos desarrollados en países alejados o por personalidades dispares a la suya:

> «Creo que la novela camina paralelamente con la historia y con los movimientos políticos. En esta hora de socialismo y comunismo, no me parece que pueda ser el individuo humano héroe principal de la novela. La Historia y la Novela se inclinan con la misma curiosidad sobre el fenómeno de las multitudes. El fenómeno de las multitudes... Ahí estamos todos los que sinceramente queremos ejercitar nuestro oficio de creadores de ficción literaria. El fenómeno de las multitudes... No hay otro, entre todos

los que constituyen la vida humana, que logre sujetar la atención y, sobre todo, la emoción del hombre que piensa. La multitud es el protagonista. Se acabaron los héroes, se acabaron los conflictos individualistas.»

Aunque entendamos estas palabras en el plano de los propósitos más que en el de las realizaciones, no cabe duda que Valle ha recorrido un largo camino desde sus admirados modelos decimonónicos. Incluso es fácil conjeturar que comprendiera la relativa soledad de su postura y la casi absoluta carencia de ejemplos literarios a los que referirse. Sí los hubiera podido hallar en el cine. *El nacimiento de una nación* e *Intolerancia*, de Grifith; *Octubre*, *La huelga* o *El acorazado Potemkin*, de Eiseistein; *Metrópolis*, de Fritz Lang; *La nueva Babilonia*, de Kozintsev y Trauberg, etc., muestran a la multitud actuante en un sentido u otro, pero siempre como protagonista. En el teatro, expresión artística que propende a la individualización, podríamos citar en cualquier caso como ejemplos significativos, *Misterio Bufo* de Maiakovski o ciertas obras expresionistas como *Los destructores de máquinas*, de Toller. En cuanto a novelas, habría que limitarse a tendencias aisladas en Ehrenburg, Fedín, Bulgakov y sobre todo en Tetriakov y su concepto de lo novela-reportaje. Por supuesto que muy poco o nada de todo esto podía ser conocido en la España de aquel período. En todo caso llegaban crónicas generales.

Esta percepción de las tensiones y contradicciones de su tiempo, de que hace gala Valle Inclán en diferentes circunstancias de su vida, es ante todo resultado de una enorme capacidad de percepción de la historia y de los vaivenes sociales. No cabe duda que el fenómeno de la Revolución rusa, traumático, convulso y esperanzador, la grave crisis de la política y la sociedad españolas, los hondos desastres de la guerra vistos de cerca, el ascenso de fuerzas irracionales cuyo hálito de muerte comenzaba a expanderse, el miedo de las capas medias ante un futuro incierto que las hacía verse acosadas, el grito emancipador de las masas trabajadoras, eran y constituían impulsos movilizadores de cualquier ánimo despierto y apasionado. Pero en su caso no se trata tan sólo de captar unos procesos sociológicos e ideológicos ascendentes, sino de entender que el arte en su visión de la realidad, su estructura estética, sus formas expresivas, debe responder a ese reto. En mi opinión —eludiendo cualquier comparación respecto a los resultados— el sentido de la corriente empujaría en lo sucesivo a muchos otros escritores, plásticos, cineastas y músicos. A manera de ejemplo del clima incitante de que hablo, quiero recordar que el gran novelista mexicano Martín Luis Guzmán escribe en España en aquellos mismos años su fresco histórico sobre la post-revolución, *La sombra del Caudillo*.

Quizá por todo lo que hasta aquí llevo dicho, Valle insista una y otra vez en sus alusiones pictóricas para definir el nuevo sentido que quiere dar a su obra. No creo que sea la única razón, como luego explicaré más detenidamente, pero sin duda constituye un referente ostensible al que recurrir, una imagen vigorosa e identificable para el mundo cultural español, que es al que preferentemente se dirige en sus declaraciones. La intervención antes trascrita concluía de este modo: «Esta manera —"la multitud es la protagonista"— es ya definitiva en Goya. Y esta consideración es la que movió a dar un cambio a mi literatura y a escribir los "esperpentos", el género literario que yo bautizo con el nombre de "esperpentos".»

Dicho esto, desearía mostrar mi relativa perplejidad a la hora de establecer un perfil esclarecedor a las interconexiones plástico-literarias entre el escritor gallego y el pintor aragonés. Tenemos sobrados motivos para preguntarnos por el auténtico sentido de las constantes referencias a Goya, en el Valle Inclán esperpéntico. La metáfora del «espejo cóncavo», se ha convertido en piedra de toque genérica para una respuesta trillada. Según esto, Valle tomaría de Goya la técnica deformante y distorsionadora capaz de reflejarnos la realidad en su dimensión grotesca, monstruosa, extravagante. No voy a intentar rebatir este tipo de afirmaciones que son válidas y coherentes en cierto sentido. Mi afán consiste en mostrar este procedimiento como la consecuencia de un proceso de relaciones entre la realidad y el arte, mucho más profundo y rico en sugerencias.

A través de las distintas declaraciones que he recogido, observamos una expresa voluntad por parte de Valle de ahondar en la comprensión histórica de España y de los seres grandes y mezquinos, poderosos o míseros que por ella transitan. He enumerado ya su preocupación bibliográfica e informativa. Quisiera recordar ahora el libro de Zamora Vicente «La realidad esperpéntica», en donde se nos proporcionan datos precisos y preciosos sobre la incorporación de noticias aparecidas en la prensa, trasmutadas literariamente a obras teatrales como «Luces de Bohemia». Todo esto viene a cuento de otro interrogante que me asalta con sus garfios: ¿Deformaba el escritor la vida española para hacerla más ostensible, o la veía como algo deforme, grotesco y sórdido?

El 31 de diciembre de 1924, en la revista «Nuevo Mundo», Luis Bello se planteaba en parecidos términos la cuestión: «Los personajes de los esperpentos y el mundo del esperpento es pequeño y grotesco antes de verse reflejado en el espejo cóncavo.» Es decir, la vida española contenía en sí misma elementos suficientes de degradación, miseria, egoísmo, tragicomedia, befa, bufonada, absurdo y sordidez como para no necesitar amplificaciones. Lo que cuenta en este caso es la manera de contemplarla y convertirla después en materia literaria. Por eso Valle no va a ofrecernos una caricatura, por muy cruel que la consideremos, ni una farsa ridícula, ni un costumbrismo mordaz pero, en definitiva, trivializador. Esa forma específica de mirar y comprometerse con la realidad española va a descubrirnos lo que de absurdo, arbitrario y grotesco alberga en sus entrañas. Como dijera Zugazagoitia con particular tino (*Nueva España*, n.º 2, 1930): «caso clarísimo de verdadera literatura de vanguardia.»

LA MIRADA DEL PINTOR

En la escena Duodécima de *Luces de Bohemia*, Max, aterido y moribundo, exclama: «El esperpentismo lo ha inventado Goya», para añadir un momento después: «Los héroes clásicos reflejados en los espejos cóncavos dan el Esperpento.» Éstas y otras frases similares se han repetido y citado hasta la saciedad acabando por convertirse en un lugar común. Hemos insistido bastantes veces unos y otros, que estas palabras por si solas no esclarecen gran cosa los puntos de vista estéticos de Valle al abordar sus «esperpentos». Sin embargo, sería igualmente inexacto pensar que el escritor las colocó allí por puro adorno de pirotecnia verbal.

Creo por el contrario, que hay que entenderlas en su dimensión metafórica y que clarificadas convenientemente, nos permiten comprender el procedimiento estético y la posición adoptada por Valle Inclán respecto a su objeto de observación principal: los conflictos individuales en la historia colectiva. Metáfora que, por otra parte, nos remite a la comprensión de las actitudes de Goya respecto a sus modelos y al modo de convertirlos en materia pictórica.

Si al escritor le hubiera atraído únicamente algún o algunos de los hallazgos técnicos del pintor, quizás hubiera podido escoger otro referente. El grotesco ya lo había trabajado Leonardo en sus dibujos y los grabadores ingleses del XVIII en sus estampas zoomórficas. Velázquez reflejó la deformidad humana en sus retratos de bufones y meninas. El tenebrismo fue patrimonio de Valdés Leal, de Ribera o de Rembrant. Podríamos seguir con estos u otros ejemplos. Sin duda no era lo que interesaba a Valle, sino otras características mucho más substanciales del trabajo artístico del pintor aragonés.

En el Museo del Prado se exhiben dos cuadros dentro de la amplia colección de Goya, que me han inquietado siempre por la coincidencia temática y el tratamiento tan dispar que nos muestran. La inquietud me ha llevado después a otro tipo de consideraciones que afectan no sólo a una forma genérica de entender las relaciones entre arte y naturaleza, sino, muy en particular, los procesos de elaboración de la obra de Valle Inclán. El primero se titula *La pradera de San Isidro*, *La romería de San Isidro* el segundo. Como es fácil deducir, en ambos casos el tema es el mismo: un fresco social de personajes y tipologías sociales, reunidos en un lugar de asueto, descanso, paseo, tertulia o juego, en el que se mezclaban hombres y mujeres de las diferentes clases sociales que habitaban la España de la Ilustración y la de la crisis bélica y constitucional de finales del XIX.

Cuando Goya realiza el primero de estos dos cuadros, hace tiempo que ha dejado atrás los moldes académicos y la normativa neoclásica. Los colores dominantes son claros y luminosos, la pincelada suelta, la mancha cromática predomina sobre la definición del dibujo. En «La romería», una enorme mancha obscura domina el conjunto. Una masa negra, piramidal, coronada de manchones pálidos que se recortan en un fondo plano y tenebroso.

La Pradera, como los cartones y retratos de ese período, por muy agudo que sea su sentido crítico o quizá por eso, está llena de optimismo, alegría de vivir. El pintor capta el momento fugaz, la naturaleza como elemento intrínseco. La técnica nos sugiere la manera como él ve el objeto. En la segunda han desaparecido estas características. Emparentada con el resto de las «pinturas negras», *Los caprichos, Los disparates* y esos cuadros de flagelantes, autos de fe y mujeres acorozadas, el objeto aparece totalmente transformado: la opinión y los sentimientos del artista son palpables en esta recreación de la realidad y en la técnica de que se sirve.

Estamos pues ante dos formas distintas de enfrentarse artísticamente al mundo, de observar la realidad. La primera, que aparecerá en los cartones del último período, en los retratos, pero también en cuadros bordoleses como *La lechera*, corresponden a una visión de la naturaleza similar a lo que después se llamó «impresionismo». Goya recrea la naturaleza en su fugacidad pero sobre todo, tal y como la interpreta. La segunda responde por el contrario a lo que, ya en nuestro siglo, se llamó «expresionismo». El artista proyecta sus sentimientos en la observación de la realidad, para crear su obra.

Esta segunda forma de mirar, se convierte en el caso de Goya, en una manera de descubrir lo que la interpretación de la realidad objetiva no nos proporciona y de mostrarlo utilizando diversos procedimientos artísticos. Ya no basta con rebelarse contra la simple reproducción objetiva, captando el mundo como es, sino de proyectar su propia personalidad, sus convicciones, sus anhelos y sus fantasmas como la parte oculta de la realidad. En su «Historia del Arte en España», Valeriano Bozal escribe a propósito de estas obras: «El absurdo domina (...). Ahora bien, semejante proceder no es un juego, una curiosa actividad o una mera fantasía. Muy al contrario, el absurdo y la inversión ponen de relieve, sacan a la luz la verdadera fisonomía de las cosas, el verdadero rostro de una realidad en la que el absurdo es la pauta de lo cotidiano.»

Esta doble visión es la que Valle Inclán ejercita al escribir su obra. No intento llevar a cabo, en absoluto, una transposición mecánica de los postulados plásticos sobre los literarios. Menos aún pretender cualquier paralelismo estilístico. Sería una puerilidad. Lo que quisiera desvelar es la coincidencia que adivino en la posición de ambos respecto a la realidad y a la manera de transformarla en la materia artística de sus obras respectivas.

En la etapa creadora anterior a *El embrujado* (1912), Valle vive un clima propicio para la apreciación plástica del mundo. Basta recordar que en la tertulia del Café de Levante, junto a colegas literarios se apiñan un buen número de pintores. A la plática ritual asisten entre otros Julio Romero de Torres, Anselmo Miguel Nieto, Ricardo Baroja, Julio-Antonio, José Moya del Pino, los hermanos Villalba, Penagos, Zuloaga, Rusiñol, Solana, Bartolozzi, Vighi, Vivanco, Arteta, Montenegro, etc. También el mexicano Diego Rivera —que estudia con Chicharro— y Matisse, cuando pasa por Madrid. La plana mayor del modernismo impresionista y post-impresionista.

El extraordinario ilustrador y dibujante Moya del Pino, publica en enero de 1923, en la revista «La Pluma», un artículo titulado «Valle Inclán y los artistas», en el que subrayaba la plasticidad de la literatura valleinclaniana: «Valle es un escritor esencialmente plástico. El alma de los personajes se nos revela por la acción y por el gesto antes que la palabra sea dicha, y la emoción que sentimos al leer sus obras es más bien el producto de una visión pictórica que de un minucioso análisis psicológico. Existe siempre en sus libros una unión perfecta entre paisaje y figuras.»

Sin embargo, con ser interesante esta dimensión pictórica del escritor desde los comienzos de su obra, quisiera insistir ante todo en lo sustantivo de su visión del mundo. Valle adopta la del pintor impresionista. Intenta captar lo transitorio, incluso lo fugaz de la naturaleza y la historia. Interpreta la realidad, para ofrecer una visión más auténtica que la que de ella nos pueden dar los relatos objetivos o superficiales. Todo ello confluirá en el empleo de unos modos y técnicas expresivas que estructurarán sus obras. El uso de adjetivos, el tiempo narrativo, la fusión entre conflicto y medio natural, son otros tantos procedimientos sugeridores de la posición intrínseca del escritor ante la realidad.

Hay casos en que esta postura es programáticamente explícita. Es el caso de las tres primeras *Sonatas*, de su obra teatral *El Marqués de Bradomín*, de los poemas de *Aromas de leyenda*, de *El embrujado*. Menos evidente en las dos *Comedias Bárbaras*, que entonces escribe, y la trilogía de *La Guerra Carlista*. Pero si hay una profunda modificación estilística en el caso de estas últimas obras, no se altera la posición del escritor frente al objeto, que es lo substancial de esta visión que planteo. Me atrevería a afirmar que lo intrahistórico es el resultado de una forma de captar la realidad histórica e interpretarla.

Tampoco desmiente esta afirmación la acumulación de datos y elementos que el escritor despliega. Basta recordar su viaje a Navarra para conversar con los veteranos de la guerra, o empaparse del color, el clima y la topografía natural del espacio abierto en que iba a desarrollarse la acción de las dos últimas novelas de la trilogía. Podríamos decir algo similar en lo que se refiere a la adecuación y perfil lingüístico de sus personajes. Valle era perfectamente consciente de la importancia de este procedimiento. En una de sus conferencias pronunciadas en Buenos Aires el año 1910, la titulada *El arte de escribir*, manifiesta su postura contraria al uso de diccionarios para el enriquecimiento terminológico. «Yo puedo deciros —afirmaba— que llené mis alforjas por los caminos de las dos Castillas. Entrando en las ventas y calentándome en las cocinas y durmiendo en los pajares. Tales fueron las Universidades donde aprendí los más expresivos y sonoros vocablos y el modo de usarlos, que es lo más esencial, y las imágenes y las comparaciones, y los adjetivos sin antecedentes literarios. Porque la primera virtud del estilo es que se parezca al estado hablado, como quería Montaigne. En el habla del labriego está el espíritu de nuestra lengua, y no es en los clásicos que vivieron latinizando o italianizando.»

A partir de la publicación en 1919 de *La pipa de Kif*, Valle modifica su obra en el mismo sentido que señalábamos para el Goya de las «pinturas negras» o *Los disparates*. La realidad no es sólo interpretada sino reconstruida a través de los sentimientos, cóleras, furias y anhelos del escritor. El espejo cóncavo es únicamente el alambique en que esta operación de trastocamiento desvelador de la realidad va a ser posible. Es la metáfora de un procedimiento que penetra los entresijos sociales e históricos para descubrirlos. Esta mirada es distinta y se trasluce en una diferente utilización de la técnica descriptiva, del sentido del diálogo, de la estructura del discurso, de las relaciones temporales de individuos y grupos. Es la que permite —como lo hizo en el caso de Goya— abrir un espacio para que la multitud manifieste su presencia en la historia.

La utilización del grotesco, la mirada de sus personajes desde un plano superior, la adjetivación desvalorizadora, la ruptura de toda continuidad psicologizante, son otras tantas técnicas que le permiten proyectar su visión del mundo en la obra que crea. En su comentario a la edición de *La Corte de los milagros*, el propio Valle habla de que «hay una desarticulación de motivos y una vibración en mi voluntad».

Esta honda transición en la forma de mirar el mundo y de crear su teatro, su novela, su poesía, está unida a profundos traumas personales, cambios de mentalidad, abandono de nostalgias, dura experiencia vital, etc. He hablado en otras ocasiones de las variadas circunstancias que provocan ese cambio de rumbo en su obra, pero también en su vida civil. No por más conocidos es menos importante recordarlos en este momento. En cualquier caso, Valle tuvo la clara percepción de la duplicidad de que he hablado. En junio de 1932, cuando la Academia de la Lengua se niega a concederle el premio Fastenrath por *Tirano Banderas* —¡con los que lo han ganado después!—, se celebra un banquete en el Hotel Palace como homenaje. Allí va a hablar de sí mismo en términos concluyentes:

«Fuimos dos, los que escribimos la obra de don Ramón del Valle Inclán. Yo y el otro yo. Yo soy el de hoy, y el otro yo el que escribió historias en un estilo acusado de decadentismo. Mis primeras novelas tienen ese ritmo porque más que mías, son obras de colaboración Hechos de familia inspirados en las hazañas de una vieja casa de conducta arbitraria. Las historia expuestas en aquellas narraciones definen mi casta. Todo fue cierto. Yo era un cronista con sentimientos responsables. Un rapsoda en los pazos familiares. Mi estilo, la plástica de una gesta, una interpretación heráldica. Por los años mozos yo no era un autor español, era el arcipreste familiar de un campeador que veía como se iba ensanchando Galicia al paso de su caballo. Ahora no. He roto las amarras de la casta, las responsabilidades del apellido. Me manifiesto libremente con toda la crueldad y la soberbia de un autor español de pura cepa.»

Volvamos al principio. La metáfora valleinclaneana sobre Goya y el esperpentismo, quizá cobre así sentido. Como algo más que una técnica o un procedimiento. Es una forma de mirar el mundo, de proyectarse el artista en su obra, de sentirse en la historia y de recrearla, de abandonar la objetividad naturalista para destripar la realidad en su gloria, su miseria o su torvedad, de despreciar el psicologismo para desvelar las actitudes y comportamientos. Eso y más cosas. ¡Lástima que todo quede abierto a nuestro impulso, que no existan fórmulas de descodificación ni de visualización cuando hacen falta! ¡Pero qué grandeza en la conjetura!

LA IMAGEN ESCÉNICA

La literatura valleinclaniana nos da cumplida razón de su existencia, a través de las sucesivas publicaciones en libro que de ella se llevan y llevarán a cabo. El discurso literario contiene en sí mismo las intenciones y propuestas estéticas de su autor. En este terreno, quizá sólo debemos lamentarnos de la inexistencia de unas «Obras Completas» que articulen explícitamente la totalidad de su obra, con sus diferentes variantes y textos hundidos en lo profundo de periódicos y revistas jamás exhumados a la pública lectura.

Un nuevo interrogante se abre ante nosotros cuando nos enfrentamos a la escenificación de los «esperpentos» teatrales: ¿Qué hacer? Estas obras que poseen una entidad propia en tanto que literatura dramática, contienen además una estructura, unas sugerencias estéticas, una propuesta de articulación de los diferentes elementos escénicos para su representación. En definitiva, son también la substancia, raíz y motivación de otra obra de arte autónoma que es el espectáculo teatral. Este cambio de forma expresiva, esta proyección de los signos literarios en una trama sígnica más compleja, numerosa y varia, en la que segmentos significativos de filiación acústica, plástico visual, rítmico-dinámica, van a conjugarse hasta completar una imagen escénica y un discurso propio, presenta múltiples problemas a la hora de convertirlos en práctica productiva teatral.

Las novedades y hallazgos sumergidos en los esperpentos respecto a la práctica teatral española que Valle conoció, quizá justifiquen ciertos exabruptos del escritor hacia sus contemporáneos. Respondiendo a una encuesta del *ABC*, el 23 de junio de 1927, dirá: «¿Para el teatro? No. Yo no escribo ni escribiré nunca para el teatro. Me gusta mucho el diálogo, y lo demuestro en mis novelas. Y me gusta, claro es, el teatro, y he hecho teatro, procurando vencer todas las dificultades inherentes al género. He hecho teatro tomando por maestro a Shakespeare. Pero no he escrito nunca ni escribiré *para* los cómicos españoles. Los cómicos de España no saben todavía hablar. Balbucean. Y mientras no haya alguno que sepa hablar, me parece una tontería escribir *para* ellos. Es ponerse al nivel de los analfabetos.»

A mi modo de ver, sería un error cerrarse en el sentido literal de estas palabras, cuyo alcance es más incisivo de lo que aparenta. En cualquier caso, justo es reconocer que sangraba por la herida: su teatro no se representaba y el que lo fue, no tuvo nunca el favor mayoritario del público. Sin embargo, sería una interpretación mezquina y reductora quedarse tan sólo en el plano de la ofensa interiorizada, sin trascenderlo a problemas de índole mucho más consistente.

El mundo teatral no sólo rechazó sus obras, sino que incluso descalificó como teatro sus esperpentos escénicos. Si echamos una ojeada a las primeras ediciones, veremos como *La rosa de papel* y *La cabeza del Bautista* se definen como «novelas macabras». *El terno del difunto* y *La hija del capitán*, como simples «novelas». *Luces de bohemia* es un «esperpento», género inclasificable que afiebra de dudas el cacumen de sus más conspicuos contemporáneos. El mito de la irrepresentabilidad nace ahí y se prolonga a lo largo de años. Sus obras constituían una perturbación pertinaz para las formas y códigos dominantes del teatro español, anclado en su rutina estructural monocorde. La idea se ha mantenido viva hasta hace menos años de los que habitualmente creemos.

Seré sincero: es imposible establecer unas pautas estéticoteatrales o metodológicas que nos permitan definir la imagen escénica de los esperpentos. Mucho menos aproximarse a la concrección de un estilo. Quizás el mayor atractivo de la propuesta de Valle, resida en las diferentes pautas estilísticas que pueden abordarse en la puesta en escena de sus textos. Sin embargo, podemos enunciar claramente lo que no es, lo que supondría un claro contrasentido con los aspectos substanciales de su estética antes expuestos.

El naturalismo ternurista, el psicologismo realista, la organicidad desaforada, el ceremonialismo ritualizado y abstracto, son otros tantos caminos que parten de planteamientos estéticos divergentes con los que sustentan su obra. El contrasentido no por evidente, puede darse con cierta frecuencia, dado que hablamos de procedimientos escénicos muy vinculados —con mayor o menor fortuna y calidad— a la tradición contemporánea del teatro español contemporáneo, o bien ocupan franjas perceptibles dentro de la experimentación teatral. En una entrevista que le hace Ángel Lázaro en *ABC*, Valle pronuncia otra de esas frases metafóricas que, andando el tiempo, acaba abonando el proceloso lugar común. «Mi teatro —se refiere al esperpento— es el "género chico" multiplicado por cuatro.» Esta afirmación, unida a la existencia de ciertos elementos paródicos del drama burgués, la comedia sentimental o el folletín, conduciría, en una valoración superficial, a establecer el parentesco inmediato entre esperpento y «género chico». El mero hecho de multiplicar por cuatro un referente literario, lo distorsionaría hasta convertirlo en algo bien distinto.

En cualquier caso, reducir la imagen escénica esperpéntica a los niveles del sainete culto, es reductor, superficial y banalizador. El género chico, la comedieta satírica, el juguete cómico, parodian la cultura y formas de vida burguesas y realizan una supuesta crítica de costumbres, que nunca cuestiona lo establecido y que se rige, en último término, por la norma ética dominante. El esperpento pretendía y buscaba la profundización y desvelamiento de los males de esa misma sociedad. Los subgéneros populistas, en la afirmación de Valle, no eran sino un referente intencional para definir la filiación y ambiciones populares de la obra que estaba creando.

La creación de la imagen escénica del teatro valleinclaniano, de los esperpentos en particular, no puede reducirse a la aplicación de meros recursos artesanales y procedimientos ilustrativos, dado que no se trata de trasladar a la escena réplicas de lo cotidiano sino de buscar, descubrir y articular los hallazgos. No basta con haber colgado un tul vaporoso del telar y puesto una bonita luz, para abordar con responsabilidad la tarea ardua de escenificar los esperpentos. Creo que existe un problema de dramaturgia y de estética teatral que plantearse a la hora de abordar cada trabajo en concreto, que es previo a la artesanía y también a la adopción de un método, un procedimiento o un estilo.

He citado antes las invectivas de Valle contra los actores españoles e insiste en la necesidad de eludir su significado literal. Podría referirme de igual modo a declaraciones en sentido contrario, es decir, positivo. Lo que parece traslucirse de sus palabras no es tanto una recusación de las posibilidades técnicas del actor español, sino de su condición intelectual. «Es ponerse a nivel de los analfabetos», concluía. Por muy áspera que nos parezca la frase, debemos tener el suficiente pulso como para reconocer que el escritor está reclamando una profunda comprensión de su teatro. Un acto de inteligencia que abra y enriquezca el camino de la organización, la fantasía y las intuiciones.

En no pocas ocasiones, la frivolidad exhibicionista, pseudointelectual, medio culta, muerta por un chiste, dando su vida por una frasecita brillante, nos oculta la perentoria certeza de los procesos creativos del teatro abordado rigurosamente. La forma de leer, comprender y analizar la obra de Valle, es posiblemente patrimonio exclusivo de quienes abordan la puesta en escena de un espectáculo concreto. No vamos a hacer partícipes a los espectadores de nuestras dudas, debates, tanteos o hallazgos, pero lo que reciban en el momento lúdico de la representación, estará condicionado, será consecuencia de cuanto hayamos debatido, dudado, leído o descubierto, en esa etapa en que la imagen escénica es tan sólo un proyecto o si se quiere un sueño utópico de lo posible.

Por último, me gustaría concluir con una afirmación que nos remite a aspectos más amplios del problema no abordados aquí. El Valle Inclán de toda la última etapa se siente comprometido con España de punta a cabo. Tiene la crueldad y la soberbia de un escritor español de pura cepa. Su pasión voraz no es otra que la de mostrar como de las ruinas de la España oficial surge entre convulsiones, espasmos, dolor y tragicomedia, la España real. Por pura casualidad, es lo que buscaron Galdós, Antonio Machado, Baroja, Lorca, Miguel Hernández y tantos otros, cada cual a su manera. Sólo quien posea ese renovado sentimiento de compromiso con España, debe atreverse a llevar adelante la puesta en escena de este teatro. De no ser así, sólo quedará la parodia, el vacío, la metira y ¿por qué no?, el oportunismo.

Juan Antonio Hormigón

Escuela de Arte Dramático
(Madrid)

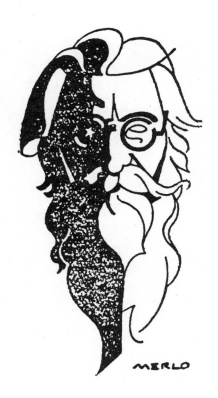

II

ENFOQUE SOBRE LA ESTÉTICA
DE VALLE INCLÁN

EL OCULTISMO EN «LA LÁMPARA MARAVILLOSA»

Valle Inclán construyó su maravillosa lámpara sobre los conceptos de la «Tradición Secreta» resucitados por los movimientos ocultistas del siglo diecinueve. El maestro del ocultismo fue el francés que acuñó el término,[1] el ex sacerdote, poeta, ilustrador y reformador social, Alphonse Constant, conocido por su nombre cabalístico Eliphas Lévi (1810-1875). La obra de Lévi influyó en gran número de escritores de la época,[2] muchos de los cuales veían el ocultismo como una crítica y un repudio a los valores religiosos y culturales de Occidente[3] y como una guía a la renovación espiritual que podría salvar la civilización que ellos temían que se extinguiera.[4]

Según Lévi, los preceptos básicos de la «Tradición Secreta consisten en una analogía y un equilibrio entre el mundo visible y el mundo invisible y que estos dos mundos se conectan por un medio cósmico llamado Luz Astral. Mediante la comunicación con la Luz Astral, la cual es el medio de toda la magia, el ocultista puede percibir la analogía y controlar el equilibrio entre los dos mundos. El ocultismo es, pues, un método que permite la transcendencia del mundo fenomenológico y el alcance del conocimiento y el poder de la realidad al más allá.[5]

---

1. Mircea Eliade, «The Occult and the Modern World», *Occultism, Witchcraft and Cultural Fashions: Essays in Comparative Religion* (Chicago: University of Chicago Press, 1976), p. 49.

2. Para la influencia de Lévi sobre Yeats, Hugo, Dumas, Balzac, Baudelaire, Rimbaud, Verlaine y Mallarmé, véanse Frank Paul Bowman, *Eliphas Levy, visionnaire romantique* (Paris: Presses Universitaires de France, 1969), Christopher McIntosh, *Eliphas Lévy and the French Occult Revival* (London: Rider, 1872) and Thomas A. Williams, *Eliphas Lévi: Master of Occultism* (University: University of Alabama Press, 1975). Para su influencia sobre Darío, véase Enrique Anderson-Imbert, «Sincretismo religioso» *La originalidad de Rubén Darío* (Buenos Aires: Centro Editor de América Latina, 1967), pp. 202-3. Para la influencia de Lévi sobre Rafael Urbano, que tradujo por lo menos dos de las obras de Lévy al español, y sobre otros contertulios de Valle-Inclán, véase Virginia Milner Garlitz, «El centro del círculo: *La lámpara maravillosa* de Valle-Inclán», Tesis doctoral, Universidad de Chicago, 1978, pp. 87-93.

3. Eliade, «The Occult», p. 53.

4. Véase Garlitz, «El centro», pp. 70-71.

5. Estas ideas que se encuentran por toda la obra de Lévi se resumen en el prefacio a la traducción de Arthur Edward Waite (London: William Rider and Son, Ltd., 1913), pp. I-XXI.

Otros ocultistas, en particular la fundadora de la Sociedad Teosófica, Helena Petrovna Blavatsky, elaboraron la idea del medio o plano astral al proponer la existencia de un cuerpo astral o doble que puede proyectarse fuera del cuerpo físico y así lograr una visión que anticipa la que tendrá el alma después de la muerte. Desde su estrella, el alma desencarnada contemplará su vida en el mundo, las virtudes y los pecados. Estas virtudes y estos pecados crean el ciclo del destino o Karma del alma. La totalidad del destino del hombre está contenido en la Luz Astral.[6]

Según Lévi, la Luz Astral tiene la forma de la serpiente Ouroborus que se muerde la cola. Representa el bien y el mal, el tiempo y la eternidad y demuestra la circularidad de toda la creación. Esta circularidad corresponde a los números uno, dos y tres: el uno se rompe para formar el dos; el dos busca juntarse con el uno y así formar el tres. Para dominar la serpiente de la Luz Astral, lo cual es el objetivo de todo el ocultismo, el ocultista tiene que alcanzar el punto central dentro del círculo.

Conseguir centrarse dentro del círculo es el tema principal de *La lámpara maravillosa*. Ésta es la fuente de las imágenes del texto escrito y de sus ilustraciones, el principio de su estructura, y la clave de los conceptos estéticos, éticos y espirituales de *La lámpara* que son, además, los fundamentos de toda la producción de Valle Inclán.

Valle traduce el concepto de centrarse en la metáfora narrativa de la caída del hombre y de su retorno al paraíso por medio de una peregrinación guiada por el sentido agnóstico de la lámpara del amor. Mediante la ecuación tradicional del centro divino de reintegración con el bien y lo bello, la lámpara ilumina, a través de la narración en primera persona de un Poeta-Peregrino que se dirige unas veces a su Alma, y otras, a un Hermano Peregrinante. Esta peregrinación es la del hombre en general, la de España en busca del encuentro con su ser verdadero, y de Valle Inclán como un alma en busca de Dios, y también de un hombre en busca de unidad con otros hombres, y del artista en busca de la belleza.

La peregrinación de *La lámpara* es mística porque conduce a la reunión con lo divino, pero es también mágica porque conduce al logro de un poder semi-divino. El proceso de la transformación mística se compara con los caminos de Purgación, Iluminación y Unión o Quietud. Este proceso que hace posible el logro de una visión astral distanciada y purificada del reino satánico del tiempo, los sentidos, y el egocentrismo, se presenta como el éxtasis en siete experiencias. Todas estas experiencias menos una son dominadas por el rey astral, el sol, que es la manifestación del centro de la Naturaleza.

---

6. Véase Garlitz, «El centro», pp. 27-29.
7. Véase arriba, núm. 5.

El poder de la transformación se conecta con las operaciones mágicas, las cuales implican el centrarse dentro del círculo. La más importante de estas operaciones, la alquimia, comprende un proceso, paralelo al camino místico de Purgación, Purificación y Matrimonio o unión de los contrarios. El producto de la alquimia, el oro, es un metal solar cuyo símbolo es un punto dentro de un círculo.

El concepto de centrarse forma también la base de la estructura de *La lámpara*. La parte central es flanqueada por tres partes en cada lado, y todos los capítulos dentro de las partes se numeran en combinaciones del número tres. Esta simetría numérica se repite en el contenido de las partes que tienen números correspondientes a estas divisiones (Fig. 1). La parte central, «Exégesis Trina», une los elementos estéticos, espirituales y éticos de la obra en una construcción ternaria que es una tríada de tríadas. Se puede decir, pues, empleando una de las imágenes más repetidas de *La lámpara*, que las partes forman círculos concéntricos alrededor del centro como los que se forman alrededor de una piedra arrojada en una laguna. El esquema así producido también se puede comparar con los siete brazos de la lámpara que Moya del Pino dibujó para la primera página del libro. (Fig. 1).

En el capítulo central de «Exégesis Trina» que es el centro físico y conceptual de la *Lámpara* o el centro del centro, se encuentra una imagen que Valle tradujo casi palabra por palabra del *Dogme et rituel de la Haute Magie* (1856) de Eliphas Lévi.[8] Describe las columnas de Boas y Joaquim a uno y otro lado de la magna puerta del Templo cabalístico de Salomón:

> Estas dos columnas representaban, en la doctrina oculta de los magos caldeos, los misterios del antagonismo y la lucha entre el hombre y la mujer, porque según la interpretación hermética, la mujer debe resistir al hombre y el hombre debe fascinarla, para someterla. El principio de acción busca al principio de negación, y así la serpiente del símbolo quiere morderse la cola, y al girar sobre sí misma se huye y se persigue.

Valle añade la frase, «¡Y las dos columnas simbólicas se unieron bajo la curva del arco!»[9]

Esta adición a la imagen que Lévi emplea para describir el poder de la creación de la Luz Astral y que también alude a la alegoría de la caída y la vuelta al paraíso y al matrimonio de contrarios de la Gran Obra de la alquimia, pone de relieve el hecho de que aquí Valle traduce el centrarse dentro del círculo al principio del enlace que sirve para unir los conceptos de su sistema.

---

8. (1856, Paris: Editorial Niclaus, 1967), p. 65.
9. *La lámpara maravillosa, Obras escogidas* (Madrid: Aguilar, 1971). Tomo I, pp. 554-555.

Las columnas del templo de *La lámpara* son las visiones del mundo contrarias y sus tipos resultante del arte que Valle llama, panteísta y quietista. El panteísta ve el destino como un don divino. Por eso el hombre debe exaltar la naturaleza y unirse con sus fuerzas creadoras. La visión quietista ve que el destino es la creación arbitraria y absurda de Satanás. Por eso el hombre debe retirarse del mundo y cerrar los ojos a lo material, considerando malo todo conocimiento que proceda de los sentidos.

El producto supremo del arte panteísta es la tragedia que junta la energía creadora del Logos Espermático y la forma arquetípica perfecta. El héroe trágico inspira un amor doloroso o catarsis que permite al espectador transmigrar dentro del alma del héroe para primero simpatizar con él y luego exaltarle e inmortalizarle. Éste es el camino de la Purgación.

El arte quietista aborrece lo carnal y, por eso, busca la belleza, no en las formas creadas, sino en el mismo acto de creación. Así liberado del ideal griego de arquetipos, el arte quietista puede tratar lo absurdo, lo moribundo y lo grotesco de un modo distanciado. Este distanciamiento o amor renunciado se compara con el poder del espejo mágico del recuerdo y con la visión desde la otra ribera, más allá de la muerte. Éste es el camino de la Quietud.

Valle dice que los caminos del panteísmo y del quietismo se conocen desde la antigüedad, pero que existe otro camino más nuevo que aquí es representado por San Francisco de Asís y se basa en el concepto cristiano de que el hombre puede controlar su propio destino. Puede redimirse por amar en el mundo lo que refleja lo divino.

El arte que esta visión produce reúne lo humano y lo divino en una visión de gracia. Está en armonía con la naturaleza pero libre de la sensualidad del arte panteísta. Trasciende las formas físicas sin la distancia extrema del arte quietista. Este arte inspira un amor gozoso o fraterno que apunta hacia la unidad de todas las cosas. Éste es el camino de la Iluminación.

Mientras el arte panteísta busca la belleza en la forma externa y el arte quietista la busca en esencia interna, el arte ilustrado por el beso del santo y el leproso encuentra la belleza en la unión de los opuestos. Como este principio de enlace ha descendido de los tiempos clásicos, Valle denomina a este arte, arte clásico.

Valle presenta todavía otra ilustración de la unión de los contrarios en su descripción del arco flamígero que captura la imagen cambiante y transitoria de la llama en su armonía inmóvil y perdurable. Este ejemplo demuestra que el arte clásico no sólo forma uno de los tres caminos sino que también ofrece el principio del arco o enlace que sirve para trascender a estos tres caminos en una unión superior de forma y esencia hacia la cual aspiraba Valle Inclán.

Para desarrollar aún más el enlace del arte con lo espiritual y lo ético, Valle construye columnas de tríadas contrarias a cada lado de la tríada estética. Esta construcción también puede haber sido inspirada por Eliphas Lévi. Es semejante al frontispicio para el libro de 1895, *Clés majeures et clavicules de Salomon* que Lévi ilustró a mano.[10]

En *La lámpara*, la tríada divina tiene tres personas o modos de acercamiento, tres amores o modos de comprensión y tres rosas o modos de expresión. La tríada satánica tiene tres serpientes, tres pecados y tres tiempos, los cuales son obstáculos a los elementos de la tríada divina. (Véase mi ilustración, fig. 3).

Aquí los tres tipos de arte mismo sirven como los enlaces que ahora unen las fuerzas contrarias que afectan el destino humano, revelando así, como el arte se conecta con la vida.

Mediante la alegoría asociada con cada parte de la estructura triádica podemos ver lo siguiente. El arte panteísta (al pie de la fig. 3) enlaza o «sella» la serpiente de Carne o lujuria estéril con el amor creador del Padre-Demiurgo, que causa el florecimiento del futuro en la rosa fecunda de la perpetuación. Es decir, que el arte panteísta revela la inmortalidad del hombre.

El arte quietista (la parte superior de la fig. 3) sella la serpiente del Mundo o mudanza con el amor quieto del *Espíritu-Paracleto*, causando florecer el pasado en la rosa enigmática de conciencia. El arte quietista revela la esencia inmutable del hombre.

El arte clásico (en el centro de la fig. 3) sella el Demonio del egocentrismo con el amor fraterno del *Hijo-Verbo*, juntando el pasado y el futuro en la rosa andrógina del enlace. El arte clásico revela la unidad del hombre con toda la creación.

El concepto del enlace es esencial porque ningún tipo de arte o punto de vista es el camino sino que una combinación de los tres puede producir un arte que revela la esencia inmortal, inmutable y unificadora del hombre y el mundo. Esto es la verdadera Belleza.

Para dar énfasis a la importancia del enlace, Valle habla otra vez de este concepto en «Exégesis Trina» y más tarde en la última parte de *La lámpara*, «Piedra del Sabio». Ahora nombra como representante del enlace no a San Francisco sino a su maestro, Cristo. Como la encarnación de la rosa andrógina del Verbo, Cristo representa la unión perfecta de contrarios. Esta unión es posible por el amor. El amor es la lámpara gnóstica que guía a la reintegración con el Gran Todo.

Tres clases de terminología se emplean aquí para describir este proceso. En términos alquímicos, la piedra del sabio convierte la materia en oro. En términos religiosos, el amor de Cristo revela la divinidad del hombre escondida debajo de la carne vil y así convierte al pecador en el salvado. En términos estéticos, la intuición del poeta revela la belleza de las cosas, escondida en formas mundanas y convierte cualquier clase de objeto en arte. Para Valle Inclán, pues, la creación artís-

---

10. (París: Chamuel, 1985).

tica es un proceso de trasmutación que reúne las fuerzas contrarias y revela su esencia unificadora. La creación es el acto de centrarse. Esto no es decir que el centrarse se alcance sin lucha. Ouroborus se muerde la cola. El hombre tiene que darse cuenta de su caída antes de poder iniciar su retorno, el místico tiene que pasar por la purgación, la materia por la putrefacción. Parte del proceso transformador que se describe en *La lámpara* y que se busca generar en el lector es un descentrarse.[11]

La lámpara descentra al lector de sus percepciones habituales de la ficción por su naturaleza esotérica y su carencia de patrones narrativos y cronológicos tradicionales. *La lámpara* busca descentrar al lector de sus ideas habituales de la naturaleza del tiempo y de sus sentidos. Busca descentrar al lector español, en particular, de sus conceptos tradicionales al sugerir que España ya no está en el centro del mundo, que Castilla y el castellano no están en el centro de lo castizo, que las creencias católicas ortodoxas no son las únicas en el centro de la verdad, que los hombres que mantienen tales creencias no están en el centro de su potencial humano y que el artista que se queda al margen de la vida no está en el centro del potencial de creación artística.

Pero el descentrarse es sólo una parte del proceso, la última meta del cual es un nuevo centrarse. La creación artística que *La lámpara* describe y ejemplifica combina elementos de géneros, textos, imágenes y estructuras ya existentes para revelar a luz de la visión del artista la unidad del tiempo, de los sentidos, de todas las formas del arte y de la unidad del arte con los otros reinos de la existencia humana. *La lámpara* coloca el arte en el centro de la vida y al poeta en el centro del destino humano. Del mismo modo que la piedra del sabio puede trasmutar otras materias en oro, así también el arte puede transformar el mundo.

El poeta en el centro del Karma español dirige el retorno de España a su grandeza verdadera en una fusión de lo tradicional y lo nuevo, en lo mejor de su historia y de su realidad moderna, en un equilibrio entre Castilla y las otras regiones, en una revitalización del castellano a través de las lenguas regionales y extranjeras y en creencias que reúnen lo ortodoxo y lo heterodoxo.

El poeta puede por sus propias palabras mover a los hombres a acciones como las cruzadas o la revolución. La música de la «Carmañola» francesa, por ejemplo, puede causar a los rusos el «morder la manzana de París». En este ejemplo de Valle del enlace lingüístico, la combinación del Paris de la mitología clásica con la manzana del Edén convierte a la capital francesa en una nueva Eva que tienta a los rusos

---

11. Según propone Carol Maier en «Valle-Inclán's Literary Relations: The Creation of Context», conferencia de National Convention of the Modern Language Association, 1984, núm. 29.

inocentes a saborear el fruto prohibido no de Helena de Troya sino de la revolución. Éste es el germen de una idea que Valle desarrolla más ampliamente en su obra posterior: la revolución puede obrar la salvación del hombre como en Francia, o encadenarle a un ciclo de sufrimiento sin fin como en la América Latina de *Tirano Banderas* o en la España del *Ruedo ibérico*: El punto decisivo del resultado de la revolución o de cualquier otra acción es la aceptación del hombre de la responsabilidad de sus acciones que le enlazan a otros hombres.[12]

Este elemento de enlace también se presenta en *La lámpara*. El Poeta-Peregrino ve su existencia como una serpiente rota en dos partes por los pecados de violencia, orgullo y odio que le hacen prisionero de los sentidos, el tiempo y el temor de la muerte. Pero la consecuencia de sus pecados será aún más grave después de la muerte. Mediante la proyección astral, el Poeta-Peregrino tiene una visión de lo que su alma podrá ver desde su estrella después de la desencarnación. Como Julián el Apóstata, su alma no se ha centrado en el amor de Cristo; no ha aceptado la responsabilidad de sus acciones que afectan al destino de otros. Por eso pasará la eternidad como el Apóstata con el corazón atravesado por las flechas dolorosas de su muerte espiritual.

Esta visión hace que el Poeta-Peregrino proclame una vez más que el enlace supremo, el amor, es el camino al paraíso. El amor rompe las cadenas del destino intrascendente y abre la puerta a la salvación. Por eso el Poeta-Peregrino, le aconseja al Hermano Peregrinante, que le siga en el camino, que se sirva de la piedra del sabio del amor a su vez para transformar a sí mismo y al mundo.

El centrarse como se presenta en *La lámpara* es clave de la comprensión de las otras obras de Valle Inclán, incluso su enlace de contrarios más original, el esperpento. Todo el género puede verse como un descentrarse hacia el centro presentado en *La lámpara*.

En la primera obra llamada esperpento que Valle «sacó a luz» parece que el camino quietista de *La lámpara* se emplea para descentrar *La lámpara* misma mediante la deformación paródica. La lámpara maravillosa se reduce a las luces legañosas de bohemia que iluminan no un vuelo al éxtasis sino un descenso a los círculos del infierno. Aquí el poder mágico-místico del amor se reduce a una chabacana sensibilidad que deforma los grandes conceptos de la vida y la muerte de las religiones esotéricas y exotéricas y convierte la tragedia en la bufonada y al héroe en un fantoche miserable. Pero Máximo Estrella, la versión degradada del Hermano Peregrinante con una estrella en la frente, llega a una visión astral que es esencialmente la misma que la del Poeta-Peregrino en *La lámpara*. La visión del ciego Max, alcanzada por una peregrinación que le lleva al otro lado de la muerte, revela un mundo

---

12. Véase Virginia Milner Garlitz «El teosofismo en *Tirano Banderas*», *Journal of Spanish Studies: Twentieth Century* 2 (Spring 1974), pp. 21-29.

que es la consecuencia de no centrar el hombre su vida y su arte en el amor más elevado. El lugar en el centro del Karma del pueblo que debe pertenecerle al poeta ha sido usurpado por el Redactor cínico, una versión degradada del ocultista madrileño, Roso de Luna.[13] Y el destino que este personaje meramente redacta en vez de dirigir es tan absurdamente circular como el capicúa del billete de lotería que Max y Latino siguen en su vagabundeo nocturno.

Pero la visión astral de Max de la civilización latina, como la del Poeta-Peregrino de su propia alma, debe verse como el modo de descentrar al lector o al espectador con el fin de causarle de renovar su propia peregrinación hacia el centro que es la salvación.

VIRGINIA MILNER GARLITZ

Plymouth State College
Plymouth, New Hampshire

---

13. Anthony N. Zahareas identifica a Roso de Luna en la figura de Don Filiberto en su edición de *Luces*, Edinburgh Bilingual Library, núm. 10 (Austin: University of Texas Press), pp. 242, nota 191.

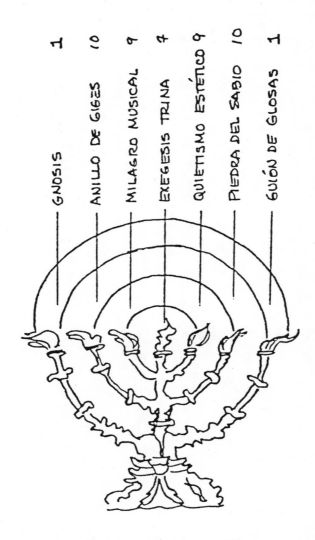

GNOSIS   1

ANILLO DE GIGES   10

MILAGRO MUSICAL   9

EXÉGESIS TRINA   4

QUIETISMO ESTÉTICO   9

PIEDRA DEL SABIO   10

GUIÓN DE GLOSAS   1

FIG. 1. *La lámpara maravillosa*

FIG. 2.   Frontispicio de *Clés majeures et clavicules de Salomon*
que Lévi ilustró a mano

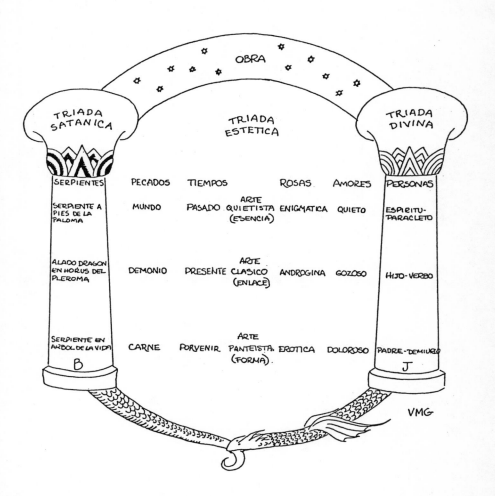

FIG. 3. Exégesis trina

ACERCANDO LA CONCIENCIA A LA MUERTE: HACIA UNA DEFINICIÓN AMPLIADA DE LA ESTÉTICA DE VALLE INCLÁN

Un joven marinero arroja su fusil y se lanza a correr. Percibe unas voces que le mandan parar, pero sigue corriendo como corría cuando era niño, cuando tenía miedo de los muertos, miedo de que alguien lo cogiera, miedo de que la tierra se abriera y se lo tragara. Cuando entra en un callejón oscuro, siente que se le acerca un brazo, y la visión se le interioriza. Poco a poco las imágenes aprendidas por los ojos son reemplazadas por los recuerdos: «recuerdos vagos, perdidos en unos días todos lluviosos, todos tristes, con las campanas tocando por las ánimas, unos días que eran semejantes al mar en la costa de Lisboa».[1] El marinero se acuerda de haber corrido antes en esta misma calle; tiene la impresión de que lo han mirado antes las mismas caras, y —como si se moviera en un sueño dentro de un sueño— lo que recuerda con más inmediatez es un sentimiento de angustia. Otra vez las voces le mandan parar. Ojalá tuviera alas: está cerca la casa de su madre; se podría alcanzar la puerta abierta y pasar por ella justo para echar el cerrojo y dejar fuera a los perseguidores. Pero el refugio es una fantasía, y antes de que el marinero pueda avanzar mucho más se oyen sonar dos tiros, y las caras asomadas a las ventanas lo ven caerse, «boca abajo, en un charco de sangre».[2]

El incidente que se acaba de resumir pertenece a *Los cruzados de la Causa* (1908), primera novela de *La guerra carlista*, y se ha narrado fuera de su contexto —sin ninguna presentación— para destacar la alteración registrada en la conciencia del marinero cuando se acerca al tránsito que enlaza la vida y la muerte. No es un momento muy conocido de la literatura española; el joven marinero no es uno de los protagonistas del libro, y la trilogía sobre la guerra carlista —como la mayoría de las obras de Valle Inclán— se estudia con más frecuencia en términos de su relación con la historia y la ideología que desde la

---

1. Ramón del Valle-Inclán. *Los cruzados de la Causa*, en *La guerra carlista*, ed. María José Alonso Seoane, 2 volúmenes (Madrid: Espasa-Calpe, 1979) 1: 55.

2. *Los cruzados de la Causa*, 56.

perspectiva de su retrato del carácter y la conciencia individuales. Puesto que en estas novelas se sugiere el protagonista colectivo desarrollado de manera mucho más compleja en la obra valleinclanesca posterior, y puesto que el concepto y el uso de la historia tienen tanta importancia —y tanta vitalidad— en la obra de don Ramón, se han quedado sin explorar cabalmente tanto la formación de personajes particulares como las posibles implicaciones de su obra para lectores individuales. Esta omisión es de suma importancia. Aunque el comentario sobre la historia y su incorporación a la ficción son claves para una valoración de la contribución de Valle Inclán, los estudios que enfocan estos elementos de su obra tienden a localizarla en un contexto exclusivamente peninsular y, por consiguiente, pasan por alto los muchos pasajes —como el que describe la muerte del joven marinero— que enlazan tanto sus novelas como sus dramas con la preocupación por el lenguaje y la experiencia interior que predomina en la narrativa europea contemporánea. Así, además de estudiar la obra valleinclanesca de una manera que puede limitar el acceso a sólo los lectores que estén familiarizados con la historia española, este acercamiento no se fija en la relación estrecha y compleja que don Ramón siempre indicaba entre las imágenes (sean palabras, historia o anécdotas) y la conciencia y la memoria humanas.

En este contexto de una convergencia poco comentada entre historia y conciencia, la lectura de dos pasajes bien distintos recuerda la descripción del joven marinero que se acerca a la muerte. El primero procede de un ensayo del crítico inglés John Butt, quien estudia detenidamente el fenómeno de la generación del 98 como un posible «error crítico» y sostiene que el término «permite una comprensión falsa de la relación entre la literatura española y las otras literaturas europeas».[3] El segundo pasaje es una frase de *La lámpara maravillosa* donde se precisa el propósito de la vida del poeta narrador e (implícitamente) de toda la obra que ha precedido esta autobiografía espiritual y estética:

> Yo he querido, bajo los místicos cielos de la belleza, convertir las normas estéticas en caminos de perfección para alcanzar la mirada inefable que hace a las almas centros, y mi vida ha venido a cifrarse en un adoctrinamiento por donde acercar la conciencia a la suprema comprensión que se abre bajo el arco de la muerte.[4]

---

3. John Butt, «The 'Generation of 98': A Critical Fallacy?», *Forum for Modern Language Studies* (St. Andrews, Scotland) 16 (1980): 149. (Es mía la traducción al castellano de esta cita.)

4. Ramón del Valle-Inclán, *La lámpara maravillosa*, 2.ª ed. (1916; Madrid: Artes de la Ilustración, 1922), 209.

Cuando se leen juntos, entre los pasajes del profesor Butt y don Ramón parece plantearse una consideración de la obra valleinclanesca que no radique en un estudio de su participación (o falta de participación) en la generación del 98 ni en el análisis de su relación (o falta de relación) con el modernismo. Como Jean Franco ha indicado en su conocido estudio sobre *El ruedo ibérico*,[5] en casi todos los libros de Valle Inclán se encuentran pasajes semejantes al párrafo de *Los cruzados de la Causa* resumido anteriormente o el que define la aspiración expuesta por el poeta de *La lámpara maravillosa*. Estos pasajes ofrecen un ejemplo esencial de la estética del autor, aunque no se comentan fácilmente en términos de ninguna de las categorías generales que han dominado la crítica hispánica literaria de las dos o tres primeras décadas de este siglo. Además, indican un enfoque o una perspectiva sobre la obra de Valle Inclán que puede llevar a una valoración más amplia de su contribución, no sólo con respecto a la literatura peninsular sino también con respecto a la literatura europea y la del Nuevo Mundo.

Para indagar más en la conceptualización y la representación de la vida literaria del poeta como un «adoctrinamiento» que acerca la conciencia a la comprensión cíclica experimentada en los instantes «eternos» de la muerte y el éxtasis, es instructivo volver al joven marinero y considerar su regreso a la niñez y la marcha simultánea a la muerte. El marinero tiene miedo, y antes de morir no parece que se transforme su angustia en una experiencia consciente del ritmo cíclico y continuo de la vida. El lector, sin embargo, puede percibir que, simultáneamente, al marinero el pasado lo alcanza imponiéndose en la conciencia y que él se precipita al futuro. O sea, aunque el marinero no se puede distanciar para reflexionar sobre el proceso de memoria y olvido que está viviendo, el lector tiene una experiencia más amplia, pues el pasaje lo acerca a una comprensión o contemplación de la muerte y del recuerdo como un proceso que resucita el pasado al borrar o destruir las imágenes del presente. En las obras valleinclanescas subsiguientes, estas experiencias extáticas se intensifican mucho tanto para los personajes como para el lector. Aun cuando estos personajes no desempeñan un papel muy desarrollado, aunque no participan mucho en el «argumento» o la intriga de la obra, y a pesar de que la perspectiva del lector supere por mucho la de ellos, sus instantes de éxtasis o muerte se amplían para abarcar el ciclo entero de una vida o un ritmo; y evocan una confluencia de divisiones temporales que se juntan en un continuo, más que un fin.[6]

---

5. Jean Franco, «The Concept of Time in *El ruedo ibérico*», *Bulletin of Hispanic Studies*, 39 (1962): 185-87.

6. En *La lámpara maravillosa* de Valle-Inclán y la invención continua como una constante estética» (de próxima aparición en las Actas del VIII Congreso de la Asociación Internacional de Hispanistas, celebrado en Providence, Rhode Island del 22 al 27 de agosto de 1983), he estudiado la confluencia de fuerzas contrarias como una de las claves estéticas del lenguaje y la ficción valleinclanescos.

Puesto que este continuo se esboza en las primeras obras de Valle Inclán —como indican tanto el «tránsito» del joven marinero de *Los cruzados de la Causa* y numerosos pasajes anteriores—, sería difícil señalar un libro donde apareciera definitivamente como una norma de la estética valleinclanesca. Se puede observar, sin embargo, que (aunque sea de manera cada vez más grotesca) a partir de *La lámpara maravillosa* se intensifican los pasajes de éxtasis y por consiguiente la participación que al lector le exige el texto. Por esta razón, antes de explorar más la elaboración de los instantes visionarios, conviene comentar brevemente el proceso estético que culmina en *La lámpara maravillosa*, ateniéndose sobre todo al propósito expuesto por su narrador de estructurar la experiencia de su público de tal manera que éste llegue a apreciar no sólo el significado anecdótico sino también las implicaciones estéticas y éticas de los pasajes como el que presenta la muerte del joven marinero. Aunque *La lámpara maravillosa* no se publica como libro hasta 1916, los primeros capítulos datan de 1912 cuando Valle Inclán empieza a publicar en *El Imparcial* una serie de meditaciones tituladas «La lámpara maravillosa; Ejercicios espirituales».[7] Cuando estas meditaciones, además de otros fragmentos diversos aparecidos entre 1912 y 1915 en varios periódicos y revistas, se reúnen y se amplían para formar un libro, incorporan el pensamiento estético de su autor y ofrecen un ejemplo de la experiencia que el poeta se propone para su lector.

Como sugiere el pasaje citado anteriormente sobre la «mirada inefable» que se puede alcanzar por medio de la estética, en *La lámpara maravillosa* se plantea como representación y experiencia en vez de teoría. Aunque sí se desarrolla en el libro un acercamiento coherente a la belleza y su relación con la palabra escrita, esta teoría no se separa nunca ni de una ejemplificación de la praxis o el acto de escribir que se intenta documentar. Al contrario, como cumplimiento fiel de la afirmación hecha en «Gnosis» (el prólogo al libro) que la experiencia tiene que preceder la teoría, los ejercicios espirituales se ofrecen como parábolas en vez de prescripciones. Aunque *La lámpara maravillosa* es quizás el más «personal» de los libros de Valle Inclán, en ningún momento se asoma ni su voz ni su historia individual sin que se traduzcan al lenguaje «quietista» del poeta que narra el libro. Por consiguiente, el lector no recibe la estética como una serie de argumentos razonados sino que la experimenta por encontrarse partícipe en una exploración de los poderes y las imposibilidades de la palabra poética. Además, a pesar de ser el autorretrato del poeta, la estructura más amplia del libro no se plantea como una relación limitada a la primera persona; el poeta narra sus propios ejercicios, pero los inicia y los cierra diri-

---

7. La primera entrega apareció en *El Imparcial* el 9 de diciembre de 1912. Para una bibliografía casi completa de todos los fragmentos de *La lámpara maravillosa* que se publicaron antes de 1916, ver Eliane Lavaud, *Valle-Inclán du journal au roman* IEFFF-EPETJ (París: Klinsieck, 1979), 81-83.

giéndose al lector como «hermano peregrino» (en el prólogo) y «peregrino del mundo» y «peregrino sin destino hermano» (en el último capítulo). En otras secciones de *La lámpara maravillosa*, cuando el poeta emplea la segunda persona para dirigirse a su propia alma, el lector —que ya se considera el «tú» del libro— tiene que identificarse con esta alma y así compartir, casi como parte del ser del poeta, las experiencias que él representa.

La realización de la incorporación activa del lector en el proceso de elaborar una estética y la crítica tanto explícita como disimulada de la sensibilidad castellana implicadas por esta estética sugieren el paso enorme logrado por *La lámpara maravillosa* en cuanto a las aspiraciones por su obra y por su estética en sí que Valle Inclán apuntaba desde sus primeras declaraciones sobre el oficio poético. Por ejemplo, en el prólogo a *Sombras de vida* de Melchor Almagro San Martín, publicado en 1903 cuando todavía se preparaban las *Sonatas*, don Ramón había aludido a la responsabilidad de todo autor de conseguir su propio estilo.[8] Es una declaración que se ha comentado con frecuencia, y que ha determinado en gran manera la reputación que tenía Valle Inclán de ser el gran estilista de su generación. Lo que no se ha estudiado con suficiente detalle, sin embargo, es el enlace siempre existente entre la continua renovación estilística exigida por Valle y el propósito de refinar las sensaciones o la sensibilidad del público por medio de la formación de un lector que no sólo disfrutara sino que también participara activamente en sus obras.

Este enlace, el cual sólo se bosqueja en el prólogo a *Sombras de vida*, se va ampliando hasta 1915, cuando en una entrevista periodística con el Caballero Audaz, Valle Inclán comenta el largo esfuerzo por cumplir lo que él nombra su «misión» como escritor, la creación de su propio público.[9] Este público, como se entiende perfectamente cuando se le considera en términos de *La lámpara maravillosa*, no corresponde a un deseo posesivo de tener lectores numerosos sino que se relaciona con el desarrollo gradual del lector «hermano» que crece en las páginas de los «Ejercicios espirituales» como un elemento esencial del autorretrato. Lo que se plantea es un público despierto o sutilizado (según el

---

8. Melchor Almagro San Martín, *Sombras de vida* (Madrid: A. Marzo, 1903). El prólogo de Valle-Inclán ha sido reeditado por Eliane Lavaud, «Estudio bibliográfico de las ediciones y reediciones de las obras de Valle-Inclán (1895- 1936), *C.I.E.R.* (Expression Contemporaine), Université de Saint Etienne (décembre 1964): 123-27. Con pocos cambios, este prólogo repite el ensayo «Modernismo» publicado en *La Ilustración Española y Americana*, 22 de febrero de 1902 y editado como el prólogo a *Corte de amor* en 1908 y 1914. Ver Eliane Lavaud, «Un prologue et un article oubliés: Valle-Inclán, théoricien du modernisme», *Bulletin Hispanique* 76 (1974): 353-75.

9. El Caballero Audaz [José María Carretero], «Nuestras visitas: Don Ramón del Valle-Inclán», *La Esfera* (Madrid), 6 de marzo de 1915. Esta entrevista ha sido reeditada por Dru Dougherty en *Un Valle-Inclán olvidado: Entrevistas y conferencias* (Madrid: Fundamentos, 1982), 64-73.

vocabulario de *La lámpara maravillosa*), que tenga plena conciencia del proceso de representación pura y efímera que inevitablemente se asocia con el lenguaje escrito. En otras palabras, un público «reformado» que pueda percibir una relación íntima entre el cambio aparente y la constancia y así complacerse en contemplar las imágenes sin pedir que sean permanentes; un público que —gracias a los «Ejercicios espirituales»— ya ha experimentado la creación no como la invención de imágenes totalmente nuevas sino la nueva combinación de formas existentes y la recreación o, con frecuencia, la parodia de obras ajenas; un público que ya ha testimoniado el deseo de volver al espíritu español precastellano no con nostalgia sino con el intento de recobrar una pluralidad y una colectividad suprimidas por el espíritu español renacentista.[10] En fin, un público en que se ha rectificado lo que, en *Luces de Bohemia*, Max Estrella llamará «la miseria del pueblo español, la gran miseria moral... la chabacana sensibilidad antes los enigmas de la vida y la muerte».[11]

Las palabras de Max Estrella son particularmente significativas porque sugieren que el propósito último de Valle Inclán no se concentra en la búsqueda de la palabra perfecta sino en la renovación de la sensibilidad y la conciencia españolas que se concretiza por primera vez en *La lámpara maravillosa*, pero la cual se había planteado desde hacía años y la cual se pretenderá hasta *El ruedo ibérico*. Como señalan Jean Franco y otros, esta renovación se relaciona con un concepto temporal, con un acercamiento histórico y con la exploración de un «momento» ejemplar.[12] Es este momento el que, cuando se apresa y detiene en la visión abarcadora e intensificada del poeta, contiene la eternidad y todos los enlaces aparentemente insignificantes que se le escapan a la percepción sensorial cotidiana y permiten la ilusión de que los inciden-

---

10. *La lámpara maravillosa* 68-79 («El milagro musical, V y VI»). Aunque este intento no se limita, ni mucho menos, a la afinidad que Valle siempre sentía con el país y la cultura gallegos, hasta ahora se ha comentado casi exclusivamente en este contexto. Ver: Emilio González López, «A visión epifánica de Galicia de Valle-Inclán, *La lámpara maravillosa*», *Grial* 39 (1973): 1-9; Carol S. Maier, «Breaking the Castilian Cage: Valle-Inclán's Paradigm for Hispanic Aesthetics», de próxima aparición en las Actas del simposio «Hispanism as Humanism» celebrado en Albany, New York del 18 al 22 de marzo de 1980, y «*Por tierras de Portugal y de España* e de Galicia: Unha rectificación galega da perspectiva castiza planteada por Valle-Inclán», *Grial* 75 (1982): 45-46; Ciriaco Ruiz Fernández, *El léxico del teatro de Valle-Inclán (Ensayo interpretativo)* (Salamanca: Universidad de Salamanca, 1981) 50-61; Ignacio Soriano, «*La lámpara maravillosa*, clave de los esperpentos», *La Torre* 62 (1968): 144-50.

11. *Luces de Bohemia*, 2.ª ed. (1924; Madrid: Espasa-Calpe, 1968), 22. (Segunda escena).

12. Además del artículo de Jean Franco citado anteriormente, ver Harold Boudreau, «Continuity in the *Ruedo Ibérico*», en *Ramón del Valle-Inclán. An Appraisal of His Life and Work*, ed. Anthony N. Zahareas (New York: Las Américas, 1968) 777-91, y Peggy Lynne Tucker, *Time and History in Valle-Inclán's Historical Novels and «Tirano Banderas»* (Valencia: Albatros-Hispanófila, 1980).

tes individuales son aislados y cronológicos. Lo que *La lámpara mara-villosa* plantea también (y este planteamiento se resume en la frase sobre la ejemplificación de la vida del poeta como un adoctrinamiento estético que alterara la perspectiva del lector), es una fusión —por medio del lenguaje— de la conciencia humana y el ritmo natural de la vida. Al representar el enlace del poeta-narrador con la tierra y su vislumbre intuitiva de la unidad de todas las cosas, y al aprender que el pasado no está muerto sino que tiene la posibilidad de volver a vi-virse dentro de sí mismo, el poeta comenta un equilibrio de contrarios, una atracción física que armoniza y enlaza aun los fenómenos más diversos. Esta experiencia se acompaña y también se ejemplifica por una transformación del lenguaje y de la perspectiva que tradicional-mente se desarrollan para presentar experiencias «místicas» semejan-tes. Además, un elemento esencial de este desarrollo es el empleo y, simultáneamente, la «sutilización» o la subversión del misticismo cas-tellano, pues para el poeta de *La lámpara maravillosa* la ortodoxia es imposible.[13] Él aprende a vencer los límites de sus sentidos, pero nunca puede renunciar a las percepciones sensoriales, puesto que el idioma lo enlaza con la cronología y la tierra, de la misma manera que el cuer-po humano lo une con la carne.

En *La lámpara maravillosa* también se ejemplifica —como el mal— la antítesis o el fracaso de una experiencia transformadora por parte del poeta. Tal fracaso permea la sensibilidad humana porque el miedo de la muerte y del cambio es como un nudo que liga la conciencia a una perspectiva definida y familiar, y así prohíbe la realización de una experiencia cíclica. Para el poeta, este fracaso se asocia con todos los elementos de la conciencia y la estética que refuercen una adhesión a la cronología y la fragmentación. Por consiguiente, existe una correlación estrecha entre la lucha por armonizar los instintos contrarios que él representa como las dos alas contrarias del alma, el esfuerzo por acep-tar las memorias dolorosas y demoníacas que acompañan el placer causado por la recuperación de experiencias «perdidas» y el intento de libertar el idioma y la literatura de las formas y expresiones conven-cionales que fijan la perspectiva en una relación estrecha y errónea con el pasado. Esta perspectiva, el «modo castizo» censurado en *La lámpara maravillosa*, se asocia con las ficciones (las leyendas, las imá-genes, el uso de las palabras) que de varios modos aíslan y deifican la tradición. De esta manera impiden que los individuos —y las naciones— acepten la tradición con toda su complejidad y cohíben la afirmación de un ritmo (tanto en la vida como en la literatura) que pudiera hacer posible la continuación de la vida, aun ante la muerte. Según esta pers-

---

13. Como él mismo le dijo a Alfonso Reyes: «Yo soy místico; es decir, hereje». Ver Alfonso Reyes, «Valle Inclán a México», en «Apuntes sobre Valle Inclán», en *Tertulia de Madrid*, 2.ª ed. (México: Espasa-Calpe, 1950), 62.

pectiva transformadora, la muerte sólo deja de imponerse como amenaza cuando uno se enfrenta con ella y se permite experimentarla, cuando se deja percibir en ella una vislumbre de vida o posibilidad.

Lo que demuestra claramente la definición de la vida poética como una cifra o un ejemplo de este conocimiento de la muerte es el papel que el poeta asume en la ruptura de las ficciones individuales y colectivas y en su representación de un acercamiento más vital a las muertes y los fines aparentes. Esta integración de la representación estética y la sensibilidad individual no está completa en *La guerra carlista* ni en las otras obras valleinclanescas primeras. Sin embargo, el pasaje sobre el joven marinero y otros elementos de la narrativa indican que Valle Inclán se proponía elaborar un modo de escribir que no sólo ofreciera una postura novelesca frente a una leyenda moribunda sino que también *ocasionara* esta postura por medio del acercamiento del lector al reconocimiento consciente de los reencuentros tantos dolorosos como gozosos implícitos en esta experiencia. Conviene recordar que conciencia indica no sólo reconocimiento sino también ética y, mientras se intensifican en la obra de Valle Inclán las referencias de muerte y éxtasis, el sentido ético se acentúa cada vez más asociándose cada vez más con los dos significados. La angustia que sobrecoge al marinero sugiere esta especie de conciencia doble, y es una experiencia vivida más completamente, aunque de manera negativa, por un personaje como Manuel Santa Cruz (de *Gerifaltes de antaño*). Este cura guerrero ha experimentado un cierto éxtasis místico, y tiene miedo de la muerte porque sabe que cuando se le abra la conciencia «bajo el arco de la muerte», el reconocimiento que experimentará será doloroso. Como Santa Cruz indica a don Pedro Medía, un cabecilla rival, se dé cuenta de que nacen de su egoísmo tanto la naturaleza demoníaca de su propia experiencia como la presencia de la «bestia flaca, lucida de ojos» que le sigue los pasos continuamente.[14] Santa Cruz parece comprender además que su deseo de poder individual y su negación frente a la posibilidad de participar en la guerra como un soldado —o aun un jefe— más, son elementos de una muerte espiritual; le prohíben la recuperación del sentido de unidad que gozaba antes en su parroquia, e impiden que emplee a favor de la causa carlista su capacidad de reunir, dentro de su propia alma, el alma colectiva de sus soldados. Para los carlistas, Santa Cruz representa un elemento de fragmentación, y sólo promueve la unidad cuando se ponen juntos, en contra de él, los carlistas y los republicanos.

De manera aun más amplia, la postura que Valle Inclán asume frente al mismo carlismo también acerca al lector a un reconocimiento

---

14. Ramón del Valle Inclán, *El resplandor de la hoguera y Gerifaltes de antaño*, en *La guerra carlista*, ed. María José Alonso Seoane, 2 volúmenes (Madrid: Espasa-Calpe, 1971), 2: 237 (162-3; 166-7; 170-1).

intensificado de la muerte. A pesar de la simpatía por el tradicionalismo que se puede percibir en la trilogía, se recalcan además los elementos de muerte que se fomentan dentro de la Causa. Como Dru Dougherty ha señalado, estos «cruzados» no han defendido sino traicionado su tradición y su ética.[15] Gracias a sus luchas internas, la Causa se desmorona desde dentro, y sus divisiones resultan claras para el lector, quien debe entrever analogías entre rupturas en almas individuales (como en la de Santa Cruz), partidos políticos y naciones. El mismo enlace entre ocasos políticos y ocasos nacionales se hace particularmente evidente en «La corte de Estella», un fragmento posterior a *La guerra carlista* (1910) que parece asemejarse a la trilogía, cuando el conde polaco Pedro Soulinake comenta la extraña división que encuentra en España: «Nosotros, los extranjeros, no podemos comprender esta tierra, y vosotros, nacidos en ella, la explicáis mal: ¿Cómo de un mismo pueblo pueden salir dos ejércitos tan distintos?»[16] Es una división que también se refleja en la trilogía porque, como ha explicado Adelaida López de Martínez, Valle Inclán no permitió que sus preferencias por los carlistas limitaran su atención a este campo; sus novelas exploran los dos lados de la guerra y revelan que en ninguno se propone la posibilidad de una auténtica unificación española.[17]

A causa de estas rupturas múltiples y la índole fragmentaria de las novelas de *La guerra carlista*, su estructura —aunque es mucho menos compleja y perfecta que la de *La lámpara maravillosa*, *Tirano Banderas* y *El ruedo ibérico*— sí sugiere el método valleinclanesco que se iba elaborando, de ocasionar una vislumbre de unidad perdida o impedida por un contexto egoísta, discorde y desintegrado. Los recuerdos del joven marinero, la armonía y la ruptura casi simultáneas experimentadas por Santa Cruz y por Isabel Montenegro y Bendaña cuando, en *El resplandor de la hoguera*, ella no encuentra la hoguera resplandeciente que había presentado: todas estas experiencias comunican tanto unidad como fragmentación. Sugieren, aunque de manera provisional, que el primer paso hacia un acercamiento «cíclico» al camino de la vida es el reconocimiento de la posibilidad de esta experiencia. Sin embargo, también parecen advertir que, cuando Valle Inclán logre la cifra o la transformación estética de la muerte, ésta no será una bendición reconfortante sino una imagen destructiva que a su manera romperá la suficiencia engañosa y abrirá el conocimiento del pasado que perdura en

---

15. «The Awakened Character in Selected Works of Ramón del Valle-Inclán», tesis doctoral, Harvard, 1972, 88.

16. «La corte de Estella» ha sido reeditado por Jacques Fressard en «Un episodio olvidado de *La guerra carlista*», *Cuadernos Hispanoamericanos*, 67, 199-200 (1966): 347-67. Se publicó por primera vez en *Por Esos Mundos* 202 (diciembre de 1911): 965-71.

17. Adelaida López de Martínez, «La función estructural de la perspectiva del narrador en *La guerra carlista*», *Hispanic Review*, 47 (1979): 356-62.

todo paso hacia el futuro y en toda muerte. Puesto que Valle Inclán percibía que la sensibilidad española de su época se hacía mediocre al esforzarse por negar la muerte rodeándola de imágenes triviales y sentimentales, sus propias imágenes o ficciones no refuerzan esta negación. Al contrario, se convierten en un aviso: acercan la conciencia del lector al ritmo cíclico de la vida y al reconocimiento de los actos que pueden hacer menos doloroso el tránsito o la transformación última «bajo el arco de la muerte». Evocan una intuición de las experiencias que pueden volver (o recordarse) al instante de la muerte y revelan lo engañoso que son las ficciones españolas contemporáneas.

Curiosamente, este acercamiento estético a la muerte (como experiencia y análisis simultáneos) no es incompatible con los propósitos y las definiciones que por lo común se asocian con ambos el modernismo y la generación del 98. Al mismo tiempo, sin embargo, una comprensión cabal del propósito valleinclanesco no resulta de un enfoque que se limite a ninguna de estas perspectivas. Por ejemplo, ni en un comentario sobre el carlismo en el contexto de España en los siglos diecinueve y veinte ni en un análisis exclusivamente estilístico de *La guerra carlista* se da el significado completo de los muchos ejemplos de conciencia que se encuentran en las novelas. Sólo al considerar juntas estas dos perspectivas, como un fenómeno complejo, se aclara la relación íntima entre la vida y la muerte que determina la estética valleinclanesca donde la nueva experiencia de experiencias pasadas se transforma en una construcción verbal que da vida por medio de la destrucción del poder de la muerte (un poder que toma la forma, o la imagen, del miedo individual y de las ficciones, los mitos y las leyendas que amenazan la vida colectiva). Es precisamente esta construcción o el «áureo símbolo —la piedra filosofal del último aforismo de *La lámpara maravillosa*— que por fin hace posible lo que Harold Boudreau ha nombrado el «comentario moral» de *El ruedo ibérico:* [18] una construcción o estructura ética que no estriba en un código moral dogmático ni una ideología específica sino en la resolución de romper la fragmentación castellana por una exploración de la agonía («los amenes») de la nación y por la percepción que intuye —e inicia— en esta nación una posible unidad intensa a base del lenguaje: por consiguiente, en *Tirano Banderas* o *El ruedo ibérico* brillarán chispas de ira y parodia pero también relucirán chispas de vida y energía.

Cuando se enfoca desde esta perspectiva la fusión de muerte, lenguaje y experiencia lograda por Valle Inclán se hacen patentes su gran contribución estética y lo «moderno» de su preocupación con la conciencia como un fenómeno tanto colectivo como individual. *Afortunadamente*, aunque no existe todavía un estudio definitivo del pensamien-

---

18. Harold Boudreau, «The Moral Comment of the *Ruedo ibérico*», en *Ramón del Valle-Inclán. An Appraisal...*, 792-804.

to estético de don Ramón, los críticos han empezado a investigar su obra desde este punto de vista tanto europeo como español. Darío Villanueva, por ejemplo, ha sugerido que entre las estructuras narrativas de Valle, su uso de la simultaneidad y la «angostura» del tiempo y su elaboración de un protagonista colectivo existen paralelos o coincidencias con las innovaciones semejantes realizadas por James Joyce, William Faulkner, John Dos Pasos, Marcel Proust y Jules Romain.[19] A esta lista europea y norteamericana se podrían añadir más nombres, por supuesto. También sería posible extenderla saltando a otro continente y a un momento histórico más reciente. De esta manera, además de la «presencia» de *Tirano Banderas* en *El señor presidente* y otras novelas,[20] se podría entrever, a base del pasaje sobre el joven marinero y las aspiraciones estéticas descubiertas en *La lámpara maravillosa*, unas relaciones más amplias entre la obra de Valle Inclán y la ficción hispanoamericana contemporánea. Así se podría sugerir, por ejemplo, que en la reforma de la conciencia propuesta por don Ramón se encierra un «presentimiento» de la memoria que casi se inflige al lector de *Farabeuf* o *La crónica de un instante* de Salvador Elizondo o de las memorias que se imponen en la conciencia de Aureliano Buendía «frente al pelotón de fusilamiento» en las primeras líneas de *Cien años de soledad*. O se podría pensar en Marini, el personaje de Julio Cortázar que, en «La isla a mediodía», cruza gramáticamente a la vida, la fantasía y la muerte. Esta compleja experiencia de desdoblamiento e integración ocurre en un pasaje que recuerda el de *Los cruzados de la Causa*, donde el imperfecto y el condicional también señalan una transición en la conciencia del personaje, al mismo tiempo que afectan la conciencia del lector.

Finalmente, aunque éstos últimos son pasajes muy diversos que no se enlazan por la anécdota, se unen por el enfoque simultáneo en la conciencia del personaje y la del lector y se relacionan con el párrafo sobre el joven marinero escrito en 1908 y con el propósito estético según Valle Inclán lo representa en *La lámpara maravillosa* y en las varias declaraciones hechas por él a lo largo de los años. Además —y esto es lo más esencial— las relaciones que se acaban de plantear entre

---

19. Ver: Víctor Gijón, «Joyce y Valle Inclán, juntos en la vanguardia de los años 20», *El País*, 26 de agosto de 1982; y Darío Villanueva, «*La media noche*, de Valle Inclán: Análisis y suerte de su técnica narrativa», en *Homenaje a Julio Caro Baroja*, ed. Antonio Carreira, et. al (Madrid: Centro de Investigaciones Sociológicas, 1978), 1048-54.

20. Ver, por ejemplo: Susan Kirkpatrick, «*Tirano Banderas* and *El señor presidente*: Two Tyrants and Two Visions», en *Actes du VIII. congrès de l'Association Internationale de Littérature Comparée*, I: *Littératures américaines: Dépendence, indépendence, interdépendence/ Literatures of America: Dependence, Independence, Interdependence*, ed. Milan V. Dimic y Juan Ferraté (Stuttgart: Bieber, 1979), 229-33; y Bernardo Subercaseaux, «*Tirano Banderas* en la narrativa hispanoamericana (La novela del dictador, 1926-1976)», *Hispamérica: Revista de Literatura* (1976): 45-62.

la obra de Valle Inclán y la de sus contemporáneos europeos y americanos indican un nuevo contexto ampliado para un estudio de la obra de don Ramón basado en el empleo transformador del lenguaje y la imagen. Es un estudio que debe cerrar la ruptura que con tanta frecuencia ha separado su contribución en épocas distintas y aun contradictorias. También es un estudio que puede enriquecer mucho la definición de la literatura moderna, pues tanto las aspiraciones que Valle Inclán tenía para la muerte de la moribunda conciencia española como su manera sumamente artificiosa de realizarlas lo confirman como uno de los autores más significativos de este siglo.[21]

CAROL MAIER

English and Foreign Languages
Bradley University
Peoria, Illinois 61625

---

21. Una versión preliminar de este ensayo fue presentado en Pontevedra, España, en un seminario sobre el teatro de Valle Inclán patrocinado por la Universidad Internacional Menéndez Pelayo y la Universidad de Santiago del 12 al 17 de septiembre de 1983. A su vez, formará parte de un trabajo más completo que preparo actualmente sobre la estética de Valle Inclán, donde, además de enfocar los elementos formales comentados aquí, se considerará esta estética en el contexto más amplio de la «regeneración» del público y la conciencia castellanos deseada por Valle y tantos otros (pienso, por ejemplo, en Joaquín Costa y Miguel de Unamuno).

Ramón del Valle-Inclán

NOTAS SOBRE LA POESÍA DE VALLE INCLÁN
Y EL MODERNISMO CARNAVALIZADO

Dentro de la vasta obra total de Valle Inclán los libros que pudiéramos llamar estrictamente poéticos ocupan un lugar relativamente modesto. No son más que tres: *Aromas de leyenda*, que aparece en 1907, *La pipa de Kif*, de 1919, y *El pasajero. Claves líricas*, de 1920.

La importancia de la poesía de Valle Inclán aumenta si consideramos que dedicó todo un libro de ensayos, *La lámpara maravillosa*, publicado en 1916, a establecer su arte poética.[1] Y que Valle Inclán fue indudablemente gran poeta en prosa: muchas de sus páginas podrían separarse del resto de sus novelas y cuentos y constituir una antología de poemas en prosa que tendría pocos rivales en la literatura española de nuestro siglo. Casi no vale la pena mencionar que algunas de sus obras en prosa contienen breves poemas intercalados (véanse, por ejemplo, los de *Farsa y licencia de la reina castiza*, de 1920) que complementan y resumen las secciones en prosa que los preceden. Finalmente, la evolución del estilo de Valle Inclán puede apreciarse con gran claridad en sus libros poéticos. Si comparamos *Aromas de leyenda* y *La pipa de Kif* podemos apreciar en forma clara y dramática la manera en que Valle Inclán cambia sus temas, su vocabulario, sus efectos musicales, sus metáforas e imágenes. Es posible hallar en la prosa de nuestro autor ciertos puentes, ciertas transiciones entre el primer estilo, el de las *Sonatas*, por ejemplo, y el estilo maduro, esperpéntico, que se halla ya bien desarrollado en *Luces de bohemia* (1920) y *Los cuernos de don Friolera* (1921). No ocurre lo mismo si comparamos cualquiera de los poemas de *Aromas de leyenda* con los poemas de *La pipa de Kif*: el contraste es brusco y total. Por todo ello creo que es más fácil abordar el sentido total de la obra de Valle Inclán desde el ángulo de sus poe-

---

1. Es curioso que en este libro, a pesar de que en conjunto expresa un ideario modernista, una posible armonía del individuo y el universo a través de la magia, la belleza, la poesía, encontramos también, brusca e incisivamente, frases que anuncian profundos cambios, tales como esta incitación a los poetas: «degollad vuestros cisnes y en sus entrañas escrutad el destino», que nos recuerda el conocido soneto de Enrique González Martínez, «Tuércele el cuello al cisne...». No hay que ver en ello una negación del modernismo, sino más bien una exhortación a superar los aspectos más fáciles y populares de este movimiento. Cito por las pp. 639-640 de *Obras escogidas*.

mas que desde su teatro o sus novelas y cuentos. La obra poética de Valle Inclán merece mucha más atención que la que hasta el momento le han dedicado sus críticos.[2]

Los poemas de *Aromas de leyenda* fueron creados a la luz de la estética modernista, tal como Valle la interpretó a partir de Darío, D'Annunzio, y los parnasianos y simbolistas franceses. Estética en que el poeta es un vate creador y visionario, heredero de los grandes poetas visionarios románticos (Blake, Novalis, Coleridge) a través de sus continuadores (Baudelaire, Rimbaud) o aliados (Hugo, Verlaine). El poeta es un gran artífice pero también un mago, comprende las correspondencias secretas entre los distintos aspectos del cosmos, su poesía es una forma superior y moderna de religión, supera a la ciencia por ser conocimiento más profundo y directo del cosmos, a la magia antigua por ser más estética y artística. (Es bien sabido que a Valle Inclán le fascinaba la magia y el ocultismo. Lo mismo sabemos acerca de Darío, Amado Nervo y muchos otros poetas modernistas).[3]

Los poemas de *La pipa de Kif*, en cambio, se orientan hacia una estética diferente, estética inspirada por la disonancia, lo grotesco, lo teatral, las máscaras, el carnaval, los elementos prosaicos, lindando a veces con lo obsceno y escatológico. La estética modernista ha quedado subvertida.

Las palabras clave, «farsa» y «carnaval», aparecen repetidas veces en los poemas de *La pipa de Kif*. Parece útil y casi indispensable acercarse a estos poemas de Valle a través de las ideas desarrolladas por el gran crítico ruso Mijaíl Bajtín en su libro dedicado a Rabelais, ya que allí encontramos la más clara interpretación del fenómeno del carnaval visto a través de una obra literaria. (Yo, por mi parte, he tratado de aplicar estas mismas ideas a una interpretación del Quijote).[4]

---

2. Véase, sin embargo, sobre este tema: Mary Borelli, *Sulla poesia di Valle-Inclán*, Edizioni palatine in Torino, 1962; Manuel Durán, «*La pipa de Kif*: del modernismo al esperpento», en A. Zahareas *et al.*, *Ramón del Valle-Inclán: An Appraisal...*, pp. 467-478, y en este mismo libro los ensayos de Edmundo García Girón, «Valle-Inclán, Modernist Poet» (pp. 417-423), y Raimundo Lida, «Darío, Lugones, Valle Inclán» (pp. 424-442).

3. Hay detalles en *La pipa de Kif* que mantienen la continuidad con la primera época de nuestro autor. Entre otros: una alusión al «ritmo órfico» del compositor Gluck (verso 8 del primer poema, Clave I); la «maga estrella de pentarquía», la estrella de cinco puntas empleada en ensalmos y sortilegios, incluso en invocaciones a espíritus malignos, que en el segundo poema, «¡Aleluya!», nos dice brilla sobre el pecho de Rubén Darío.

4. El libro de Bajtín apareció en su versión original en Moscú, en 1965, con el título de *Tvorchestvo Fransua Rable*. Fue escrito en gran parte hacia 1940, revisado en fecha posterior, puesto que cita obras posteriores a 1940. La versión al inglés por Hélène Iwolski apareció en Cambridge, Mass., en la M.I.T. Press, en 1968. Véase también, de Bajtín, su *Estética de la creación verbal* (México: Siglo XXI Editores, 1980), y *The Dialogic Imagination*, Austin, The Univ. of Texas Press, 1983.

Frente a una subversión de una estética establecida, y aceptada, en forma consciente, por un autor (y está bien claro que Valle Inclán aceptó la estética modernista, en teoría y en la práctica, en toda su primera etapa) cabe preguntarnos cómo y por qué ha tenido lugar un cambio tan profundo. Es cierto, por una parte, que los fenómenos sociales, artísticos, y en último término ideológicos, que Bajtín ha analizado en torno a los festivales del Carnaval presentan características de universalidad y de larga duración en la historia. Han sido incluso asociados con arquetipos jungianos. Payasos, bufones, bromistas, han proyectado su risa y sus bromas subversivas a través de los siglos.[5] El espíritu de la farsa y de la parodia es universal y quizá eterno. De los cómicos griegos a Woody Allen la historia mantiene un firme hilo conductor. Es posible, sin embargo, trazar, por encima de esta línea de continuidad y permanencia, una serie de curvas ascendentes y descendentes: las actitudes críticas, desmitificadoras, del Carnaval, el deseo, inspirado por estas actitudes, de tocar tierra, de solidarizarse con lo más elemental, con el barro más primitivo, parecen aumentar en épocas de crisis social, política, económica, ideológica, espiritual. Todos llevamos dentro al Carnaval, pero lo exhibimos con mayor dramatismo cuando le hemos perdido el respeto al sistema político, ideológico y social que nos orientaba, y que, si bien todavía vigente, nos parece, en su totalidad o en gran parte, haber caducado o fracasado.

Es por ello que en ciertas épocas el espíritu carnavalesco —alegre, exuberante, cínico, burlón, grotesco— parece desbordarse, al mismo tiempo que la sociedad empieza a darse cuenta de la existencia de una honda crisis en todos los aspectos de la vida cotidiana. No olvidemos, por ejemplo, que la sensación de crisis y de fracaso de los dirigentes debió de ser muy aguda, en el medioveo europeo occidental, durante el siglo XIV. Cisma en la Iglesia, herejías, tres Papas a un mismo tiempo, interminables pugnas entre Papas y Emperadores, invasiones tártaras, rebeliones campesinas, hambre y peste. Es éste, precisamente, el siglo del Arcipreste de Hita con su *Libro de Buen Amor*, el siglo de Chaucer, de Boccaccio, de los goliardos. (El *Libro de Buen Amor*, en mi opinión, ejemplifica aún mejor que los libros de Rabelais la traducción a términos literarios de las actitudes inspiradas por el Carnaval; me parece casi evidente que Bajtín no lo conocía cuando escribió su libro sobre Rabelais, ya que no lo cita; estoy preparando un estudio sobre el Carnaval y el *Libro de Buen Amor*, siguiendo las pautas de Bajtín, y sigo asombrado de que nadie haya publicado nada todavía sobre este apasionante tema.)

Curiosa coincidencia: tanto el Arcipreste de Hita —recordemos el episodio de don Carnal y doña Cuaresma— y Valle Inclán (en su título

---

5. Véase el libro de Edith Kern, *The Absolute Comic*, publicado en 1980 (N. Y., Columbia U. Press).

a tres esperpentos, *Martes de Carnaval*) se refieren en sus textos, en forma bien específica, al fenómeno del Carnaval. Otra coincidencia: si la crisis de la Europa en que escribía el Arcipreste de Hita nos parece clarísima e irrefutable, la crisis de *su* Europa debió de presentársele en forma dramática y quizás irreparable al Valle Inclán que escribía en 1917, 1918, 1919, 1920, años de gestación de *La pipa de Kif* y de los primeros esperpentos. No dudemos del europeísmo de Valle Inclán, apasionado por Francia e Italia, al corriente de lo que se escribía y pensaba en muchos otros países europeos, y que había visitado, junto con otros españoles, el frente aliado de la guerra europea en mayo de 1916, visita que inspiraría sus ensayos en *La media noche. Visión estelar de un momento de guerra*, publicados en 1917.

Un gran artista creador, como lo era Valle, adivina siempre intuitivamente lo que más tarde los historiadores y los sociólogos describirán y documentarán en largos y aburridos libros cargados de notas y bibliografías. Valle Inclán comprendió en aquellos años que la Europa que había inspirado la estética simbolista se había suicidado en la guerra que comenzó en 1914. Nada podía seguir como antes. La vanguardia con sus *ismos* irrumpía por todas partes. (El Valle de *Tirano Banderas* dejaría constancia de su atención a los estilos de la vanguardia, en 1926, al emplear el adjetivo *cubista* en su descripción del incendio en el Circo Harris. Dudo que ningún otro miembro de la Generación del 98, incluyendo desde luego a Azorín, que tituló *Superrealismo (Prenovela)* a un texto suyo publicado en 1929, haya *atendido* tan cuidadosamente los movimientos de la vanguardia literaria y artística, y los haya *entendido* tan completamente como Valle Inclán.

La vanguardia —dadaísmo, cubismo, surrealismo, entre otros movimientos— se anticipa en algún caso, tal como el futurismo de Marinetti, al desastre de 1914. Marinetti publicó en 1909, como es sabido, en *Le Figaro*, el manifiesto que dio origen al futurismo. Y ya en 1907 Picasso había terminado su célebre lienzo, «Les demoiselles d'Avignon», con el que se iniciaba el cubismo. «La consagración de la Primavera» de Stravisky es de 1913. Todas estas obras son geniales atisbos minoritarios, intuiciones de lo que podía ocurrir y en efecto ocurrió, visiones estéticas de un futuro que la historia iba a confirmar y hacer que fuera el de todos. Únicamente el desastre 1914-1918 pudo validar y extender la visión inicial de unos pocos genios. De 1917 a 1919 se desplomaban, en forma total o parcial, tres grandes imperios, el ruso, el austro-húngaro y el alemán. El hambre se generalizaba. Las epidemias de gripe o influenza —la gripe española, según se decía en la época— son comparables por el número de víctimas, a partir de 1917 y culminando en 1918 y 1919, y por el porcentaje con respecto a la población total de muchos países, a las grandes y terribles epidemias de peste bubónica del siglo XIV. Nos hallamos, pues, en una época en que los desastres colectivos han de repercutir en el desprestigio de las *élites*, de los *establishments*, que en alguna forma —así lo veían o intuían las masas, así lo juzgan los historiadores de nuestros días— eran responsables de la hecatombe y la aguda incertidumbre subsiguiente. Y no solamente se sentía Valle Inclán solidario de lo que ocurría en los otros países europeos: si volvía la vista hacia su patria no podía encontrar nada que no fuera negativo y desalentador. Al duro golpe de la derrota española en 1898 no había sucedido ningún intento serio de recuperación y generación por parte del gobierno y de las fuerzas que detentaban el poder económico y social. Los gabinetes se sucedían uno tras otro, improvisando en medio de la corrupción y el caciquismo, mientras los problemas sociales se exacerbaban: cundía el anarquismo entre los campesinos sin tierra en Andalucía, y la agitación obrera aumentaba en las ciudades. En 1917, en plena inflación, los obreros exasperados irían a una huelga general —recurso que se creía poderoso, definitivo— que sería barrida con ametralladoras por la policía y el ejército. En 1920 el desastre de Anual, en Marruecos, revelaría la incompetencia del alto mando y de todo el ejército expedicionario, derrotado por unos cuantos marroquíes armados de espingardas, y, más grave aún, la arbitraria intromisión del rey, con funestas consecuencias a corto y a largo plazo. Se planteaba una crisis de confianza entre gobernantes y gobernados.

Valle Inclán adopta en estos años posturas cada vez más radicales e izquierdistas en el terreno político. Vagamente carlista en su juventud, en parte por oposición al gobierno centralista de Madrid —por motivos que eran paralelos a los de un catalanista como Prat de la Riba, por ejemplo— Valle Inclán había dejado atrás, en el pasado, sus vivencias gallegas: sin renunciar a sus raíces era ahora un habitante más de Madrid, y como tal presenciaba la desmoralización de un gobierno y de todo un sistema político. No era ya posible seguir idealizando el paisaje gallego dentro de una simbología mágica y cabalística, como lo había hecho en *El pasajero*. Había llegado la hora de la vanguardia: sin adscribirse oficialmente a los movimientos ultraísta y creacionista, había llegado el momento en que Valle Inclán iba a ofrecer, en «versos funambulescos», una visión paródica y subversiva de los mitos modernistas.

Mircea Eliade, el gran historiador de las religiones, ha explicado que los carnavales y las orgías que suelen acompañarlos representan una restauración simbólica de la unidad indiferenciada que precedió la creación del mundo: tanto mítica como psicológicamente nos dejan volver a sumergirnos en el océano de energía ilimitada e informe que existía ya antes de la creación, y al renovarnos podemos también ayudar a renovar la naturaleza que nos rodea, iniciar un nuevo ciclo, un nuevo principio. El carnaval subraya la importancia de la materia y de los sentidos que nos ponen en contacto con el mundo material.[6]

---

6. Véase M. Eliade, *Mephistopheles and the Androgyne*, N. Y., 1965, pp. 114-117.

Al resumir las diversas manifestaciones de la cultura popular relacionadas con el carnaval, Bajtín las clasifica en tres grandes apartados:

1. Los espectáculos rituales: los desfiles carnavalescos y los espectáculos cómicos en las plazas de los mercados.
2. Las composiciones verbales cómicas: las parodias orales y escritas, en latín y en lenguas modernas.
3. Toda clase de «lenguaje grosero», tal como maldiciones, juramentos y blasfemias.

Y, desde luego, el carnaval da origen a innumerables disfraces y máscaras. Disfraces y máscaras que nos esconden y nos desdoblan, nos protegen y nos exaltan. Somos nosotros y somos otros, al mismo tiempo, en vertiginoso juego de espejos. Y si por un momento, unas horas, unos días, no somos nosotros, podemos permitirnos todas las transgresiones ya que es otro el que rompe las reglas, no somos nosotros. El carnaval desemboca al mismo tiempo en la libertad y en el caos.

Quizá de todos los miembros de su generación era Valle Inclán el único que podía descubrir el sentido oculto y la aplicación inmediata, urgente, de lo que el carnaval simboliza por ser el que más había seguido de cerca, con atención minuciosa, la evolución de la situación política española en los años 1916-1920. Su francofilia lo llevaba a rechazar la política germanófila de tantos políticos conservadores de aquella época. Los otros escritores parecían estar de vuelta de su flirt con la política, de vuelta o por encima de todo compromiso político. Además el interés de Valle Inclán por el teatro, por todo lo teatral, aseguraba su atención y su sensibilidad frente a los fenómenos teatrales del carnaval.

Lo esencial es que los esperpentos y los poemas carnavalescos de *La pipa de Kif* nacen a un mismo tiempo y de la misma intuición relativa a la esencia del carnaval, y por ello, dejando aparte por un momento el gran interés y el gran valor artístico de *La pipa de Kif*, es indudable que este libro puede ayudarnos a entender la génesis de la etapa decisiva en la obra madura de Valle Inclán.

La indudable presencia de la vanguardia en estos poemas de 1920 es señalada por el propio autor en el soneto final, «Rosa del sanatorio», descripción caótica y subjetiva de lo que siente un enfermo que se recupera, en un sanatorio, de una crisis provocada casi seguramente por el abuso de alguna droga (sabemos que el Kif que es parte del título del libro equivale al haschich). En el poema anterior había contado el poder de la marihuana, mucho antes de que lo hicieran Allen Ginsburg y los poetas «beatniks» tan populares en la década de los sesenta, pero con una alusión —necesaria, debida— al Baudelaire drogadicto de *Les Paradis artificiels:*

¡Verdes venenos, Yerbas letales
De Paraísos Artificiales!
A todos vence la marihuana,
Que da la ciencia del Ramayana.

¡Oh! marihuana, verde neumónica,
Cannabis indica et babilonica,

Abres el sésamo de la alegría,
Cáñamo verde, kif de Turquía.

El vocabulario sabio y exótico emparenta este poema con el modernismo. Pero el ritmo entrecortado y la mezcla de lo sabio y recóndito con lo cotidiano («marihuana» no es un sustantivo «poético») indica un profundo viraje. Lo que importa es huir, escapar, como sea, a través de las drogas o del carnaval: escapar hacia adentro, hacia lo inconsciente, o hacia abajo, hacia el caos que las máscaras ayudan a crear. Las drogas siguen siendo vehículo de un largo viaje en el último soneto:

Bajo la sensación del cloroformo
Me hacen temblar con alarido interno
La luz de acuario de un jardín moderno,
Y el amarillo olor del yodoformo.

(Siniestesia, vaga sensación de inconsciencia, de estar flotando en un lugar —un sanatorio— que por su arquitectura, interior o exterior, la del jardín, prepara al poeta a entrar en contacto con la vanguardia, como sucede en el segundo cuarteto:

Cubista, futurista y estridente
Por el caos febril de la modorra
Vuela la sensación, que al fin se borra,
Verde mosca, zumbándome en la frente.

(«Estridente» es sin duda una alusión al «estridentismo», el equivalente mexicano de la vanguardia ultraísta y creacionista, movimiento impulsado en aquellos años, entre otros, por el poeta Manuel Maples Arce). La vanguardia, distorsionadora y amiga del caos, se funde, en la experiencia del poeta, con las sensaciones de un enfermo que se recupera en la cama de un sanatorio de un acceso de locura inducido por las drogas: seguimos navegando, quizá a la deriva, por vastos espacios, quizás indefinidos, no anotados en ningún mapa, quizás en algún inframundo o en la sala de espera de algún purgatorio o infierno: la nota sostenida de un violín vibra en el aire y.

>   Tiembla en la luz acuaria del jardín,
>   Y va mi barca por el ancho río
>   Que separa un confín de otro confín.

¿Había leído Valle Inclán a Jules Laforgue? Laforgue es uno de los grandes introductores del prosaísmo y la ironía en la poesía moderna. El Lugones del *Lunario sentimental* y el T. S. Eliot de *The Waste Land* mucho le deben. Lo cierto es que prosaísmo e ironía abundan en estos poemas de *La pipa de Kif*. En «¡Aleluya!» describe el efecto teatral y truculento de su nuevo estilo poético:

>   Por la divina primavera
>   Me ha venido la ventolera
>
>   De hacer versos funambulescos.
>   —Un purista diría grotescos—.
>
>   Para las gentes respetables
>   Son cabriolas espantables.
>
>   ....
>
>   En mi verso rompo los yugos,
>   Y hago la higa a los verdugos.
>
>   Yo anuncio la era argentina
>   De socialismo y cocaína,
>
>   De cocotas con convulsiones
>   Y de vastas Revoluciones.

A los movimientos y gestos *nobles* de sus textos anteriores (basta recordar cualquier pasaje de *Sonata de Primavera*, por ejemplo) se enfrentan ahora, en vivo contraste, los nuevos gestos, gestos *innobles* («hago la higa...») y las palabrotas. Todo ello inmerso en un ambiente alucinante de fiesta, de orgía, que, claro está, tiene mucho que ver con el carnaval de que habla Bajtín. Observemos numerosas coincidencias con lo antes expuesto en esta cita de Octavio Paz que figura en uno de sus más famosos libros, *El laberinto de la soledad*:

>   En ciertas fiestas desaparece la noción misma de Orden. El caos regresa y reina la licencia. Todo se permite: desaparecen las jerarquías habituales, las distinciones sociales, los sexos, las clases, los gremios. Los hombres se disfrazan de mujeres, los señores de esclavos, los pobres de ricos... Gobiernan los niños o los locos... La Fiesta es una revuelta, en el sentido literal de la palabra.

En la confusión que engendra, la sociedad se disuelve, se ahoga...
Pero se ahoga en sí misma, en su caos o libertad original. Todo
se comunica; se mezcla el bien con el mal, el día con la noche,
lo santo con la maldito. Todo cohabita, pierde forma, singulari-
dad,, y vuelve al amasijo primordial. La Fiesta es una operación
cósmica: la experiencia del Desorden, la reunión de los elementos
y principios contrarios para provocar el renacimiento de la vida.
La muerte suscita el renacer; el vómito, el apetito; la orgía, estéril en sí misma, la fecundidad de las madres o de la tierra. La
Fiesta es un regreso a un estado remoto e indiferenciado, prena-
tal o presocial, por decirlo así. Regreso que es también un comienzo... La sociedad comulga consigo misma en la Fiesta. Todos
sus miembros vuelven a la confusión y libertad originales. La estructura social se deshace y se crean nuevas formas de relación,
reglas inesperadas, jerarquías caprichosas. En el desorden general, cada quien se abandona y atraviesa por situaciones y lugares
que habitualmente le estaban vedados. Las fronteras entre espectadores y actores, entre oficiantes y asistentes, se borran. Todos
forman parte de la Fiesta, todos se disuelven en su torbellino.[8]

ciones y lugares que habitualmente le estaban vedados. Las fronteras
entre espectadores y actores, entre oficiantes y asistentes, se borran.
Todos forman parte de la Fiesta, todos se disuelven en su torbellino.[8]

El carnaval es fiesta, disfraces, parodia, subversión del orden establecido. No solamente transforma su estilo Valle Inclán hacia 1920, y al
hacerlo crea un nuevo género —el esperpento— y anuncia la muerte y
transfiguración del modernismo, sino que estos cambios coinciden con
vastos cambios en la actitud y la sensibilidad de la sociedad europea. La
vida pública y privada, a partir del final de la guerra mundial, está
dominada por actitudes subversivas y lúdicas. Basta pensar en los ca-
barets de Berlín —y de muchas otras ciudades— con sus disfraces
absurdos y subversivos (pues eso es en el fondo el extraño e inquietante
fenómeno del *travestí*, que nunca antes había aparecido en forma tan
ostentosa y pública) y en la obsesiva vida nocturna, la orgía permanente
en que se sumergen las masas, en parte para olvidar la tragedia de la
guerra, y en parte porque conscientemente o no esta vida frívola con-
tradice el orden, la jerarquía, el culto al trabajo de la burguesía que
las masas quieren al mismo tiempo imitar y subvertir. Valle Inclán,
buen observador, es también buen profeta.

Fiesta, disfraces, parodia, subversión: de todo ello se nutre la creatividad de Valle al escribir *La pipa de Kif*. Quizás el ingrediente más
visible es la *parodia*. Al lado de un signo o símbolo noble, su contrario,
su opuesto, desvirtuándolo. Observemos lo que hace con la musa inspi-

_____

7. Bajtín, p. 6. Véase también las pp. 5, 67 y 115.

radora de su poesía: al lado de las estilizadas y lánguidas representaciones artísticas que hallamos en los pintores prerrafaelitas ingleses o en los bellos carteles de Mucha se alza una nueva musa, la musa moderna, que se parece mucho a una bailarina de café-concert, quizás inspirada en las crueles y admirables interpretaciones —pastel, gouache, óleo— de Toulouse-Lautrec: La Goulue, Valentin le Désossé. Los versos de Valle Inclán fueron creados en la intersección de dos líneas: una línea sólida, permanente, el Carnaval de ayer, de hoy, de siempre; otra, contemporánea, la Europa cínica y alegre de los primeros años de postguerra, de 1918 a 1920 y más allá.

Otro ingrediente muy fácil de detectar es el *espectáculo*, y espectáculo de carnaval, con disfraces, con máscaras. Pero en cierto modo la parodia y el espectáculo —desfiles, disfraces— se dan la mano. Por ejemplo: la *parodia* de la Musa tradicional se convierte en *espectáculo* de bailarinas (de can-can, de café-concert, quizá de tango, muy presente en aquellos años) en estos versos:

> ¿Acaso esta musa grotesca
> —Ya no digo funambulesca—,
>
> Que con sus gritos espasmódicos
> Irrita a los viejos retóricos,
>
> Y salta luciendo la pierna,
> No será la musa moderna?
>
> («¡Aleluya!»)

La parodia es una constante en este libro y en casi toda la producción de nuestro autor a partir de 1920. El largo poema «Bestiario» nos ofrece una serie de imágenes burlescas y paródicas. Un oso que se despereza le recuerda al Conde de Tolstoy. Y la romántica jirafa le recuerda la «arquitectura bizantina / imposible de razonar / de la divina / silueta de Sara Bernhardt».

En cuanto a máscaras, desfiles, espectáculo, el poema más característico es «Fin del Carnaval». Describe el tradicional desfile del último día del Carnaval, «el entierro de la sardina», un desfile de máscaras ridículas y absurdas. Los cuadros de Solana y Goya nos dan una idea de lo que fueron estos desfiles en el pasado. Es el triunfo de la distorsión, de todo lo grotesco, feo, discordante:

> El curdela narigudo
> Blande un escobón:
> — Hollín, chistera, felpudo,
> Nariz de cartón—.

> En el arroyo da el curda
>   Su grito soez,
> Y otra destrozona absurda
>   Bate un almirez.
> Latas, sartenes, calderos,
>   Pasan en ciclón:
> La luz se tiende a regueros
>   Sobre el pelotón.

Señalemos aquí el vocabulario empleado por Valle Inclán es decididamente anti-poético (*curda*, *curdela*, que significan «borracho», son vocablos familiares que se originaron en la jerga y el hampa los difundió en el pasado). El «grito soez» es presencia indirecta del *lenguaje grosero* que Bajtín señala como ingrediente esencial del carnaval. Y, claro está, algunas de estas máscaras, descritas a veces según el llamado «estilo impresionista», empleado con intención deshumanizadora, son presentadas a base de mencionar el objeto que las caracteriza o que sirve de casco para cubrir su cabeza: pasan, en ciclón, latas, sartenes, calderos, naturalmente que cubriendo algún ser humano que las sostiene y corre protegido por tan diversos utensilios. No podemos dejar de recordar un texto de Valle Inclán en *Tirano Banderas*, posterior a éste, en que los objetos —aquí los uniformes— sustituyen a los seres humanos: «Al cruzar el claustro [Tirano Banderas] un grupo de uniformes que choteaba en el fondo, guardó repentino silencio», y también algunos versos de la «Oda al rey de Harlem» de García Lorca.

Si comparamos «Fin del Carnaval» con cualquiera de los poemas de *El pasajero*, que aunque publicado en 1920 recoge poemas anteriores a 1917 y revela una sensibilidad todavía claramente modernista, el contraste no puede ser más revelador: Valle ha cambiado profundamente, al mismo tiempo que ha presenciado cambios muy hondos en el mundo que lo rodea. El contraste es también muy claro si leemos o releemos algún poema más antiguo, por ejemplo «Milagro de la mañana», que es parte de *Aromas de leyenda*, de 1907:

> Tañía una campana
>   en el azul cristal
> de la paz aldeana.
>
> Oración campesina
>   que temblaba en la azul
> santidad matutina.
>
> Y en el viejo camino
>   cantaba un ruiseñor,
> y era de luz su trino.

La campana de aldea
le dice con su voz,
al pájaro, que crea.

La campana aldeana
en la gloria del sol
era alma cristiana.

Al tocar esparcía
aromas del rosal
de la Virgen María.

(Tes no teu piteiro,
paxariño novo,
gracia de gaiteiro!)

Nada que no sea musical, armonioso, tradicional. En conclusión habría que subrayar que el gran viraje señalado por *La pipa de Kif*, la subversión y destrucción del bello palacio modernista, no podía ser total, ni tampoco podía ocurrir sin que nuestro poeta quisiera renunciar a sus antiguos ídolos en forma total y defintiva. Valle Inclán, en plena explosión de la vanguardia, y sintiéndose íntimamente opuesto a la ideología de su gobierno y de las clases dirigentes españolas, sin embargo no renuncia del todo a sus raíces ideológicas y estilísticas: como ha señalado Raimundo Lida, «Valle Inclán siente que, en medio de la tremolina, alguien, algo, lo conforta, firme y misteriosamente: la mano que Rubén Darío le tiende desde la sombra.» [8]

MANUEL DURÁN
Yale University

---

8. Pp. 45-47 de la ed. de 1959 del Fondo de Cultura Económica.

TRANSGRESIONES E INFRACCIONES LITERARIAS
Y PROCESOS INTERTEXTUALES EN VALLE INCLÁN

La obra de Valle Inclán se inscribe, en sus desviaciones mismas, en el espíritu moderno que aspira a soltar el lenguaje de las jaulas conceptuales de la tradición jerarquizada. No me propongo ahora elaborar sobre estos lenguajes, sino esbozar algunas zonas de encuentro entre las transgresiones e infracciones que enlazan a Valle con la visión del mundo carnavalesco y plantear una sistematización de sus procesos intertextuales. Ambos —el código de la risa y los códigos culturales y sociales— resultan en un plurilingüismo que orquesta su obra literaria: el género chico multiplicado por cuatro, en sus propias palabras.

Bástenos mencionar algunos ejemplos de la visión carnavalesca del mundo que enlazan a Valle con esta tradición, partiendo de las observaciones de M. Bajtín (1968, 1970, 1978) sobre la subsistencia de este estilo. Valle saca excelente partido de una reforma verbal llevándola adelante, y enriquece su discurso con acarreo de las obscenidades y lo bajo corpóreo (remito a Bajtín 1968 para precisar este término), lo bajo escatológico y los ritos lascivos. Según el formalista ruso (1970: 151-186), las características de la visión carnavalesca son las siguientes: una nueva actitud respecto a la realidad— el pasado se actualiza, se moderniza exageradamente; intencionalmente todo es presente y alude al presente; libre invención y actitud crítica o polémica con la tradición; pluralidad de estilos y de voces. El autor (al carnavalesco me refiero), renuncia a la unidad estilística de la epopeya, la tragedia, la retórica, la poesía lírica. En esta multiplicidad de tonos y de voces, mezcla lo sublime y lo vulgar, lo serio y lo cómico. El proceso exige una relación distinta con el material literario; en esta doble voz, al lado de la palabra que *representa*, está la palabra *representada*— el referente es siempre otro.

Esta visión carnavalesca o carnavalización literaria, se compone a su vez de varios rasgos (en particular la *sátira menipea*, que Bajtín ve como una *esencia del género*, y no una estratificación de cánones). En lo que a la obra de Valle respecta, se organizan y asimilan algunas, en las cuales nos detendremos brevemente. La fantasmagoría y simbolismo se combinan con un naturalismo de bajos fondos —escatológicos, groseros. Se subrayan los escándalos, las extravagancias, que ponen en tela de juicio la unidad trágica o épica del mundo y abren una brecha en lo inamovible, la norma, lo respetable, a través de la profanación desmitificadora. Los violentos contrastes —oximorones—, las transformaciones bruscas; saca excelente partido de los géneros intercalados (procesos intertextuales), llevándolos adelante paródicamente, con humor o risa. Todo conduce a la destrucción de un mundo estratificado, artificial.

La carnavalización literaria recrea un mundo al revés: se regodea en las excentricidades, las alianzas imposibles, la profanación, la risa. Las jerarquías —piedad, religión, etiqueta—; es decir, cuanto dicta la desigualdad social o los privilegios de clase, se derogan y se reemplazan con una actitud libre y familiar, en una nueva organización de las relaciones humanas, que se opone al mundo socio-jerárquico de la vida corriente. Conducta, gestos y lenguaje se liberan del marco jerárquico (edad, cargos, títulos, fortunas, sexos) y se convierten en escéntricos, en desplazamientos de la vida habitual. Cuanto la jerarquización o códigos oficiales separa, dispersa o desconecta, entra en contacto: lo sagrado y lo profano, lo sublime y lo insignificante, lo alto y lo bajo, lo aristocrático y lo plebeyo. La profanación y la transgresión son la norma —sacrilegio de lo genésico, del cuerpo. Se parodian, además, los textos y las palabras sagradas; se destrona el mundo de la tradición. La risa no significa pura negación del objeto parodiado— las imágenes se parodian mutuamente, forman un sistema de espejos deformantes que las alargan, las recortan, las desfiguran en direcciones y grados diversos.

Si bien más de dos milenios separan a Valle Inclán de estos orígenes, esta carnavalización (que él bautizará *farsa* o *esperpento*), es el hilo conductor que estructura su obra, revestida de nueva indumentaria. Este proceso de carnavalización dota de unidad la totalidad de su discurso literario. Valle se inicia con una reforma verbal, y enriquece su discurso con acarreo de lo bajo corpóreo, lo bajo escatológico y los ritos lascivos. Sus primeros textos revelan en primer plano, una orquestación de ritos lascivos —profanaciones sacrílegas o desmitificaciones de los sistemas sociales con prestigio— vertidos en un lenguaje aristocratizante y arcaico, que se opone al lenguaje literario al uso, puesto al servicio de las concepciones dogmáticas del mundo, de una sociedad regida conforme a principios destinados a encubrir los abusos o a justificarlos ante sus víctimas. Habré de intentar mover sólo alguno de los resortes.

Sus primeros artículos periodísticos, sus cuentos, recogidos en *Femeninas*, las *Sonatas*, *Flor de santidad*, *Jardín umbrío* (léase a esta luz «Adega»), acentúan la sexualidad, el satanismo; actitudes que enorgullecen al Marqués de Bradomín, y luego a Juan Manuel de Montenegro en el ciclo bárbaro de tema carlista —viejo don Juan, blasfemo y voluntarista, final de una estirpe feudal de toma y daca. Mundo de clérigos, mendigos, escribanos, putas y alcañuetas, donde lo mejor eran los hidalgos. Endemoniadas, brujas, enamoramientos, sacriiegios, amores perversos, incestos, adulterios, prácticas sexuales minoritarias pueblan sus obras, hasta más o menos 1909, en gran expansión espacial y temporal. La arena principal de todo el discurso es afuera; Valle no se concentra en los espacios cerrados de habitaciones burguesas —como Galdós y Clarín, por ejemplo—. La acción se desarrolla a la intemperie, bajo el cielo abierto, en movimiento, en distintos lugares geográficos, allende el mar, en campañas militares, en despoblados, en viajes a otros países. Esta expansión temporal y espacial predomina en su discurso.

Si en esta etapa orquesta las profanaciones y transgresiones culturales y religiosas, a partir de las farsas populares «entre lo trágico y lo grotesco», comienza un proceso intensivo de degradación. La escatología y la obscenidad, lo bajo corpóreo, en una lengua popular transgresora. Las farsas —luego esperpentos— están en choque con la cultura oficial, que se le hace aborrecible y le provocan una reacción de burla o desdén, de engaño y de risa contra lo académico, lo castellanizante, la tradición, lo cerrado y satisfecho en multiplicidad de tonos y de voces. Tal imbricación se hace intolerable. Al llegar a este encuentro, el rasgo de profanación y transgresión se acentúa, y sus relaciones con el pasado histórico serán más críticas y polémicas. La objetivación y densidad paródica con géneros y lenguajes se renueva: todo conduce a la destrucción épica de la historia oficial de España. Valle absorbe en unidad interna los géneros y temas de prestigio —los mitos clásicos, el teatro del Siglo de Oro, el Romanticismo, fin de siglo— así como los menores (género chico, romances de cordel, folletín, periodismo satírico), para presentar su mundo. al revés, donde destrona por el humor y la risa los valores desgastados, los valores inmutables e intocables.

Desde el punto de vista discursivo, se podría decir que Valle muestra el choque entre la palabra autoritaria y la palabra de convicción interna, choque que Bajtín propone como base de las posibilidades polisémicas y dialogizadoras del discurso novelístico (1978, 111-122). La obra de Valle [1] aún en sus primeras expresiones, introduce distintos lenguajes sociales: los profesionales, de clase o grupo social, de escuelas literarias, lo cual dota su obra de una pluralidad discursiva. Valle elabora esta pluralidad mediante el empleo de arcaismos, americanismos, germanía, otras lenguas (gallego, latín), actitud que revela un rechazo de una lengua nacional unificada. En cambio, hace amplio uso de los dialectos sociales, modos de ser de grupo, jergas profesionales, lenguajes de géneros y discursos literarios, lenguajes de generaciones y edades, lenguajes de corrientes ideológicas, políticas, literarias, lenguaje

---

1. Empleo la fecha de publicación de cada obra, no la de gestación ni cuando apareció antes en periódicos. Las citas remiten a las siguientes ediciones: *Obras escogidas*, Madrid: Aguilar, 1971, 2 vols.; *La corte de los milagros*, Madrid, Austral, 1968; *Viva mi dueño*, Madrid, Austral, 1969; *Baza de espadas*, Madrid, Austral, 1961.

de círculos en un complejísimo mosaico (sobre la pluralidad discursiva, Bajtín 1978: 76)

En toda su primera etapa creadora, recurre a transposiciones semánticas y selecciones léxicas de un horizonte lingüístico concreto que se hace consciente de su diferencia: las transgresiones e infracciones de la norma se realizan aquí contra la cultura oficial y su palabra estratificada y autoritaria. En empleo de géneros orales bajos (conjuros, consejas, recetas, dichos populares, proverbios, cuentos, canciones populares, chistes), se orienta hacia una teoría sociológica del campesinado, del mundo rural gallego. Valle no degrada en estos discursos —como lo hará más adelante— las imágenes autoritarias (mitos, reyes, políticos, hechos históricos, la literatura oficial) sino la palabra autoritaria de la cultura y la historia oficial. Estos procedimientos se perciben en sus primeras publicaciones periodísticas (publicadas por Fichter 1952): la hipérbole, la exageración, la desmesura, la deformación corporal, tal la descripción del cura de San Rosendo de Gundar en «El rey de la máscara» (1892), viejo magro y astuto, «de perfil monástico y ojos enfoscados y parduzcos como de alimaña montés». La Rectoral del mismo cuento es «negra, decrépita y arrugada, como esas viejas mendigas que piden limosna» (p. 81).

En las farsas y *La pipa de Kif* (1919), sobre todo, la cultura popular, el can can y los elementos carnavalescos pasan a primer plano, así como los géneros menores (sátira) y el lenguaje de la «plaza pública». Su reforma fue una prodigiosa exploración de las posibilidades de coexistencia y contraste entre la lengua culta y la popular. En adelante, la degradación de las imágenes autoritarias o de autoridad, y la desmembración o fragmentación del cuerpo con propósito crítico, serán la norma.. Las imágenes del poder se describen en sus rasgos grotescos; el rostro, en particular la exageración de la nariz y la boca desempeñan un papel principal. La cabeza, las orejas y la nariz se animalizan; y los ojos se presentan en sus protuberancias. Del cuerpo se destaca lo que sobresale, cuanto quiere salir de los confines; especial atención al vientre y a las partes que remitan a los órganos genitales (Bajtín 1968, capítulo V).

Los gobernantes son grotescos, farsa, y revuelcan su ponzoña por el tablado. La historia de España corresponderá a la cantada por romances y copleros; la musa popular y arrabalera. Como puede verse en un pasaje significativo de *Viva mi dueño:*

> A la Historia de España, en sus grandes horas, nunca le ha faltado acompañamiento de romances, y la epopeya de los amenes isabelinos hay que buscarla en las coplas que se cantaron entonces por el Ruedo Ibérico. Tomaba Apolo su laurel a la puerta de las tabernas, como en la guerra con los franceses, cuando la musa populachera de donados y sopistas, tunos y ra-

pabarbas, era el mejor guerrillero contra Bonaparte. Toda España, en aquellos isabelinos amenes, gargarizaba para un Dos de Mayo. (p. 233).

Sus reconstrucciones son excavaciones en el subsuelo histórico. Como el lenguaje, la literatura están amuralladas de tradición, cercados y erizados de casticismo. Valle reconquista una herencia popular, lo que le lleva a intentar muchos injertos y cruzamientos. El descubrimiento de este lenguaje no fue casual: fue una estética, una visión de mundo, una manera de sentirlo, conocerlo y decirlo. Con su musa arremangada reveló un mundo sepultado y recreó los lazos entre lo popular y el espíritu moderno. Toda escritura convoca un lector; Valle el lector crítico.

La cultura de la risa, con su realismo grotesco y los elementos de lenguajes sociales no académicos o institucionalizados, pasan a un primer plano. De los géneros orales bajo (núcleo de las obras primeras), incorpora ahora los géneros visuales (en proceso intersemiótico: aleluyas, afiches, estampitas, gráficos, litografías, pinturas). El material gráfico, las canciones populares e infantiles y la literatura de arrabal, serán en adelante el material lingüístico del plurilingüismo discursivo. La risa (el humor), se anuncia como estética; los conocidos versos que encabezan *La pipa de Kif* refuerzan los cambios:

> Mis sentidos tornan a ser infantiles,
> Tiene el mundo una gracia matinal,
> Mis sentidos como gayos tamboriles
> Cantan en la entraña del azul cristal.

(Clave 1)

Al margen de la polisemia «azul cristal» (el haschich y las manoseadas fuentes modernistas), importa destacar el desarrollo léxico: *alegría, risa, ritmo, órfico, risa joven, sangre gozosa* de las cuatro primeras estrofas, que contrapone al envejecido léxico *ilusión, niña Primavera, Princesa, corazón de Abril, cabellos de oro.* Los dos lenguajes coexisten y se confunden en este poema; hay una remantización de signos. En «¡Aleluya!», invoca otra vez ambas lenguas sociales —la popular y la culta—; la cultura popular y la cultura oficial. La divina primavera trae la ventolera de versos funambulescos, grotescos; cabriolas contra el lenguaje oficial y acartonado de los académicos de número —Cotarelo, Ricardo León, Cejador, Pérez de Ayala—, que opone a los iconoclastas, Darío y Poe (parte de lo polisemia «Azul» de la Clave I). Los repetidos versos donde anuncia socialismo, cocaína, revoluciones; una anti-retórica, asentada en el otro lenguaje de la «era argentina» nueva, resemantiza el adjetivo, frecuente entre los modernistas. Contra el mundo oficial, la «musa moderna salta luciendo la pierna» — la contraposición a nivel verbal forma parte sustancial del amplio conjunto de la cultura.

No se ha reparado, sin embargo, en un subtexto dariano que apoya esta «¡Aleluya!»: en «Canción de Carnaval» [1896], (*Prosas profanas*, 1901), el nicaragüense describe el carnaval transformador y transgresor. El poema poco conocido, preside y precede esta «funambulesca» de Valle; ambos poetas, anti-académicos, anti-retóricos pertenecen a la misma familia espiritual. Cito las tres estrofas finales, del poema con epígrafe de Théodore de Banville:

> Piruetea, baila, inspira
> versos locos y joviales;
> celebre la alegre lira
> los carnavales.
>
> Sus gritos y sus canciones,
> sus comparsas y sus trajes,
> sus perlas, tintes y encajes
> y pompones.
>
> Y lleve la rauda brisa,
> sonora, argentina, fresca,
> la victoria de tu risa
> funambulesca.

(*Poesía*, ed. Ernesto Mejía Sánchez, Biblio. Ayacucho: Venezuela, 1977, 191-192).

Una diferencia hay en este lazo intertextual: para Darío el carnaval es efímero y para Valle, realidad permanente.

En el mismo libro de poemas, *La pipa de Kif*, «Fin de carnaval» (fecundo campo intertextual con los esperpentos), revela la hiperbólica y exagerada desmembración del cuerpo en las imágenes de lo bajo corpóreo: la moza mueve el paipai, los pingos de Colombina derraman su olor de sobaquina, el curdela es narigudo, cuando no emite un grito soez y los personajes viven en el arroyo y el lodazal. Las muecas de los contrastes saltan: mientras el marqués se cita con un soldado de la escolta, los perros juntan sus hocicos. En esta transgresión de valores, el Pata de Cabra lleva mitra de prior —las máscaras del carnaval ponen el mundo patas arriba.

El poema «Bestiario» mofa los símbolos históricos: el escudo nacional es la «casa de Fieras del Buen Retiro», el león español un «viejo carcamado que bosteza», mientras una cotorra luce una falda que fue de la Infanta Isabel. La gama temática de *La pipa de Kif* oscila entre crímenes, atropellos, gentes de mal vivir, presos, criminales, asaltantes, fiestas populares. La crónica macabra, la prensa amarilla, los temas del momento, referentes por todos conocidos, degradan y transgreden la aparente austeridad, el rigor que silencia lo no-convencional, lo marginado. Es el mundo de los romances de ciego y del pliego de cordel, cuyo denominador común es a menudo una desmitificación del poder. Con los poemas de este libro, el lenguaje no-oficial, los lenguajes sociales del bajo mundo, cobran bulto; mientras en las farsas y *El Embrujado* (1913), camina por el terreno seguro, del bajo mundo y sus jergas (la Carifancho, el Pinto Viroque).

La desmembración del cuerpo y lo bajo córporeo, así como otros aspectos de la carnavalización, toman un giro particular en *Farsa y licencia de la Reina castiza* (1922), que se define en el apostillón como «befa de muñecos». Desde el principio predomina lo hiperbólico, la exageración, la terminación *ón* del superlativo da la tónica. La sátira y lo bajo corpóreo, en un lenguaje barriobajero, son ahora la norma. El conocido apostillón inicia el rito desmitificador: la corte isabelina es befa y farsa, caricatura de periódicos satíricos, mueca, burla. Y para cantarla, su musa moderna

> enarca la pierna,
> se cimbra, se ondula,
> se comba, se achula.

Lo bajo corpóreo, hiperbolizado y exagerado, degrada los símbolos del poder, sobre todo la Corte. La Señora es una comadre, y es su cuerpo deformado el que se hiperboliza:

> ríe la comadre feliz y carnal,
> y un temblor cachondo le baja del papo
> al anca fondona de yegua real. (p. 23).

Cuando no es su «pechuga hiperbólico acordeón». El Rey queda reducido a un irrisorio eunuco, y su boca belfa va «pintada de carmín». En otro momento, y en contraste

> Sale la Señora, con la papelina
> puesta sobre un ojo, y dando guiñadas.
> Las fofas mantecas, tras la muselina
> del camisón blanco, tiemblan sonrosadas.

En *La enamorada del Rey* (1930), la Reina lleva «sus narices de Borbón, encendidas como un mamey».

Merece que destaquemos dos puntos: en un mismo texto Valle hiperboliza para degradar, o minimizar: su cristal es cóncavo o convexo; amplifica imágenes, como cristal de aumento, o, las reduce, las achica;

con el mismo instrumento acerca o aleja los objetos. Su mundo está poblado de gigantes y enanos. En segundo lugar, las descripciones citadas, que forman parte de todo un programa político, las emite siempre un tercero, el «acotador», que se inserta como personaje hablante o actante en la obra. A partir de su nueva óptica, la Reina Isabel será en adelante «pomposa, frondosa, fondona»; y el Rey consorte, un «faldero», como en *La Corte de los Milagros* (1927). Es digno de observarse que glotonería y sexualidad, como en la tradición rabelesiana, van unidos: «fondona, crasa y de conocidos devaneos eróticos, Isabel II se lo come todo por deglución: hombre y país (pueblo, estado). En cambio, el Rey consorte, «pequeñín», «untado de Carmín», juguetón como un perrito faldero y eunuco, opera una deglución a la inversa. No en balde, en estas farsas carnavalescas, Quevedo y Valle se dan la mano —provienen de una misma estirpe.

Si nos detuviéramos a analizar los académicos, políticos, nobles, las referencias a lo bajo corporal predominan. Sirvan algunos ejemplos en este programa estético: En *La Corte* la reina es «chungona y jamona, regia y plebeya», el Rey «menudo y rosado», el Marqués de Torre Mellada un «vejete rubiales, pintado y perfumado con melindres de monja boba» o bien «tiene típica morisqueta de fantoche». En *Viva* hace «bucles de paloma real»; en *Tirano Banderas* (1926), el Barón de Benicarlés, Ministro Plenipotenciario de su Majestad Católica tiene «carnosos párpados», o bien «le hacían rollas las manos y el papo», y gusta de cenáculos decadentes, «la fiesta de amor sin mujeres». Como la Reina, glotonería y sexualidad sin desenfreno se dan en un mismo orbe. El *Tirano Banderas*, en contraste, tiene «paso de rata fisgona», «olisca de rata fisgona», cuando no es una «calavera humorística». El coronelito Domiciano de la Gándara tiene el «vientre rotundo y risueño de dios tibetano»; y el ministro de *Luces de Bohemia* (1934) asoma en mangas de camisa, «la bragueta desabrochada, el chaleco suelto, y los quevedos pendientes de un cordón, como dos ojos absurdos bailándole sobre la panza». Guiñol o carga de circo, los personajes del poder ostentan vientres exagerados; las carnes fofas y adiposas de la glotonería, la enfermedad o el vicio. Mujeres en corsé, como la coronela en *Los cuernos*, que aparece en «corsé y falda bajera»; se sugiere la protuberancia de pechos, nalgas, vientres, la sexualidad. Convexidades y orificios remiten a sudores, grasas, copulaciones, la deglución de otros cuerpos.

Tampoco queda la Iglesia bien parada; en *El ruedo Ibérico* y en las farsas, Sor Patrocinio y el P. Claret van envueltos de una atmósfera de mentira, ignorancia, si bien en «olor de santidad». El lenguaje paródico muestra siempre su lado oculto, su otra cara, sus otros referentes: *musicales quejas, celestes mensajes, exudaba fragancias de rosas y nardos, rostro seráfico* (léase a esta luz *Viva*). En otro momento, el mal agüero: «La figura de la monja tenía un acento de pavor milagrero y dramático» (*Corte* 232). Sugiere el terror cósmico, el miedo a lo desconocido, lo infinito poderoso; es una especie de esfera cuyo centro está en todas partes del Reino y su circunferencia en ninguna. Un camaleón con dos caras —la de monja boba y la consejera de reyes.

El ejército, los militares, saltan como figuras de estampa litográfica, fuentes de escándalo y extravagancias, o bien ridículas figurillas, empequeñecidas, recortadas. Prim caracolea «su caballo de naipes», o bien se mira sobre «un bélico corcel de tiovivo», con «albures de cuartel y arrogancias de matante» (*Corte* 111; *Baza* 181). Cuando no está lleno de cosméticos y «botas de charol con falsos tacones, que le aumentaban la estatura» (*Baza* 161). Es, en realidad, un pobre bufón con acento de actriz bufa; parodia al héroe trágico de la historia y sus palabras sagradas. Prim, y los otros militares, son figuras actualizadas en esta doble voz: su imagen y su contraimagen.

Esta degradación de la palabra autoritaria, de las imágenes o símbolos de las instituciones en el poder, de los hechos y héroes históricos, forma parte de un mundo de guiñol, ferias, aleluyas, carteles, corridas, farsas, can can, en una pluralidad de estilos y de voces. Recorta, alarga, hincha, polemiza con el material literario anterior. Religión y tradición son formas muertas, inservibles, que mutilan o asfixian. Los géneros intercalados sirven para apoyar su destronamiento: los varios niveles o formas de intertextualidad son amplios palimpsestos deformados y deformantes en direcciones diversas. Lo respetado y respetable social y cultural le sirven de subtextos en su labor de profanación desmitificadora. Veamos algunos.

2. *Procesos intertextuales:*

Baroja recuerda que Valle decía que tomar un episodio de la Biblia y darle un aire nuevo «para él era un ideal». Concebía —añade Baroja— la lectura anterior como «el mejor sistema para producir otra literaria» (1949: 407). Lectura y escritura son fases de un mismo y único proceso —la lectura propia y la lectura ajena generan los textos valleinclanescos.

De la actividad lectora da buena cuenta la genética de sus textos, su movimiento y sus instancias discursivas. No es sorprendente, en estas circunstancias, la persistencia de los episodios sueltos, independientes, que luego integra; las adiciones y modificaciones y variantes estilísticas; las extrapolaciones de frases, personajes, situaciones de una obra a otra. Su escritura dista de ser un recinto cerrado; significativamente estas incrustaciones, reelaboraciones e interpolaciones hacen visible el aire libre, el diálogo o la polémica, el salir a la intemperie, contra el enmohecido aparato, busca la participación creadora en una sociedad inmovilizada por la letra (Speratti Piñero 1968 da buena cuenta del entramado que suponen las variantes y cambios).

La presencia de los subtextos sociales (adopto este término de Cuile1 1981: 140 modificándolo)[2], en la superficie de su obra, responde a un proceso de lectura de sus propios textos y arroja luz en los de otros. Esta arquitectura textual, que a menudo reproduce sus propias fuentes de inspiración, abunda en textos de la literatura oral y satírica, los subtextos visuales o gráficos (Speratti Piñero 1968; Zamora Vicente 1969; Zavala 1970a, 1970b; Sinclair 1977; Schiavo 1980), y los subtextos históricos: Zugasti, Carlos Rubio, las crónicas que le sirven de material, así como las citas de autoridad de la tradición literaria que actúan en el anonimato (por ejemplo la crónica de Aguirre para *Tirano Banderas*, como mostró Speratti Piñero).

Los subtextos sociales y culturales construyen un complejo entramado intertextual: uno apoya el otro. Todo es pretexto y alimento natural del proceso de lectura. Entre aventura y aventura se mueve esta intertextualidad cultural que revela una variedad de formas; no está reñida con la ironía ni la complacencia. De este mundo hecho de afirmaciones y negaciones me limitaré a dos: los códigos culturales y los códigos literarios. La imagen del autor como emisor/receptor de los códigos ajenos y de los propios.

En cuanto emisor/receptor de otros textos, se advierte en Valle Inclán una auténtica red de conexiones, una almoneda de textos y diálogos, que varían desde los cruces intertextuales empleados como autoridad, hasta los paródicos, que absorbe y transforma. En este variado subsuelo encontramos textos históricos, crónicas, periódicos, pasajes de otros autores, fragmentos. Bien claro alude a este proceso como forma de verificación estética:

> En mis narraciones históricas la dificultad mayor consiste en incrustar documentos de época. Cuando el relato me da ocasión de colocar una frase, unos versos, una copla o un escrito de la época de la acción, me convenzo de que todo va bien. Esto suele ocurrir en toda obra literaria.
>
> (Madrid, *Vida*, pp. 109-111).

Estos textos son de naturaleza metonímica, y toca al lector identificarlos. En otras ocasiones, el texto ajeno es punto de partida, un diálogo para confirmar, aceptar o rechazar un punto de vista; sirve de impulso o apoyo a la nueva creación, y son a menudo subtextos polémicos. Todo este complejo intertextual focaliza nuestra atención en la *literariedad* de la escritura, y nos hace conscientes de los sistemas poéticos que apoyan cada texto literario. El proceso intertextual afirma el nuevo código en una tradición, y por tanto universaliza su sentido, o bien el subtexto se emplea en oposición, en polémica. Valle ensaya una operación de alta acrobacia para avivar la pasión descifratoria. Sus símbolos visuales son ricos en significados y elementos contextuales.

---

2. Por *subtexto* entiendo lo que propone Kiril Taranovsky, 1976, 1-19.

De la conjunción de subtextos que sirven de apoyo, conviene recordar los estereotipos y arquetipos del folletín; transposiciones metonímicas que el lector identificaría con cierta facilidad, por su larga tradición. Me centraré en algunos de los estereotipos más evidentes, y luego estableceré el nexo con el subtexto paródico más importante: el romancero y el romance vulgar.

Valle presenta en sus rasgos negativos la nobleza, el clero, los ministros tal y como aparecen en la tradición de literatura anti-nobiliaria y anti-clerical (la sátira medieval, humanista, erasmista, quevedesca). Los curas son venales y avarientos, la aristocracia ociosa y despilfarradora, los ministros son politiqueros y retóricos; pero aprovecha también la sátira romántica del folletín y la novela popular decimonónica. En particular, el periodismo satírico-político-burlesco —*La Carcajada, El Guindilla, La Risa, El Dómine Lucas*, entre otros— que nutre la literatura popular y caricaturesca, así como al exitoso Ayguals de Iaco. Los antagonistas de Valle son como el fray Patricio de *María la hija del jornalero*, «bajo de estatura estúpidamente gordo [...] lujurioso como un mico». En estos códigos narrativos, los personajes se presentan en su función de signo y símbolo: protagonistas y antagonistas reciben tratamientos diversos. Valle revela también la tendencia a la denominación simbólica, que se concentra en los personajes de la aristocracia, los militares, políticos y en los tipos populares. De Ayguals es una marquesa de Turbias Aguas; de Ramón de Navarrete un barón de la Celada (*Madrid y nuestro siglo*, 1845-1846), o bien Cabrera, el cabecilla carlista, es el Tigre del Maestrazgo (Ayguals). No es necesario acumular más ejemplos en esta extensa tradición que presenta el choque entre antagonistas y protagonistas estereotipados. Valle Inclán reelabora los estereotipos y arquetipos en una especie de nueva producción de sentido y desmitificación social.

Digno de observarse también, que las ficciones valleinclanescas están centradas en torno a un calendario festivo (como *El Buscón*, véase E. Cros, 1980), en un vasto campo intertextual o subtexto cultural. Así por ejemplo, *Tirano Banderas* remite directamente a la libertad de carnaval del 2 de noviembre, Día de los Muertos, calendario emocional que en México brinda la oportunidad para la burla y la sátira del gobierno. Es un símbolo polisémico —artes gráficas y calendario festivo—, de ahí que Tirano sea «calavera humorística», y que las tres novelas que integran *El ruedo* traigan resonancias de carnaval (como *La pipa de Kif*).

Otros subtextos son francamente polémicos: Valle destrona y parodia la literatura oficial. Un fragmento de «La canción del pirata» de Espronceda, que adapta en *Tirano Banderas* a la pronunciación defectuosa de un piloto negro, desmonta el conocido texto. En otra ocasión, altera los versos para acentuar la sátira: «Posa tu mano en mi frente, que en un mar de lava ardiente, mi cerebro siento arder». Darío le brinda, en polémica, ocasiones para caracterizar las emociones falsas:

«fanfarrias de históricos nombres sonoros», en polémica con «nombres sonoros y raros enigmas» («Pórtico», de *Prosas Profanas*). O bien, «Las águilas jóvenes» están en polémica con «Salutación del águila». En el mismo texto, el ministro del Uruguay se mofa del de Ecuador, aludiendo al verso «sentimental, sensible, sensitiva», en franca polémica con el «yo soy aquel» dariano. La parodia del lenguaje, o falta de decoro (de la retórica tradicional) apoya *Farsa y licencia de la Reina castiza*; la intertextualidad proviene del narrador: el Rey sale correteando y «La vágula libélula de la sonrisa bulle / sobre su boca belfa, pintada de carmín». No es difícil reconocer como subtexto «La libélula vaga de una vaga ilusión», de «Sonatina». En red de asociaciones, el pintarreado rey es como la triste princesa dariana que busca novio.

Veamos otros casos. En la *Farsa italiana de La enamorada del Rey* (1920), se percibe un tono machadiano y de literatura castellanizante en los versos que describen la decoración; dado en contexto, se parodia esta literatura:

> sobre la cruz de dos caminos llanos
> y amarillentos, una venta clásica,
> corsarios, labradores, estudiantes
> sestean por las cuadras y pajares [...]

> El patio de la venta es humanista
> y picaresco, con sabor de aulas [...]
> tiene un vaho de letras del Quijote.
> El cielo azul, las bardas amarillas,
> y el hablar refranero: Las Castillas (p. 197)

Léase a la luz, castellanizante, digo, el monólogo de Maese Lotario «Sólo ama realidades la gente española» (p. 231).

En esta misma obra, el lector percibe un retintín de regusto calderoniano; el teológico «Ah de la vida» se transforma en el «¡Ah de la casa!» que emite el Escudero. Los saltos paródicos son proverbiales en el texto: Altisidoro lee unos versos plagados de léxico modernista. Vista a otra luz, la paródica, se entiende, muy otro es el referente de *princesa de los cuentos, azules pensamientos, rosas...* Todo el texto tiene como subtexto cultural el castellanismo y al Cid Campeador. La canción de amor trae «los azufres de Francia», según el Rey, declaración que remite, muy directamente, al lenguaje conservador y tradicionalista del novecientos.

En la farsa *La cabeza del dragón* (1910), los subtextos parodiados son *Orlando furioso*, la mitología y la música wagneriana. Buen cristal rebajador convierte al dios Pan en un Duende viejo que aún lleva las cicatrices de los cuernos. En un campo intertextual más amplio, el vasto subtexto cultural de los cuentos infantiles, de los cuentos de hadas y las estampas y litografías infantiles (cigüeñas, duendes), así como algunos cuentos darianos, cuyos subtextos son también los cuentos de hadas.

La Marquesa Rosalinda (1912), farsa sentimental y grotesca, revela una polémica con el lenguaje modernista en un amplio subtexto literario del lugar común. Los personajes se parodian a sí mismos (aguda observación de Montesinos 1966), y todas las corrientes poéticas antiguas y modernas. Vocabulario y metros son motivo de sátira y burla: Lohengrín, el cisne de Leda, marquesas, princesas, fuentes. Cuando no se alude directamente a Voltaire. Théophile de Banville, Goya; en realidad, no queda títere con cabeza. En el arcano cultural y literario, desde la mitología greco-latina:

> Seamos a un tiempo comediantes
> de reyes, de cisnes y de nidos *Obras Escogidas I* 1971 (p. 828)

Y en boca de Arlequín, un magnífico travestido (término de Bajtín 1978) del arte moderno, saltan los subtextos románticos, parnasianos, simbolistas, modernistas, en procesión. He aquí como termina la primera jornada:

> Ahora medita
> [...]
> Arlequín, como los cisnes y las flores,
> e interroga a la blanca margarita,
> que sabe el porvenir de los amores. (p. 830).

Subtexto dariano más obvio, la acotación sobre la «alegre risa» de Amaranta: «Como una amapola / ríe, ríe, ríe. ¡Oh linda garganta / que anuncia los días de la Carmañola» (p. 840). Esta figura de farsa canta el calendario festivo popular de la época del Terror de la Revolución francesa, himno de batalla de las gestas populares a partir de entonces la Marquesa Eulalia dariana, en cambio, juega con el trillado tópico de los asuntos versallescos.

El lugar común como intertextualidad cultural, social y literaria es el soporte de este mundo artístico. Los ciegos mientes, los gitanos roban y mienten, los celosos son berberiscos y otelos, el Rey es «celoso como un berberisco», o se es «celoso como un Otelo». Otro personaje no dice mentiras «como un puritano», los soldados son fanfarrones —Quevedo, Cervantes, Alemán—. En el lugar común literario —el modernista, se entiende—, hay parques, jardines, princesas, marquesas, arlequines, duendes, príncipes, cisnes, mirtos, laureles, rosas, pavos reales se pasean. Los nombres de los personajes, en farsa o en serio, son también lugares comunes: El Rey Micomicón, el General Fierabrás, Maritornes, Rosalinda, Colombina, Arlequín, el reino de Tartarín. Pero en esta musa «funambulesca, carnavalesca», el Duende es en realidad un Pan desgastado, Pan sin cuernos de chivo, Pan sin eros. No falta el lugar común del teatro del Siglo de Oro, Calderón en particular, con su defensa del honor y de la honra. Don Friolera, en *Los cuernos de don Friolera* (1921), representa el travestido irónico de esos dramas abrumados por la presión social. (Cardona y Zahareas 1970 hacen un buen recuento de las fuentes). Don Friolera es un carcamal viejo, averiado (como el Duende de *La cabeza del Dragón*), cansado y aburrido de su mujer, doña Loreta. Pero «en el Cuerpo de Carabineros no hay maridos cabrones.» Un rápido diálogo pone de manifiesto la ridiculez de esos códigos:

> D. Friolera ¿Qué haría usted si le engañase su mujer, Cabo Alegría?
> El Carabinero Mi teniente, matarla como manda Dios.
> D. Friolera ¿Y después?...
> El Carabinero ¡Después, pedir el traslado! (p. 1.008).

Estos travestidos culturales y sociales parecen indicar que los mitos oficiales son ilusiones y apariencias. Sólo a través del signo distanciado se logrará la desmitificación social, el signo distanciado, la distancia que separa al objeto de su percepción— el espejo cóncavo. O, en boca de don Estrafalario, en *Los cuernos:*

> Si nuestro teatro tuviese el temblor de las
> fiestas de toros, sería magnífico. Si hubiese
> sabido transportar esa violencia estética,
> sería un teatro heroico como la *Ilíada*. A
> falta de eso, tiene toda la antipatía de los
> códigos, desde la Constitución a la Gramática. (I, 1003).

Este esperpento está asentado en un firme proceso intertextual: los dramas de honor de la tradición literaria, Shakespeare, los dramones románticos sobre el honor *(Don Alvaro o la fuerza del sino),* los dramones coetáneos de Echegaray, Arniches, Leopoldo Cano, Eugenio Sellés, y el romance de ciego con la temática de los crímenes de honor. El romance de ciego le sirve de punto de lanza para degradar el espíritu conquistador y teológico, puesto que el romancero alienta esa ficción. Es un subtexto cultural polémico. Así lo dice directamente:

> Ya no somos una raza de conquistadores y teólogos, y en el romance alienta siempre esa ficción. Ya no es nuestro el camino de las Indias ni son españoles los Papas, y en el romance perdura la hipérbole barroca, imitado del viejo latín cuando era soberano del mundo. (Ramón Gómez de la Serna, 138).

No así el romancero vulgar, que le sirve de subtexto de apoyo: El romance de cordel abarca los aspectos truculentos de la sociedad; se recordará que abundan en incestos, asesinatos, parricidios, violaciones, abortos, bandidos convertidos en héroes, las fechorías de adarga y lanza. Pliego de cordel, cartelón y aleluya proceden de un mismo tronco (véase J. Caro Baroja 1969, 409-427)[3]; es la otra cara, un cristal doble donde se yuxtaponen los dos niveles culturales, y las dos parejas funden todas las realidades en una. Se interpenetran. El pliego y su progenie, están en complicidad con el lector: los valores se trastruecan en un mundo al revés, donde dispersas voces y relatos se juntan en otra posición geométrica.

El lugar común social y cultural, la cultura popular, son sistemas que se interpenetran: ambos destronan la cultura oficial, las instituciones autoritarias. El carnaval valoriza el poder efímero de lo falso. Como en el rito carnavalesco analizado por Bajtín (1968, 1978), las injurias y los golpes destronan al monarca en superimposiciones textuales, fuente inagotable de ambigüedades significativas. La coherencia procede de un sistema de imágenes y temas folklóricos y populares que se insertan en la perspectiva carnavalesca: un reflejo especular de sistema social, percibido como sistema carnavalesco. Los mecanismos y procedimientos que permiten esa distancia —aquí sólo esbozados, a reserva de volver sobre el tema en otro lugar— re-instauran un discurso auténtico del amplio discurso usurpado. El lenguaje, como el espejo, engaña o desengaña; las interpolaciones, glosas, intertextualidades, lugares comunes permiten precisar dentro de qué perspectiva se sitúa una visión de mundo. Lo que Valle Inclán pone en tela de juicio o valora es la adecuación o inadecuación de cierto tipo de discurso. El discurso no engaña; sólo engaña si actitudes, palabras y ademanes desdicen de lo que son los actantes, en una perspectiva de inversión.

IRIS M. ZAVALA

Rijksuniversiteit Utrecht
Holanda
Nov. 1984

---

3. En su justificadamente admirado libro, *Ensayo sobre la literatura de cordel*, Caro Baroja establece una tipología de los romances vulgares, y lo que incorporan éstos de los romances populares, es decir, del *Romancero*. Se establece una parodización semejante a la desarrollada por Valle Inclán: los cultivadores de la literatura de cordel deforman, achican, hinchan, recortan. Es decir, trastruecan la realidad en una red de transgresiones e infracciones.

III

TEATRO Y TEATRALIDAD EN VALLE INCLÁN

VALLE INCLÁN Y EL TEATRO: DOCUMENTOS

I. LA PRIMERA ÉPOCA

En «Secuela, realidad y profecía del teatro de Valle Inclán», el crítico J. Rubia Barcia, autor también de la utilísima «Visión sinóptica de la vida y la obra de Valle Inclán»,[1] declara:

> Valle Inclán, aún más que Galdós, se interesa desde muy joven en el teatro que comienza por hacer ejercicio vital —vida actuada la suya con variadas caracterizaciones—, actor en las tablas por lo menos en dos ocasiones, marido de mujer actriz a la que acompaña en varias turnés de sus compañías (director artístico de éstas, no hay que olvidarlo), director de algunas representaciones teatrales, adaptador de una obra de Lope, y autor de dieciocho obras dialogadas en prosa y de cinco obras dialogadas en verso. (p. 213).

Nuestro propósito en este estudio es el trazar y documentar la trayectoria de Valle Inclán como hombre de teatro. Para este objetivo hemos reunido documentación que respalda las declaraciones del profesor Rubia Barcia arriba citadas.

El primer documento sobre el que deseamos llamar la atención es el artículo publicado en *El nuevo país* (I, N.º 81, 7 de noviembre, 1898, p. 3), en la sección «Novedades Teatrales», y titulado «En la Comedia: *La comida de las fieras*. El debut de un decadente», que empieza: [2]

> El estreno de esta noche en la Comedia es un verdadero acontecimiento teatral.
>
> *La comida de las fieras* es una obra de intención, de intención delicada, en la que la sátira fina y elegante fustiga suavemente, acariciando como mano de mujer.

1. «A Synoptic View of Valle-Inclan's Life and Work», in *Ramón del Valle-Inclán: An Appraisal of His Life and Works*, eds. Zahareas, Cardona, Greenfield, N. Y., Las Américas, 1968, pp. 3-34.
2. Deseo expresar mi agradecimiento al profesor Allen W. Phillips por haberme llamado la atención sobre estos artículos periodísticos.

Luego se menciona al autor de la obra como a un «...Brillat Savarin del teatro, y el público ha paladeado ya exquisitos "platos" debidos a su pluma, llenos de delicadezas y de gracia». Y se menciona el debut del distinguido literato que,

> ...después de dar pasto al público con sus obras, se ofrece a él como actor.
> Valle Inclán se presenta con un papel a «su medida» y dicen los que han asistido a los ensayos, que está en carácter en el tipo que encarna.
> Valle Inclán, *decadente* en Literatura, pisa las tablas con el ropaje de los personajes que también supo dibujar en sus novelas y en sus artículos.
> Y nunca mejor que ahora podemos reproducir en *El nuevo país* el artículo que un querido compañero nuestro dedicó al autor de *Femeninas*.
> Ahí tienen ustedes a Valle Inclán. Esta noche en la Comedia aplaudirán el original y si no nunca podrá decirse con más razón: ¡Lo que va de lo vivo a lo pintado!

Y sigue a continuación el artículo sobre *Femeninas*, «Un escritor mundano», de Ricardo Fuente.

No es de extrañar que después de este anuncio tan encomioso y que prometía tanto de la actuación de nuestro joven *decadente*, el público y la crítica periodística quedaran —o se sintieran— defraudados al acudir a la representación. La crítica fue cruel con Valle Inclán y Benavente tuvo que insistir mucho para que don Ramón continuara haciendo su papel en las pocas representaciones que siguieron al estreno.[3]

A pesar del poco éxito de su debut, Valle Inclán accedió a hacer un papel en la representación de la adaptación que Alejandro Sawa, su buen amigo, había hecho de la novela de Alphonse Daudet *Les rois en exil*, con el título de *Los reyes en el desierto*. Tampoco en esta obra, estrenada a principios de 1899, tuvo suerte don Ramón como actor.

El próximo documento, publicado en *El Globo* (XXV, n.º 8707, del 4 de octubre de 1899), marca un hito en la historia de Valle Inclán

---

3. El libro *Ideología y Teatro en España: 1890-1900*, Zaragoza, s.i. (aunque parece haber sido publicado en 1982), de Jesús Rubio Jiménez, en las páginas 196 a 199, comenta la representación de esta obra y declara «Es una mala tentación identificar [a Teófilo Everit] con Valle Inclán... como hace Fernández Almagro...» y ofrece argumentos para probar su afirmación.

4. En las páginas 217 a 219 del libro de Rubio Jiménez (ver nota 3) se dan detalles sobre la presentación de *Cenizas*. Es interesante mencionar que la otra obra que se presentó en la velada-beneficio de esa noche fue *Despedida cruel*, de Benavente, en la que actuaron, además del mismo Benavente, Martínez Sierra y Josefina Blanco, que habría de ser, años más tarde, la esposa de don Ramón.

como hombre de teatro. Se trata de la pequeña nota que anuncia el estreno de *Cenizas*,[4] su primer drama:

En honor de Valle Inclán

Un grupo de literatos, que siente por el galano actor (sic) de *Femeninas* una admiración tan sincera como justa, ha organizado en su obsequio una velada teatral, que se celebrará muy en breve.

La fiesta, que será, primero que todo, feliz coyuntura para que el público aprecie el talento dramático del S. Valle Inclán, ha sido preparada por Jacinto Benavente, el genial y caballeroso literato, honra de nuestra escena. Excusado es decir que con el autor de *La comida de las fieras* han colaborado en esa obra otros escritores más modestos, pero tan buenos como aquél, y que estiman en lo que vale a un artista literario de la enjundia del Sr. Valle Inclán.

Se representará CENIZAS, un drama que el autor de *Femeninas* escribió hace poco tiempo; obra de mucho mérito, por la humana psicología que viven los personajes y la hermosa naturalidad con que se mueren.

No queremos anticipar al público referencias más concretas de CENIZAS, porque cualquier oficiosidad nuestra en este sentido le privaría de penetrar con entera independencia en el fondo del drama cuando éste sea representado.

La comisión organizadora de la velada teatral, que se celebrará en Lara, ha resuelto, por razones que no hay para qué especificar, ya que se adivinan, no conceder billete alguno gratuito. Se trata de contribuir a que la posición de un escritor talentudo y pobre mejore un poco, y a nadie extrañará el que los organizadores de la fiesta ambicionen para el beneficiado los rendimientos más cuantiosos.

Por otra parte, los escritores que ejercen la crítica teatral en nuestros periódicos son muy excelentes personas y atenderán de buen grado este oportunísimo llamamiento a su desinterés.

Se sabe que esta velada en beneficio de D. Ramón se llevó a cabo con el propósito, no mencionado en el citado artículo, de comprarle un brazo ortopédico para reponerle el que perdió a consecuencia de su riña con Manuel Bueno. De hecho fue debido a la pérdida de su brazo y a las poco halagüeñas reseñas de los críticos, que Valle Inclán decidió cortar su carrera de actor que había intentado iniciar con la ayuda de Benavente. No sabemos, exceptuando las grotescas anécdotas que se encuentran en la biografía escrita por Ramón Gómez de la Serna, en qué paró ese brazo ortopédico de Valle Inclán. No conocemos ninguna fotografía que nos lo muestre con él puesto.

Ni su interés por el teatro, ni su amistad con Manuel Bueno se cercenaron con el gangrenado brazo de don Ramón. En *Germinal* (N.º 13 del 29 de octubre de 1903) publica Francisco Lombardía una reseña severa de una adaptación de *Fuenteovejuna* de Lope de Vega, en la que colaboraron Manuel Bueno y Ramón del Valle Inclán. Por desgracia, que yo sepa, no se conserva ese texto que sería interesantísimo. (Fascinante también sería poder comparar la versión Bueno / Valle Inclán con la adaptación que hizo muchos años más tarde Federico García Lorca para «La Barraca».) En *Vida galante* (VI, N.º 261, 1903), Armando Cisco reseña también el estreno de *Fuenteovejuna*.

El mismo año en que se estrena *El Marqués de Bradomín*, 1906, *La Correspondencia de España* (11 de febrero de 1906, p. 3) nos da un dato más sobre actividades teatrales de Valle Inclán. Se trata esta vez de una nota de *Caramanchel* en la que menciona el estreno de *Safo* de Alphonse Daudet, obra adaptada al español por Miguel Sawa (hermano de Alejandro) y Dionisio Pérez; pero en ese mismo texto se lee: «Recientemente, la notable adaptación que hicieron de *La embustera* Manuel Bueno y Ramón del Valle Inclán valió a Carmen Cobeña grandes triunfos...»

La embustera, también de Daudet, es la tercera obra de este autor que se presentó en la escena española de estos años y la segunda con que Valle Inclán tuvo algo que ver (la primera había sido, como se ha dicho, la actuación suya en *Los reyes en el desierto*). Podemos asumir de esta popularidad que Daudet debió ser una de las tempranas influencias en los jóvenes dramaturgos de ese momento y entre ellos podemos incluir, posiblemente, a Valle Inclán. Simone Saillard, en su artículo «De D'Annunzio a Valle Inclán ou la Naissance d'un Auteur Dramatique», (*Cahiers Renaud-Barraoult*, N.º 43, París, 1963, pp. 36-44), apunta la posible influencia del autor italiano en las primeras obras dramáticas de don Ramón, *Cenizas* y *El Marqués de Bradomín*. Sobre la primera obra nos dice:

> On sait a quel point l'ouvre de d'Annunzio a marqué les premiers essais de Valle Inclán. Il n'est pas difficile de reconnaitre un type de personnage familier a l'auteur italien, dans cette femme murissante, a l'oeil maladivement cerné, qui berce sur un sein de «matrone» la tete «auréolée de boucles» d'un poete adolescent. D'autant que son amant («mi poverino fanciullo» dit Octavia), vivante réplique du portrait de Raphael jeune par luimeme, a dédié jadis a sa maitresse un recueil de «vers érotiques», *Les lettres a une amante*, qui puisent leur inspiration dans l'histoire de ces amours. (p. 37).

Es muy posible que influida por el conocimiento de esta obra de D'Annunzio, la madre de Octavia, en *Cenizas* deseara quemar inmediatamente el paquete de cartas que encuentra en la habitación de su hija, pensando que son de Pedro Pondal.

Saillard insinúa también dos posibles influencias más en el joven Valle Inclán que nos parecen aceptables:

> Nous retrouvons les ensignement des premieres maitres de Valle, d'un Barbey d'Aurevilly, qui lui apprit a rendre sensible le mystere des objets familiers, l'angoisse des pieces assombries par un Crépuscule hivernal. Mais les bruits sont ici trop feutrés, *les silences se prolongent*, la piece, dans ses meilleurs moments, geste construite sur un tempo romanesque et non théatral. (p. 40, énfasis nuestro).

Es posible que la crítica francesa no se haya dado cuenta de que, por estas mismas fechas, varios dramaturgos, entre ellos Valle Inclán, han empezado a experimentar con las posibilidades teatrales del silencio. Me refiero, claro, a D'Annunzio y a Chejov.

Por último cree la crítica francesa que Valle Inclán aprende en D'Annunzio la utilización de elaboradas acotaciones que, según ella, surgen de un «désir de transposer l'epaisseur romanesque au théatre», pero que yo considero como el deseo, de parte de don Ramón de suplantar al director y al *metteur en scene*. Al comparar las acotaciones de D'Annunzio que Saillard aporta como ejemplos que apoyan su sugerencia, notamos que, en efecto, son detalladas, como las de Valle Inclán, pero no recrean el ambiente en el mismo sentido que lo hace el dramaturgo español. Creemos firmemente que Valle Inclán quiso dejar constancia de lo que él veía en el «teatro de su mente», dada la mala suerte que tuvo con los montajes de sus obras durante su vida.

II. VALLE INCLÁN, ¿AUTOR DE TEATRO?

Sobre si Valle Inclán escribió obras para el teatro o para la lectura es una discusión que ha ocupado a muchos críticos y que el profesor J. E. Lyon, creemos, ha resuelto de una vez por todas con su magistral artículo «Valle Inclán and the Art of the Theatre» (*Bulletin of Hispanic Studies*, XLVI, 1969, pp. 132-152 y, más recientemente, en su libro *The Theatre of Valle Inclán*, Cambridge, 1983). En este sentido nos parece indispensable citar el siguiente pasaje que va directamente al meollo de este problema y que, además, indirectamente, nos apoya en cuanto al asunto de la *teatralidad* de las famosas acotaciones:

> In the case of Valle Inclán it is not so much the basic idea or structure which provides the stimulus as the dialogue as it stands. It is the dialogue, the life blood of the play, which demands to be spoken. Valle's plays do not require and, as far as

I know, have not been subjected to, this type of adaptation, of recasting and rewriting. The main problem involved in producing the plays are not those of dramatizing material which has been concevied in non-dramatic terms, *but of achieving the plastic impact that Valle visualized for his scenes.* (pp. 133-134, énfasis nuestro).

En otras palabras, èl «problematismo» del teatro de Valle Inclán ha consistido en la posibilidad o imposibilidad de representarlo tal y como él lo vio con los «ojos» de su mente y nos lo describió con sus detalladas acotaciones.

Los que, con afán de probar que don Ramón se confinó a escribir un «teatro para leer», han citado la famosa entrevista publicada en *ABC* (23 de junio de 1927), en la que afirma que «Yo no he escrito, escribo ni escribiré nunca para el teatro...», tienden a sacarla de su contexto y a no tener en cuenta lo que motivó a Valle Inclán a hacer tales declaraciones. El contexto es el siguiente:

> Me gusta mucho el diálogo y !o demuestro en mis novelas. Y me gusta, claro es, el teatro, y *he hecho teatro*, procurando vencer todas las dificultades inherentes al género. *He hecho teatro tomando como maestro a Shakespeare. Pero no he escrito nunca ni escribiré para los cómicos españoles.*[5] (Énfasis nuestro).

Como apunta Lyon, su rechazo del teatro parece surgir principalmente del desdén hacia la ética de los empresarios, la incompetencia de los actores y la decadencia del gusto del público. Se encontraba profundamente desilusionado con el teatro de su tiempo, tanto de su estética como de las condiciones de producción. Prefería escribir sus obras y publicarlas en vez de tener que lidiar con empresarios o de ver sus obras mal interpretadas por actores que no entendían su concepción de ese arte (traduzco y parafraseo del texto de Lyon). Remito al lector interesado al artículo y libro del crítico británico que, repito, me parecen constituir el mejor análisis interpretativo que hasta ahora he leído sobre el teatro de Valle Inclán. Espigo de éste algunas importantes citas que, directa o indirectamente nos pueden mostrar aspectos de la teoría y la práctica de la dramaturgia de don Ramón:

> Yo escribo ahora siempre pensando en la posibilidad de una representación en que la emoción se dé por la visión plástica.

---

5. Hay que tener en cuenta que estas declaraciones son posteriores a la experiencia de don Ramón como director de teatro con el grupo «El Cántaro Roto», que representó, entre otras obras, su *Ligazón*. Ver seccción III de este artículo.

(Citado por C. Rivas Cherif en «Más cosas de don Ramón», *La Pluma*, enero de 1923).

La multitud no sabe más que conmoverse o regocijarse. Y lo que *conmueve es el tono, no la razón...* Si en el teatro algo ha de levantar con palanca de emoción el alma de las multitudes, *sólo el tono obrará el prodigio...* El teatro dramático ha de ser un teatro de tono o no ha de ser, y resulta difícil de escribir e interpretar. (F. Madrid, *La vida altiva de Valle Inclán*, Buenos Aires, 1943, p. 340).

La necesidad de armonizar el diálogo con los aspectos plásticos para lograr ese tono fue algo que obsesionó a Valle Inclán como director (daremos luego varios ejemplos de su labor en este campo y cómo lo desempeñó). Hay textos de contemporáneos que dan testimonio de cómo don Ramón procuraba influir en los montajes que se hacían de sus obras. El siguientes es de Victorina Durán, alumna de Valle Inclán cuando éste profesó estética en la Escuela Superior de Bellas Artes:

Valle Inclán quiso que la entonación para esta obra fuese a base de tonos pardos y verdes oscuros; acorde sombrío, monótono, sin tonos brillantes; la nota vibrante sólo estaba conseguida por los agudos gritos de la protagonista. Todo lo demás servía de fondo a la obra. Valle Inclán entonaba la escena de *El embrujado* con un cuadro de Zuloaga. («Escenografía y vestuario: Valle Inclán con sus acotaciones en verso», *La Voz*, 20 de enero de 1936).

Es lástima que las fotografías de este montaje, en blanco y negro, no puedan darnos la entonación, aunque en ellas se perciben los tonos oscuros de la pintura de Zuloaga.

La señorita Durán nos da también una descripción de la decoración de la escena de la garita entre Mari-Gajla y Séptimo Miau, en *Divinas palabras*, como ilustración de la decoración sintética que don Ramón le había descrito en sus conversaciones después de clase:

Uno de los cuadros recordaba la escenografía de la que años antes me hablara don Ramón. El escenario era todo horizonte. Una garita se dibujaba enérgicamente sobre él. Los dos personajes que se encuentran en la escena destacaban con toda la energía, fuerza y pasión que tenía su diálogo. Parecía un primer plano de un film; tal era la expresión y corporeidad de los actores sobre el fondo escenográfico.

No tenemos una fotografía de esta escena del estreno de *Divinas palabras* que Margarita Xirgu montó en 1933. Las fotografías que existen son un poco estáticas y pobres y no dan idea de la utilización de los escenarios sintéticos de que le hablaba don Ramón a la señorita Durán. Existe, sí, una fotografía del montaje de *Divinas palabras* que se hizo en Buenos Aires con María Casares en la que se vislumbra esa decoración sintética soñada por Valle Inclán y expresada en varias ocasiones por él, de las cuales destacamos la siguiente, citada en el libro de F. Madrid:

> Sintetizando, deducimos que el gran problema del dramaturgo español consiste en crear escenarios, combinar nuevas formas de espectáculo para regalo y solaz de los ojos. Remontándonos a *La Celestina*, hallamos esa variedad de cuadros que hoy convendría para ciertas obras con asistencia de decorados sintéticos. (p. 348).

Son declaraciones como ésta y otras más las que llevan a Lyon a la conclusión de que en las obras dramáticas de Valle Inclán son las formas, los colores, el movimiento, las presencias físicas, lo que genera las emociones y las ideas. Las frecuentes variaciones de la luz y la naturaleza del ámbito en que se desarrolla la acción es consistente con la concepción que Valle Inclán tiene del teatro como un *arte total*, una síntesis de estímulos visuales y auditivos (traducimos y parafraseamos de la p. 143 del artículo de Lyon).

Afortunadamente tenemos documentos que verifican todas estas ideas sobre la concepción que Valle Inclán tenía del teatro, documentos relacionados con su actuación como director dramático y que presentaremos en la sección siguiente.

III. VALLE INCLÁN, DIRECTOR DE ESCENA

Debemos agradecer la diligencia como investigador que ha desplegado el director Juan Antonio Hormigón, cuyo artículo «De "El Mirlo Blanco" o los teatros independientes» (*Cuadernos Hispano-Americanos*, N.º 260, febrero de 1972, pp. 349-355), nos informa sobre las obras de teatro dirigidas por don Ramón; y a la profesora Jean-Marie Lavaud, de la Universidad de Dijon, cuyo artículo «El nuevo edificio del Círculo de Bellas Artes y "El Cántaro Roto" de Valle Inclán» (*Segismundo*, Nos. 21-22, pp. 237-254), aporta interesantísimos documentos sobre Valle Inclán director de escena, del cual espigaremos algunas citas importantes para nuestro propósito.

El nuevo edificio del Círculo de Bellas Artes se inauguró el 8 de noviembre de 1926. Es el que todos conocemos, edificio esquinero entre Alcalá y la angosta calle del Marqués de Casa Riera y, también, como uno de los escenarios de escenas importantes del esperpento de *La hija del capitán*, escrito por don Ramón por esas mismas fechas. El Círculo, entre otras facilidades, construyó un «teatro». (Más bien, por las descripciones que tenemos de él, incluida una de Valle Inclán, parecería ser un salón de actos que, sin embargo, sigue siendo utilizado hoy día, no sabemos si con reformas, como teatro) que quiso utilizarse, de una manera regular, para presentar veladas dramáticas y conciertos musicales. Uno de los documentos aportados por la profesora Lavaud es un artículo publicado en *El Heraldo de Madrid* (del 18 de diciembre de ese mismo año de 1926), titulado «¿Un teatro escuela? Los ensayos de Valle Inclán en el Círculo de Bellas Artes». El periódico anuncia para el día siguiente la primera función de abono y durante las fiestas de Navidad se anuncian los siguientes programas:

> Pasado mañana, lunes 20, por la tarde, se repetirá el programa de mañana domingo: *El café*, de Moratín, y *Ligazón*, de Valle Inclán. La tarde de Navidad, la del domingo 26, la del 28, festividad de Inocentes; la del día de Año Nuevo y la de Reyes se sucederán las siguientes novedades: *Paso de las aceitunas*, de Lope de Rueda; estreno de *El café chino* del mejicano Villaseñor; *La cabeza del dragón*, de Valle Inclán; *El hombre que casó con mujer muda*, de Anatole France, traducido por Ceferino Palencia Tubau; *Arlequín, mancebo de botica, o los pretendientes de Colombina*, de Pío Baroja.

En *La Voz* del 20 de diciembre, aparece por primera vez el nombre del grupo de Valle Inclán: el «Cántaro Roto», cuya función inaugural se celebró el 19 de diciembre. El segundo y, al parecer el último espectáculo del grupo, tuvo lugar el día de los Inocentes, el 28 de diciembre de 1926. Según los documentos aportados por la profesora Lavaud, hubo un desacuerdo entre Valle Inclán y el Presidente del Círculo de Bellas Artes, que causó la suspensión de la actuación del «Cántaro Roto». No es del caso para nuestro propósito el seguir la causa de este «pleito artístico», como se le llamó en los periódicos. El interesado puede hacerlo leyendo el artículo de la profesora Lavaud.

Aunque la actuación de la compañía dirigida por Valle Inclán fue, como se ve, de cortísima duración, el éxito que alcanzó fue considerable a pesar de la pobreza de las facilidades que el llamado «teatro» del Círculo le brindaba. Según el mismo don Ramón, este «teatro» tenía solamente un metro treinta centímetros de fondo; es decir, desde la decoración del foro al telón de boca. «En esta miniatura de escenario», decía Valle Inclán, «no pueden entrar armadas» las decoraciones ni caben los muebles. «Los actores no se pueden mover», etc. ¿A qué se debió entonces su éxito? Parece que el grupo que Valle Inclán trajo al Círculo fue una compañía teatral de larga experiencia y con la que él ya había establecido un repertorio como director de escena. La siguiente crónica de *Andrenio*, publicada en *La Voz* (25 de diciembre de 1926), aclara este importante dato:

Desde hace tiempo, un grupo animoso y selecto de aficionados al buen teatro viene esforzándose en la creación de una escena independiente. En este grupo se han renovado algo los elementos; pero *se ha conservado*, al través de las peripecias propias de tales intentos, *la continuidad del propósito y la de un núcleo personal*, en que figuran, *con la dirección, el consejo y la aportación de obras*, Valle Inclán, y con sus múltiples aptitudes *de actor, de metteur en scene, de organizador y propagandista*, Rivas Cherif.

Se dio *hace algún tiempo* una serie de funciones escogidas en un salón del Ritz, *actuaron después* los principales elementos en «El Mirlo Blanco», el lindo y simpático teatrito de la señora de Baroja, y *ahora volvemos a hallarlos* en el teatro del Círculo de Bellas Artes... (énfasis nuestro).

Según *Andrenio*, pues, no hay mucha diferencia, si es que hay alguna, entre el grupo de actores que trabajaron en «El Mirlo Blanco» y el que ahora Valle Inclán trae al Círculo con el nombre de «El Cántaro Roto». Lo mismo sucede con el pequeño repertorio de obras que presentan. Casi todas ellas y los actores que actuaron fueron los mismos. Aunque, como apunta la profesora Lavaud, Valle Inclán no fue el director de escena de «El Mirlo Blanco», y sí lo fue de «El Cántaro Roto»; y, algo más, porque don Ramón guió a Bartolozzi en el diseño de la decoración y se cuidó del vestuario y de las luces en las representaciones de «El Cántaro Roto».

El documento de más interés que aporta la profesora Lavaud es el artículo «Lo decorativo en la escena», de Magda Donato, publicado en *El Heraldo de Madrid* (el 25 de diciembre de 1926) y del que reproducimos esta descripción de la dirección escénica de Valle Inclán que apoya lo que nos decía antes el profesor Lyon sobre el concepto que don Ramón tenía del teatro como *arte total*:

Difícil, rarísima en cambio, es la armonía de las formas, de los colores, la entonación general, que requiere un minucioso esmero para evitar los choques de tonos, los contrastes agrios, no ya solamente entre unos y otros trajes, sino entre el vestuario y la decoración.

Y de una importancia suprema es el resurgimiento en el vestuario del arte en que se condensa el espíritu de una época pretérita.

He ahí precisamente, además de la labor subalterna de propiedad histórica y de buen gusto, la obra maravillosa que ha sido llevada a cabo por don Ramón del Valle Inclán y sus artistas en el vestuario de la comedia de Moratín.

Labor doblemente plausible, si se considera que el resultado de tan minucioso esfuerzo es —y así debe ser— de un escasísimo lucimiento.

En efecto: nadie quizá habrá dejado de percatarse del perfecto ajuste del vestuario al estilo de los principios del siglo pasado; muchos habrán reconocido en el tipo de tal o cual personaje —menudean en esta presentación de *El Café* las caracterizaciones excelentes—, tal o cual figura de un cuadro de Goya [¿el de «La boda» quizás?].

Pero la fineza de los matices, la elección del detalle de color, la armonía general de colorido en que no es posible subrayar una sola nota discordante; la intensidad «goyesca» de los tonos; la combinación, por ejemplo, del amarillo con el morado en el traje de don Serapio; el rojo en el traje de don Hermógenes; el difícil matiz de la levita de don Pedro; la diferenciación de los distintos tonos de verde; la vibrante alegría del traje del Pipí, y tantos y tantos aciertos más, constituye una muy rara y muy inteligente labor de mosaico en que —he ahí el objeto supremo del arte escenográfico— cada pieza bella y perfecta en sí, no cobra su verdadera significación, sino *como parte integrante de un todo armoniosamente conjuntado...*

En *Ligazón* el juego de luces, adecuado al carácter de este «auto para siluetas», realza la armoniosa estilización del decorado: una fachada de casita encuadrada por altos, monótonos, trágicos álamos.

Sobre este fondo de aguafuerte se destacan, iluminados a momentos por la luz lívida de la luna, el traje gracioso de Carmen de Juan [Carmen Juan de Benito], la línea de Tanagra de Isabel O. de Palencia [*Beatriz Galindo*].

Este acierto en el juego de luces es una nueva ocasión para rendir homenaje a la magistral labor de Valle Inclán y los suyos; que si tal resultado han conseguido *luchando con las dificultades de una instalación harto deficiente*, ¿qué no lograrían disponiendo de los elementos que se encuentran en cualquier escenario profesional? (énfasis nuestro).

Es encomiable el detalle que nos da Magda Donato y nos hace desear que los críticos de teatro que reseñan los montajes que más recientemente se han hecho de obras de Valle Inclán hubiesen sido tan detallistas como ella. No podemos menos de llamar la atención, sin embargo, que tales encomios dirigidos a Valle Inclán por la señorita Donato indican muy a las claras el lamentable estado en que continuaba el teatro español para esa época, ya que elogia cosas sobre los montajes de don Ramón que hoy damos por normales. Una vez más comprendemos el deseo de don Ramón de dejar clara constancia de lo que él quería que se hiciera con sus obras por medio de las acotaciones detalladas que dejó.

La crónica de Magda Donato es importante también porque confirma la deficiencia de la instalación del llamado «teatro» del Círculo de Bellas Artes. Valle Inclán había de llamar la atención sobre ello en su polémica periodística con el Presidente de esa institución, pero uno podría achacar su descripción al calor de ese «pleito artístico» y a la tendencia de don Ramón por la hipérbole (ver el artículo con el título de «Pleito artístico» en *El Heraldo de Madrid* del 1 de enero de 1927). También es importante destacar el hecho de que, según ha podido constatar la profesora Lavaud, los «escenarios profesionales» de los teatros de Madrid eran también «harto deficientes» según la investigación que de ellos hizo Rivas Cherif y que publicó en *El Heraldo de Madrid* (del 14 de agosto de 1926) con el título de «Teatro crítico. Los escenarios nuevos», que fue seguido de otro (publicado el 28 de ese mismo mes en *El Heraldo*), en el que destacó «La sala de espectáculos del Círculo de Bellas Artes». Finalmente, una crónica como la de Magda Donato demuestra que Valle Inclán y los suyos «estaban plenamente integrados» en un movimiento europeo preocupado por la *mise en scene*» y no ignoraban lo que sucedía en esos momentos en otros teatros de Europa, como por ejemplo, la existencia «del Teatro de Arte recién fundado en Roma por Pirandello, las decoraciones realizadas por Gordon Graig...»[6] o los esfuerzos de los escenógrafos rusos Meyerhold y Tairof. (Lavaud, p. 248).

Según se puede colegir por los artículos publicados en la prensa madrileña a raíz de la inauguración de los «ensayos artísticos» dirigidos por Valle Inclán en el Círculo de Bellas Artes, los críticos expresaron su desilusión por la falta de «una explicación del plan general de esta serie de representaciones y más concretamente el sutil pretexto que aconsejaba iniciarlas con *La comedia nueva* o *El café* de Moratín». (Rafael Marquina en *El Heraldo de Madrid*, 21 de diciembre de 1926, citado por Lavaud, p. 251). Las únicas palabras directas de Valle Inclán que se citan son las siguientes:

> Estamos [...] respecto a la dramática en la misma situación espiritual en que se encontraba la España de mil setecientos noventa y tantos, cuando don Leandro Fernández Moratín escribió *La comedia nueva* que vamos a exhumar como inicial de estos ensayos de teatro. (L. Bejarano, «Bellas Artes. Ensayos de teatro», *El Liberal*, 21 de diciembre de 1926, citado por Lavaud, pp. 251-252.).

Valle Inclán había señalado la actualidad de esta obra de Moratín quien, como Galdós nos lo había presentado en su *episodio La Corte*

---

6. Ver el artículo de Roberto Sánchez «Gordon Craig y Valle Inclán», *Revista de Occidente* (tercera época), n.º 4, febrero de 1976, pp. 27-37.

de Carlos IV, luchaba contra «el pervertido gusto de aquel Comella
[...] nosotros nos encaramos con Muñoz Seca». A falta de más explíci-
tas explicaciones de parte de don Ramón sobre el por qué de la exhu-
mación de Moratín (nos parece que las citadas son clarísimas a pesar
de su laconismo), Rafael Marquina trata de hacerlo por él (en el artículo publicado en *El Heraldo* mencionado más arriba y que podrá
leer el interesado en la página 252 de Lavaud).

En todo caso, según demuestra la profesora Lavaud con gran pro-
fusión de citas, «La prensa saludó estos ensayos como una cruzada del
arte, como una tentativa de regeneración del teatro y el mismo Valle
Inclán parece que afirmó que iba a "intentar la purificación del teatro".»
(Lavaud, p. 253). Y más tarde añade: «No cabe duda que "El Cántaro
Roto" fue uno de los pequeños cenáculos, los únicos capaces, según
Adrián Gual, de "hacer algo positivo en favor de la misión redentora
del teatro".»

A modo de «epílogo» y como una curiosidad para redondear este
artículo documental, citaré varias declaraciones de Valle Inclán, algunas
de esta misma época de sus «ensayos de teatro»:

> —Yo escribo en forma escénica, dialogada, casi siempre. Pero
> no me preocupo que las obras puedan ser o no representadas
> más adelante. Escribo de esta manera porque me gusta mucho,
> porque me parece que es la forma literaria mejor, más serena,
> y más *impasible* de conducir la acción. Amo la impasibilidad en
> el arte. Quiero que mis personajes se presenten ellos solos y sean
> en todo momento ellos sin el comentario, sin la explicación del
> autor. Que todo lo sea la acción misma... (con José Montero
> Alonso, *La novela semanal*, Madrid, VI, 1926).

Se desprende de este texto que don Ramón era un dramaturgo in-
nato, cuya concepción de un «teatro total» expresada a través del diálogo y la acotación, podía satisfacer a través de su lectura sin sentir la
necesidad imperiosa de *verlo* realizado en la escena. Lo cual no es lo
mismo que decir que fuera *un teatro para leer*. Sin embargo:

> Nadie mejor que yo sabe que mis obras no son obras de pú-
> blico..., son obras para una noche en Madrid y gracias. No digo
> esto por modestia, todo lo contrario. Ya llegará nuestro día.

Creo que es superfluo afirmar que su día ha llegado, como atesti-
guan las puestas en escena de sus obras por los más destacados directores del teatro europeo. Don Ramón estaba plenamente consciente de
la representabilidad de su teatro:

> Yo creo que mi teatro es perfectamente representable... Yo
> creo que mis *esperpentos*, por lo mismo que tienen una cosa de

farsa popular entre lo trágico y lo grotesco, lo harían a perfección nuestros actores... Yo me imagino a Bonafé, por ejemplo,[7] representando *Luces de Bohemia*. (*La Gaceta Literaria*, Madrid, 15 de octubre de 1930).

Estamos seguros de que don Ramón también hubiese aprobado las realizaciones de Carlos Lemos, de Alejandro Ulloa y de José María Rodero, quienes en España han creado el papel de Max Estrella.

RODOLFO CARDONA
Boston University

---

7. Esta declaración de don Ramón es indicación de que, en efecto, él «veía» sus obras representadas con ayuda de su imaginación.

Ramon del Valle-Inclán

EL «MARQUÉS», ¿REVOLUCIONARIO?

Todavía era muy jovencito cuando tuve la —impensable— oportunidad de estar más de una hora a solas con don Ramón. Apenas terminados los estudios de filosofía y letras, con un carné de periodista más o menos legítimo en el bolsillo de la chaqueta, me atreví a presentarme, contando con una carta de recomendación que él ni siquiera miró... y fue el milagro. Y yo, tan sorprendido al verme sentado frente a él, en su cuarto semioscuro, no sabía por dónde empezar: seguro de que me iba a mandar adonde fuera, no había preparado una primera frase, para vencer la emoción.

* B.   Bueno, es que... Lo que pasa es que acabo de leer toda su obra...

* V. I.   ¿Toda mi obra? Es usted embustero o masoquista...

B.   Quiero decir... su obra dramática, todo su teatro, de veras...

V. I.   Ya me parece más verosímil. ¿Y eso quería decirme solamente? No era tanto como para molestarse... y molestarme a mí, ¿no le parece?

B.   Pero, es que usted no se da cuenta de que... bueno, la emoción...

V. I.   En efecto, para periodista, es más bien tímido. ¿Lleva mucho tiempo en la profesión?

B.   Estoy empezando, o mejor dicho voy a empezar, voy a tratar de empezar...

V. I.   ¡Haberlo dicho antes, joven! La verdad es que los periodistas no me hacen mucha gracia y no suelo hacerles fácil la tarea. Pero veo que su caso es distinto. Así que usted leyó todo mi teatro y... ¿y qué?

B.   Quizá tenía que haber seguido el orden cronológico... No sé si es por eso, pero no lo veo muy claro. Cada vez que tengo la impresión de haber comprendido, de haber descubierto algo, en la obra siguiente, o la escena, o a veces en la página siguiente descubro... lo contrario.

V. I.   La antítesis, digamos.

---

*   Borel (B.).
*   Valle Inclán (V. I.).

B.   La... sí, la antítesis...

V. í.   ¿No le suena la palabra? Acabo de leer un artículo en una revista alemana, y creo que es una palabra muy útil, y además que se va a usar cada vez más, ya verá usted.

B.   ¿Usted sabe el alemán?

V. I.   ¡Hombre! No voy a aprender el danés, como Unamuno. Pobrecito... el danés... Pero trátese de contradicción o de antítesis, me gusta lo que acaba de decirme. Es que las cosas son esto y lo otro; no me contradigo yo, es la realidad la que es así. Si usted leyera el inglés, le prestaría una revista en la que hablan de dialéctica. ¿Le suena esa palabra?

B.   No mucho. Pero yo leo el inglés sin dificultad...

V. I.   Bueno, pero yo no presto mis revistas. Esto sería dialéctica: tengo una revista, pero ya no la tengo, porque acabo de prestarla, es decir que la tengo sin tenerla, es mía pero quien la detenta es usted, y esto es más que tenerla simplemente, porque así la leo, mejor dicho la tengo leída y se la hago leer a usted. Además, esto es mucho más que simplemente tener yo una revista y tenerla usted por otro lado. Es el movimiento, todo es movimiento, cambio, transformación...

B.   Sí, es la vida...

V. I.   ¡Usted ha leído a Ortega, claro! Buen farsante, ese don José, con su idea de la vida. Pero algo tiene de verdad: hay que ponerlo todo en cuestión. Yo al escribir mi obra, usted al tratar de comprenderla. Cada cosa que se comprende no es más que un tanteo, un paso hacia la verdad, pero habrá que dar otros y otros, no se canse usted jamás, joven.

B.   Lo que me perturba es que la última obra que he leído es *El Marqués de Bradomín*... Usted la escribió hace mucho tiempo, ¿verdad? ¿Le gusta todavía?

V. I.   Tengo la impresión de que a usted no le gusta demasiado. Pues sí, la escribí hace mucho y me sigue gustando tanto como cualquier otra.

B.   ¿Pero no le parece que tiene unos defectos...?

V. I.   ¿Quién no, amigo? Pero quizá no sean defectos, sino simplemente... características. Supongo que usted se refiere a la famosa asimetría...

B.   Sí... se puede llamar así... Pero yo no sabía que fuera famosa... O sea que en la primera jornada, el espectador se encuentra con tres grupos claramente definidos, y se imagina que el drama les concierne a los tres, cree que el universo dramático es y seguirá siendo el que se le ha propuesto al principio: una sociedad con tres sectores, muy rigurosamente caracterizados, y bien articulados entre sí —o sea, los nobles, los criados y los mendigos. Pero usted no reacciona, me deja hablar como si dijera tonterías...

V. I. En absoluto, amigo. Le estoy escuchando. Y supongo que le extraña que en la continuación de la obra, los mendigos desaparezcan y que los criados vayan perdiendo buena parte de su importancia...

B. Lo grave, a mi parecer, es que pierden toda... toda función escénica.

V. I. Aparentemente... aparentemente...

B. Además, perdone, me parece que es un mundo incompleto. Esos tres grupos, como división socioeconómica del universo, aluden a un cuarto, cuya ausencia resulta muy significativa.

V. I. Así hablaba el paria catalán, el que conocí en el calabozo... bueno, decía lo mismo, pero de manera más sencilla, más espontánea. ¿Usted es... de algún partido político?

B. De un partido, no. Pero tenemos un grupo de estudios y nos gusta hablar de esos problemas. Y a mí me... no me molesta, pero sí me extraña que el mundo sea así... abstracto: los nobles detentan la riqueza, la controlan y la reparten; los criados participan de ella y ofrecen algunos servicios como contrapartida; los mendigos se contentan con las sobras de esa riqueza, de la que participan de manera totalmente pasiva, sin poder ofrecer nada a cambio —como no sean sus rezos.

V. I. Algo es algo...

B. No es mucho... De todas formas, esa riqueza, ¿quién la produce? La presencia de los mendigos le confiere un papel importante; impide que el drama sea únicamente un drama pasional: nos recuerdan que no se vive solamente de amor, sino también de pan. El Marqués y la Dama hacen el amor, pero ¿quién hace el pan?

V. I. Despacio, amigo... ¿Pablo, me ha dicho? No olvide usted que *El Marqués de Bradomín* es muchas cosas al mismo tiempo, una infinidad de cosas.

B. Entre ellas, se puede decir que es una descripción de la sociedad feudal tradicional ¿no? Pero no puede ser «mi» visión, ni la de usted, probablemente. Es la visión que tiene de su sociedad el sector dominante, para quien la riqueza está ahí, como algo natural; los mendigos nos dan una oportunidad de ser caritativos, pero no «son» nada, pueden desaparecer, no habrá ningún problema: el único problema es el amor, anhelado, amenazado, posible e imposible al mismo tiempo. Y esa visión parcial, a-histórica, no nos interesa mucho, en pleno siglo xx.

V. I. Es cierto que el Marqués y la Dama no *ven* a los mendigos ni les dan importancia. Pero en la misma obra e incluso en esa perspectiva algo estrambótica que usted propuso, socioeconómica o no sé qué, hay otras visiones —de esas que aquel alemán que le decía llamaría antitéticas.

B.   La de los propios mendigos... Claro. Pero supongo que es tan a-histórica como la del Marqués: ellos han interiorizado la ideología de los dominadores, han aceptado su inferioridad, su inutilidad. ¿No le parece...?

V. I.   Por supuesto... yo no utilizo el léxico de usted, pero diría que mis mendigos corresponden a su descripción.

B.   De manera que no hay visión global...

V. I.   Es que usted olvida a un personaje esencial... ¿No adivina a quién aludo?... A usted mismo, al lector, o mejor aún al espectador. Él ha presenciado el hambre de los mendigos, su miseria; ha sentido lástima, o asco, pero ha sentido algo, está con un problema, así que a lo largo de las jornadas siguientes, se va a preguntar: ¿Y los mendigos?

B.   Tiene razón: o sea que usted los ha introducido en la primera jornada para que yo, como lector, los tenga presentes en la mente hasta el final... Pero, ¿no era más fácil volver a introducirlos, aunque fuera de tarde en tarde? Muchos espectadores los van a olvidar.

V. I.   Solamente los que no tengan, como individuos, aquello que usted llama «visión global». Pero sería exagerado decir que los introduje y los quité *para* obtener ese efecto. Sería más exacto decir que los mendigos han aparecido en la primera jornada y que luego les prohibí salir otra vez a la escena...

B.   ¿Por qué, o para qué?

V. I.   Pues porque sentí que la desaparición de los mendigos iba a perturbar al espectador y suscitar en él alguna reacción, mucho más dinámica que la recepción pasiva de sus lamentaciones.

B.   En el caso de que no tengan ellos también esa visión feudal, como el Marqués y los propios desgraciados.

V. I.   Exacto. Pero en ese caso, no hay remedio, desde su punto de vista, de usted, don Pablo.

B.   Pero podían reaparecer y tomar conciencia...

V. I.   ¡Por fin le salió la palabrita! La estaba esperando... Es que no se toma conciencia, como usted dice, tan fácilmente; yo diría que es una respuesta colectiva, cultural, a una situación... Supongo que sus amigos del grupo de estudios se expresarían más o menos así... En realidad, tenía que elegir entre dos soluciones, para que los mendigos pudieran salir otra vez a la escena. Repetir *grosso modo* lo anterior, quejas y súplicas. Claro, siempre se puede amenizar la cosa, pero ya había introducido dos personajes más bien graciosos, y no quería escribir una comedia... La repetición se me antojaba inútil, además de aburrida.

B. Claro... su instinto de dramaturgo... Pero quedaba la otra solución, es decir plantear el problema global de la miseria y de la riqueza, aludir al sector productor de riqueza, al proletariado.

V. I. ¿El proletariado, en una sociedad todavía de tipo feudal? ¿Qué dirían sus amigos del grupo?

B. Bueno, su equivalente estructural...

V. I. ¡Ah, la segunda palabra mágica! Siga, siga...

B. Quiero decir que usted no nos habla, o por lo menos no sólo nos habla de una sociedad feudal, sino de nuestra época, de la España de hoy, tanto como de la Galicia del siglo pasado. Además, sé que a usted le interesa, le importa el proletariado. He leído unos artículos, y en *Luces de Bohemia*, por ejemplo...

V. I. No busque usted argumentos. Por supuesto que sí lo conozco y me importa. Pero el problema es delicado. Primero, ¿tengo derecho yo a hablar del proletariado, desde mi posición de privilegiado?

B. ¿Por qué no? La transposición artística, la creación...

V. .I. Además, usted me ha situado en un plano que no era el mío al concebir *El Marqués*; yo, en aquel entonces, planteaba —me planteaba y planteaba a mis lectores— un problema de valores. Tenía, y creo que todavía tengo un enemigo fundamental: la burguesía —o mejor dicho la mentalidad burguesa. Pero es demasiado fácil oponerse a un sistema de valores, sin intentar proponer otro, y es aquí donde empiezan las verdaderas dificultades.

B. Por eso le pregunté antes si *El Marqués* le seguía gustando: en la época en la que usted escribió esa obra, no tenía otro ideal que el pasado, los valores tradicionales encarnados en el carlismo. ¿No cree usted que. era también una falta de... sentido histórico? Es un poco el mismo esquema que el que encontramos en casi todos los autores del Siglo de Oro: los errores de su tiempo siempre son una decadencia, y la solución sería volver a la época de los Reyes Católicos...

V. .I. Es usted injusto... ¡o algo peor! ¿Quién hablaba antes de... equivalente estructural? No puedo, por lo menos no podía en aquella época oponer al espíritu burgués nada concreto, nada histórico, nada capaz de vencer, de superar hacia adelante esa manera odiosa de enfocar la vida.

B. ¿El ideal revolucionario no le parecía digno de superar la visión del mundo burguesa —o incapaz de ello?

V. I. Usted olvida, joven Pablo, que no somos de la misma generación...

B. Bueno, lo del 98...

V. I. Déjese de tonterías. No sé cómo se le ocurrió a Azorín; pero, broma aparte, es cierto que yo nací en el otro siglo, y eso cambia muchas cosas. La revolución, en aquella época, era algo muy ambiguo: la burguesía no había concluido su propia revolución, de manera que la revolución proletaria todavía formaba parte de la burguesa. Los dos sectores tenían un enemigo común: la nobleza, los últimos privilegios de la nobleza, a los que usted aludía antes, cuando señaló que el Marqués y la Dama... poseen, controlan y reparten la riqueza. Los mendigos pertenecen al mundo de antes; el proletariado y la burguesía pertenecen al nuevo sistema, al capitalismo. Y en 1900, hablar del proletariado... bueno, aquí en España se hablaba más bien de los obreros, pero era casi lo mismo. Lo que digo es que presentar a los obreros como los portadores de la nueva moral, de los nuevos valores, era aceptar, reconocer el universo capitalista. Y eso, ni entonces ni ahora; ninguna forma de capitalismo, sea de sector, de estado, llámese liberal o internacional. Lo que no puedo aceptar, no podía aceptar hace cuarenta años, es el código, la escala de valores del capitalismo.

B.   Pero precisamente el movimiento obrero quería superar al capitalismo, vencerlo, destruirlo...
V. I.   ¿Cómo destruir algo que todavía no existe? En mis tiempos, míos y del Marqués de Bradomín, quizá más en mi Galicia que en el resto de España, se trataba de saber si íbamos a aceptar, a instaurar o no el capitalismo. Además, quien decía capitalismo hablaba más del capital.

B.   Pero usted los admiraba... En *Luces de Bohemia*...
V. I.   Yo no... ¡Don Gay! Mis personajes... asumen sus ideas. Ni siquiera Max Estrella soy yo. Para mí, no existen «los ingleses»: sólo hay este inglés y aquel otro; uno puede ser bueno y el otro malo. Los esquemas, nunca son míos; son de mis personajes —o del grupo al que pertenecen, y que él sí tiene sus esquemas, sus ideas hechas, sus prejuicios favorables o contrarios a otros grupos. ¿O se imagina usted que comparto todas las manías, todos los excesos... por ejemplo del Marqués de Bradomín? ¡No, hombre! Le tengo mucha simpatía, le encargo que defienda ciertas ideas mías, pero nada más. Yo trataba, trato de comprender, y para eso hay que ser muy matizado...

B.   Muy dialéctico...
V. I.   Ya le suena la palabra. ¿Verdad que es útil? Mis personajes no suelen ser dialécticos, pero yo sí; y el mundo —ese mundo que intento comprender y que se refleja en mi obra— el mundo sí es dialéctico.

B.   Estamos de acuerdo. Pero no veo por qué eso tendría que excluir de sus obras a los trabajadores, al sector que produce la riqueza; ni siquiera en la época en la que usted escribió *El Marqués*.
V. I.   Es que el Marqués, como individuo, tiene su coherencia, sus exigencias. Lo había elegido a él, por ser lo más opuesto a los valores

burgueses, a la trivialidad, a la chabacanería del mundo burgués. Yo escribí *El Marqués de Bradomín*, y no... *El minero Felipe* o *El soldador Martínez*, porque me parecía que los valores que animaban a los obreros no eran los que se podían, se debían oponer al espíritu burgués. ¿Qué pedía un proletario? Condiciones de trabajo mejores, sueldo más elevado, seguridad del empleo... Sus reivindicaciones se situaban dentro del sistema burgués, del universo capitalista: dinero, producción, rentabilidad.

B.   ¿Usted todavía pensaba que era posible evitar la extensión, el triunfo del sistema capitalista?

V. I.   No lo sé. No recuerdo si entonces pensaba que se podía evitar. Lo único que sé es que esa escala de valores, no la aceptaba; y no la aceptaré, no la compartiré nunca. He vivido pobre, moriré pobre; no me importa. El mundo capitalista siempre me pareció... ¡un esperpento!

B.   Pero si el esperpento no es la realidad, sino la realidad deformada. El capitalismo es bien real, ¿no?

V. I.   ¡Cómo va a ser real! Es real, si usted quiere, el hecho de que ese sistema controla toda la organización económica del planeta. Pero lo real, es el vivir. Yo soy más orteguiano que Ortega: lo real es la vida. ¿El capitalismo, es la vida? Vivir según las normas del capitalismo, ¿es vivir? ¡Es un esperpento, es una deformación trágica de la realidad, del vivir humano real!

B.   ¿Le parece más humano el paternalismo inconsciente del Marqués y la Dama?

V. I.   Un poco más, sí, a pesar de todo. Es una actitud que debe superarse; que ha tenido su tiempo, su oportunidad, pero que pertenece al pasado. Estoy conforme. Pero por lo menos el Marqués como su tío Montenegro, son capaces de vivir, de luchar, de morir por un ideal que no sea material, económico. Y no me venga a decir que la dignidad humana exige un nivel de vida decente. Lo sé mejor que usted: lo he experimentado. He sufrido más que usted la escasez de recursos económicos, el hambre incluso. Claro que hay que luchar por eso también. Pero si se lucha sólo por eso... No sé... El Marqués lucha primero por el amor... ¿Cree usted que hay algo superior al amor?

B.   Bueno... Yo...

V. I.   No. No me conteste, la pregunta era impertinente. Pero supongo que a usted también le gusta que el Marqués luche por su amor y que lo ponga por encima de todos sus demás valores, de ese ideal que más o menos corresponde al carlismo. Porque... ¡no olvide usted que el carlismo, en sus comienzos, se preocupaba mucho por la justicia social!

B.   Lo que usted quiere decir es que el Marqués, por su situación histórica, no podía... «objetivamente» no podía articularse de manera coherente con el proletariado.

V. I. Su léxico me plantea problemas: objetivamente, articularse, coherente... Lo que digo es que no tenía nada que ver con el proletariado, con el proletariado de aquella época y de aquella región. Sin embargo, él va más allá, más lejos que la revolución burguesa/proletaria que se estaba llevando a cabo a finales del siglo pasado y principios de éste. Él nunca habla de volver atrás, sino que sueña con una sociedad justa, bella, basada en otros valores que los valores burgueses, es decir capitalistas, es decir, por la realidad histórica de entonces, y con matices no poco importantes, lo reconozco, los valores del mismo proletariado. Si bien recuerdo, sólo se puede hablar de proletariado dentro del sistema capitalista. ¿Entonces? Y dígame: ¿Qué autor, de aquellos que se presentaban como defensores de los sectores oprimidos, se hubiera atrevido a defender el amor, como valor absoluto? El amor siempre venía después, subordinado a la lucha de clases...

B. ¿Usted no cree en la lucha de clases?
V. I. No es cuestión de creer o no. Es una cuestión de jerarquía de valores. ¿Me entiende?

B. Lo que entiendo es que usted, por muy preocupado que esté por la justicia social, usted en *El Marqués* es mitad Bradomín y mitad Montenegro...
V. I. Es decir un odioso reaccionario, según la terminología de moda. Usted me quiere provocar; pero en realidad no se equivoca del todo. En cierto sentido sí quisiera ser Juan Manuel Montenegro, el de *El Marqués* o el de las *Comedias bárbaras*. Pero no olvide que está arruinado, o sea acabado; el lector y el espectador se dan cuenta de que es una especie de supervivencia. Todo el mundo lo sabe, y lo dice: sus amigos y sus enemigos. Él mismo se da cuenta de ello.

B. ¿Y no es eso una manera de preferir el pasado al porvenir?
V. I. Preferir... depende del sentido que se le da a la palabra. Yo creo que hubiera sido más feliz, si hubiese nacido un siglo antes. Le tengo una simpatía enorme a Montenegro, lo admiro, quisiera ser él; pero no lo presento como modelo, como programa de porvenir. Él se contenta con apalear escribanos; ya no organiza ninguna revolución, ni hacia atrás ni hacia adelante: sabe que no tiene poder sobre su tiempo, sobre la historia. No tiene porvenir, no tiene descendencia; pero sí tiene lo que usted llamaba sentido histórico: comprende que ése ya no es «su» tiempo, que la historia va más de prisa que él. Pero no se deja desanimar por ello: sabe que va a morir dentro de poco tiempo y lo que le importa es aguantar, mantener la figura hasta el final. Piense usted en la relación, o mejor dicho la ausencia de relación, la ruptura entre el don Juan Manuel de las *Comedias bárbaras* y sus hijos. Él no tiene hijos, o no tiene otros hijos que los mendigos.

B. Pero es pura *pose*...
V. I. *Pose*... o mejor dicho poesía, es decir otra verdad, una verdad

de otro tipo, en otro plano. Aunque fuera *pose* por parte del individuo Montenegro...

B. ¡Creado por usted, no vaya a renegar de él!

V. I. Una vez creado, cobra no poca independencia. Lo que quiero decir es que, incluso si hay cierta teatralidad en él, el carácter histórico de su elección es claro: sus hijos no lo *continúan*.

B. ¿Y los mendigos sí?

V. I. No es imposible. Usted mismo dijo que los mendigos comparten la escala de valores del sector dominante. Yo creo que los mendigos de todas las épocas tienen algo común; así que ellos van a mantener viva una manera de pensar que era de Montenegro.

B. ¿Y el Marqués? También quisiera usted ser él, ¿verdad? Esa identificación, ¿tampoco es reaccionaria?

V. I. Ya lo creo, que quisiera ser él. Incluso traté de otorgarme algún título de nobleza, con este seudónimo de Ramón María del Valle Inclán. Pero soy plebeyo absoluto. Quisiera ser el Marqués, como otros quisieran ser campeón de boxeo, o gran torero. Me hubiera gustado ser él en una época en la que esa manera de ser tenía sentido. Noble, no tanto por la sangre —por ella también, no lo niego— como por las acciones, la actitud, el carácter, el valor. En este sentido sí es mi ideal, mi modelo, lo que hubiera querido ser. Pero uno nace con una naturaleza imperfecta...

B. Dialéctica...

V. I. No sé si usted me gusta más así, un poco agresivo, o con la timidez de los primeros minutos... Pero tiene razón. Ya le he dicho que mis personajes no suelen ser dialécticos. El Marqués es un ser imposible, abstracto; es una creación artística. Tiene «mis» cualidades, las que quizá tenga en parte, las que hubiera querido tener, las que admiro en los demás. Pero le faltan flaquezas, para ser humano; debilidades, como las que yo tengo. Él se deja cortar el brazo sin anestesia... Yo no, no hubiera aguantado... Hubiera gritado... Por desgracia, no soy el Marqués... pero por suerte, soy más real que él.

B. Entonces se me ocurre otra solución; pero no sé si atreverme a formularla... usted me va a echar a la calle...

V. I. No es imposible; ya he echado a más de uno. Pero me duele su falta de confianza, después de todo lo que hemos charlado.

B. Bueno, me animo. Usted echa a la calle... a no sé quién, usted quizá apalee a escribanos (o los manda apalear por su doble Juan Manuel Montenegro), y sin embargo ¿no cree que, en algún sentido, usted mismo es el pobre escribano que el «viejo linajudo» desprecia?

V. I. Si le echara a la calle por lo que acaba de decir, tendría que salir yo con usted: acabo de afirmar lo mismo a un amigo, hace pocos días. Claro que vivo de mi pluma, como el escribano de *El Marqués*. A ése lo conozco mal, puesto que ni quisiera sale al escenario. Pero dudo de que quiera ser Montenegro: debe de ser un buen burócrata, satisfecho de serlo, miembro típico de la sociedad burguesa. Me dirá que también pertenezco a ella: vivo de mi trabajo, de lo que me pagan, de lo que me malpagan por mis libros y mis artículos. Vendo mi fuerza de trabajo yo también he leído un par de capítulos de Marx, no crea —a los burgueses, que ni siquiera leen mis libros, pero sí los compran, para presumir. Sí, soy un pobre escribano a quien Montenegro apalearía... Pero con eso y todo quisiera ser Montenegro, y en eso me distingo del otro escribano: no interiorizo la escala de valores que hace de mí un pobre diablo, un inútil. Me rebelo...

B.   O sea que tampoco es como los mendigos, los herederos auténticos de Montenegro.

V. I.   Quizá no «como» ellos, pero soy uno de ellos. ¿Qué ofrecen ellos a cambio de la limosna que les permite seguir viviendo? Sus rezos... Mis poemas... La única diferencia, es que son míos, con un poco de mi sangre, de mi sudor; mientras que ellos recitan pasivamente las oraciones de la religión oficial. ¡Y eso, nunca! Antes me muero de hambre. Si me quieren dar limosna por mis escritos, gusten o no a los demás, la acepto. Pero cuando me pidan que recite sus letanías, no obtendrán una sola línea. Muchos editores ya lo han experimentado. Y en eso soy un poco como el Marqués, otra vez. Yo creo que en eso él y yo somos bastante revolucionarios, más revolucionarios que otros muchos que hacen alarde de la etiqueta, pero que han abdicado de los valores en nombre de los cuales se debe hacer una revolución: el individuo, fiel a sí mismo hasta la muerte; y el amor...

B.   Revolución por el amor... Eso se podía afirmar hace un siglo, en pleno romanticismo...

V. I.   Usted tiene una noción algo simplista del tiempo. Dice que acaba de leer *El Marqués*... ¿Se ha fijado en el tiempo, en esa obra?

B.   No le veo nada extraño... algunos saltos, quizás audaces cuando usted la escribió, pero normales y corrientes hoy día... Y quizás algún carácter «inmóvil», sobre todo en lo que se refiere a las relaciones sociales, precisamente. Doña Malvina, a los mendigos «les recomienda *paciencia, paciencia, paciencia*». Tengo buena memoria, ¿no? Y ellos se sitúan en la misma óptica, de cosas que se repiten indefinidamente: «*Todas* las veces que vine a esta puerta, *todas*, me han socorrido». En ambos casos, una repetición de palabras para expresar la repetición del tiempo. ¡Qué estilo tan...!

V. I.   ¡Déjelo de una vez! ¿Nada más? Luego me dirá que eso también es romántico...

B.   Sí, recuerdo otra expresión, más clara aún, que alude a una confusión de generaciones. La Quemada dice que «Aquél [Marqués] murió. El de ahora es su hijo», y otra mendiga, creo que se llama Minguiña, contesta: *«Hijo o nieto*, es de aquella sangre real». Es decir que el mundo no evoluciona. Y terminará de un golpe, según la visión escatológica de Adela la Inocente: «¡Se morirán los rebaños, sin quedar una triste oveja! (...) ¡Pobres! Pronto lo serán todos los nacidos. Las tierras cansaránse de dar pan.» Porque en esa visión, el pan no se hace, se *da*. Es extraño que lo diga Adela, porque ella es probablemente la única en poner en cuestión el sistema, por ejemplo cuando habla de las rosas y dice que «la señora las cuida con las sus manos blancas, y solamente ella puédelas coger».

V. I.   Muy interesante; porque depende de la entonación de la actriz. Me gusta la rabia con la que usted pronuncia. Yo vi esta obra representada —una compañía de aficionados, bastante mala— y lo decía la chica con emoción, con devoción hacia la Dama. No era esa mi intención, por supuesto: es una protesta.

B.   Y cuando el tiempo no es inmóvil... caemos otra vez en la añoranza del pasado. Éste sigue siendo, a pesar de todo lo que usted me ha hecho sentir, el esquema esencial de la obra. Es la Madre Cruces, si bien recuerdo, la que habla de «un caballero de aquellos cual no quedan»; y el propio Marqués dice de su tío: «Don Juan Manuel Montenegro es el último superviviente de una gran raza.» ¡Y el Abad! Es el más explícito de todos, quiere restaurar aquel tiempo perdido: «Sí, otra guerra. Eso que algunos juzgan imposible, eso que hasta a los mismos Gobiernos liberales hace sonreír, y que, a despecho de la incredulidad y de ĩas burlas de otros, será.» No me dirá usted que es una actitud... progresista.

V. I.   Vuelve usted a caer en la misma trampa. No me expreso yo por la boca de todos mis personajes. Hay curas que me son simpáticos y que a veces hablan por mí: los guerrilleros. Pero éste no me hace ninguna gracia; lo pinto como un ser más bien despreciable. Piense en su papel, en el conflicto entre los amantes y el marido. El sí es un reaccionario sin más, y por ello es antipático. Lo malo es que es difícil ser antiburgués sin ser un poco reaccionario.

B.   Difícil, pero no imposible. ¿Se acuerda de lo que la Dama le dice al Marqués, cuando se han confesado su amor todavía vivo? «Volveremos a recorrer juntos el jardín y el palacio.»
V. I.   Eso lo dice el Marqués...

B.   Ya lo sé. Y la Dama añade: «Como en otro tiempo, cuando éramos niños.» Había ahí como una apertura hacia un futuro por hacer; por una parte, la identidad, pero con una evolución... dinámica; el entusiasmo de la niñez todavía posible, realizable en la edad madura.
V. I.   Algo por el estilo es lo que quería hacerle comprender. Claro

que no es una revolución; pero hacer, como adultos, lo que sólo a los niños se les tolera, es rebelarse contra las normas.

B. Entonces, ¿por qué no aprovecha usted esa oportunidad? Poco después, el Marqués filosofa sobre el tiempo y se orienta otra vez hacia el pasado. No dice «¡Qué distinta podría ser nuestra vida!» sino «¡Qué distinta *pudo haber sido* nuestra vida!»

V. I. Todo es ambiguo. Yo recuerdo otro ejemplo, que parece darle la razón. Muy al principio, antes de que llegue el Marqués, la Dama dice algo como «Le quise desde niña, y crecí, y fui mujer y me casaron con otro hombre, sin que él hubiese sospechado nada (...). Después, cuando sus ojos se fijaron en mí, sólo podían hacerme más desgraciada».

B. No es revolución; acepta la desgracia...

V. I. Bueno; pero denuncia el patriarcado falocrático del antiguo sistema —«me casaron»— y luego afirma la posibilidad, afirma su voluntad de restaurar una continuidad significativa (el amor) por encima de una ruptura artificial (el casamiento impuesto).

B. Es volver atrás...

V. I. De acuerdo, pero en nombre de un valor eterno, y superior a los valores vigentes. Ella quiere conctruir el futuro en lugar de abandonarse a la tradición de la familia sagrada, de la casta. ¿No es eso una revolución, aunque un tanto romántica? ¿Y no cree usted que hay algo de romanticismo en cualquier revolución?

B. Si sólo hubiera esa frase, no me daría por vencido. Pero voy comprendiendo... Luego se encuentran, se prometen seguir amándose por encima de todo: «¿Vendrás mañana, Javier? —Sí. —¿Lo juras? —Sí». Se presiente la revolución. Sin embargo, usted no les da la fuerza necesaria para vencer el obstáculo... sentimental, tradicional, de la enfermedad del marido. Podían ser fieles a su amor, y enfrentarse a ese otro tabú social, ¿no? ¿De qué les sirve superar el primer obstáculo, si luego se dejan vencer por éste?

V. I. Tiene su porqué. No es fácil de explicar, porque le estoy hablando de una obra escrita hace tantos años... Desde entonces han pasado tantas cosas, sin hablar de las que parece ser que nos están esperando. No olvide que nosotros hemos vivido la Restauración. Yo nací antes de la ...¡Primera República! ¿Se da cuenta? Usted ha conocido el entusiasmo de la Segunda, es otra cosa —aunque me temo que haya otra restauración... De todas formas, yo he vivido la historia de España como lo que ustedes francohablantes llamarían un *rendez-vous manqué*. Quizá la más espectacular, para nosotros, fuera la cita frustrada entre España y la República. Pero ha habido otras muchas. Si se frustra la cita entre el Marqués y la Dama, es que ellos, como nosotros, viven en un país, en un mundo de citas frustradas. Desde el encuentro desastroso entre moros y cristianos, o aquel otro, peor todavía, entre aztecas o incas y españoles... ¡Qué universo maravilloso *pudo haber sido*, para usar la misma sintaxis del Marqués! Y entre Carlos I y los comuneros de Castilla (buenos burgueses, ellos, dinámicos), hasta el malentendido entre progresistas españoles y revolucionarios franceses, recuperados por el Emperador Napoleón. ¡Cuántas contradicciones, cuántas citas frustradas...! Eso le da su coloración a lo que para mí es esencial, el Sí de los amantes, la *voluntad* de realizar la unión coherente, el amor... o la colaboración entre un poder central fuerte y una burguesía nacional activa. Pero desde Villalar, ya no hay ni poder fuerte ni burguesía nacional dinámica: algunos momentos de entusiasmo, pero sin bases, sin posibilidad histórica: ilusiones. ¿No es éste el verdadero sentido histórico, del que dice usted que no lo tengo: ser consciente de los «imposibles históricos», como dirá Antonio Buero Vallejo, dentro de treinta años? Buero continúa mi obra; no se puede entender la suya sin la mía, ni la mía sin la suya. Vivimos el mismo drama, anhelamos la misma revolución, que trata de hacerse desde hace tantos años y siempre se le frustran las citas, siglo tras siglo. Pero hay que seguir esperando, luchando, jurando que Sí, en nombre de nuestros valores. ¿O si la fidelidad al amor no es la clave de *Historia de una escalera*, como lo es de *El Marqués de Bradomín*?

B. Perdone, don Ramón, creo que se nos está acabando el sueño. Acabo de escucharle decir unas cosas que... que no puede decir. Temo que estemos a punto de despertarnos. De todas formas, ahora comprendo mejor *El Marqués*, y ciertas «imposibilidades» con las que usted tropezó.

V. I. Trate usted de aguantar un minuto más, porque quisiera aclarar algo todavía. Yo no sé, de veras, hasta qué punto he querido decir todo eso que acabamos de comentar, ni si sabía que lo decía, al escribir mis primeras obras. Me parece recordar que me daba cuenta de esa situación histórica, aunque en aquellos tiempos se ignoraban todavía muchas cosas; la ciencia histórica ha progresado mucho desde entonces.

B. Pero si todo lo hemos sacado del mismo texto, ¿no?

V. I. Claro. La presencia de esos temas, que usted y yo hemos puesto de relieve, todos esos matices de la dimensión temporal, que oscila entre el pasado y un futuro por hacer, o eso que usted llamó asimetría del universo dramático, o sea la función de los mendigos y luego su desaparición... creo que la presencia de todo eso en *El Marqués* no puede ser mera casualidad. Yo he vivido, en mi tiempo, quiero decir en mi adolescencia y luego como escritor joven, unas contradicciones del mismo tipo; han entrado en mi obra, quizá sin que me dé cuenta. Eso lo verá y lo dirá claramente ese chico, apenas nacido hoy, Carlos Blanco Aguinaga. Ya lo leerá usted algún día, verá...

B. Sí, descuide; se publicará... se ha publicado su estudio... Muy bueno... Permítame una última pregunta: si usted rechaza los valores burgueses, ¿significa que hubiera apoyado a Carlos I, de haber vivido en su tiempo? El Marqués de Bradomín, ¿en qué bando hubiera luchado?

V. I.   Vaya usted a saber... La burguesía de 1521 era el sector ascendente y revolucionario; no iba contra el espíritu caballeresco, sino contra los privilegios ya anacrónicos de la nobleza... Yo creo que hubiéramos luchado, Bradomín y yo hubiéramos muerto en el bando de los comuneros en Villalar. Pero en 1900, los burgueses son reaccionarios...

B.   Pero a esa actitud reaccionaria, ¿no se puede oponer algo más histórico, algo más orientado hacia el porvenir, que un Marqués y su Dama?

V. I.   Es que se trataba de valores, y no de sectores socioeconómicos; la elección no era tan fácil. Los valores tradicionales, la «nobleza» del Marqués, desde el principio sabía yo que pertenecían a un pasado acabado, acabado como realidad histórica. Los valores nuevos en el plano artístico... Sí, me tentaron, me parecieron válidos en cierto momento; pero el modernismo era poco moderno, en definitiva... muy etéreo, abstracto y él también con poco porvenir. Quedaban, por supuesto, los valores sociales ascendentes, los del proletariado... Ya le he explicado por qué, como sistema, no podían satisfacerme totalmente. Además, ¿cómo incluirlos en el mundo de *mis* personajes, el Marqués o don Juan Manuel? Los dejé de lado, durante muchos años. Cuando los introduje fue... ¡en el calabozo! Y entonces surgió otro problema, más grave. Yo podía hablar de los oprimidos; pero, ¿podía hablarles a ellos? ¿Qué era yo para ellos? ¿Qué podía significar mi arte para ellos? Recuerde usted, no tanto la escena del calabozo, ya bien difícil en cuanto contacto humano, sino cuando la niña viene por el último episodio de la novela de entregas. El proletariado no puede, no debe ser solamente un tema; tendría que ser al mismo tiempo el público. Yo no había aprendido a dirigirme a él, ni él había aprendido a leer lo que yo sabía escribir. Ya era tarde para acercarnos unos a otros... Yo no existía para ellos, de manera que ellos difícilmente podían existir en mi obra. En el arte, debe haber reciprocidad, diálogo. El lector contesta al autor. El proletariado sólo podía *serme* algo si yo *le era* algo. El diálogo era imposible, yo no era de su mundo ni ellos del mío, a pesar de mis convicciones...

B.   ¿Políticas, sociales, estéticas?

V. I.   Yo diría éticas, porque para mí la ética lo abarca todo: lo histórico, lo social, lo político, lo artístico. Usted vivirá más que yo, pero no sé si tendrá la oportunidad de encontrar a un solo artista verdadero, capaz de escribir para un público proletario. Ojalá tenga esa suerte. Pero creo que en mis tiempos, era imposible. Entonces, no me juzguen, no me condenen por no haber resuelto un problema... insoluble.

(Parecía angustiado. Quería tranquilizarlo, decirle que todos reconocían hoy día su inmenso valor —*valeur* y *courage,* en mi sistema de francohablante— pero ya era tarde: se esfumó en una neblina cada vez más densa. Me desperté. Sabía que no podría hablar de don Ramón María del Valle Inclán sino de manera «dialéctica», es decir en forma de diálogo... y me instalé a mi máquina de escribir...)

J. Paul Borel

Universidad de Neuchâtel
(Suiza)

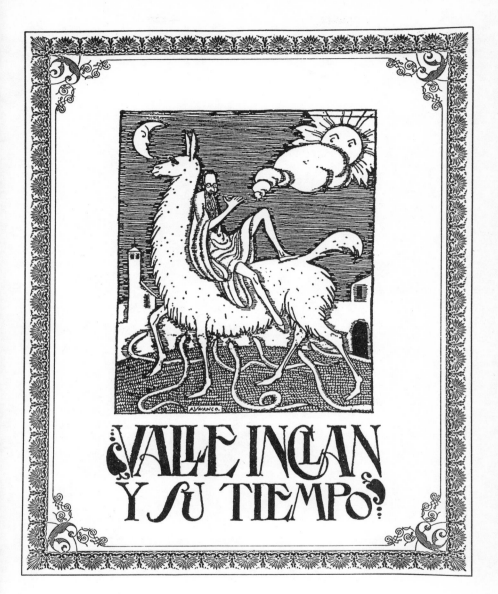

TEATRO SOBRE TEATRO: ACTORISMO Y TEATRALIDAD INTERIOR EN VALLE INCLÁN

A MANERA DE PRÓLOGO

En la obra actualmente llamada «autoconsciente», la actitud del autor es de una agresividad voluntariosa frente al proceso creador y la búsqueda de nuevos modos de creación, agresividad que convierte el proceso mismo en el contenido de la obra que se va creando. Llámese el fenómeno lo que quiera, resulta en tales casos que la poesía misma es el tema de la poesía, el proceso novelístico se hace en sí la novela, y, como veremos, el dramaturgo puede penetrar en las complejidades de ver el mundo como teatro, o quizás el teatro como mundo, o, como en Valle Inclán, la novela como una especie de mundo teatralizado. Este fenómeno es especialmente moderno, a pesar de sus múltiples manifestaciones en la literatura anterior. Ya comienza a destacar durante la segunda mitad del siglo XIX, para luego madurar durante nuestro siglo cuando la mimesis tradicional se somete definitivamente a una multitud de construcciones y reconstrucciones artísticas, y el arte mismo llega a ser, una vez tras otra, el tema del arte. Al comenzar sus *Rimas*, Bécquer nos dice, por ejemplo, que ya sabe «un himno gigante» que quiere transmitir en versos escritos, y que se percibe a sí mismo como, entre otras cosas, un «perfume misterioso / de que es vaso el poeta».[1] Y bien conocida es la orientación de Galdós hacia la llamada metaficción en que personajes como Benina de *Misericordia* o Máximo Manso van creando interiormente su propia obra novelística a base de las circunstancias personales en que se encuentran, y a base de su propio modo de percibir esas circunstancias.[2] Menos reconocido es el hecho de que también el teatro de aquella época ofrece un ejemplo capital de

---

* Una versión abreviada de este trabajo fue leída en la Mid-America Conference on Hispanic Literature, University of Nebraska-Lincoln, 19 octubre 1984.

1. *Rimas* I y V, respectivamente.
2. Véanse, por ejemplo, H. L. Boudreau, «Máximo Manso: the *molde* and the *hechura*», y John W. Kronik, «*El amigo Manso* and the Game of Fictive Autonomy», *Anales Galdosianos*, 12 (1977): 63-94, y John W. Kronik, «*Misericordia* as Metafiction», en *Homenaje a Antonio Sánchez Barbudo: Ensayos de literatura española moderna* (Madison, Wisconsin, 1981), 37-50.

la misma práctica. La obra es *Un drama nuevo* de Manuel Tamayo y Baus. Lo importante de esto no es el fenómeno mismo, ni el hecho de la compatibilidad artística entre géneros, sino que, cualquiera que sea su convencionalismo decimonono, Tamayo se muestra bien innovador en su profunda conciencia de su obra como teatro, y en su conciencia de la teatralidad inherente en sus personajes, quienes son todos gente de teatro. Con este sentido de teatralidad interior, *Un drama nuevo* anticipa de varias maneras cómo funciona desde dentro el teatro de algunos de los dramaturgos españoles más inventivos del siglo veinte, a saber, Grau, Lorca y Valle Inclán.

En la primera escena de *Un drama nuevo*, Tamayo plantea explícitamente la envidia como el tema motor de su obra, así prognosticando lo que a través del envidioso actor Walton, va a impulsar la obra hacia su final desastroso. Pero no se trata meramente de Walton, ni tampoco sólo de envidia. Detrás de la envidia yace la eterna vanidad de actores —ambición, egoísmo, orgullo—, y es esta vanidad de artista la que produce en el viejo payaso Yorick las fatídicas ganas de convertirse, ya a finales de su carrera, en actor trágico. Irónicamente es el mismo Yorick el que plantea la aplicabilidad especial de la envidia al temperamento de los actores, como si se viera a sí mismo en un espejo escenográfico: «Algo debería yo saber en materia de envidias —dice Yorick—, que bien plantío de ellas es un teatro. ¿Viste jamás cuadrilla de mayores bribones que una de comediantes?» La vanidad profesional de este actor cómico es la hubris que hace de la obra nueva que se va ensayando, una metáfora teatral de su propia vida patética. Así se teatraliza la realidad, y se hace real lo teatral, de modo que el drama nuevo es el vehículo por el que el actor Yorick llega a la verdad de Yorick el hombre. Dicho a la inversa, es también el vehículo por el que Yorick el hombre llega a su verdad artística, porque su conversión en actor trágico es un triunfo auténtio, la culminación triunfal de su carrera de actor.

Si la presencia de la hubris en Yorick sugiere la composición de una tragedia, eso es precisamente la intención del dramaturgo. *Un drama nuevo* es, a fin de cuentas, toda una tragedia, pero una que depende de la estructura interior, disfrazada, ya que no hay ningún anuncio exterior, y es una tragedia escrita en prosa, algo todavía bien raro en aquel momento histórico, especialmente cuando el mismo autor había escrito en verso otra tragedia con una preocupación intensa por las normas convencionales de la tradición neoclásica.[3] En *Un drama nuevo*, una obra tardía que escribió poco antes de abandonar la dra-

---

3. La obra es *Virginia*, basada en una antigua leyenda romana y estrenada en 1853. Véase Ramón Esquer Torres, *El teatro de Tamayo y Baus* (Madrid, 1965), cap. II.

maturgia,[4] Tamayo deja atrás las convenciones de la tradición y anticipa la libre manipulación de géneros teatrales que va a marcar el teatro del siglo posterior. Al respecto debemos notar que *El señor de Pigmalión* de Jacinto Grau sigue la misma línea interior de tragedia que *Un drama nuevo*, mientras que lleva el epíteto descriptivo de «farsa tragicómica».

En Tamayo, como en Grau y también en Valle Inclán, la base de la obra es el actorismo, el hecho de ser actores los personajes, cuya identidad de hombres y mujeres depende de su carácter de actor. Walton, por ejemplo, no es meramente un envidioso melodramático sino un actor frustrado. Cuando se le niega el papel principal del drama nuevo en favor de Yorick, Walton se le ofrece al payaso como maestro para enseñarle a ser actor trágico. Y lo hace con tanto éxito que el triunfo de Yorick es en gran parte el suyo propio, o sea, de Walton, porque el renovado actor cómico es ahora una proyección de su maestro. La figura de Shakespeare, por su parte, también ofrece una imagen doble de origen teatral. La principal es la imagen del gran Shakespeare de sus propias obras, el conocedor magistral de las flaquezas humanas y maestro universal de la comprensión del corazón humano. Pero la soberbia de Shakespeare, el hombre-artista, sabotea su imagen de dramaturgo omnisciente. El ilustre Guillermo, bajo la influencia de su propia hubris, pone un exceso de fe en su proeza de conciencia de los demás, y pierde la rienda sobre esas flaquezas que él mismo y el resto del mundo creen que son de su dominio moral. La voluntad vengativa de Walton, y la pasión de los amantes, Alicia y Edmundo, le vencen. Por otra parte, para estos tres últimos personajes, las máscaras de actores que se ponen para ocultar sus pasiones, por fin dejan de servir, a pesar de su talento artístico. Las circunstancias les han hecho actores en la vida así como en la escena, y nosotros los espectadores acabamos preguntándonos: ¿cuál es el teatro?, ¿el engaño real o el mismo drama nuevo? Estas preguntas a su vez nos llevan a la ironía del título. El «drama» que se representa dentro de la obra sí es «nuevo», pero el drama de Yorick —mejor dicho, la tragedia de Yorick— no es nada nuevo. Es más bien antiguo, y universal. Va a los mismos orígenes del teatro, no sólo temáticamente, como variante del viejo mito de Hipólito y Fedra, sino también en la antigua percepción de la vida humana como un gran teatro.

ACTORISMO PROFESIONAL Y EL PÚBLICO

Aunque nunca fue actor Manuel Tamayo y Baus, su vida fue inseparable del teatro. Su padre fue actor; su madre fue no sólo primera

---

4. Se estrenó en 1867. Tres años después Tamayo dejó de escribir para el teatro.

dama del Teatro del Príncipe sino descendiente de gente de teatro; dos hermanos suyos también fueron actores, siendo uno de ellos el eminente Victoriano que estrenó el papel de Yorick. El teatro para Manuel, nos dice Alberto Sánchez, fue su «hogar, escuela y jardín... Respiraba teatro a pleno pulmón y su vida tenía que desembocar en la creación dramática».[5] La vida de Valle Inclán fue igualmente orientada hacia el teatro, pero en este caso el fondo teatral no vino de la familia sino del hombre mismo.[6] Aunque su carrera de actor profesional duró poco tiempo,[7] Valle Inclán siguió siendo actor por toda la vida, mediante la teatralidad interior de su personalidad que le hizo legendario ya en su propia época. «Actor ante todo y sobre todo»,[8] le llamaba Unamuno, diciendo también que Valle Inclán «vivió —esto es, se hizo— en escena. Su vida, más que sueño, fue farándula. Actor de sí mismo... Él hizo de todo, muy seriamente, una gran farsa».[9] Este sentido personal de lo teatral lo incorpora Valle Inclán a sus obras, haciendo de ellas una especie de «gran teatro del mundo» e infundiendo a sus personajes una teatralidad semejante a la que poseía él mismo. De forma que su teatro, y a veces sus novelas, están poblados de actores, algunos de profesión, otros más a la manera de su creador: sintiéndose actor en un teatro-mundo, o funcionando como actor autónomo de acuerdo con su propia propensión hacia la afectación teatral. Todo este proceso de la teatralización del teatro llega a su mayor intensificación cuando entra el elemento de la sátira literaria. La literatura que entonces satiriza o manipula Valle Inclán es, en gran parte, otro teatro más, esto es, el teatro español tradicional, de donde provienen muchos de esos «héroes clásicos» que se pasean ante el espejo esperpéntico del callejón del Gato.

Los actores profesionales en Valle Inclán no son unos histriones de los teatros urbanos sino tipos pintorescos de la tradición popular, tunos ambulantes de los pueblos, ferias y jardines aristocráticos: bufones, como don Galán, el «Fool» del cuasi-King Lear, don Juan Manuel Montenegro, en *Águila de blasón;* farsantes, como Arlequín, el ironista juguetón de *La Marquesa Rosalinda;* el titiritero-poeta, Maese Lotario, que sirve de paladín de la soñadora joven en *La enamorada del Rey;* el impío saltimbanqui, Séptimo Miau, en *Divinas palabras;* y el bululú de *Los cuernos de don Friolera,* el Compadre Fidel, que pone en prác-

---

5. Alberto Sánchez (ed.), *Un drama nuevo* (Salamanca, 1963), 5-6.
6. Don Ramón no se casó con la actriz Josefina Díaz hasta 1907, cuando ya tenía unos cuarenta años de edad.
7. Véase Melchor Fernández Almagro, *Vida y literatura de Valle-Inclán* (Madrid, 1966), 54-55.
8. Francisco Madrid, *La vida altiva de Valle Inclán* (Buenos Aires, 1944), 318-19.
9. «El habla de Valle Inclán», en *Visiones y comentarios* (Madrid, 1966), 4.ª ed., 83.

tica la demiúrgica postura del escritor en el aire.[10] Sea lo que sea el papel específico de estos comediantes en la temática de sus obras, cada uno tiene la función de teatralizar la obra desde dentro, conforme con la perspectiva del mundo como teatro, con una teatralización que proviene de su propio actorismo. Esto ocurre a veces en clave menor, como en el caso de don Galán o Lotario y Séptimo Miau, cuyo actorismo suplementa otros elementos de semejante teatralidad. En los otros dos casos, la teatralización mediante el actorismo es más fundamental para el conjunto de la obra. Veamos cómo funciona.

En *La Marquesa Rosalinda* y en el *Friolera*, Valle Inclán crea una especie de espejismo teatral en que la concepción del mundo como gran teatro sirve de marco para una representación interior realizada por individuos o por una compañía de actores, y esta representación llega a ser la obra misma. En el prólogo de *La Marquesa Rosalinda*, una compañía de farsantes espera para entrar en un jardín de tipo versallesco. El actor Arlequín le sirve a Valle Inclán de narrador que introduce la obra, pero, una vez metidos en el jardín, él y sus compañeros funcionan como personajes dentro de una farsa que no es suya, o sea, que no es parte de su propio repertorio. Por toda la obra guardan su identidad convencional de actores–farsantes, como si hicieran su papel normal en una *commedia dell'arte*, pero como queda dicho, la obra fársica en que participan no es una de las suyas. De este modo el mundo teatral exterior se entreteje con la farsa interior, y la frontera entre los dos mundos queda borrada. Vale repetir que los farsantes, al entrar en el jardín de la marquesa, siempre se comportan como los actores que son al representar sus propias obras.

El espejismo teatral del *Friolera* es más complicado. Este esperpento no es una sola obra teatral sino más bien cuatro, por lo menos. En el prólogo nos lleva Valle Inclán al mundo de los vagabundos intelectuales, don Estrafalario y don Manolito, que por turno asisten a la representación de la farsa llamada la «Trigedia de los Cuernos de Don Friolera», hecha por el Compadre Fidel y sus muñecos. Teatro dentro de teatro, pues, en el prólogo mismo. Al terminar el prólogo, comienza, algo abruptamente, la versión valleinclanesca de la obra del bululú. En el epílogo reaparecen los vagabundos, que escuchan otra versión más de las hazañas de don Friolera. Esta última variante es un ampuloso romance de ciego que glorifica al cornudo según el modo tradicional español, pintándole como extravagante héroe militar y médico de su propia honra. El romance no es teatro, pero sí poesía dramática que el ciego narra con la ilusión de teatro. Vale notar la simetría de todo esto: estructura tripartita, como una especie de tríptico teatral com-

---

10. Uno de los tres modos que tiene un autor de ver a sus personajes, como los elaboró Valle Inclán en su famosa entrevista con Martínez Sierra en *A B C*, 7 diciembre 1928. Dru Dougherty ha reproducido toda la entrevista en *Un Valle Inclán olvidado: Entrevistas y conferencias* (Madrid, 1983), 173-79.

puesto de tres versiones del mismo tema.[11] En el prólogo, la hoja corta: el planteamiento del problema estético, teatro dentro de teatro, versión buena y popular, por eso anti-castellana. Al otro extremo, el epílogo, la otra hoja corta del tríptico: teatro dentro de teatro, versión mala, típicamente castellana. En el centro, la hoja grande: la versión esperpéntica de Valle Inclán, aplicación de la estética del bululú al teatro pundonoroso, todo malo, de la tradición nacional.

Pero la teatralidad del *Friolera* va más allá de la estructura. Penetra por todas partes de la obra a base doble: el principio de que el mundo es un teatro, y el problema estético de qué perspectiva sirve mejor para contemplar el espectáculo teatral. Siendo teatro este mundo, está poblado de una masa de espectadores. En el prólogo el diablo del cuadro encontrado por don Manolito no es sino un espectador que se ríe ante el espectáculo del sufrimiento humano. Don Estrafalario es otro espectador del teatro-mundo, pero éste prefiere contemplarlo impasible, con la perspectiva de un difunto. Los dos dramaturgos de la obra, el Compadre Fidel y Valle Inclán, son tanto espectadores como manipuladores de los actores. Ambos están en el aire como seres superiores, el primero porque mantiene un «sentido malicioso y popular» ante su obra, el segundo porque España y sus tradiciones le parecen un espectáculo absurdo cuyas ridiculeces merecen la visión deshumanizante desde arriba.

En la versión valleinclanesca de don Friolera, varios personajes son conscientes de que están haciendo el papel de actor dentro de un teatro-mundo. El propio don Friolera, por absurdo que sea, intuye esto [12] al soliloquiar en la primera escena: «¡Este mundo es una solfa! —medita el pobre teniente—. ¿Qué culpa tiene el marido de que la mujer salga rana? ¡Y no basta una honrosa separación!... La galería no se conforma con eso. El principio del honor ordena matar... El mundo nunca se cansa de ver títeres y agradecer el espectáculo de balde. ¡Formulismos!... Y al sujeto en estas circunstancias, le piden la galería que degüelle y se satisfaga con sangre...» El Teniente Rovirosa expresa la misma idea de vivir en un teatro, dándole una dimensión específicamente militar vis-à-vis el público: «¡Pero se impone no tolerarlo [que la mujer engañe]! Los militares nos debemos a la galería» (escena x). Esta «galería» exige, fría y dogmáticamente, que el hombre se conforme, como actor, con la fórmula estableida del pundonor. El mundo alrededor de don Friolera, pues, está relleno de espectadores, y están tan distanciados del protagonista como el Compadre Fidel. ¿Quiénes son? Un público de cabeza triple: la sociedad, santurrona y gazmoña, el

11. La idea del tríptico ya está elaborada en mi libro, *Valle Inclán: Anatomía de un teatro problemático* (Madrid, 1972), 254.

12. El primer planteamiento de esta idea lo hizo Rodolfo Cardona en «*Los cuernos de don Friolera*: Estructura y sentido», en Anthony Zahareas (ed.), *Ramón del Valle Inclán: An Appraisal of his Life and Works* (New York, 1968), 641-42.

ejército, con sus intereses creados en sostener su imagen pública, y la tradición teatral, en la forma de los manes de Calderón de la Barca y la escuela de Echegaray.

Hay otras dos categorías de público sentadas en la galería metafórica que espera el «teatro» de don Friolera. Una consiste en los tipos periféricos que frecuentan el billar de doña Calixta (escena VII). La otra no tiene voz, pero no es menos parte del fondo de espectadores que los demás. Consiste en un ratón, que asoma un hocico por el agujero y mira curioso al protagonista, las estrellas, que son asustadas por la furia de éste, la luna, que infla sus carrillos ante la bulla de la casa del héroe, y, más cercano a la galería humana, el retablo de vecinos en camisa que contemplan escandalizados el espectáculo nocturno del cornudo y el dilema de su honra.

ACTORISMO INTERIOR

La infusión del actorismo a los personajes ya es evidente en las primeras obras de Valle Inclán, y sigue con vigor inventivo hasta las últimas. Como ya se ha dicho, estos personajes no son necesariamente actores profesionales sino personas interiormente orientadas hacia el comportamiento teatral. Son, en fin, actores autónomos. Traen puestas máscaras de teatro, y adoptan gestos de histrión según sus propios gustos y voluntad teatrales. El mundo es teatro, va diciéndonos Valle Inclán, y dentro de este mundo los personajes a su turno crean su propio teatro interior. El Marqués de Bradomín es el actor valleinclanesco por excelencia: egoísta, maestro de posturas, y gran conocedor de la charada y la mentira poética. Sabe muy bien que vive en un teatro-mundo, y participa en él con toda conciencia, saboreándolo como si fuera vino añejo y teatralizándolo más aún según su propia sensibilidad. También sabe que la postura es una fuente de leyendas, y el hacerse legendario es un motivo fundamental de sus memorias. A la creación de estas leyendas bradominescas contribuyen los demás actores y actrices de las *Sonatas:* la Niña Chole, que juega de muy buena gana a la charada de «Marquesa de Bradomín»; Concha Bendaña, cuya sensualidad agresiva, disfrazada con afectaciones de piedad, contribuye mucho a sostener la leyenda del diabolismo bradominesco que el Marqués mismo cultiva con sus múltiples posturas en *Primavera;* y don Juan Manuel Montenegro, cuya *persona* en *Otoño* es puramente actorista, en anticipación de la teatralidad monumental que marcará su personalidad en las *Comedias bárbaras.* Pero, además de Bradomín, los personajes más teatrales de las *Sonatas* son los que vuelven a aparecer genéricamente por toda la obra de Valle Inclán. Son los clérigos, actores todos, y bien conscientes no sólo de su propio actorismo sino también de la teatralidad que les rodea.

El primer cura valleinclanesco ya aparece antes de las *Sonatas,* en una olvidada obra teatral llamada *Cenizas* (1899), y es un prototipo de los que le siguen en la galaxia eclesiástica. Es un jesuita y se llama el Padre Rojas. Este cura trae puesta una máscara eclesiástica que casi nunca se quita. De sus labios cae —nos dice Valle Inclán— la «afectada pureza silábica» de sermoneador, y se comporta con los gestos y posturas teatrales de un pastor bien perito en manejar a su rebaño. Al encontrarse ante un antagonista, habla «...cortesano, y lleno de miel, rebozadas las palabras en una sonrisa de su boca rasurada y sagaz» (17).[13] Al verse corroborado en un argumento, el cura «asiente, moviendo gravemente la cabeza y entornando los párpados largos...» (16). Durante una disputa ideológica con una médico, se pone algo enojado, pero sin perder su equilibrio. Tampoco lo pierde el hombre de ciencia, de modo que la teatralidad les sirve a los dos, y Valle Inclán termina la escena con el comentario: «...la rudeza del médico y la cortesanía del sacerdote se asemejan como dos máscaras. Al oírlos se adivina su arte de viejos comediantes» (17).[14] La máscara del clérigo, sin embargo, no sirve de fachada para ocultar la hipocresía. Lo que se esconde es el hombre de carne y hueso que existe detrás pero que pocas veces aparece. No le importa a Valle Inclán la persona que es el Padre Rojas sino la misma máscara eclesiástica. De la teatralidad del cura provienen la ironía y la ambigüedad de la pintura. Valle Inclán es evasivo, rehusando hacer un juicio moral sobre su personaje. Lo que le preocupa es la teatralidad de la figura del clérigo, y cómo ésta le sirve para manipular a sus feligreses. No es cuestión de lo que cree o no cree ni el Padre Rojas ni Valle Inclán. Los dos son actores incorregibles, y cada uno es también el «director» de su propio espectáculo.

Las *Sonatas* despliegan pinturas variadas del clérigo, que incluyen figuras de pura plasticidad como el Abad de Brandeso en *Otoño*, y los intrigantes carlistas de *Invierno*. Principal entre estos últimos es el grotesco Fray Ambrosio, cuya afición al juego de cartas le lleva a una serie de mentiras y posturas engañosas. La rara forma física de Fray Ambrosio produce varios efectismos visuales, pero éstos en sí mismos son un engaño, hablando estéticamente, puesto que las falsedades de su carácter impiden que los tomemos en serio. Por lo menos Bradomín, a pesar de su sensibilidad esteticista, no los toma así. Es como si fuera la intención de Valle Inclán sabotear la seriedad estética de lo grotesco en este caso a causa del bien evidente actorismo del personaje.

Más astutos que Fray Ambrosio son los eclesiásticos italianos que encuentra Bradomín en el viejo palacio de *Sonata de primavera*. Más astutos, y mejores actores, ya que son ironistas algunos de ellos en la

---

13. En cada caso cito de las páginas del tomo 1 de *Obras completas de don Ramón del Valle Inclán* (Madrid: Penitud, 1952), 2.ª ed.
14. Semejantes recuerdos actoristas se encuentran en otras obras de Valle Inclán, notablemente durante la reunión de Max Estrella y el Ministro en *Luces de Bohemia*, escena viii.

tradición maquiaveliana, y por lo tanto están en la misma liga teatral que el propio Bradomín. El más cultivado de estos «prelados» cuasi-renacentistas es un tal Monseñor Antonelli, cuyos ojos están llenos de astucia, y cuya voz es grave y meliflua, y capaz de producir un efecto especial en las mujeres, lo que provoca una envidia intensa en el joven marqués. Tanto Antonelli como Bradomín son maestros del fingimiento, por eso se entienden perfectamente uno a otro, aunque nunca se han conocido antes. Cuando el marqués y el monseñor expresan individualmente su pesadumbre ante la muerte del Monseñor Gaetani, cada uno sabe muy bien que el otro está mintiendo, y Bradomín termina el episodio diciendo: «nos miramos de hito en hito, con un profundo convencimiento de que fingíamos por igual, y nos separamos» cap. VII).

Como los demás aspectos de la obra de Valle Inclán, la pintura de los actores eclesiásticos en los años veinte se contagia de la bilis del esperpentismo y sufre cambios radicales. En la mayoría de estos casos tardíos el actorismo no es interior sino que proviene de Valle Inclán mismo, que manipula a sus personajes desde arriba como un titiritero metafórico. Una de las dimensiones nuevas es la parodia literaria, en que los clérigos, o cuasi-clérigos, se reducen a personajes absurdos o grotescos para la sátira de la tradición literaria; son como reflejos fugaces de «héroes clásicos» en el espejo del esperpento. En *Divinas palabras*, por ejemplo, el sacristán Pedro Gailo se convierte en una parodia grotesca del pundonor calderoniano, ejemplificando de antemano la agria actitud de don Estrafalario hacia el teatro del Siglo de Oro. A través de un cura y otros presumidos eruditos Valle Inclán labra una farsa de los pedantes en *La enamorada del Rey* para reducir al absurdo la Real Academia. En *Cara de Plata* otro sacristán fantochesco —se llama Blas de Míguez— sirve para una parodia fársica. Aquí el tema es uno consagrado por el drama burgués del siglo XIX: el moribundo padre de familia se despide de su mujer y sus hijos antes de empezar el viaje eterno. En este caso la visualidad grotesca se entreteje con el absurdo, ya que la misma muerte que se supone está acercándose, está en realidad fingida para acomodar al Abad de la iglesia donde sirve el sacristán. Al final de la escena Blas se rebela contra la orden del Abad, y salta de la cama, su pelo de títere erizado de miedo, y su cuerpo oscilando con una grotesca simetría angular, ya que tiene un zapato puesto y otro no. Lo que tenemos aquí es una escena de la obra de algún Echegaray reflejada en un espejo cóncavo gallego.

Como queda sugerido, la farsa de Blas de Míguez tiene un origen doble. Si el dramaturgo da al fingir de moribundo la forma de parodia literaria, el acto mismo de fingir se origina en la voluntariedad del Abad, que es un auténtico actor eclesiástico a lo Valle Inclán. Es el Abad el que concibe la farsa del sacristán para humillar a los Montenegro, a quienes cree verdaderos hijos de Satanás.[15] Para desafiarlos, el Abad se vale fraudulentamente de los Sacramentos para provocar a don Juan Manuel a cometer un sacrilegio. El artificio de la fingida muerte del sacristán fracasa al fin porque don Juan Manuel es mejor actor que el cura, cuyo rasgo principal es la vanidad, mezclada de su pomposidad de clérigo e ingenuidad de gallego rústico. Don Juan Manuel, por su parte, responde al desafío teatral al mismo nivel, adoptando el papel satánico que el propio cura ha creado para él, y deteniendo la falsa procesión de los Sacramentos. El Abad se ve vencido en su propio juego teatral, ya que los Montenegro, maestros de ironía y de teatro como Valle Inclán mismo, no van a ser intimidados por las maquinaciones de un cura egocéntrico. Tenemos, pues, como culminación de *Cara de Plata*, fraude por fraude, sacrilegio por sacrilegio, y todo juego teatral.

LA TRANSFIGURACIÓN DEL HÉROE

El actor más independiente y caprichoso del teatro-mundo de Valle Inclán no es clérigo ni marqués, sino un soldado heroico de la guerra de Cuba, que opta por la transfiguración visual de su persona mediante la ropa de un difunto burgués. Su impulso al capricho teatral se ve en su mismo apellido, que es Ventolera. Su nombre de bautismo, que es Juanito, sugiere de antemano lo que la obra, *Las galas del difunto*, probará, que don Juan Tenorio ha dado un paseo por el callejón del Gato, y Valle Inclán ha cogido su heroica imagen en la trampa del espejo esperpéntico.[16] Dos héroes tradicionales, pues, encarnados intertextualmente en una sola figura: el uno, un clásico literario, el otro, un clásico cultural, o sea, el héroe militar. El Juanito de Valle Inclán vuelve de Cuba con el pecho cubierto de condecoraciones de guerra, pero en un estado empobrecido, físicamente exangüe y sin peseta alguna. Las cruces ganadas por el heroísmo de la campaña no sirven ni para comprar la cama de una prostituta, ni para impresionar al avariento boticario que acepta de muy mala gana la responsabilidad de alojar al repatriado en su casa. Al morir su patrón de un ataque de alferecía, el despreciado héroe militar, por una ventolera, interpreta la torcida mueca del moribundo como testamento, y se designa así mismo su legatario. De modo que la grotesca muerte del boticario llama a Juanito a otro tipo de heroísmo, o sea, la rebeldía personal contra un mundo tan grotesco como la mueca del mezquino burgués, un mundo en que no vale nada más que el dinero. El heroísmo tradicional es inútil, tanto en una guerra que es «una cochina vergüenza» como en el lupanar o en

---

15. Para un análisis más detallado, véase el ya citado *Valle Inclán: Anatomía de un teatro problemático*, cap. V, 177-93.

16. La interrelación literaria entre los dos Juanes fue establecida originalmente por Juan Bautista Avalle-Arce en «La esperpentización de don Juan Tenorio», *Hispanófila*, 7 (septiembre 1959): 29-39.

la jerarquía de valores burgueses. Ante esto el repatriado convierte su heroísmo de soldado en la autoexpresión de rebelde bien digna de cualquier héroe romántico, incluso su homónimo Juan, el Tenorio: «¡Hay que ser soberbio —declara Juanito Ventolera— y dar la cara contra el mundo entero! A mí me cae simpático el Diablo... Yo respondo de todas mis acciones, y con esto solo ninguno me iguala. El hombre que no se pone fuera de la ley es un cabra» (escena IV). En el mundo del esperpento, todo este romanticismo es sumamente práctico. Los burgueses han impuesto los términos, y Juanito Ventolera, a pesar de su rebelión nihilista, los acepta. Para medrar, el dinero, y si no el dinero, por lo menos las apariencias de la prosperidad burguesa: las galas. De esto proviene la nueva identidad del héroe al iniciar su propia guerra contra el mundo aburguesado.

En los esperpentos, cada protagonista, si es rebelde, ataca el mundo institucionalizado por el estilo que corresponde a su propia autonomía de personaje, así como a ese mundo en que se encuentra. El poeta, Max Estrella, ataca el deformado Madrid de *Luces de Bohemia* creando una estética propiamente deformante que es el esperpento mismo. En *La hija del capitán*, la oportunista hija se rebela mediante el chantaje, porque el Madrid en que vive ella es una ciudad de oportunistas, golfos y especialistas en el mismo chantaje. Siendo soldado perito en las prácticas de la campaña, el recreado Juanito Ventolera aplica en su nueva guerra precisamente lo que el propio ejército le ha enseñado en Cuba: despojar el cadáver. Ahora toda la valentía del héroe militar se dirige al desentierro del difunto burgués, de modo que la campaña se convierte en Camposanto. Después de exhumar al difunto y despojarle de su ropa, Juanito devuelve el cadáver a la caja, pero no hasta vestirlo de su propio uniforme militar y sus condecoraciones de guerra. Para el transfigurado héroe, sus cruces y medallas pueden ir al purgatorio y, si es necesario, al infierno. Se invierten los papeles. El boticario se presentará ante San Pedro como héroe militar, y Juanito, renovado por las galas del difunto, puede presentarse ante las prostitutas y todo el mundo aburguesado de una manera «respetable». Entretanto, con la profanación de la tumba y el desafío a los muertos, Valle Inclán sostiene la doble imagen de dos Juanes heroicos: la cultural, por una parte, y la literaria, por otra. El espejismo teatral de *Las galas del difunto*, pues, es múltiple, como lo es la intertextualidad. La base de todo ello es el actorismo individualista de Juanito Ventolera.

Lo que tenemos elaborado en las páginas anteriores no agota de ningún modo la investigación de nuestro tema. Quedan por explicar, por ejemplo, el actorismo de Max Estrella y otros personajes de *Luces de Bohemia*, la fantochesca figura de Tirano Banderas, y las charadas seudo-eclesiásticas de *Sonata de primavera* [17] y *Sacrilegio*, además de un sinfín de otros elementos que dan forma colectivamente al vasto teatro-mundo de Valle Inclán. Inseparable de todo esto es la visualización. El actor valleinclaniano que no actúa visiblemente es sólo una voz, medio actor. Para Valle Inclán, el teatro es esencialmente un espectáculo, una totalidad de fenómenos tanto visuales como audibles. Al concebir sus obras, el propio don Ramón es al mismo tiempo el creador, realizador y director del espectáculo, así como el espectador. Escrita la obra, ya es una representación viva, con todos los elementos ya representados según la visión interior del dramaturgo. De ahí la importancia de las acotaciones, donde encontramos la obra en su forma de experiencia visualmente acabada, con fondo, movimiento, acción, aspecto, gesto, junto con el diálogo, todos inmediatos y todos concebidos como componentes inseparables uno de otro. La concepción es tal que, sea leída o representada la obra, la debemos experimentar nosotros como lo hacía Valle Inclán mismo, como teatro total. El lector, pues, debe leer el teatro de Valle Inclán como si fuera espectador, porque está asistiendo hasta en su lectura a un espectáculo teatral dinámico, y tiene que visualizarlo todo, tanto el escenario del ancho teatro-mundo como los teatrillos interiores de sus personajes actoristas.

SUMNER M. GREENFIELD
University of Massachusetts, Amherst

---

17. Véase mi artículo «Bradomín and the Ironies of Evil: A Reconsideration of *Sonata de Primavera*», *Studies in Twentieth Century Literature* 2.1 (Fall 1977): 23-32.

HUELLAS DEL MODERNISMO EN «LUCES DE BOHEMIA»

> Don Gay: «La creación política es ineficaz si falta una conciencia religiosa con su ética superior a las leyes que escriben los hombres.»
>
> Max: «Ilustre Don Gay, de acuerdo. La miseria del pueblo español, la gran miseria moral, está en su chabacana sensibilidad ante los enigmas de la vida y de la muerte.»
>
> *Luces de Bohemia*, Esc. 2.[1]

Al intercalar en 1924 tres nuevas escenas (2, 6, 11) y revisar la edición original de 1920, Valle Inclán hace resaltar el contenido socio-político de *Luces de Bohemia*. La versión de 1924, mucho más politizada, matiza e intensifica aspectos de la feroz sátira, ya presente en 1920, de instituciones y personalidades artísticas y políticas. Hasta hoy aun los mejores estudios comparativos de los dos textos,[2] muestran un interés explicable por la nueva tendencia política y social, apenas rozando aquellos elementos de inspiración modernista que representan la continuidad de estilo y pensamiento del autor.

En su nivel más directo y accesible, la huella modernista en *Luces de Bohemia* consiste de la presencia o mención de personajes, temas y recursos literarios representativos del movimiento. Haciendo· un breve recuento, son las escenas 9 y 14 donde mayormente encontramos mención de personajes, directa o indirectamente relacionados con el Modernismo: Se alude a Francisco Villaespesa, Helena P. Blavatsky, Verlaine; Rubén Darío y el Marqués de Bradomín intervienen como personajes en la obra. Es significativo que la intervención de Darío y Bradomín sea antes y después de la muerte de Max Estrella, creando una

---

1. Citamos siempre de la edición de Espasa-Calpe, S. A., 1973.
2. J. E. Lyon, «A Note on Two Versions of 'Luces de Bohemia'», *Bulletin of Hispanic Studies*, LXVII (núm. 1, enero de 1970), pp. 52-56.

aureola o nimbo cordial alrededor del poeta. En el Café Colón, Max revive fugazmente con el nicaragüense sus años de bohemia parisiense, mezclados con champaña y los versos de Darío al Marqués de Bradomín. Preside la evocación de la «fiesta divina y mortal, la sombra del santón máximo del Modernismo, «Papá Verlaine».

En la escena 14, en el Cementerio del Este, después de acompañar el entierro de Max, Darío y Bradomín inician un diálogo de motivos literarios (teoría sobre la «emoción» de las palabras, paganismo vs. cristianismo, Shakespeare), la muerte y el olvido. Junto con los temas de la Gnosis y la Magia, y la idea del poeta-vate, forman éstos el núcleo más importante de conceptos asociados con el Modernismo. El tema del poeta-vate, entrelazado con el de la ceguera visionaria, tendrá un papel destacado en la caracterización de Max Estrella (pp. 8-9, 70, 95, 135).[3]

La alusión y el arquetipo, recursos preferidos de Valle en su fase modernista para dar a sus figuras un aire de atemporalidad o mejor definir un rasgo de carácter,[4] juega todavía un papel importante en *Luces de Bohemia:* Max se semejará a Hermes en apariencia física (p. 8), a Homero y Belisario en su ceguera (p. 93), a Martín de Tours en su generosidad (p. 105), a Dante en su descenso a los infiernos (pp. 127-128) y a César en el ademán augusto (p. 103). La descripción de Rubén Darío incorpora una serie de alusiones a su apariencia india que prestan un aire hierático y misterioso a su figura: «máscara de ídolo» (p. 103), «gesto de ídolo» (p. 109). En su meditación será «índico y profundo» (p. 111) y recordará «la tristeza vasta y enorme esculpida en los ídolos aztecas» (p. 109). Como poeta, lucirá un «gesto sacerdotal» (p. 111). Este muestrario de temas y recursos estilísticos de origen modernista servirá de testimonio parcial de la continuidad del proceso creador del autor.

Siguiendo este proceso al plano del pensamiento, intentaremos trazar la posible huella modernista en su conjunción con el tema sociopolítico, en las tres escenas intercaladas en 1924 (2, 6, 11). La escena segunda consiste de un coloquio de intelectuales en la tienda del librero-editor Zaratustra. Max Estrella y don Gay Peregrino, recién llegado de Inglaterra, dialogan sobre la relación entre la creación política (Estado) y el concepto religioso de los pueblos: Max —«La miseria del pueblo español, la gran miseria moral, está en su chabacana sensibilidad

---

3. Aparte de la influencia de la literatura clásica (Homero, Tiresias, Edipo), la literatura castellana abunda en ciegos mendicantes con o sin verdaderas o fingidas cegueras y poderes oraculares. Basta nombrar el del *Lazarillo* o el Maese Pedro del *Quijote.* La figura del ciego, como personaje secundario, es común en la obra de Valle Inclán. Ejemplo coetáneo lo es el Ciego de Gondar de *Divinas Palabras.* El tema de la ceguera visionaria u oracular ocupa un lugar destacado en la *Lámpara Maravillosa* (1916), pp. 27, 114-115, 122-123.

4. Véase Umpierre, G., *Divinas Palabras: Alusión y Alegoría,* Estudios de Hispanófila, Chapel Hill, N.° Carolina, 1971.

ante los enigmas de la vida y de la muerte.» Don Gay recomienda rehacer el concepto religioso español en «el Arquetipo del Hombre-Dios»
y «hacer la Revolución Cristiana, con todas las exageraciones del Evan-
gelio». «Hay que resucitar a Cristo», dirá Max. «La creación política es
ineficaz si falta la conciencia religiosa, «producto de la sensibilidad y
dueña de una «ética superior a las leyes que escriben los hombres»
(p. 20). Junto a la mención de Lenín y de «los demagogos de la extrema
izquierda. Acaso nuevos cristianos, pero todavía sin saberlo», todo ello
revela la intención por parte de Valle de crear una síntesis de elementos cristianos y las nuevas corrientes políticas y sociales. Ya en 1907-
1908, en *Águila de Blasón* y *Romance de Lobos*, Valle Inclán había for-
mulado con similar intención reformista una fusión de elementos cristianos y nietzscheanos por medio de una complicada red de símbolos
y alusiones. Este paralelismo de procedimientos sincréticos en *Luces
de Bohemia* y las *Comedias Bárbaras*, producto en gran medida de la
herencia simbolista del Modernismo, refleja la visión moral de lo social
característica de Valle Inclán.[5]

En esta misma escena segunda, quizá con intención de crear una
perspectiva histórica, Valle introduce el tema de Inglaterra y la ejemplaridad cívica y política de la sociedad inglesa, artículo de fe durante
gran parte del siglo 19 para la burguesía liberal europea:

> DON GAY: «Es preciso reconocerlo. No hay país comparable a In-
> glaterra. Allí el sentimiento religioso tiene tal decoro,
> tal dignidad, que indudablemente las más honorables
> familias son las más religiosas. Si España alcanzase un
> más alto concepto religioso, se salvaba.»

Sea o no Don Gay Peregrino «simulación del escritor Ciro Bayo
(1859-1939)»,[6] su antepasado literario lo tenemos en el anglófilo don
Manuel Moreno Isla de *Fortunata y Jacinta*, con quien también comparte una intención ironizante por parte del autor. La función contrastiva
de Inglaterra («Asilo de Reina Elizabeth») sugiere por medio de su intención irónica un rechazo del ideal político tradicional de la burguesía
liberal. Rechazo que apunta a la fascinación en aumento con el experimento político ruso y las nuevas tendencias políticas en España, por
parte del autor. En todo caso, el modelo inglés es finalmente rechazado
en forma humorística por razones climatológicas.

En la importante escena sexta, eje estructural y temático de la obra,
Valle volverá a subrayar su visión espiritualista de las nuevas fuerzas
políticas, en este caso, el anarquismo. Y así encontraremos en la conversación de Max Estrella con el obrero catalán prisionero referencias

---

5. Véase Umpierre, G., op. cit.
6. Véase *Luces de Bohemia*, edición de A. Zamora Vicente, Clásicos Castellanos, Espasa-Calpe, Madrid, 1973, p. 16, nota 20.

onomásticas de carácter evangélico, «Saulo», «Mateo», que encierran también alusiones, tanto al líder socialista Pablo Iglesias, como al conocido anarquista Mateo Morral. Igualmente, encontramos otras expresiones de obvia intención sincrética como: «Pertenecemos a la misma Iglesia», o «Saulo, hay que difundir por el mundo la religión nueva, que subrayan el elemento de justicia social de los Evangelios». Irónicamente, en gran medida son las creencias espiritualistas de Valle Inclán, tan alejadas del cristianismo tradicional, las que inspiran su fe en la fuerza moral de las religiones y su eficacia política.

En contraste a las escenas segunda y sexta de 1924, la huella literaria del Modernismo se limita en la escena undécima al uso de referencias arquetípicas. Dos veces, en sentido análogo, Max, movido por los violentos sucesos callejeros presenciados por él y Don Latino, llama la vida española, «círculo infernal» (p. 127) y «círculo dantesco» (p. 128). Esta escena, poco antes de su muerte, es la culminación del tránsito nocturno del poeta por un mundo de miserias económicas, morales y sociales que desembocarán en los atropellos callejeros contra el pueblo por parte de las fuerzas de la autoridad, suscitando la indignación violenta de Max. Este modo de sentir el mundo social como algo infernal, de raíz romántica, es otro rasgo que apunta directamente a la herencia simbolista del Modernismo y a su concepción metafísica de la realidad.

Durante el resto de la escena, Valle Inclán, con intención claramente dialéctica, agrupa a los personajes restantes en dos bandos opuestos que siguen los tradicionales esquemas de la lucha de clases: De un lado, los representantes del pueblo y de la clase obrera —mujeres del pueblo (Madre del niño muerto, Una Vieja), la Trapera y un Albañil; del otro, miembros de la pequeña burguesía y las fuerzas del orden público— el Empeñista, el Tabernero, el Retirado y un Guardia, defensores de la «propiedad privada» y «El Principio de Autoridad».

El repetido número de alusiones y paralelismos en las escenas 2, 6, 11 (1924) sirven una evidente función sincrética. El apuntar las analogías entre el mensaje bíblico y las nuevas ideologías políticas, sin ser original de Valle Inclán y no obstante las contradicciones implícitas, representa una tendencia a utilizar la tradición española como puente para introducir en su obra conceptos tomados de nuevas ideologías políticas o filosóficas. Para mejor comprender este aspecto, aparentemente contradictorio, del proceso creador del autor debemos referirnos al sentido reformista del tradicionalismo de Valle Inclán, ampliamente expresado por el Marqués de Bradomín en *Los cruzados de la causa* (1908). Refiriéndose al conflicto entre el liberalismo y el tradicionalismo español durante el siglo XIX, Bradomín deplora la destrucción de la tradición española en las guerras civiles (carlistas):

«¡El genio del linaje!... Lo que nunca pudo comprender el liberalismo, destructor de toda la tradición española. Los mayorazgos eran la historia del pasado y debían ser la historia del porvenir. Esos hidalgos rancios y dadivosos venían de una selección militar. Eran los únicos españoles que podían amar la historia de su linaje, que tenían el culto de los abuelos y el orgullo de las cuatro sílabas del apellido. Vivía en ellos el romanticismo de las batallas y de las empresas que se simbolizan en un lobo pasante o en un león rapante. El pueblo está degradado por la miseria, y la nobleza cortesana por las adulaciones y los privilegios, pero los hidalgos, los secos hidalgos de gotera, eran la sangre más pura, destilada en un filtro de mil años y de cien guerras. ¡Y todo lo quebrantó el caballo de Atila!», *Los cruzados de la causa*, cap. XIX.

Al subrayar Valle Inclán las analogías con la tradición, ésta se transforma en elemento funcional que contribuye a captar la aceptación del público para las nuevas ideologías.

El que Valle Inclán recurra en 1924 a la analogía entre elementos políticos y religiosos revela la persistencia de una visión espiritualista heredada del Modernismo. Sin embargo, la relación de su espiritualismo a las nuevas teorías políticas resulta precaria, como consecuencia de sus concepciones antitéticas de la realidad: Junto a la consigna de cambio social por medio de la actitud militante, violenta, con su interpretación materialista del mundo, hallamos en relación ambigua, una corriente espiritualista que aspira por medio de la sensibilidad individual a mejorar esa realidad material y social, eventualmente trascendiéndola. La expresión gráfica de esa dualidad antitética se halla en la escena 6, donde después de abogar por la violencia y cambios radicales en las estructuras económicas, Max Estrella terminará expresando su dolor por el asesinato del prisionero anarquista, sentado «con las piernas cruzadas, en una actitud religiosa, de meditación asiática».

Como nota final a este estudio de aspectos seleccionados del Modernismo, referimos al lector a una curiosa variante introducida en 1924, en la escena cuarta (p. 48). En animada discusión con el poeta modernista Dorio de Gadex, Max Estrella afirma su identificación con el pueblo («Yo me siento pueblo. Yo había nacido para ser tribuno de la plebe», etc.), ignorando las pretensiones aristocráticas de Dorio («Usted es un poeta, y los poetas somos aristocracia.») En este contexto se introduce la variante mencionada, «¡El *épico* rugido del mar! ¡Yo me siento pueblo!», respuesta de Max a la caracterización de los disturbios callejeros expresada por Dorio de Gadex: «el rebuzno libertario del honrado pueblo.» Esta breve interpolación sugiere otro punto de contacto entre el Modernismo y el tema político-social. El adjetivo «épico», alusión implícita al género literario con sus cualidades de objetividad, interés en hechos bélicos memorables y personajes heroicos, trasluce el modo de sentir el autor los violentos sucesos políticos contemporáneos dentro y fuera de España durante la década del 1914 al 1924. «La Revolución es aquí tan fatal como en Rusia», había pronosticado Max (p.

45).[7] Todo lo cual parece evidenciar que Valle Inclán encuentra una nueva fuente de emoción estética en las grandes acciones revolucionarias coetáneas —revoluciones rusa y mejicana. Influencia esta última, resultado de su viaje a México de 1921, como huésped de honor a las fiestas conmemorativas de la Independencia de México. Dada su admirable vocación de renovación artística, no es sorprendente que así sea. Particularmente, si recordamos también el hondo sentido de justicia social que late en toda su obra anterior. Ya en 1920, Luis Araquistain, al plantearse la relación existente entre el Carlismo de Valle Inclán y sus nuevos entusiasmos políticos, vio en los «anhelos heroicos» del autor la unidad psicológica que relaciona a ambos.[8]

Por medio de la serie de motivos modernistas aquí expuestos, hemos visto el carácter transitivo de *Luces de Bohemia*. Transición que apunta a una nueva actitud de compromiso y responsabilidad social que Max Estrella, llevado por la indignación y la rabia, expresa de manera sintética y estridente: «¡Canallas!... ¡Todos!... ¡Y los primeros nosotros los poetas!...»

Gustavo Umpierre
Fordham (CLC)

7. Para las declaraciones periodísticas de Valle Inclán favorables a la revolución rusa, Lenin y la reforma agraria mejicana, véase Rubia Barcia, J., *A Biobibliography and Iconography of Valle Inclán*, Publications in Modern Philology, LIX, U. of California, 1960, pp. 18-23, y Dougherty, D., *Un Valle Inclán olvidado: entrevistas y conferencias*, Ed. Fundamentos, Madrid, 1983, pp. 103-104, nota 128.

8. Cfr. Dougherty, D., op. cit., pp. 103-104, nota 128.

BREVE REFLEXIÓN SOBRE EL PROBLEMA DEL «ESPERPENTO»

Dentro de la historia de las formas dramáticas del teatro europeo del siglo xx, todas ellas surgidas —desde Jarry a Brecht y de Artaud a Ionesco o Becket— como respuesta a la necesidad de ruptura con las dramaturgias «de la apariencia» o «de la ilusión» del llamado realismo burgués, quizá sea el esperpento el modo de representación de la realidad que más lejos va en su empeño de expresar simultáneamente, no alternada o sucesivamente, la condición a la vez grotesca y trágica de la existencia histórica del individuo-en-su-sociedad. En la trama de esa historia ideal nunca escrita, e imposible ya de escribir, del teatro occidental contemporáneo, el esperpento *hubiera debido de ser* el eslabón, para siempre ya invisible e inexistente en términos de historia real, entre Jarry y Brecht, entre Jarry y Artaud, entre Jarry y Ionesco, entre «teatro parafísico», «teatro épico», «teatro de la crueldad» y «teatro del absurdo». Su originalidad estructural consistió y consiste —aunque sin impacto ni descendencia europeas entre pasado y presente del esperpento— en expresar el cortocircuito dialéctico entre la figura teatral del héroe clásico, asaltado por todas las dramaturgias contemporáneas, y su funcionamiento cotidiano en la historia como sistema alienante, fundiéndose en él, a modo de crisol del nuevo personaje teatral, la dimensión trágica y la dimensión grotesca de la realidad histórica occidental, realidad que incluía su propia representación literaria por integración de diversos modos de desvalorización de lo real: parodia, sátira, caricatura.

Casi todas las definiciones del esperpento como forma teatral, como categoría estética y como visión de la condición humana encarnada en la historia, vienen a coincidir implícitamente en destacar en él lo que tiene de encrucijada formal o semántica, de nudo de contrarios, de síntesis de opuestos. Son ese mismo sentido y esa misma función de síntesis antitética, aunque no en el mismo grado que alcanzará a partir de *Los cuernos de don Friolera,* los que encontramos en la célebre definición especular que del esperpentismo diera Max Estrella en la Escena Duodécima, la de la agonía del tránsito de la muerte, último paso degradado de procesión profana de esa secular Pasión madrileña:

Los héroes clásicos han ido a pasearse en el callejón del Gato [...].
Los héroes clásicos reflejados en los espejos cóncavos dan el Esperpento. La definición de Max no elimina o sustituye al héroe clásico para

incluir sólo su reflejo deformado, sino que incluye a ambos a la vez, siendo el esperpentismo el nudo que los funde en imposible unidad y el esperpento la representación dramática de ese nudo de opuestos. Realidad y apariencia, ser e imagen, sujeto trágico y reflejo grotesco del sujeto como objeto, héroe clásico y fantoche aparecen juntos, en tensión, sin excluirse el uno al otro, en indisoluble contradicción. La diferencia, sin embargo, entre esta definición informal y su formalización estructural en los tres esperpentos reunidos más tarde en *Martes de Carnaval* —diferencia importante en la evolución interna de la dramaturgia del esperpento y en la transformmación de la visión esperpéntica— estará, a mi juicio, en la sustitución del héroe clásico que es todavía Max Estrella, ciego «como Homero y como Belisario» y cuya «cabeza rizada y ciega, de gran carácter clásico-arcaico, recuerda los Hermes», por su estereotipo mitificado. El original, todavía enraizado en las fuentes del mito del héroe, será sustituido en su misma raíz por su simulacro o apariencia sacralizados. Si Max Estrella tiene todavía la dignidad de los mármoles clásicos, los nuevos «héroes» están hechos de simple escayola y cartón piedra que pasan o pretenden pasar o son hechos pasar por mármol.

El modelo puro, con valor de paradigma estructural, del nuevo esperpento o esperpento pleno hay que buscarlo en *Los cuernos de don Friolera*. En él, como en *Las galas del difunto* o en *La hija del capitán*, intervienen —a diferencia de *Luces de bohemia*— dos modos concurrentes y simultáneos de teatralización en relación de contradicción, dos sistemas de signos (lingüísticos, visuales, semánticos, de situación y de acción, de gestos, etc.) en relación de ruptura, configurados mediante los dos espejos/focos —el del bululú y el del romance de ciego— que proyectan simultáneamente, y no sucesivamente o copulativamente como en *Luces de bohemia*, sus imágenes sobre un tercero —el espejo/foco esperpéntico— que los integra, desintegrándolos como unidades autosuficientes de representación autónoma de la realidad.

La misma unidad de contradicción aparece también en las expresiones utilizadas por Valle Inclán para definir sus personajes («héroes bufos y... payasos trágicos»),[1] o en las transcritas en las entrevistas perdidas en publicaciones periódicas de España y América y hoy, felizmente, rescatadas y publicadas por Dru Dougherty,[2] tres de las cuales me interesa citar.

1. Hay veces en que la seriedad de la vida, en que la fatalidad es superior al sujeto que la padece. Cuando el sujeto es un fanto-

1. *Viva mi dueño*, Obras Completas, II, Madrid, Plenitud, 3.ª ed., 1954, p. 1583.
2. *Un Valle Inclán olvidado: entrevistas y conferencias*, Madrid, Espiral/Fundamentos, 1982. Todas las citas remiten a esta edición. Algunos de esos textos los recoge también John Lyon en el «Apéndice» que cierra su excelente libro *The Theatre of Valle-Inclán*. Londres, Cambridge University Press, 1983.

che ridículo, el choque manifiesto entre su inferioridad y la nobleza del dolor que pesa sobre él produce un género literario grotesco [...] el «esperpento». (p. 102, nota 127). [1920].

2. Estoy iniciando un género nuevo, al que llamo «género estrafalario». Ustedes saben que en las tragedias antiguas, los personajes marchaban al destino trágico valiéndose del gesto trágico. Yo en mi nuevo género también conduzco a los personajes al destino trágico, pero me valgo para ello del gesto ridículo. En la vida existen muchos seres que llevan la tragedia dentro de sí y que son incapaces de una actitud levantada, resultando, por el contrario, grotescos en todos sus actos. (pp. 106-107) [1921].

3. La vida —sus hechos, sus tristezas, sus amores— es siempre la misma fatalmente. Lo que cambia son los personajes, los protagonistas de esta vida. Antes, esos papeles los desempeñaban los dioses y héroes. Hoy... Antes, el Destino cargaba sobre los hombres —altivez y dolor— de Edipo o de Medea. Hoy ese destino es el mismo: la misma su fatalidad, la misma su grandeza, el mismo su dolor. Pero los hombros que lo sostienen han cambiado. Las acciones, las inquietudes, las coronas son las de ayer y las de siempre. Los hombres son distintos, minúsculos para sostener ese gran peso. De ahí nace el contraste, la desproporción lo ridículo. El dolor de don Friolera es el mismo que el de Otelo, y, sin embargo, no tiene su grandeza. La ceguera es bella y noble en Homero. Pero en *Luces de hobemia* esa misma ceguera es triste y lamentable, porque se trata de un poeta bohemio: de Máximo Estrella. (p. 192) [1930].

No creo que todas estas afrmaciones de Valle puedan aplicarse a Max Estrella, el cual, en tanto que personaje dramático, no está construido como «fantoche ridículo», ni definido por el «gesto ridículo» ni es incapaz de «actitud levantada» ni resulta «grotesco en todos sus actos», aunque lo sea el espacio físico, moral, literario o político, es decir, la imagen teatralizada del mundo, en el que como personaje existe o la imagen que de él proyectan otros personajes que sí están construidos como «fantoches ridículos» o definidos por el «gesto ridículo» o son «incapaces de la actitud levantada» y «grotescos en todos sus actos». Aunque Max Estrella tenga una aguda conciencia del sentido esperpéntico de la realidad en la que se halla inmerso y de la etapa final de su propia aventura existencial, no pienso que pueda definírsele, en su estatuto mismo de personaje, como personaje esperpéntico. En este sentido pienso que está más cerca del don Juan de Montenegro de las *Comedias Bárbaras* que de don Friolera. Es en éste, no en aquél, donde encontramos por primera vez el héroe esperpéntico absoluto en un mundo también absolutamente esperpético.[3]

A partir de *Los cuernos de don Friolera*, primer esperpento absoluto, la figura estructural básica del género vendría a ser —pienso— el *oxímoron*, el cual consiste, precisamente, en la síntesis de contrarios, síntesis de antítesis, tensión de oposiciones, *coincidentia oppositorum*, en donde «la antítesis es negada y la contradicción plenamente asumida».[4] Pero un *oxímoron* convertido de simple «figura» en sistema de configuración literaria, extendido a todos los niveles de la estructura dramática del texto, y a las articulaciones entre éstos, es decir a su sintaxis, y utilizado como instrumento fundamental de construcción dramática y como principio estructurador de la dramaturgia del esperpento como texto teatral. Es todo el sistema de relaciones entre los elementos dramáticos, los definidos por la *Poética* aristotélica, y cada uno de ellos en sí, lo sometido a la ley interna del oxímoron.

En la cadena verbal cada unidad —vocablo, sintagma o frase— va enlazada semánticamente a su unidad contraria, construyéndose el lenguaje como portador de su propio contralenguaje o antilenguaje, como si el acto de creación lingüística estuviera preñado del principio de su autodestrucción. El contenido del sustantivo es minado por el del adjetivo, como el estatuto del sujeto por el de su complemento o el de su verbo, unidos en la permanente guerra civil estructural de la interrelación oximorónica. Si el campo léxico o semántico de la palabra es noble o culto, el de la situación dramática en que es proferida es innoble o vulgar, o viceversa, o lo es el tono empleado; si palabra y situación son elevadas, nimbadas por un halo de dignidad, intencional o real, el sistema gestual es ridículo y/o los signos de vestido o de movimiento o de voz son irrisorios, o están degradados los signos visuales del decorado, según la acotación —compleja y matemática máquina de teatralización esperpéntica de acción, personaje, espacio... etc.— se encarga de precisar.

No importa qué signo productor de identificación o participación (ternura, bondad, inocencia) es anulado por signos de distanciación o extrañamiento (ridículo, necedad, degradación), como la emoción es desintegrada por la burla, lo patético por lo bufo, el mito por la historia, la historia por la anécdota insignificante, el individuo y su combate por el código degradado o el estereotipo institucionalizado, la existencia por una axiología incongruente o inverosímil. Una constante y esencial operación de desdoblamiento integral impone estructuralmente una homicida tensión desintegrante, en todos los niveles del universo dramático, del modelo aristotélico de estructura dramática: *mythos, lexis, ethos,*

---

3. Escribe, sin embargo, Antonio Buero Vallejo que: «Los esperpentos de don Ramón son buenos (...) porque no son absolutos», en *Tres maestros ante el público (Valle Inclán, Velázquez, Lorca)*, Madrid, Alianza, 1973, p. 44.

4. J. Dubois *et al. Réthorique générale*, París, Larousse, 1970, p. 120.

dianoia e, incluso, *opsis y melopiia.* Desdoblamiento operativo, es decir, dinámico, que introduce, como a manera de cuña dialéctica, un elemento subersivo en el acto mismo de su percepción por el lector, el cual capta simultáneamente la diferencia y la identidad, así como el sentido del no-sentido y la significación de la no-significación, y viceversa. El esperpento, en tanto que objeto estético construido y articulado como sistema oximorónico, no sólo significa oximorónicamente, sino que, en tanto que representación teatral de la realidad, pretende representarla oximorónicamente también. No es, por lo tanto, sólo el «héroe clásico» el que es paseado por delante de los célebres espejos, según acontece, en efecto, en *Luces de bohemia,* sino la entera operación configuradora de la *mimesis,*[5] la que es llevada al callejón del Gato, única manera posible de objetivar en el texto la visión esperpéntica de la realidad, visión radicalmente desdoblada.

Ahora bien, a la visión esperpéntica de la realidad configurada en el texto esperpéntico mediante el oxímoron, debería corresponder igualmente el montaje y representación escénicos esperpénticos, los cuales, a su vez, propicien y produzcan como resultado la recepción esperpéntica por parte del espectador. ¿Es esto posible?

Mi experiencia como espectador de los esperpentos de Valle Inclán —cierto que particular y limitada como tal— ha arrojado siempre un saldo negativo o deficitario, no porque su representación escénica no ofreciera un placer estético, que sí lo procuró, e intenso a veces, pero sólo en tanto que *teatro* excelentemente montado y actuado, no en tanto en cuanto *esperpento.* La frustración sentida como espectador del esperpento la explicaba yo como consecuencia de la distancia entre texto y representación: al pasar de aquél a éste, el problema parecía estar, en cada instancia, en que la representación del texto esperpéntico rompía la unidad estructural del esperpento como *texto,* descomponiéndolo en los distintos elementos o formas teatrales (sainete, farsa, melodrama, tragedia) que el esperpento incorpora como materiales de construcción, integrándolos dialécticamente para destruirlos o subvertirlos. De sobra es conocido desde el libro de Zamora Vicente,[6] para que sea necesario insistir en ello, cómo el esperpento utiliza los distintos subgéneros del teatro popular de fines de siglo/principios de siglo, así como del teatro culto, para construir con ellos, o a partir de ellos, un objeto estético distinto, nuevo y absolutamente original en el panorama, no sólo del teatro español, sino del teatro occidental contemporáneo. Este problema —problema de montaje— podría ser, como es obvio, puramente coyuntural: bastaría, en efecto, que el director descubriera la

---

5. Pienso, de total acuerdo con Paul Ricoeur, que los dos términos de *mythos y mimesis* deben de ser entendidos como operaciones y no como estructuras. Ver su reciente libro *Temps et récit-I,* París, Seuil, 1983, p. 67.

6. *La realidad esperpéntica (Aproximación a «Luces de Bohemia»),* Madrid, Gredos, 1969.

técnica idónea de montaje que permitiera no descomponer la unidad del texto. Incluso, globalizando y radicalizando todavía más el problema y su solución, bastaría, en última instancia, que los hombres de teatro —director, escenógrafo, actor, técnicos de luz y de sonido— descubrieran las técnicas y procedimientos conducentes a la creación de la dramaturgia de montaje y representación que correspondiera y respondiera a la propia e inconfundible del texto.

Traducidas, pues, a preguntas concretas, las cuestiones a formular serían las siguientes: ¿Cómo montar esperpénticamente el esperpento-texto y cómo representarlo esperpénticamente? ¿Cómo deberá actuar el actor esperpéntico utilizando su cuerpo como instrumento de oximoronización? ¿Cómo crear un espacio, unos signos visuales y auditivos, un ritmo o tiempo propiamente esperpénticos, regidos, tanto formal como semánticamente, por la ley del oxímoron?

Y dado que estos problemas concretos, pero insoslayables, puedan resolverse, lo cual ya me parece empresa muy dificultosa, todavía quedaría un último problema, todavía más difícil de resolver, si no imposible, problema que podría formularse con estas preguntas: ¿Cómo mirar esperpénticamente la representación esperpéntica del texto esperpéntico? ¿Puede haber un espectador capaz de realizar *in actu* la operación oximorónica —afirmación/negación, creación/destrucción— que la recepción esperpéntica, realmente esperpéntica, requiere?

Si unimos en una sola cadena interrogativa todas nuestras preguntas, ¿cómo puede el espacio escénico, con toda su compleja máquina sígnica, significar oximorónicamente, y el actor actuar oximorónicamente y el espectador percibir, interpretar y entender oximorónicamente?

El fondo último e insobornable del problema del esperpento no está —al menos para mí— en que el esperpento no sea teatral o sea una forma de anti-teatro, sino, más radicalmente, en que el teatro sea, quizás, por esencia y presencia, anti-esperpento.

FRANCISCO RUIZ RAMÓN
University of Chicago

MAX ESTRELLA, ¿PERSONAJE ESPERPÉNTICO?

Luces de bohemia es una de las obras que han despertado mayor interés en la crítica valleinclanesca lo que ha originado la publicación de una gran cantidad de ensayos sobre este esperpento. Como es harto sabido, la estética del grotesco da forma a este nuevo género como expresión plástica de imágenes dirigidas a estimular en el espectador o lector una toma de conciencia de la realidad contemporánea.

Se ha dicho que en *Luces de hobemia* «El tema principal de la acción de la obra es mostrar el estado de corrupción en que se encuentra España».[1]

Respecto al protagonista, Max Estrella, se ha expresado lo siguiente: «poeta ciego, orgulloso, obligado a desempeñar su papel trágico ante un público insensible, y quien acaba por mofarse de su propia tragedia, por rechazarla como un absurdo completo.[2]

Sin ir en contra de estas aseveraciones me propongo acercarme someramente a dos aspectos de la obra: ambiente y protagonista con el fin de explorar otras dimensiones sugeridas por el texto. El propósito principal es averiguar si efectivamente, y hasta que punto y por qué razón, es Max Estrella un personaje esperpéntico, tal como lo es el Teniente Astete, por ejemplo, personaje central del esperpento *Los cuernos de don Friolera*.

Respecto a la elaboración de las criaturas literarias que pueblan *Luces de bohemia* se nota una marcada diferencia en la técnica observada por su autor. En este esperpento Valle Inclán utiliza no una, sino *dos* de sus tres famosas maneras de ver al personaje. Al crear a Max Estrella practica la *segunda manera:* «que es mirar a los protagonistas... como de nuestra propia naturaleza (...) como si fuesen ellos nosotros mismos, como si fuera el personaje un desdoblamiento de nuestro yo, con nuestras mismas virtudes y nuestros mismos defectos (...). Esto es Shakespeare, todo Shakespeare (...). Los personajes, en este caso, son de la misma naturaleza humana, ni más ni menos que el que los creo...»[3]

---

1. María Eugenia March, *Forma e idea de los esperpentos*, Estudios de Hispanófila, 1969, p. 87.
2. Cardona y Zahareas, *Visión del esperpento*, Castalia, 1970, p. 72.
3. Citado por Gregorio Martínez Sierra, «Hablando con Valle Inclán», en José Esteban, *Valle Inclán visto por...*, Editorial Gráficas Espejo, 1973, p. 297.

Sin embargo, los demás personajes que comparten la trama de *Luces de bohemia* (a excepción de Madame Collet, Claudinita, el paria catalán y la mujer que lleva en brazos a un hijo que ha sido muerto en una refriega callejera) no responden a esta *segunda manera* sino a la que Valle distingue como *tercera manera:* «que es mirar al mundo desde un plano superior, y considerar a los personajes de la trama como seres inferiores al autor, con un punto de ironía. Los dioses se convierten en personajes de sainete: (...) manera de demiurgo, que no se cree en modo alguno hecho del mismo barro que sus muñecos (...) es como si los héroes antiguos se hubiesen deformado... Y estos seres deformados son los héroes llamados a representar una fábula clásica no deformada. Son enanos y patizambos, que juegan una tragedia».[4] O lo que es lo mismo, el hombre actual que participa en los destinos de la nación asumiendo un papel de protagonista de la historia no está a la altura de su responsabilidad, por lo tanto se ha convertido en caricatura de los ideales clásicos. El honor y la justicia no son los valores que rigen los ideales de la razón de actuar de estos protagonistas. Sólo tienen como norte el interés personal inspirado en un materialismo absoluto. En esta sociedad el hombre se ha convertido en un ente grotesco, quien se vuelve a veces animal y otras se transforma en cosa, en títere manipulado por los demás, como le sucede a don Friolera. Éste es sacrificado en aras del falso honor del farisaico cuerpo de carabineros, mientras éstos se dedican al contrabando en toda regla y otras ocupaciones por el estilo.

Valle amplía un poco más el sentido de sus teorías referidas a la elaboración de sus criaturas literarias: «Tenemos áspera la paternidad [Cervantes, Quevedo, Goya, Valle Inclán]. Porque nos asiste la indignación de lo que vemos ocurrir fatalmente a nuestros pies. España es un vasto escenario elegido por la tragedia (...) un drama superior a las facultades de los intérpretes. Éstos, monigotes de cartón, sin idealidad y sin coraje, nos parecen ridículos en sus arreos de héroes. (Con gran ironía Valle continúa explicando el sentido de su percepción de esta realidad): Todo nuestro censo de población no vale lo que una pandilla de comiquillos empecinados en representar el drama genial de la vida española... El resultado naturalmente, es un esperpento».[5]

La España de fines del XIX y del primer cuarto del XX, ambiente de *Luces de bohemia*, vive una intensa tragedia. Esta nación que había señoreado el mundo occidental ocupa ahora una situación marginal en los destinos de Europa, políticamente ya no cuenta, el aislamiento es total. Se halla en el último peldaño de un descenso que se había iniciado tiempo atrás. La realidad española la resume en dos versos Antonio Machado:

4. Ibídem, pp. 297-298.
5. Madrid, *Vida*, reproducido en Cardona y Zahareas, *Visión del esperpento*, Castalia, 1970, p. 238.

Castilla miserable, ayer dominadora,
envuelta en sus andrajos desprecia cuanto ignora.

La apatía y la abulia, consecuencia de la decadencia política y económica, llena todo. Este es el ambiente que se refleja en *Luces de bohemia* donde un cinismo increíble ha substituido todo orgullo y respeto nacional y sólo prevalece un sentimiento de pesimismo, de derrota, con una actitud de «sálvese quien pueda». En este mundo esperpéntico se ve obligado a existir Max Estrella como ser humano y como poeta en representación arquetípica del artista, del intelectual.

El protagonista de *Luces* es creado a base de varios componentes, técnica característica de su autor. Estos componentes son sometidos a una reelaboración artística de la que surge una nueva criatura original y única, quien funciona con entera autonomía como personaje de la obra. La crítica que se ha ocupado de este personaje da por hecho que Valle Inclán ha llevado a Alejandro Sawa a protagonizar *Luces de bohemia*. En efecto, varios aspectos de la vida y la persona de este escritor bohemio dan corporeidad a Max Estrella. Sin embargo este personaje ciego es el más autobiográfico de todos los personajes de Valle Inclán. Max Estrella como arquetipo del artista representa también a Valle Inclán encarnado espiritualmente en su personaje a través del cual se autodefine como conciencia de su tiempo, expositor de los males que aquejaban a España al iniciarse el siglo XX. En el esperpento se zahiere a sus dirigentes «enanos y patizambos» «pandilla de comiquillos» que creían valer más que «todo su censo de población».

El artista como tema pertenece a una tradición literaria en Europa pero la odisea de Max Estrella durante una noche y su descenso a los «infiernos» son el símbolo del peregrinar y descenso del poeta que a la vez simboliza la trayectoria de la decadencia de la propia España.

Valle Inclán ha dotado a su personaje con características que nos recuerdan a Homero, a Edipo y a la estatuaria griega («Su cabeza rizada y ciega, de un gran carácter clásico-arcaico, recuerda los Hermes») (Esc. I) para hacernos pensar en los rapsodas clásicos y en los héroes de tragedia griega. Sin embargo en la odisea nocturna del poeta por un Madrid «absurdo, brillante y hambriento» acontecen hechos que recuerdan la pasión de Cristo. (María Eugenia March traza un claro paralelo del «vía-crucis» de Max Estrella con el calvario de Jesús).[6] De modo que, el personaje queda así ligado al mundo cristiano. Recordemos que Cristo vino para redimir al hombre. Cuando Max Estrella confiesa al paria catalán, compañero de celda: «Yo soy el dolor de un mal sueño» (Esc. VI), percibimos una amarga queja de Valle Inclán que expresa su dolor de artista como hombre de letras, como intelectual a quien se le reduce a la impotencia en su lucha por crear un mundo mejor. Comprende que en este sentido ha sacrificado su humanidad inútilmente y

---

6. Op. cit., pp. 81-82.

se siente absurdo. Esto se corrobora en las palabras de despedida al proletario preso de quien se considera hermano cuando éste le pregunta: «¿Está usted llorando?» Max le contesta: «De impotencia y de rabia. Abracémonos, hermanos». (Esc. VI). El poeta se identifica con el proletario. Desearía ayudarlo pero no puede. El artista digno, el hombre de letras, el intelectual incorruptible, está tan desamparado y tan poco apreciado como el obrero. Ambos son imprescindibles en una sociedad que pretenda ser civilizada y funcionar saludablemente, pero por desgracia ni el proletario es tomado en cuenta, ni el poeta es tomado en serio. Esta tergiversación de la realidad produce una sociedad esperpéntica.

En una conferencia en Asturias comentada en el periódico *El Noroeste* (10-IX-26) y recogido por Dru Dougherty (en un artículo que puede verse en este volumen), Valle Inclán, refiriéndose a sus esperpentos, expresa lo siguiente: «"Esperpentos" son para mi caso ratones. Para que éstos desaparezcan hace falta un gato. El gato que hay hoy en España no tiene uñas. Esperemos que le crezcan». Esta metáfora sugiere la esperanza de un mundo mejor para nuestro escritor. Al comparar sus esperpentos con ratones está aludiendo a lo que éstos representan: criaturas destructoras. El gato significaría un sistema capaz de eliminar las condiciones que propician la presencia de estas sabandijas en el ambiente. Así el esperpento como reflejo de problemas sociales no tendría razón de existir.

El personaje Latino de Hispalis lo ha visto Zamora Vicente como un desdoblamiento de Max Estrella. Cardona y Zahareas hallan semejanzas de ambos personajes con la famosa pareja de Cervantes, Don Quijote y Sancho. Efectivamente, estos puntos de vista son válidos pero Latino de Hispalis, como réplica de Sancho Panza, no nos inspira la misma simpatía que éste. Latino de Hispalis tiene más de Ginesillo de Pasamontes con el cual, por otra parte, Valle había comparado ya al español contemporáneo. Creo, en efecto, que el «vejete asmático» Latino representa la parte negativa de España así como Max expresa los ideales de integridad, de creatividad y hombría de lo mejor de esta nación.

El nombre de Latino de Hispalis es simbólico, representa a un país latino pero latino de Hispalis, es decir, de España, no de otro país latino de Europa. Cuando Latino alardea de su amistad con Rubén Darío y para probarlo le dice a éste que recuerde que en París se tuteaban, Max lo desmiente: «¡Si no has estado nunca en París!» (Esc. IX) expresión alusiva al provincianismo que invadía la vida española de aquel tiempo.

Luces de bohemia tiene valor de crónica de época. Esta obra proyecta una visión sombría de la sociedad española en la que vivió Valle Inclán a través de las dolorosas experiencias de su protagonista. En la cueva del cínico librero Zaratustra hay un loro que chilla: «¡Viva España!» (Esc. II). Esta frase en «pico» de un loro resulta muy significativa e irónica. Valle identifica con el loro a los que exaltaban el orgullo nacional con glorias pasadas, convirtiéndose así en loros que no saben lo que dicen. El sentido de esta idea se complementa hacia el final cuando la portera para confirmar la muerte de Max Estrella dice: «¿Que no está muerto? *Ustedes sin salir de este aire no perciben la corrupción que tiene*». (Esc. XIII). (El subrayado es mío).

En *Luces de bohemia* Valle Inclán se autodefine como artista a través de su protagonista. Valle no crea ciego a su personaje gratuitamente. Su ceguera tiene por objeto iniciar la definición del sentido del esperpento. En la primera escena se pone al espectador o lector en la pista de esta estética:

Max. — ¡Espera, Collet! ¡He recobrado la vista! ¡Veo! ¡Oh, cómo veo! ¡Magníficamente!...
Madame Collet. —- Estás alucinado, Max.
Max. — ¡Veo y veo magníficamente!
Madame Collet. — ¿Pero qué ves?
Max. — ¡El mundo!
Madame Collet. — ¿A mí me ves?
Max. — ¡Las cosas que toco, para que necesito verlas!

Este diálogo propone que la realidad aparente no será el objeto de este arte esperpéntico con el que se crea *Luces de bohemia:* la frase «¡Las cosas que toco, para que necesito verlas!» resume la realidad dramatizada en esta obra. No es la que ven los ojos, la de las apariencias, sino la captada por los ojos de la inteligencia en el instante en que se toma conciencia del mundo con toda claridad. En la escena VIII se reitera esta posición: «El ciego se entera mejor de las cosas del mundo, los ojos son unos ilusionados embusteros.»

En *Luces de bohemia* Valle Inclán deja constancia de la decadencia en que se hallaba la estética modernista, a través del coro de epígonos, poetas bohemios a quienes presenta con cierta compasión o lástima. Y critica a la crítica inconsecuente que ha juzgado su propia estética como preciosismo inútil. Esta crítica negativa la pone en boca del personaje Dieguito, funcionario del Ministerio de Gobernación —quien decía conocer la obra de Max— al solicitarle al poeta una colaboración:

«Pienso hacer algo... Hace tiempo acaricio la idea de una hoja volandera, un periódico ligero, festivo espuma de champaña, fuego de virutas. Cuento con usted. Adiós maestro.» (Esc. VIII).

Esta imagen retrata a la crítica que había juzgado la obra de nuestro autor como producto de un esteticismo huero, sin trascendencia «espuma de champaña, fuego de virutas», confundiendo el sentido que le dio Valle Inclán a la idea de «el arte por el arte».

A través de su protagonista nuestro autor deja un claro concepto de que está consciente de su valor como artista, de su posición en el mundo de las letras españolas. Cuando Dorio de Gadex, epígono modernista, personaje tomado de la vida real, sarcásticamente le propone: «Maestro, preséntese usted a un sillón de la Academia» Max indignado por la ironía le replica:

> No lo digas en burla, idiota. ¡Me sobran méritos! Pero esa prensa miserable me boicotea. Odian mi rebeldía y odian mi talento. Para medrar hay que ser agradador de todos los Segismundos... ¡La Academia me ignora! ¡Y soy el primer poeta de España! ¡El primero! ¡Y ayuno! ¡Y no me humillo pidiendo limosna!... ¡Yo soy el verdadero inmortal, y no esos cabrones del cotarro académico! (Esc. IV).

La ira que expresa esta cita es obvia. Es la ira de Valle Inclán como poeta y como hombre. Es también una confirmación del sentido de su dedicación al «arte por el arte». La creación del personaje Max obedece —repetimos— a la idea de la «segunda manera» de su autor, visto «como si fuera de su propia naturaleza». No lo presenta inferior a sí mismo, tal como a Latino de Hispalis, a Zaratustra, o al Ministro de Gobernación entre otros. Max no es cínico, no es pícaro, no es insensible, no se aprovecha de sus semejantes, ni le son indiferentes. Se muere de hambre, «satisfecho de no haber llevado una triste velilla en la trágica mogiganga». (Esc. XI).

Sin embargo, artísticamente, como personaje elaborado dentro de la estética del esperpento, Max debe disfrazarse de acuerdo a esta mascarada al comprender que no puede asumir un papel heroico en tales circunstancias por ser incongruente. Por eso le dice a Latino «deformemos la expresión en el mismo espejo que nos deforma las caras...» (Esc. XII). Pero a través de su personaje Valle nos deja muy en claro la posición heroica de su propia vida como ejemplo de dignidad humana, cuyo destino, (su «Mala Estrella»), fue vivir en una sociedad incapaz de apreciarlo ni como poeta, ni como hombre en todo lo que valía.

CLARA LUISA BARBEITO
Montclair State College

LAS GALAS DEL DIFUNTO

En 1926 y con el subtítulo de «novela», apareció *El terno del difunto* en el N.º 10 de la colección «La Novela Mundial», publicada en Madrid por Rivadeneyra. En 1930 volvió a aparecer, con el título de «Esperpento de las galas del difunto», como la primera obra del tríptico *Martes de Carnaval*. Aquí reúne Valle Inclán sus tres últimos esperpentos en los que presenta, en sucesión cronológica, tres momentos de la historia militar de España a partir del Desastre y desembocando en el Directorio Militar. En *Los cuernos de don Friolera* utilizó don Ramón el tema del *adulterio*, relacionándolo con el tema del *honor* con dos propósitos específicos: la elaboración de una estética del distanciamiento y la introducción del período histórico que suele llamarse la «vuelta al militarismo» y que corresponde a las consecuencias inmediatas de los desastres de Annual y Melilla en 1921. El tema histórico en *Los cuernos* es evidente e intencional y representa una elaboración sistemática de la unión de la historia con la ficción, iniciada en *Luces de Bohemia*. Esta elaboración continúa en los otros *esperpentos* comprendidos en *Martes de Carnaval*.

Si en la escena VI de *Luces* nos presentó el esbozo del argumento de un posible drama histórico-social —el de la transformación de un obrero barcelonés, cuyo único crimen es el no querer participar en una guerra injusta y en la que sólo son llamados a participar los que no pueden pagar su cuota, en un potencial terrorista anarquista (un segundo Mateo Morral)— en *El esperpento de las galas del difunto* nos dra matiza los efectos de otra guerra injusta en un soldado que, a pesar suyo, se ha visto obligado a participar en ella. El protagonista es un «sorche» [1] repatriado de la guerra de Cuba, la cual le ha convertido en un «Ravachol», es decir, en un ser tal como la burguesía de fines del siglo XIX presentaba en los periódicos al famoso anarquista francés:

---

1. Es interesante cómo, hasta lingüísticamente, Valle Inclán codifica su obra para indicarnos de qué guerra se trata. La palabra «sorche», según Corominas (*Diccionario Crítico Etimológico de la Lengua Castellana*, Franke, Berna, 1970, vol. IV, p. 282), es expresión familiar que significa «soldado muy bisoño», en catalán y en portugués *sorge*, probablemente tomados del inglés *soldier*. Los únicos momentos en que pudo entrar el vocablo en la Península son: La Guerra de la Independencia, cuando Wellington vino con sus tropas, o la guerra de Cuba, donde los soldados españoles se enfrentaron con los «sorches» norteamericanos.

un ser amoral, capaz de robar tumbas y mujeres solas e indefensas.[2] Es decir, Valle Inclán utiliza en este *esperpento* «la guerra de Cuba» como transfondo histórico, guerra que nos presenta bajo la peor luz posible. Su perspectiva es la del sorche repatriado que ha visto con sus propios ojos que la guerra es un «negocio de los galones» en la cual los reclutas como él son «víctimas» involuntarios. El contexto de la conversación donde se apura este tema —el diálogo entre la Daifa y Juanito Ventolera en la escena primera, casi al principio mismo de la obra— nos presenta otras «víctimas inocentes» de esta guerra. La Daifa, hija de un respetable boticario de este puerto gallego a donde ha sido repatriado el sorche, es la doble víctima de esta guerra: por un lado, su novio, quien la había dejado encinta, ha muerto en batalla y no puede regresar para casarse con ella; pero además, es víctima de la cerrada actitud española (africana, diría Valle Inclán) de su padre quien, al saber que se halla encinta, la arroja del hogar. De donde resulta que las consecuencias de la guerra «alcanzan a los más inocentes, y un hijo que hoy estaría criándose a mi lado, lo tengo en la Maternidad. Esta vida en que me ves» termina la Daifa, «se la debo a esa maldita guerra».

De esta conversación inicial entre Juanito y la Daifa se destacan tres temas: *la inmoralidad de la guerra* («Es una cochina vergüenza aquella guerra». «La guerra es un negocio de los galones». «¡No robaran ellos como roban en el rancho y en el haber!», etc.); *la actitud de un padre español ante la «deshonra» de su hija* («Se fue dejándome embarazada de cinco meses. Pasado un poco más tiempo no pude tenerlo oculto, y al descubrirse, mi padre me echó al camino»); y *las víctimas inocentes* que los dos anteriores producen («Pero las consecuencias alcanzan a los más inocentes...» «Por donde también a mí me alcanza la guerra».). Además, como corolario del tema de la guerra, se destaca el resultado en el sorche: su *amoralidad*, su *anarquismo* («o mucho me engaño o tú eres otro Ravachol»), su completa falta de sen-

---

2. El año 1890 marca «el momento culminante de la violencia anarquista, y un anarquista, en particular, fue tema de grandes discusiones. Su nombre era François Koenigstein, conocido como *Ravachol*. El 11 de marzo de 1892 estalló una bomba en el centro de París, en la escalera del núm. 136 del Boulevard Saint Germain. El 27 de marzo estalló otra en un edificio de la calle Clichy. Tres días después, *Ravachol*, responsable de las dos explosiones, fue capturado por diez policías en el boulevard Magenta. El público pronto fue informado de que *Ravachol* tenía una larga historia de robos y falsificaciones, *que había desenterrado un cadáver para robar sus alhajas y que había asesinado a un viejo ermitaño para apoderarse de su bolsa de dinero*. En Roderick Kedward, *Los anarquistas*, Biblioteca del Siglo XX, Barcelona, Ediciones Nauta, 1979, pp. 21-22. Énfasis mío. En la cita se puede ver claramente que la fuente principal para Juanito Ventolera, como lo indicó la Daifa al llamarle «otro Ravachol», es este anarquista francés quien desenterró un cadáver, etc., y no Don Juan Tenorio, como se ha sugerido tantas veces. Es la situación en que se encuentra Juanito, como se verá más adelante, lo que hace que Valle Inclán piense en el *Tenorio* y utilice elementos de la obra de Zorrilla con intención paródica. La esencia del personaje, insistimos, viene de *Ravachol*.

timientos patrios («¡Has sido un héroe», comenta la Daifa al repasar las medallas que lleva el sorche, pero éste replica «¡Un cabrón!») y su falta de respeto hacia la familia real («¿Y esta cruz?», le pregunta la Daifa: «De doña Virtudes. El lilailo que te haga tilín, te lo cuelgas. Como si te apetece todo el tinglado. ¡Mi palabra es de Alfonso!», le contesta el sorche.).

Curiosamente el motivo de robar tumbas que puede asegurarse está inspirado en las acciones imputadas al anarquista Ravachol, se halla aquí vinculado, por el modo en que lo presenta Valle Inclán, con un tema tradicional español: la escena del cementerio en el *Don Juan Tenorio*. Así como en la otra escena en un cementerio, la de *Luces*, le hace pensar en *Hamlet*, ahora el contexto le da pie al autor para evocar el *Don Juan* de Zorrilla, una de sus obras predilectas. Incluso incorpora dos escenas, además del recurso de la carta con que estructura su *esperpento:* la invitación que le extienden unos compañeros con quienes se encuentra en el cementerio a cenar más tarde en un merendero de la vecindad, y la consiguiente apuesta que consiste en ver si Juanito se atreve a ir a la casa de la boticaria por el resto de las galas del difunto cuyo terno va a robar; la segunda escena que incorpora es la de la entrada de Juanito en casa de la boticaria vestido ya con el terno del difunto y que recuerda la escena en el *Tenorio* cuando la estatua del Comendador entra en casa de Don Juan. Todo esto es bastante explícito y está indicado textualmente con citas de Zorrilla. Hay más sutiles insinuaciones, como es la de la liberación de la Daifa del «convento» de la Madre Celeste.

Como en los otros *esperpentos*, la obra esta dividida en escenas —siete en este caso— sin otra división formal en actos o jornadas. La acción del argumento se estructura por medio de un recurso que encadena las vidas de cuatro personas: el sorche, el boticario don Sostenes Galindo (más tarde aludido con el nombre de Sócrates), doña Terita, su mujer, y la Daifa, pupila de un prostíbulo e hija de los boticarios. El recurso, evidentemente inspirado por la obra de Zorrilla *Don Juan Tenorio*, como ya hemos indicado, es el de la carta,[3] que en su recorrido

---

3. El basar la interpretación de esta obra en la utilización que hace Valle Inclán del *Don Juan Tenorio* y el derivar de este hecho una estética para el esperpento, como ha hecho el profesor Gustavo Pérez Firmat en un brillante trabajo que con el título de «*Las galas del difunto:* A Reevaluation of the Aesthetics of the Esperpento», presentó en la reunión de la Modern Languages Association en diciembre de 1984, en Washington D. C., no nos parece congruente si se toma en cuenta la totalidad de la obra y no únicamente esos detalles zorrillescos incorporados por don Ramón. La reevaluación que él hace de la estética del esperpento se basa en lo que Pérez Firmat llama «mimesis festiva». El hacer hincapié únicamente en los elementos paródicos utilizados por Valle Inclán produce un texto brillante, sin duda, pero que sacrifica todos los otros elementos presentes en la obra —los más— que no tienen conexión alguna con la obra de Zorrilla. Es plausible el deseo de Pérez Firmat de querer sustituir lo que él llama «la explicación geométrica» de la estética del esperpento por otra. Desde luego, la

circular provee uno de los dos círculos que estructuran la acción. La obra, que comienza con la escritura de una carta por la Daifa en el prostíbulo, termina con su lectura en el mismo sitio, donde ha vuelto después de su sorprendente recorrido: del prostíbulo a la botica (la Daifa ha escrito a su padre pidiéndole dinero para marcharse de la ciudad y evitarle mayor deshonra), donde, rechazada por el boticario es tirada al arroyo; de ahí la recoge el sorche que ha venido a la botica con su boleta de soldado repatriado para que le den alojamiento; el boticario reclama la carta del sorche y se la mete en el bolsillo de su levita, con la cual se le entierra después de su muerte repentina. Cuando el sorche, queriendo mejorar su atuendo, va al cementerio para apoderarse del terno del difunto cambiando éste por su uniforme, accidentalmente se lleva la carta que estaba aún en el bolsillo. Al volver al prostíbulo a visitar a la Daifa, como había prometido, y para celebrar con los bienes adquiridos de la viuda del difunto, mete la mano en el bolsillo para sacar el dinero y saca la carta a la cual da lectura en presencia de la Daifa. Así se completa el primer círculo.

El segundo círculo está estructurado de la manera siguiente: el sorche repatriado, camina a la botica a llevarle la boleta al boticario para que le aloje; al llegar don Sostenes le rechaza y se pone su mejor terno para ir a protestar ante el alcalde su obligación de hospedar soldados. El sorche, entonces, deambula por las calles y se encuentra con la Daifa frente al prostíbulo. Hablan y conciertan una cita para el lunes siguiente. El sorche regresa a la botica para averiguar que ha decidido el alcalde, ve la carta en el arroyo y la recoge. Don Sostenes reclama la carta y le indica al sorche que tendrá que dormir en la cuadra. El sorche

---

crítica ha abusado del «espejo cóncavo» para explicar todas las obras esperpénticas que escribió don Ramón. No es fácil prescindir de un texto tan importante incluido por Valle Inclán en su primer esperpento desde su primera versión de 1920. La imagen del espejo —como se explicó en *Visión*— es la más clásica para la mimesis. El contexto en que la utiliza Valle Inclán es clarísimo, sin embargo: es necesario encontrar *otro* espejo, no el clásico espejo plano, para reflejar *la historia* de España moderna, una historia que es en sí una deformación grotesca de la historia europea. Para reflejarla «fielmente», se necesita otro espejo, uno que pueda acoplarse a esta realidad *grotescamente deformada*, i.e., la historia de España. Los héroes clásicos ante los espejos del Callejón del Gato, dan el esperpento, nos dice Max Estrella. Es decir, ya no existen tales héroes clásicos, sino que la realidad nos ofrece su grotesco equivalente, como si los reflejos en los espejos cóncavos hubiesen tomado vida propia y constituyeran la nueva realidad. En vez de Don Juan Tenorio, tenemos a Juanito Ventolera; en vez de Gutierre o de Otelo, Don Friolera, etc. Nuestra explicación de la utilización de la imagen del espejo cóncavo trata, por lo menos, de ponerla en el contexto en que Valle Inclán mismo la colocó. No creemos que sirva para explicar todos los elementos que constituyen la estética de los esperpentos. Cada uno de éstos enfatiza algún elemento especial. En *Los cuerpos* es el distanciamiento estético. Sería admisible, tal vez, el de la parodia en *Galas*, si no dejara de lado todos los otros elementos que constituyen el meollo de la obra. Hay que combinar el formalismo de la semiótica con la crítica historicista. Es difícil, pero no creo que sea imposible.

presencia la muerte del boticario como consecuencia del disgusto que le ha dado recibir la carta. Sabiendo que le amortajarán con su mejor terno, Juanito concibe la idea de ir al cementerio y cambiar de indumentaria con el difunto. Cuando regresa con el terno puesto a reclamar de la boticaria el resto de las galas (sombrero y bastón), ésta se desmaya. Juanito le quita el dinero y se va feliz al prostíbulo para cumplir con la Daifa. En la última escena se completan los dos círculos iniciados al principio de la obra: el sorche, inicialmente rechazado de casa del boticario había rebotado en el prostíbulo y ahora vuelve a él después de su segunda visita fatídica a la botica, con el terno del padre de la Daifa, en cuyo bolsillo trae la carta que ésta le había escrito. Los dos círculos se completan simultáneamente.

Como ha dicho Casalduero,[4] nadie pensaría en *Don Juan Tenorio* si Valle Inclán no lo hubiera mencionado e incorporado unas cuantas citas directas de esta obra. Una vez dada esta pista, es imposible ignorar el origen del recurso de la carta. Nótese, sin embargo, que Valle Inclán utiliza la carta como elemento indispensable para la estructuración de su obra. El recorrido de la carta constituye la vía principal de su argumento. No sucede así en la obra de Zorrilla, aunque en ambas obras sirva de mediación entre los dos jóvenes. Ambas obras utilizan la tercería de una vieja para el transporte inicial de la carta a su destinatario: Brígida en una, la Bruja en la otra. Mientras que el recorrido de la carta en el *Tenorio* va de Don Juan a Doña Inés y de ésta, por casualidad, a su padre, en *Las galas*, va de la Daifa al padre y, por casualidad, cae en manos del sorche. Finalmente, es la lectura de la carta lo que provee el desenlace en la obra de Valle Inclán, mientras que en Zorrilla no pasa de ser un comienzo —el principio de la seducción de doña Inés.

Veamos cómo prepara Valle Inclán su última escena para extraer el mayor efecto teatral del plan irónico que ha armado por medio de una serie de casualidades y que irá desenredando paulatinamente:

1. Al notar la Daifa que el terno le queda un poco grande a Juanito, le espeta el cliché «¡Algo más gordo era el finado!», sin saber que está dando en el blanco. Por eso el sorche le replica:

> Aciertas más de lo que sospechas, lo ha llevado antes un muerto. Se lo he pedido para venir a camelarte. (p. 984).

2. Cuando Juanito, que ha invitado a la Madre y a todas sus pupilas a «cafeses y cuanto se tercie», ante la incredulidad de aquélla,

---

4. Joaquín Casalduero, «Sentido y forma de *Martes de Carnaval*», en *Ramón del Valle Inclán: An Appraisal of his Life and Works*, Nueva York, Las Américas, 1968.

*Se desabotona y palpa el pecho. Del bolsillo interior extrae
una carta cerrada. Se mete por la sala de Daifas con el sobre en
la mano, buscando luz para leerlo...*
	Juanito. — Correo de difuntos. Sin franqueo. Señor don Só-
crates Galindo. (p. 985).

3.	Al escuchar ese nombre la Daifa se sorprende y empieza a inquirir
	de dónde conoce el sorche a ese sujeto. Cuando Juanito, sin sospe-
	char nada, le dice que era su «ex-patrón», la Daifa empieza a sos-
	pechar que hay alguna maquinación y revelándonos con precisión
	la naturaleza del argumento de la obra, pregunta:

	¡Qué enredo malvado! ¿Te habló de mí? ¿Cómo averiguaste
	el lazo que conmigo tiene? (énfasis mío).
	Juanito está confundido. No sabe de qué se trata.

4.	El enredo se complica más cuando Juanito rasga el sobre y empie-
	za a leer la carta. La Daifa, al escucharle, grita casi histérica:

	¡Esa carta yo la escribí! ¡Mi carta! Juanillo Ventolera, rompe
	ese papel. ¡No leas más! Si te pagan por venir a clavarme ese
	puñal, ya tienes cumplido! ¡Dame esa carta! (p. 986).

5.	La Daifa cree que su padre ha enviado al sorche para castigarla.
	Juanito, inocente, interrumpe la lectura para aclarar *el enredo:* ¿Es
	ella, entonces, la hija del difunto? Al hacerle esta pregunta la Daifa
	cae por fin en la cuenta de que su padre ha muerto. Aunque toda-
	vía duda y cree que es un «relajo de guasa». Es evidente que ella
	sufre. Juanito impertérrito ante el sufrimiento de la Daifa, le aclara
	la situación:

	¡Este flux [5] tan majo le ha servido de mortaja! Me propuso
	la changa para darle una broma a San Pedro. ¡Has heredado!
	¡Eres huérfana! *Luz de donde el sol la toma,* no te mires más
	para desmayarte! (*ibid,* énfasis mío).

	El tono de Juanito impide que trascienda a más el patetismo de la
Daifa y su manera cínica y guasona acentúa la nota de distanciamiento
que ha dominado en él durante toda la obra. La Daifa cae al suelo
con un ataque arañándose con desesperación la cara. Esta acción, como
va en perjuicio del «negocio», hace que la madre ordene que le sujeten
las manos «para que no se arañe el físico».

6.	Juanito, como si nada sucediera y completamente distanciado de

---

5.	Otra codificación lingüística, ya que *flux* significa «terno», sólo en Cuba.

la «tragedia» de la Daifa, empieza de nuevo a dar lectura a la carta y esta vez la lee por entero. Al terminar, una de las pupilas, emocionada, comenta lo bien puesta que está. Pero, otra vez, se corta rápidamente la vía afectiva con el comentario de otra de las niñas: «¡La sacó del manual!» Este tono cínico y alienado se mantiene hasta el final con la sugerencia pragmática de la madre:

> Juanillo, hojea el billetaje. Después de este *folletín*, los cafeses son obligados. (p. 987, énfasis mío).

Valle Inclán no permite que se establezca ninguna posibilidad de identificación afectiva con el sufrimiento y la «tragedia» de la Daifa —ni de nuestra parte, ni de parte de ninguna de las personas presentes en la escena. Por eso establece inmediatamente la alienación después de que una de las pupilas hace el primer intento de identificación. Las palabras finales de la madre llevan la alienación a su máximo grado al establecer la ecuación de la experiencia real y «trágica» de la Daifa con un *folletín*. Valle Inclán busca en el público no la identificación sino la inquietante reacción hacia algo que es, *a la vez*, un «enredo endiablado», un «folletín» y la situación patética de una víctima inocente quien, como Gretchen en *Fausto*, tiene que sufrir las consecuencias de las acciones y de las decisiones de otras personas. Juanito Ventolera, el «anti-héroe» moderno, permanece inmutable ante el sufrimiento y, como el *bululú*, se divierte como si se tratara de un espectáculo como el que nosotros observamos desde fuera.

En *Las galas del difunto* encontramos presentes todos los componentes de un *esperpento*. Las bases del argumento surgen de una circunstancia histórica y no de un deseo de escribir otra parodia del *Don Juan Tenorio*. La guerra de Cuba, al impedir el casamiento de la hija del boticario, la ha «lanzado a la vida». A esto ha contribuido la actitud bestial del padre en quien se caricaturiza la actitud del burgués español ante el pecado de la carne. La guerra, además, vivida de cerca por Juanito, le ha convertido en un ser amoral, efecto muy común en estos casos pero que, particularmente en éste, Valle Inclán había podido documentar al leer el testimonio que el famoso médico Ramón y Cajal dejó sobre la corrupción de la guerra de Cuba.[6] Pero si todo esto aparece deformado por el estilo en caricatura grotesca de lo humano y de lo español, es porque refleja fielmente lo grotesco de la situación histórica de esta guerra.

Como exposición de las calamidades humanas que nos presenta, el esperpento rehúye la actitud y manera de la tragedia y, por eso, Valle Inclán escoge el folletín.

---

6. Ver capítulos XXII a XXV de *Mi infancia y juventud*, de Santiago Ramón y Cajal, donde discute la escandalosa situación de los militares españoles en Cuba, y *Visión del esperpento*, pp. 192-194, donde se discute la utilización hecha por Valle Inclán de este documento histórico-biográfico.

Los elementos formales utilizados son la teatralería y el espectáculo. El «dolor y la risa» de la condición humana se nos presenta con características de espectáculo carnavalesco.

Por último, Valle Inclán nos presenta, en términos que hoy día llamaríamos existenciales, las acciones de un hombre alienado por la sociedad donde el sentido de lo gratuito y de lo absurdo del llamado «acto libre», encuentra una de sus más claras manifestaciones. No es sorprendente, bajo esta luz, la revelación que hemos hecho de que las acciones de Juanito Ventolera hayan estado inspiradas en actos de un famoso anarquista de la época, Ravachol, mencionado por la Daifa al principio de la obra. Como ya habíamos clarificado en *Visión del esperpento*,

> Los esperpentos formulan implícitamente el gran problema moral de nuestro siglo: la perplejidad angustiada y divertida que resulta de una situación humana donde faltan las restricciones morales y sobra la libertad de decisión y acción. (p. 32).

RODOLFO CARDONA
Boston University

APÉNDICE

Voy a publicar el próximo mes de marzo *Martes de Carnaval*, que es una obra contra las dictaduras y el militarismo. Pensaba publicarla en el mes de mayo, pues entonces, dadas las condiciones climatológicas de Madrid, la Cárcel Modelo, cuyo interior conozco por mis permanencias en ella, está confortable. Sin embargo, a pesar de los fríos reinantes, no retrasaré la salida, porque considero que es un momento apropiado. Ya que los jóvenes callan, es cuestión de que lo hagan los viejos por ellos. (Citado por F. Madrid, *La vida altiva de Valle Inclán*, Buenos Aires, Poseidón, 1943, p. 73.)

Shakespeare empezó a escribir *Hamlet*, y de pronto se encontró con que Ofelia se le había muerto. «A esta mujer hay que enterrarla», se dijo, sin duda. «¿Dónde la enterramos? En un cementerio romántico, que puede ser, mejor que ningún otro, el cementerio de una aldea.» Allí llevó Shakespeare la acción de uno de los cuadros, sin ocurrírsele contar el entierro, como hubiera hecho cualquier autor de nuestros días. Una vez en el cementerio, Shakespeare se dijo: «Aquí tiene que salir un sepulturero. Pero como un sepulturero solo se va a hacer pesado lo mejor es que aparezcan dos sepultureros. Estos sepultureros tienen que hablar de algo mientras cavan la fosa de Ofelia. Al cavar la fosa lo natural es que encuentren algún hueso humano, y ya que han encontrado un hueso hagamos que éste sea el más noble: el cráneo.» Y de ahí surgió la admirable situación de *Hamlet*. (En «Don Ramón habla de teatro a sus contertulios», *Luz*, 23 de noviembre de 1933, citado por F. Madrid, p. 341.)

VERA · EFFIGIES·
Đ ·DON· R.AMON
ĐL· VALLE·INCLAN
LA · PINTO · CAJ -
TELAO · · · · · · ·

DEL PAIS ĐL SVEÑO TINIE-BLAS BRILLOS

donde crecen plantas, flores extrañas,
entre los escombros de los castillos,
junto a las laderas de las montañas;
donde los pastores en sus cabañas
rezan, cuando al fuego dormita el can,
y donde las sombras antiguas van
por cuevas de lobos y de raposas,
ha traído cosas muy misteriosas
don Ramón María del Valle-Inclán.

Señor, que en Galicia tuviste cuna,
mis dos manos estas flores te dan,
amadas de Apolo y de la Luna,
cuya sacra influencia siempre nos una,
don Ramón María del Valle-Inclán.

Ruben Darío

SIGNIFICACIÓN DEL «ESPERPENTO» EN EL CONTEXTO DEL PENSAMIENTO EUROPEO DEL SIGLO XX

El primer tercio del siglo XX fue testigo de una explosión de ismos indicadora del desarrollo cultural fragmentado por numerosísimas tendencias ideológicas que caracterizó a aquella época y cuyas consecuencias estamos viviendo todavía.

Abundan los estudios que documentan hasta la saciedad la relación directa entre las teorías de Freud y el surrealismo y nadie podría negar hoy la deuda contraída por el arte comprometido con el comunismo marxista. Se ha descuidado, en cambio, una aportación fundamental de nuestro siglo, la que a mi parecer ha sido decisiva en la configuración de nuestra fisonomía cultural: las teorías de la relatividad y del continuum espacio-tiempo expuestas por Alberto Einstein en 1905, que no sólo revolucionaron la física moderna sino que indirectamente invalidaron la perspectiva unilateral manifiesta en el arte representacional anterior a nuestro siglo.

La dialéctica del espacio como una dimensión del tiempo y del tiempo como una dimensión del espacio demostró la falacia del arte representacional que en vano se llamaba realista o naturalista, pues no captaba la realidad tal como era, ni en su totalidad, sino únicamente en aquel trozo congelado en una sola de las infinitas coyunturas espacio-temporales desde las cuales era posible contemplar esa realidad, realidad en movimiento, constantemente mutable en su esencia y en su apariencia.

Las estéticas vanguardistas de principio de siglo corresponden a otras tantas modalidades técnicas que se esfuerzan por captar la esencia, la forma, el sentido y el significado de la realidad vital. Las técnicas varían de acuerdo a la postura ético-estética de cada movimiento y de cada artista. Es más, creo que la perspectiva del artista determina tanto la selección como la disposición de los elementos estructurales. Es decir, que en el caso de la literatura, por ejemplo, la perspectiva del autor rige la estructura, el tono y el discurso del texto, a la vez que impone la distancia adecuada entre el creador y su creación.

Aunque no haga falta citar, por tan conocidos, los postulados valle-inclanescos sobre la postura del escritor ante sus personajes, tampoco podemos olvidar que ello fue un asunto de capital importancia para Valle Inclán, pues teorizó continuamente al respecto, dentro y fuera de su obra de ficción.[1] La esperpentización nace, en principio, como realización de esas teorías en las que justifica su propia postura demiúrgica frente a su obra.

Se podrían citar más de un centenar de afirmaciones hechas por críticos competentísimos señalando la extraordinaria originalidad de Valle Inclán como inventor de un nuevo género al que denominó «esperpento».[2] Lo que me interesa ahora es señalar algunas de las causas y de las consecuencias de esa invención para colocar así a Valle Inclán en el lugar que le corresponde dentro de las corrientes contemporáneas no sólo del arte sino también del pensamiento europeo. Para ello debo empezar recordando un dato muy importante: la definición que Valle Inclán dio del esperpento, género nacido de la contemplación de los héroes clásicos en los espejos del callejón del Gato, operación que él estimaba indispensable para llegar al autoconocimiento histórico y cultural, convencido como estaba de que España era una deformación grotesca de la civilización europea.

Es decir, que el esperpento constituye, como bien ha señalado Paul Ilie, una «fusión de conciencia estética y política».[3] En cuanto conciencia estética, el esperpento indica búsqueda de la modalidad apropiada que le permita captar y transmitir al lector (o espectador) su visión personal del mundo.[4] De ahí la necesidad de inventar un nuevo género «superación del dolor y de la risa, como deben ser las conversaciones de los muertos al contarse historias de los vivos», pues su anhelo era, en palabras de don Estrafalario, «ver el mundo con la perspectiva de la otra ribera...», es decir, con una perspectiva total y distanciada.[5]

La física einsteiana había demostrado que la realidad estaba en constante mutación y que la perspectiva individual —es decir mortal— era

---

1. Varios críticos han citado las palabras de Valle Inclán sobre las tres posibles perspectivas desde las ¿uales el artista puede contemplar el mundo: de rodillas, en pie o levantado en el aire. Para la cita completa, véase Gaspar Gómez de la Serna, *España en sus episodios nacionales*, Madrid, 1954, pp. 75-76.
2. La lista sería efectivamente larguísima. Muchos testimonios vienen recogidos por Francisco Ruiz Ramón en *Historia del Teatro Español. Siglo XX*, 2.ª ed. (Madrid: Ediciones Cátedra, 1975), pp. 93-143. Ruiz Ramón, en la p. 93, afirma categóricamente: «El teatro de Valle Inclán es, como totalidad, una de las más extraordinarias aventuras del teatro europeo contemporáneo y, desde luego, el de más absoluta y radical originalidad en el teatro español del siglo XX».
3. Paul Life, *Los surrealistas españoles*, trad. de Juan Carlos Curutchet (Madrid: Taurus Ediciones, 1972), p. 216.
4. Así lo entiende el ciego pero clarividente poeta, Max Estrella, de *Luces de bohemia* cuando afirma, sirviendo de portavoz al autor: «El sentido trágico de la vida española sólo puede darse con una estética sistemáticamente deformada. (sic.) La deformación deja de serlo cuando está sujeta a una matemática perfecta. Mi estética actual es transformar con matemática de espejo cóncavo las normas clásicas». Cf. Ramón del Valle Inclán, *Obras Completas*, 3.ª ed., II (Madrid: Plenitud, 1954), pp. 938-939.
5. Ramón del Valle Inclán, *Los cuernos de don Friolera. Esperpento, Obras Completas*, 3.ª ed., II (Madrid: Plenitud, 1954), pp. 996-997.

inoperante puesto que al formar parte de esa realidad, también ella estaba sujeta al mismo proceso de cambio continuo. Este principio básico de la ciencia moderna coincide cronológicamente con la búsqueda de la perspectiva plurivalente que caracterizó al cubismo pictórico y con los enunciados de la filosofía existencialista que equipara la esencia con la existencia y la vida humana con el devenir de la personalidad que no cesa de hacerse hasta la muerte. De hecho, José Morater Mora califica la realidad postulada por el existencialismo como una «realidad que no cesa de constituirse» y señala entre los principios fundamentales del pensamiento moderno existencial el rechazo de la «falsa unilateralidad exclusiva de sus bases».[6]

De la misma manera que el cubismo llegó a la fragmentación estructural mientras buscaba la perspectiva múltiple que le permitiera apresar la dimensión temporal de un arte esencialmente espacial como la pintura, los esperpentos de Valle Inclán se caracterizan por su estructuración fraccionaria que impone, y a la vez depende de la yuxtaposición de planos para incorporar a la obra literaria su dimensión espacial, basando la composición en el principio de simultaneidad, común a hechos y perspectivas. En los esperpentos el tiempo se sacrifica conscientemente al espacio, según declara Valle Inclán en carta de 1922 a Alfonso Reyes, a propósito de *Cara de Plata*: «Hace usted una observación muy justa cuando señala el funambulismo de la acción, que tiene algo de tramoya de sueño, por donde las larvas pueden dialogar con los vivos. Cierto. A este efecto contribuye lo que pudiéramos llamar angostura del tiempo. Un efecto parecido al del Greco, por la angostura del espacio. Velázquez está todo lleno de espacio. Las figuras pueden cambiar de actitud, esparcirse y hacer lugar a otras forasteras. Pero en el *Enterramiento* sólo el Greco pudo meterlas en tan angosto espacio; y si se desbarataran, hará falta un matemático bizantino para rehacer el problema. Esta angostura de espacio es angostura de tiempo en las *Comedias*.[7]

Aunque no contáramos con este testimonio directo del autor, la imagen del espejo, elemento integral de varios textos esperpénticos y su desarrollo dentro de los mismos, serían suficientes para revelar la

---

6. Para una concisa y precisa definición del existencialismo, véase José Ferrater Mora, *Diccionario de Filosofía*, II (Madrid: Alianza Editorial, 1982), pp. 1088-1094, en donde se establece que para el existencialismo, «el sujeto que piensa —este hombre concreto— se incluye a sí mismo en el pensar en vez de reflejar o pretender reflejar, objetivamente, la realidad». Ferrater concluye: «El hombre no es conciencia y menos conciencia de la realidad, es la realidad misma».

7. Cf. Alfonso Reyes, «Algo más sobre Valle Inclán», *Obras Completas*, IV (México: Fondo de Cultura Económico, 1956), pp. 405-406. El profesor J. E. Lyon, en su espléndido estudio «Valle Inclán and the Art of the Theatre», *Bulletin of Hispanic Studies*, XLVI (1969) 136, analiza muy convincentemente el cambio de una perspectiva temporal a una perspectiva espacial que se opera cuando Valle Inclán llega a la forma esperpéntica.

preocupación por la ecuación tiempo-espacio que sentía Valle Inclán, al unísono con los artistas de su época.

La búsqueda de la perspectiva total e integradora sólo podía conducir al descubrimiento de su inexistencia. Una realidad en continua mutación, condición de la que participa también el artista que intenta aprehenderla, anula la posibilidad de verdades axiomáticas, admitiendo sola la posibilidad de verdades personales, frágiles e incomprobables. No otro es el origen de la angustia existencial que ha torturado a nuestro siglo. La filiación existencialista de Valle Inclán requiere un estudio detallado que rebasa los límites de este trabajo pero quede subrayada con las siguientes palabras —tan unamunianas— de su álter ego, el estrafalario filósofo de *Los cuernos de don Friolera*, quien suspirando de envidia por la perspectiva privilegiada de los muertos afirma que «Todo nuestro arte nace de saber que algún día pasaremos».

La estrecha relación entre el esperpentismo valleinclanesco y el surrealismo, el teatro del absurdo y el expresionismo ya ha sido estudiada, por lo cual no me detendré en ella.[8] Prefiero analizar ahora el nuevo género como un indicio más de la deshumanización a la que el mundo occidental ha estado sometiendo al arte desde principios de siglo. Me interesa especialmente llamar la atención sobre el papel que la búsqueda de la perspectiva totalizadora ha desempeñado en el proceso deshumanizador y señalar a éste como antecedente de la metaliteratura actual, de la que el esperpento es paradigma.

El escritor contemporáneo pronto tomó conciencia de sus propias limitaciones, entre ellas la sujeción a su instrumento de trabajo —las palabras— que condicionaban su percepción de la realidad, falsificándola con el significado que el uso les había adjudicado y, por otro lado, la imposibilidad de alcanzar la verdad absoluta, debiendo conformarse con sus propias verdades personales, a sabiendas de que éstas no podían permanecer inalterables ante los cambios de perspectiva. La única verdad incontrovertible era que la verdad absoluta no existía. El artista, entonces, se decidió a plasmar esa verdad incontrovertible en su obra, es decir, la frustración causada por su incapacidad de sustraerse a esas imposiciones de la realidad vital. El artista hizo de su acto creador tema de su creación. Los conflictos sicológicos, afectivos, sociales y morales, comunes al común de los mortales —valga la redundancia para dar énfasis y aclarar la idea— es decir, los conflictos reveladores de la condición humana, cedieron su sitio a los conflictos propios de la humana condición limitadora del artista.

---

8. Para la conexión con el surrealismo véase el libro de Paul Ilie, *Los surrealistas españoles*, citado en la nota 3. Para la relación con el expresionismo, véase la *Historia del Teatro Español Siglo XX* de Francisco Ruiz Ramón, citado en la nota 2, y finalmente recuérdese que Martín Esslin incluye a Valle Inclán en su estudio *The Theatre of the Absurd*, Anchor Books (Nueva York: Doubleday, 1961), pp. 286-287.

El proceso creador ya no se contentó con dejar constancia de la realidad circundante, ajena a sí mismo, sino que, en un cambio radical de perspectiva, se incluyó —otorgándose gran preferencia y prioridad— en la realidad que pretendía reflejar o comentar. El arte se independizó de la naturaleza —que era lo que tenía en común con el hombre de la calle— y afirmó su razón de ser como arte, como creación y no como imitación. Así surgió la pintura abstracta, la poesía pura, el anti-teatro, la nueva novela y todo el arte elitista y deshumanizado, arte de vanguardia, que anunciaba Ortega. Sólo habiendo vivido en carne propia la angustia de expresarse con palabras, con colores o con notas, sólo poseyendo sensibilidad creadora, puede uno identificarse fácilmente con este tipo de arte que apela más al intelecto que al sentimiento. No es de extrañar que quedara fuera del alcance del hombre masa, acostumbrado al arte representacional de la tradición anterior.

El arte de vanguardia es un arte autoconsciente que se sabe arte y que no pretende pasar por mimesis de la vida, es decir, es el metaarte por excelencia. A este tipo de arte pertenece el esperpento valleinclanesco y así quiero analizarlo aquí, aunque por razones obvias de tiempo deba limitarme a ilustrar el proceso concentrándome en una sola pieza dramática, *Los cuernos de don Friolera*, de 1921.[9]

Seis años después que Unamuno publicó *Niebla* con el ya famoso diálogo entre autor y personaje y el mismo año que Pirandello estrenó *Seis personajes en busca de autor*, es decir, en 1920, Valle Inclán anunció su teoría del esperpento en *Luces de bohemia*, cuya aparición coincidió con una entrevista hecha al autor y publicada en *El Sol* del tres de septiembre de dicho año, en la que don Ramón declaraba: «El Arte es un juego. Es el supremo juego.»[10] Fue sin embargo, un año más tarde cuando publicó el primer esperpento, *Los cuernos de don Friolera*, indicando con este título que el tema del honor, tan español y tan castizo, había sido colocado frente a los espejos cóncavo y convexo de su irónica imaginación. El resultado fue una triple farsa grotesca que dio las pautas para el nuevo género, cuyas características señalo a continuación para que de ellas resalten las evidentes conexiones que se pueden establecer entre el esperpento y tanto los ismos vanguardistas como la metaliteratura actual.

Lo primero que salta a la vista es el carácter paródico de la pieza, manifiesto desde un comienzo en su título y subtítulo así como en el título de la trilogía de la que posteriormente formó parte. *Los cuernos de don Friolera. Esperpento* reapareció como la obra inicial de *Martes de carnaval*.

---

9. El significado excepcional que esta obrita adquiere al formularse el ideario de Valle Inclán ha quedado establecido en el estudio de Manuel Durán, «*Los cuernos de don Friolera* y la estética de Valle Inclán», *Ínsula*, 236-7 (1966), 5, 28.

10. La entrevista está recogida en su totalidad por Dru Dougherty en su *nU Valle Inclán olvidado: entrevistas y conferencias* (Madrid: Fundamentos, 1982), pp. 100-104.

A nivel argumental, *Los cuernos* es la historia de un desdichado teniente, cuyo honor conyugal ha sido mancillado. Se sabe obligado por la tradición literaria a vengar la injuria, pero pusilánime y desarticulado, se resiste hasta el final, hasta que dispara ciegamente matando a su propia hija y no a la mujer culpable. Estos hechos se escenifican en tres versiones muy distintas: en la primera como un paso de marionetas cuyo cometido es ilustrar la función degradante de la sátira; en la segunda como un drama tragicómico que asume la función de la «realidad vital» para marcar la diferencia que va de ésta a la literatura, siempre deshumanizante, por grotesca en la primera versión y por mitomaniaca en la tercera, la que corresponde a un hiperbólico y sanguinario romance de ciegos, remedo ridiculizante de los dramas de honor tradicionales. Este triple núcleo dramático viene enmarcado por los comentarios de dos intelectuales españoles que disertan sobre la necesidad urgente de redimir a la literatura nacional —mediante su sistemática deformación— del dogmatismo y la falseante retórica en que se halla sumida.

Baste este somero resumen para demostrar cómo Valle Inclán, desde el escenario, obsequia al público con la teoría y práctica del esperpento. A caballo entre la risa y las lágrimas, superando a una y otras, el nuevo género es posible sólo desde una perspectiva demiúrgica que facilite la deshumanización de los personajes. En *Los cuernos*, la figura humana es reemplazada respectivamente por la marioneta, el fantoche y el falso héroe del honor. La deshumanización de los personajes abre una distancia infranqueable no sólo entre creador y criatura sino también entre personaje y espectador. En el esperpento Valle Inclán rompe definitivamente con el teatro tradicional que buscaba conmover al auditorio mediante su identificación afectiva con el ente de ficción. Pero don Ramón va más lejos, pues él también se distancia del público. Al presentar tres versiones del mismo hecho, enormemente dispares entre sí, y dos comentarios que las juzgan, es evidente que no le interesa plantear conflictos humanos sino el problema de la creación poética, subrayando la pluralidad de posibilidades de aproximación a un tema dramático. Por eso, al escribir su esperpento no parte de la realidad inmediata sino de la literatura anterior y, más específicamente, del teatro de Calderón, como puede comprobarse no sólo por la trama, triplemente repetida, sino también por los iluminadores diálogos de los personajes, conscientes de ser entes de ficción y no hombres de carne y hueso.[11]

---

11. Convencido de que «¡Sólo pueden regenerarnos los muñecos de compadre Fidel!», es decir, del titiritero de *Los cuernos de don Friolera*, don Estrafalario resume así su opinión sobre el teatro clásico español: «Una forma popular judaica, como el honor calderoniano. La crueldad y el dogmatismo del drama español solamente se encuentran en la Biblia. La crueldad sespiriana es magnífica, porque es ciega, con la grandeza de las fuerzas naturales. Shakespeare es violento, pero no dogmático. La crueldad española tiene toda la bárbara liturgia de los Autos de Fe. Es fría y antipática. Nada más lejos de la furia ciega de los elemen-

La primera y última versión están concebidas como representaciones teatrales a las que se ha asignado un público en las figuras del pintor y el escritor que recorren España para conocerla, «proyectando un libro de dibujos y comentos». Las dos representaciones teatrales, contrastando con la versión intermedia de los hechos, especializan y fragmentan la estructura dramática en un complejísimo juego de espejos cóncavos y convexos, cuya función es subrayar gráficamente las dos estéticas extremas polarizadas en el bululú del prólogo y el romance del epílogo, aunque una y otra sean igualmente estilizantes, es decir, deshumanizantes, literaturizantes.

La estructura dramática se fragmenta de la misma manera que se fragmentó la estructura del cuadro cubista, como un autoexamen del proceso creador y de la función del arte. Valle Inclán hizo con los dramas calderonianos del honor lo mismo que Picasso hizo con Las Meninas de Velázquez: los tomó como punto de referencia para recrearlos con técnica geométrica desde una perspectiva más actual. Ello prueba que la realidad —la verdad— es relativa y varía según el punto de vista desde el cual se la percibe. Por eso su plasmación literaria puede oscilar entre la sublimación exagerada del romance y la deformación grotesca del bululú, ambas equidistantes de la verdad, como el esperpento de Valle Inclán ha demostrado.

La actualización del tema, que exigía nuevas técnicas, requería también la renovación del lenguaje dramático. Unos personajes irreales, cuya dimensión humana ha sido desintegrada por el nuevo espacio dramático de los espejos deformantes, pueden prescindir del contenido conceptual de las palabras para expresarse. Ello explica la incorporación de los elementos no racionales de la lengua al discurso esperpéntico, tales como la sonoridad, el ritmo, el tempo. Muchas veces, la voz del personaje degenera en gritos (como sus acciones degeneran en gestos) lo que contribuye a automatizarlo. Así ocurre, por ejemplo, con el teniente Astete, cuya repetición de la exclamación «¡Friolera!» ocasiona el apodo que sustituye al nombre propio hasta en el título de la obra que registra sus peripecias. De esta manera el personaje pierde sus últimos vestigios de dignidad a manos de su creador. La metamorfosis de la figura humana en títere es completa.

Transformado el personaje en muñeco mecánico, el autor puede hacer de él lo que le dé gana, sin reconocerle autonomía ni voluntad alguna. El arte, en este caso la literatura, queda convertido en juego; a jugarse muy seriamente, pero juego al fin. Un juego que el autor juega en complicidad con su co-autor, el lector o espectador, es decir,

---

tos de Torquemada: Es una furia escolástica. Si nuestro teatro tuviese el temblor de las fiestas de toros, sería magnífico. Si hubiese sabido transportar esa violencia estética, sería un teatro heroico como la *Ilíada*. A falta de eso, tiene toda la antipatía de los códigos, desde la Constitución a la Gramática.»

un juego que sólo puede jugarse según las reglas del texto y dentro de su singular contexto dramático.

La deshumanización del teatro, evidente en el esperpento valleinclanesco, convierte a éste en género subversivo que, a nivel de expresión, constituye una carnavalización de la literatura, pues viola los códigos establecidos por la tradición dramática que le precede.[12] Basándose en ritos de inversión a la manera del carnaval, manipula y reorganiza las categorías semánticas vigentes en el teatro anterior para destacar el potencial desperdiciado por individuos e instituciones, es decir, señalando, por implicación, el absurdo que es, en contraste con lo que se cree que es y con lo que podría ser. Una situación conyugal en la que el marido mata a la mujer por celos o adulterio, es un asunto potencialmente trágico. Transformado por los espejos deformantes (o sea, por la técnica esperpéntica), da el carnaval. La literatura se reduce a un juego intelectual.[13]

A nivel de contenido, el esperpento es un texto autoconsciente, interesado en el proceso de la creación, de la significación y de la comunicación. Es un texto metadramático cuya composición y realización son, a la vez, teoría y práctica literaria. Para ponerlo en términos semióticos, el esperpento es un texto donde el código es el mensaje y el mensaje es el código, es decir, significado y significante son uno y el mismo.

El mensaje es evidente: el teatro español del Siglo de Oro, y más específicamente, los dramas calderonianos del honor, impusieron a la cultura hispánica unos valores absurdos, como el de la obligada venganza sanguinaria del honor injuriado, sin importarles que la realidad vital desmintiera constantemente esos valores. Ello se debió a que los dramaturgos habían adoptado una postura teórica-dogmática preconcebida, es decir, falaz. Las máscaras carnavalescas, auténticas en su artificialidad, cumplen su función dramática desenmascarando, desde el otro lado del espejo cóncavo, a los falsos héroes del honor.

La aplicación sistemática de las teorías orteguianas de la deshumanización del arte a la literatura está todavía por hacer, pero llegado el momento habrá que empezar por los esperpentos de Valle Inclán, pues

---

12. Para una explicación del concepto de *carnavalización*, véase Mikhail Bajtín, *Rabelais y su mundo* (Madrid: Gredos, 1979, y Julia Kristeva, *Semiótica*, trad. José Martín Arancibia (Madrid: Fundamentos, 1978).

13. La voluntad de estilizar el teatro que le llevó a desrealizarlo, es consciente, decidida y clara en Valle Inclán. Ramón Gómez de la Serna, en *Don Ramón María del Valle Inclán* (Madrid: Espasa-Calpe), 1959, 107, recoge las siguientes declaraciones de Valle Inclán a propósito del estreno de *Señora ama*: «A mí no me gusta un teatro de esta manera. Con los recursos de presencia que el teatro tiene nos echan a la cara trozos de realidad. El arte no existe sino cuando ha superado los modelos vivos mediante una elaboración ideal. Las cosas no son como las vemos, sino como las recordamos. La palabra en la creación literaria necesita siempre ser trasladada a ese plano en que el mundo y la vida humana se idealizan. No hay poesía sin esa elaboración». Lo mismo creía don Antonio Machado.

escasas obras ostentan tan inequívocamente por lo menos 6 de las 7 tendencias propuestas por Ortega, como peculiares de la nueva estética.[14] Las enumeraré a continuación citando entre paréntesis las características de *Los cuernos de don Friolera* que bien podrían pasar por concretización literal de aquéllas:

1. deshumanización del arte (figuras distorsionadas, «desfiguradas», grotescos papeles y títeres protagonizan la pieza)
2. evitar las formas vivas (personajes infrahumanos hacen que la acción degenere en gesto, y el diálogo en gritos)
3. la obra no es más que obra de arte (literatura hecha a base de literatura, metadrama, estructuralmente *Los cuernos* es una conjunción intertextual de varios géneros literarios: a. — una poética del teatro; b. — una farsa de marionetas; c. — una tragicomedia y d. — un romance de ciegos)
4. considerar el arte como un juego y nada más (el subtítulo de la obra es indicio de la postura estética y afectiva del autor, pues no hay duda de que presenta a unos militares de mentirijillas, máscaras de carnaval, jugando a ser, que no pueden tomarse en serio)
5. una esencial ironía (género tan subversivo como el esperpento, cuya ley estructural es la parodia, resulta, casi por definición, tremendamente irónico)
6. eludir toda falsedad y, por tanto, tender a una escrupulosa realización (nadie puede negar que el esperpento en general y éste en particular es una estilización magistralmente precisa y depurada)
7. considerar el arte como algo totalmente intrascendente (esta tendencia es la única que parece estar ausente de la obra de Valle Inclán quien hizo del arte no sólo su razón de vivir, sino, más aún, su razón de ser).

El arte de nuestro siglo, fragmentario y molecular, efectivamente no es un arte humanizado ni humanizante, pero no por eso deja de ser trascendente. Es un arte cósmico, que nace paralelamente al aislamiento individual del hombre superespecializado, del hombre que ha renunciado a ser el centro de la atención divina y la medida de todo lo existente a cambio de su libertad. Este arte deshumanizado responde al clima espiritual de nuestra época, regida por el escepticismo existencialista, descubridor del absurdo vital, y por el tecnicismo científico que pretende liberar al hombre de los límites impuestos por su condición humana. El arte contemporáneo es un arte deshumanizado porque es la expresión del hombre moderno, internamente desintegrado, cuya conciencia en crisis comprueba a cada instante que jamás «llegará a ser».

---

14. José Ortega y Gasset, *La desumanización del arte* (Madrid: Revista de Occidente), 1925.

El propósito de mi trabajo ha sido señalar el lugar que le corresponde al esperpento valleinclanesco dentro de la dinámica actual que va de los descubrimientos científicos (relatividad einstiana) a los postulados filosóficos (angustia existencial) y al arte deshumanizado de vanguardia, que no son más que las formas singulares en que nuestro siglo se ha acercado al conocimiento en búsqueda de la verdad.[15]

Espero haber contribuido a hacerle justicia a don Ramón María por haber vivido, y creado, a la vanguardia de las vanguardias de nuestro tiempo.

ADELAIDA LÓPEZ MARTÍNEZ

Department of Modern Languages
Texas A&M University
College Station, Texas 77843

---

15. A este propósito se debe el que yo no haya entrado en la dimensión sociopolítica, es decir, histórica, del esperpento, la que, además, ha sido ampliamente estudiada por Rodolfo Cardona, Summer Greenfield, Anthony Zahareas y muchos otros conocidos valleinclanistas.

BRUJERÍA PARA SILUETAS, LECTURA DE «LIGAZÓN»

En las diferentes lecturas e interpretaciones de *Ligazón* ofrecidas por la crítica reciente,[1] en la mayoría de los casos se ha descuidado el momento de la primera publicación de la pieza, que, en cambio, puede ofrecer algún elemento curioso, capaz de resaltar mejor el proceso de ordenación de su obra que Valle Inclán realizó asiduamente y a través del cual él quizás ha dejado dentro de márgenes insuperables de contradicción e imprecisión que forman parte de su cifra individual, vestigios decisivos para el desciframiento e interpretación de su recorrido literario.[2]

Escrita en el 1926 a propósito para el pequeño teatro llamado «Mirlo Blanco» de los Baroja,[3] *Ligazón* luego fue publicada en el mismo año en Madrid («La Novela Mundial») con nueve ilustraciones de Rivero Gil: y, para dar más consistencia al librito, Valle Inclán a continuación propuso de nuevo dos breves composiciones teatrales, *Tragedia de ensueño* y *Comedia de ensueño*, ya publicadas, la primera en la colección *Jardín umbrío* del 1903 y las dos juntas en *Jardín novelesco* del 1905.

Escritas, según parece implicar la primera ordenación, más para la lectura que para la representación, estas tenues historias dramáticas pueden ser analizadas como «primeras tentativas simbolistas» del tea-

---

1. J. L. Brooks, *Valle Inclán's «Retablo de la avaricia, la lujuria y la muerte»*, en *Hispanic Studies in Honour of I. González Llubera*, Oxford, Dolphin, 1959, pp. 87-104; J. Guerrero Zamora, *Historia del teatro contemporánea*, I, Barcelona, J. Flors, 1961, pp. 187-194; E. González López, *El arte dramático de Valle Inclán*, Nueva York, Las Américas, 1967; M. Bermejo Marcos, *Valle Inclán: Introducción a su obra*, Salamanca, Anaya, 1971, pp. 280-86; J. Lyon, *The theatre of Valle Inclán*, Cambridge, Cambridge University Press, 1983, pp. 161-188.

2. Cfr. M. Cattaneo, *Il viandante nel labirinto. Varianti e invarianti in Valle Inclán*, en «Studi ispanici», 1979, pp. 105-129.

3. C. Rivas Cherif, *El teatro de Valle Inclán*, publicado en «Tiempo de historia», V, 51, febrero 1979, p. 66: «En 1926 escribió expresamente para el teatrillo casero del «Mirlo Blanco», que hacíamos en casa de los Baroja, esa otra joya en un acto en prosa que es *Ligazón*». (Rivas Cherif fue el director de escena de esta representación). No es éste el lugar para subrayar la importancia de los «teatros íntimos» en la evolución teatral de la década 20-30: sobre este tema (y sobre el trabajo teatral de Rivas Cherif) se ha presentado en la Universidad de Milán (1982) una interesante tesis (Luciana Gentilli, *Il decennio delle avanguardie. Ricerche sul teatro in Spagna dal 1920 al 1930*) que se publicará próximamente.

tro de Valle Inclán, según lo que propone González López,[4] pero sobre todo se sitúan en un punto preciso en la trayectoria diacrónica de su itinerario literario, en el momento en que en torno a la rural, primitiva y mágica Galicia se acumulan sugestiones, persuasiones, malicias modernistas.

En *Tragedia de ensueño* la vieja abuela, que espera en el umbral de la casa ante la cuna del nieto a que se cumpla la inevitable y absurda muerte de un inocente (mimo de un rito sacrificante presente con frecuencia en Valle Inclán, con desplazamientos de lo desolado a lo siniestro, a lo grotesco), en su alto patetismo pertenece a un tiempo inmóvil y remoto de arquetipos misteriosos, al cual el *cliché* modernista aproxima poco pertinentemente modalidades agraciadas y volubles casi de cuento infantil, con el coro de las doncellas («hermanas azafatas en el palacio del Rey») de las cuales la acotación registra la decorativa futilidad de los nombres («la mayor se llama Andara, la mediana Isabela, la pequeña Aladina») significativamente cancelada en las indicaciones del texto.

Una proclividad análoga por una trama entre floreal y hechizante se da también en *Comedia de ensueño*, con aquella mano blanca «que pronto habrá de marchitarse como las flores», cortada por el Capitán de los bandidos para apoderarse de sus joyas, que se transforma en instrumento de maleficio y que, entre los dientes de un perro «blanco y espectral», desaparece, empujando al hombre hacia una búsqueda imposible.

El acercamiento de estas dos obritas a *Ligazón*, revisitación tardía del mundo gallego y de su fuerza de encanto primitivo y contacto mágico, proponía la posibilidad de una lectura retroactiva del «auto para siluetas» totalmente dentro de la órbita de la visionaria mitografía galaica de las *Comedias bárbaras* y también relacionada con las figuraciones modeladas en la inocencia de un rito antiguo de *Aromas de leyenda*. Contribuían a dar esta impresión las deliciosas ilustraciones de Rivero Gil, que, si bien acentuaban con el trazo neto y estilizado y con el predominio del negativo el juego de sombras con su bidimensionalidad, también estaban conectadas con un preciso gusto modernista.

La decisión de publicar de nuevo, un año más tarde, en el 1927, *Ligazón* en el *Retablo de la Avaricia, la Lujuria y la Muerte* parece responder a una necesidad de distanciamiento respecto a esta identificación y a una consciente estrategia de aclaración.

Como siempre sucede en Valle Inclán, no hay un rechazo de la producción precedente, sino más bien una necesidad de recomponer los textos en una línea unitaria según las afinidades (prevalentemente sincrónica, pero también con recuperación diacrónica): y la inclusión en

4. E. González López, op. cit., pp. 57-62. Véase también S. Kirkpatrick, *From «Octavia Santino» to «El yermo de las almas»: Three Phases of Valle Inclán*, en «Revista Hispánica Moderna», 1972-73, 1-2, pp. 62-66.

el *Retablo*, en posición central, de *El embrujado* (1912) es una prueba clara de esta búsqueda de una lógica interior que lleva a recoger en constelaciones sus textos.

El principio de solidaridad de la colección está evidentemente contenido en el título, en la institución y en la exhibición de un sistema de desorden vicioso:

Avaricia ←.............→ Lujuria

Muerte

y en el comportamiento sórdido y rebajado, siempre deformado, que consigue. Ningún personaje de *El embrujado* sale de los límites de tal sistema[5] como las fiugras, asimilables a marionetas y siluetas, de los cuatro actos únicos que lo rodean. Y además de esta convergencia temática se da probablemente una convergencia de construcción teatral que Guerrero Zamora agudamente hace resaltar[6] en el examen de *El embrujado*, es decir, la reducción del dinamismo escénico propio de las *Comedias bárbaras* y también de *Divinas palabras* y del esperpento, hacia una condensación de la trama en núcleos fundamentales y hacia un predominio de acciones estáticas sobre las cinéticas. Característica evidenciable también en los otros textos de la colección.

Bajo tal perspectiva la *Tragedia de tierras de Salnés* encuentra su justificación de asimilación a las más tardías realizaciones para-esperpénticas. Violento y contemporáneamente crepuscular, con veleidades de tragedia diluidas por la fascinación decadente de lo primitivo y por modulaciones de leyenda misteriosa, *El embrujado* había planteado una respuesta, ya datada, a la crisis de las convenciones escénicas naturalistas (una tentativa de pastoral trágica), ahora la visión distanciada «desde otra ribera» permite efectos más radicales, cambiando la relació ndel autor con su materia.

La llamada a las fuerzas elementales del hombre, a sus pulsiones aniquiladoras, ya no puede tener resultados trágicos,[7] ni siquiera de tra-

5. Resalta agudamente S. M. Greenfield (*R. M. del Valle Inclán. Anatomía de un teatro problemático*, Caracas, Fundamentos, 1972, p. 135): «Lo nuevo en *El embrujado* es la introducción de motivos y flaquezas humanos en lo que había sido en las primeras obras de Valle Inclán el satanismo pintoresco sin otra finalidad que su propia maldad [...] Aunque misteriosas fuerzas de brujería revolotean tenebrosamente sobre los personajes, los pecados pintados en *El embrujado* son de una concreta variedad mundana».
6. J. Guerrero Zamora, op. cit., pp. 175-76.
7. *Luces de Bohemia*, esc. XI: MAX: «La tragedia nuestra no es tragedia» DON LATINO: «¡Pues algo será!» MAX: «El Esperpento». (*Obras completas*, II, Madrid, Rivadeneyra, 1944, p. 1.597). Todas las citas derivan de esta edición.

MARÍA TERESA CATTANEO

gedia rural, y se estiliza en «melodramas» y «autos» que postulan gestualidad de marioneta que, como la abolición de la tercera dimensión
en los juegos de sombras, es simétrica al aplanamiento psicológico.
«Marionetas» y «siluetas» son, por otra parte, más una indicación de
registros de recitación y el resalte de una convención irrealista, simbólica e impersonal que una precisa elección de *media* diferentes a través
de los cuales articular el sistema dramático.[8]

En torno a la obra más antigua, de la cual se señala la importancia
generativa, se componen así las más breves piezas recientes, con alter-
nancia quiástica de «autos» y «melodramas», casi para formar un po-
líptico,[9] en el que alrededor de la más hierática escena central están
colocadas dinámicas historias que repiten la misma temática de los
pecados capitales, con ambientación campesina análoga, desde un punto de vista variado.

Ligazón —texto bastante ambiguo, que con una lectura superficial
podría presentarse comparable a resultados modernistas con su *pathos*
hechizado y sus arabescos lunares— adquiere de la segunda ordenación una valencia analógica que hace emerger la tensión innovadora,[10]
el tormento experimental centrado en introducir, en situaciones y motivos ya ensayados e indudablemente amados, estímulos de la cultura
contemporánea (la «supermarioneta» de Gordon Craig, la recuperación
de las formas escénicas orientales de Artaud). Si tales sugestiones son,
como se sabe, siempre imprecisas y eclécticas, en cambio es lúcida la
consciencia por parte de Valle Inclán de lo que quiere realizar en los
textos y que también trata de hacer explícito: tal es el sentido evidente
de sus subtítulos, enfáticos pero nunca fútiles. También en esta colección ellos tratan de distinguir y matizar, agrupando de dos en dos por
un lado los «melodramas» con rasgos de la más sobreexcitada declama-
ción, donde el deseo necrófilo lleva a consecuencias extremas la perversa contigüidad amor-muerte, precedentemente saboreada como decadente ingrediente de intensificación, y por otro los «autos para siluetas», cuya referencia a una forma teatral de alta tradición es equilibrada
por la solicitud de una técnica teatral incongruente, para calibrar el

---

8. Probablemente aquí también se da el resultado de la continua polémica
valleinclanesca contra el teatro de su tiempo, del que continuamente señalaba la
mediocridad, no sólo de los textos sino también técnica: contrariamente a algunos actores, los muñecos no deforman sino que reproducen lo que se les hace
expresar, sin acudir a una grosera imitación realista.
9. La palabra *retablo* contiene esta acepción junto con la de «pequeño escenario en que se representa una acción, valiéndose de figurillas o títeres» (Dicc. de
la Real Academia): con una ambigüedad verbal sin duda apreciada por Valle
Inclán.
10. Como justamente afirma F. Ruiz Ramón: «Valle Inclán, al volver sobre el
espacio galaico del ciclo mítico, somete la materia dramática al procedimiento
inverso: su desmitificación». (*Historia del teatro español. Siglo XX*, Madrid, Cátedra, 1977, p. 139).

gusto irónicamente emblemático de tal modo que bloquee cualquier predisposición a una recepción ilusa, sentimentalmente participante.

Recogiendo la indicación del autor, merece la pena leer emparejados los dos «autos», observando su contigüidad y los menos evidentes reenvíos. *Ligazón*, como dice el título, se centra en un rito mágico, un pacto de sangre que transforma en hechicera posesión y sortilegio mortífero el escalofrío erótico del encuentro en la penumbra lunar de la Mozuela con el Mozo Afilador.

Sacrilegio, de nuevo nos guía el título, presenta la arbitraria asunción, por parte de un bandido, de la función de un padre confesor, para satisfacer el último deseo del Sordo de Triana destinado a muerte por una supuesta delación, con la esperanza de obtener a través de la confesión indicaciones útiles. Pero, acabadas las fases preparatorias de la tonsura, el falso padre comienza a sufrir las turbaciones de la identificación, a no controlar racionalmente su papel en la representación, mientras el prisionero se abandona con histriónico frenesí a su exploración autobiográfica y a la invocación de la divina misericordia de manera tal que empuja al jefe de los bandidos a dispararle al improviso para reaccionar a posibles implicaciones emotivas: «¡Si no le sello la boca, nos gana la entraña ese tunante!» [11]

Se ha dicho [12] que en esta pieza el gesto prevalece sobre el sentimiento, es su generador en vez de ser su consecuencia. En una sociedad degradada y sin valores, mantenida por el retículo de los pecados capitales y por una ciega fatalidad, asumida como excusa cómoda a las propias debilidades («La estrella de mi nacimiento no me ha consentido ser hombre de bien...» p. 1487) sólo el gesto, en particular el ceremonial, puede proporcionar sobresaltos de inquietud, abrir hendiduras emotivas que se encierran de nuevo con fulmíneas inversiones generadoras de efectos grotescos e irónicos. Incluso porque el gesto o el ritual, está a su vez reflejado en el espejo cóncavo de la simulación y de la manipulación del otro.

Si bien *Sacrilegio* es la más vistosa y consciente realización de esta estructura, también las otras tres piezas del *Retablo* están construidas en base al mismo procedimiento: la utilización de los ademanes de la aflicción por parte de Simeón Julepe, extasiado por los 7.000 reales del «burujo» que su mujer le ha dejado al morir, se convierte en excitación necrófila en *La rosa de papel;* el engañador engatusamiento de la Pepona *(La cabeza del Bautista)* la conduce a un verdadero arrebato erótico-amoroso.

Pero sin duda *Ligazón* es la más afín como situación a *Sacrilegio*,

---

11. *Sacrilegio*, en *O. C.*, II, p. 1.488. Señala J. Lyon (op. cit., p. 183): «The basic dramatic shape of *Sacrilegio*, like *La cabeza del Bautista*, is that of an ironic reversal: having started by trying to make El Sordo talk, the bandits eventually shoot him to make him keep silent».

12. J. Guerrero Zamora, op. cit., pp. 191-192.

dado que análogamente utiliza el rito, la ceremonia, para sostener la subversión irónica, la antifrástica alegoría. (Habría que preguntarse si no es justamente esta ritualidad estilizada y esperpéntica la que sugiere el acercamiento al «auto»).

Sacrilegio se centraba en el ceremonial religioso católico (la confesión) con pliegues de un misticismo típico de estampas populares sin privarlas de una arrebatadora conmoción;[13] *Ligazón* recupera los modos de la ritualidad mágica, aprovechados igualmente a nivel popular que los resorbe en una cotidianidad de la que forma parte el escalofrío de presencias y poderes oscuros.

Todos, desde el comienzo de la pieza, ostentan privilegiadas relaciones con este mundo «otro»: en primer lugar el Afilador ensalza sus posibilidades de dar la vuelta del mundo velozmente: «para estos viajes me suspendo del rabo de un amigo» (p. 1315) —aunque es una jactancia inocua, sin aureolas misteriosas. Después las dos viejas, borrachas de alcohol y de ávida rufianería, a su vez exhiben en competencia su «arte» («¡Comadre, somos de un arte!» p. 1319): también aquí se trata de alardes jocosos y quizá excitados, que toman de lo mágico los aspectos más vistosos y estimulantes: el vuelo de las brujas («A las doce del sábado monto en la escoba, y por los cielos. ¡Arcos de sol! ¡Arcos de luna!» p. 1319) o los encuentros con el Trasgo («¡A mí todas las noches me visita el Trasgo!» y proporcionan, sólo imaginándolos, una perturbada ebriedad («¿Comadre, cuál es mi camino? La luna me ciega» p. 1319).

Cuando el Afilador retrocede sobre sus pasos, es la Mozuela la que representa el papel brujesco («en estas aguas del dornil, desde que te fuiste, he visto todos tus pasos reflejados» p. 1325) reconstruyendo, con probables indicios, las aventuras del hombre. En la contienda erótica, la fascinación, el sortilegio («¡Antes sirena!... ¡Ahora serpiente! ¿Qué seré luego? — Mi perdición, si lo deseas» p. 1327-8), la intervención del diablo, evocado con los diferentes apelativos populares, Patillas, Tío Mengue, se convierten en el elemento que da la tonalidad de la escena: cuando aparece en la ventana la Mozuela, la decisión de rebelarse a la madre desemboca en la oferta de sí misma y en la plena asunción del papel de bruja («¡Por Cristo, que brujas aparentas! — ¡Y lo soy! Beberé tu sangre y tú beberás la mía» p. 1331-2) para vencer las renuencias del mozo.

En la funcionalidad de la ficción («La Mozuela con gesto cruel, que le crispa los labios y le aguza los ojos, se clava las tijeras en la mano...» p. 1333) hay un momento de verdad, de alucinación fantástica, que

---

13. «Sintió cubrírsele el alma de beato temor, frente al reflejo sacrílego de su imagen inmersa, sellada por un cristal, infinitamente distante del mundo en la cláusula azul de la charca, el ojo de la linterna como un lucero sobre la tonsura de San Antoñete», «El Padre Veritas levantaba las palmas abiertas, arrestándoles con patética ramplonería de santo en corral de comedias» (p. 1.484 y 1.486).

descolora las presencias de lo cotidiano. En *La cabeza del Bautista* Valle Inclán precisa en la acotación un análogo efecto de desorientación: «Parece cambiada la ley de las cosas y el ritmo de las acciones. Como en los sueños y en las muertes, parece mudada la ley del tiempo...« p. 1467) muy fugaz en cuanto el inmediato cambio de la acción es catalizador de lo incongruente y de lo absurdo:[14] así en *Ligazón* aquellos cuatro brazos que «por el hueco del ventano... descuelgan el pelele de un hombre con las tijeras clavadas en el pecho» (p. 1333) revelan el intento de hacer caer en lo grotesco el clímax onírico acabado de alcanzar, con un vuelco que contemporáneamente destruye toda participación emotiva y deja descubierto el ruin mecanismo de avaricia y lujuria.

La provocación y la ironía esperpénticas no anulan sin embargo aquel profundo núcleo de creación poética que se une a los secretos valores de la tradición mágico-hermética: en el fondo de la poética de Valle Inclán sigue operando la vieja fascinación teosófica, como una especie de quicio alrededor del cual gira su exploración en los territorios de lo sagrado.

En esto *Ligazón* se emparenta con *El embrujado:* pero el distanciamiento, la contemplación «desde la altura» como si el ojo estuviera colocado en la punta de un cono»[15] acentúa la lúcida frialdad de la mirada del autor sobre las irracionales pasiones de los personajes, que, de la inicial mirada apiadada sobre un destino despiadado, se convierte ahora en una percepción grotesca de la debilidad y de la ridícula insuficiencia humana. Como en *Divinas palabras*, donde los ocultos poderes del lenguaje adquieren efectos grotescos y sorprendentes en el uso ya no decadentemente sublime, sino rebajado y cotidiano, también *Ligazón* presenta los temas del sortilegio, del vampirismo femenino, del maravilloso nocturno de manera que invierte la lógica de las esperas.

El procedimiento es siempre el de la «contraposición de perspectivas sentimentales» que persuasivamente destacaba Rivas Cherif en un comentario a *Divinas palabras:*[16] en el que realzaba «el desacuerdo entre la acción dramática y la contemplación del público... en tanto que los actores se rinden al espanto con que la terrible fatalidad los domina, el espectador ideal se siente movido a risa».

---

14. Cfr. J. A. Hormigón, *R. del Valle Inclán: la política, la cultura, el realismo y el pueblo*, Madrid, Comunicación, 1972, p. 212: «De pronto la acción se detiene y hay un retardando, una visión a cámara lenta del abrazo entre la Pepona y el Jándalo, del nacimiento del erotismo subterráneo en la mujer y del facazo que el viajero chantajista recibe por la espalda». Sin embargo, la fijación patética es interrumpida inmediatamente: mientras la Pepona besa frenéticamente la boca del muerto, Don Igi comenta paradójicamente: «Mejor me fuera haberlo transigido con plata!» (p. 1.468).

15. Desde una entrevista al autor que apareció en «El Heraldo de México», 21 septiembre 1921, publicada ahora por Dru Dougherty, *Un Valle Inclán olvidado*, Madrid, Fundamentos, 1983, p. 120.

16. «La Pruma», agosto 1920, p. 138.

Tal efecto en *Ligazón* es más incierto y equívoco que en *Sacrilegio:* la inversión final de hecho no se apoya en la chocante agresividad del parlamento sino en la gestualidad antiheroica del maniquí atravesado por las tijeras.

A propósito de esto, es curioso observar que las reseñas contemporáneas subrayan más «el intenso dramatismo del apunte de tragedia», «la noble severidad de [...] breve tragedia de hondas emociones», «el escalofrío dramático» [17] que la corrosión grotesca, pero al mismo tiempo destacan, como peculiares elementos de innovación, la cruda viveza del lenguaje,[18] la condensación estilizada de la fábula, el insólito encanto de la puesta en escena nocturna,[19] advirtiendo (quizá no plenamente) el valor de experimentación de la obra y su dificultad de recepción por parte de un público impreparado.

En efecto *Ligazón* dentro de su aparente linearidad presenta una trabazón compleja, un atento contrapunto de lo idílico, lo trágico, lo grotesco y sobre todo un incremento del carácter emblemático (com-

---

17. Véase Andrenio, *El teatro independiente*, en «La Voz», 25-12-1926; A. Díez Canedo, *El Cántaro roto*, «El Universal», México, enero 1927, vuelto a publicar en *Artículos de crítica teatral: el teatro español de 1914 a 1936*, México, J. Mortiz, 1968, pp. 156-58; J. Mayral ( ) *Valle Inclán y su Cántaro roto*, «La Voz», 20-12-1926. Todas las reseñas utilizadas se refieren a la segunda representación de *Ligazón*, que tuvo lugar en el diciembre de 1926 en el Círculo de Bellas Artes, con el grupo teatral *El cántaro roto*; excepto la de J. C. Olmedilla, *Un estreno de Valle Inclán en casa de Baroja* («Heraldo de Madrid», 11-5-1926) que se refiere al estreno del mayo de 1926, en el «Mirlo Blanco». De todos modos ya Olmedilla parecía ignorar el elemento esperpéntico: al elogiar la «concisión y simplicidad» de *Ligazón* la parangona a las «piezas dramáticas de nuestro teatro primitivo»: «se piensa en Juan de la Encina, en Lope de Rueda, en Torres Naharro y, en algunos momentos, en la irresistible fuerza de erótica nocturnidad de ciertas escenas de la *Celestina*». Díez Canedo establece en cambio un parelelo con los grandes frescos de las *Comedias bárbaras* «junto a las cuales *Ligazón* es un esbozo nervioso y rápidamente trazado».

18. Si bien Olmedilla afirmaba (refiriéndose al público específico del «Mirlo Blanco») «la crudeza del auto no ha soliviantado la gazmoñería de nadie», en cambio el autor de la reseña de «El Debate» (J. de la C., *Bellas Artes: Ensayo de teatro*, 20-12-1926) comentaba: «desconcertó a veces por la crudeza de la frase y el naturalismo del asunto». A su vez el crítico de «La Voz» (J. Mayral), de acuerdo con su interpretación muy dramática, valoraba el auto como «bárbaro, nervudo, grato, no obstante al oído, por el ritmo musical de un diálogo maravilloso y alucinante». También Andrenio alababa «la áspera y fuerte belleza de un lenguaje popular, al que ha dado el retoque artístico una forma lapidaria».

19. Se repite con frecuencia en las reseñas, debido a una probable influencia de la escenografía, la definición de «aguafuerte»: «sobria aguafuerte» (F. de Viu, *Círculo de Bellas Artes: Ensayo de teatro*, «La Nación», 20-12-1926), «sombría y dura aguafuerte» (J. de la C., cit.). A. F. Lepina («El Imparcial», 21-12-1926) resalta la «expresión teatral tan nueva, tan sintética, tan artística, sin perder su condición de teatralidad». Desgraciadamente no son dadas descripciones detalladas de la puesta en escena: la más precisa es Magda Donato («Heraldo de Madrid», 25-12-1926) que únicamente se fija en el decorado («Una fachada de casita encuadrada por altos, monótonos, trágicos álamos») y en el juego de luces.

ponente indispensable en el esperpento) que se aprovecha de la simplicidad del espacio escénico y de la reducción de la acción.

Los dos temas, injertados uno en el otro, de la avaricia y del deseo erótico ofrecen un lineal pretexto para el enfoque de un humano sin catarsis en el cual las pulsiones surgen incontroladas, arrimado, con contradictorio impacto, con un mágico replicarse de gestos evocadores que doblan a lo invisible, pero que realizan sólo parcialmente la trasmutación.

Es suficiente hacer un inventario de las «presencias» escénicas que animan el fondo oscuro en el cual se abre, única luz fija, «el recuadro luminoso» de la puerta del ventorrillo, para darse cuenta de cómo la escena está salpicada de signos, de objetos e imágenes, que en ella se inscriben como geroglíficos, condensando a nivel visual los núcleos de tensión.

La «gargantilla de aljófares y corales», primero de estos objetos exhibidos a la atención, materializa simultáneamente el proyecto de adquisición lujuriosa y la tentación ávida de la posesión: «la Raposa... suspende la gargantilla en el garfio de los dedos, la juega, buscándole las luces» (p. 1308), pero, en el estatuto de visibilidad que sostiene esta escena lunar, resulta opaca: LA MOZUELA: «De noche no luce» (p. 1309).

A la gargantilla corresponden, como figuración del rechazo, las «tijeras ocultas bajo la almohada» (en relación con «alcoba», el lugar de la consumación del mercado), que son una presencia amenazadora en las palabras de la Mozuela y, con la entrada en escena del Afilador, se convierten en realidad («¡Afilar tijeras y navajas! ¿Mocita, quieres que te limpie de orín las tijeras?» p. 1311) y adquieren luminoso relieve («¡Te las pondré de plata!»).

Todo el primer diálogo de la Mozuela con el Afilador está centrado en las tijeras, cuyo nuevo filo («para partir un cabello en el aire te han quedado, niña» p. 1314) y el brillo bajo la luz lunar («El Afilador... sacaba el último brillo a las tijeras. Las hacía jugar cortando un rayo de luna») son elogiados. El rechazo a ser pagado por parte del joven (la acotación añade otra sugestión de opacidad,[20] en la «moneda negra» que la Mozuela hace saltar sobre la palma) provoca el desafío amoroso que utiliza ágilmente tópicos (recompensa de un abrazo, ceremonia del beber del mismo vaso) y por tanto no distrae de las imágenes fundamentales.

Una serie de imágenes se inscribe en la escena, en la acción teatral, únicamente a nivel visual, sin apoyo lingüístico: el texto escrito da una descripción de ellas en las acotaciones, que contienen (como es frecuente en Valle Inclán) indicaciones difícilmente traducibles en términos escénicos.

---

20. No creo que se pueda rechazar, como sugiere Lyon (op. cit., p. 186), una interpretación simbólica de esta moneda «negra», según la propuesta de Guerrero Zamora (p. 190).

El estilizado paisaje está definido por la «estrella de senderos», «la estrella de caminos luneros» que acentúa la sideral luminosidad y calca una iconografía gallega amada por el escritor: en ella se perfila la «rueda» del instrumento del Afilador, creando un símbolo de intencionada sugestión exotérica: «el negro trebejo [...] perfila su rueda con rara sugestión de enigmas y azares» (p. 1316). La rueda contiene la imagen del círculo, del centro, pero también una simbología de la contingencia, de los ciclos, del eterno volver a empezar: la *Lámpara maravillosa* nos lleva a una continua meditación en torno a estas temáticas y a una utilización constante de la imagen circular con ambivalente significado, sea del estéril dar vueltas satánico, sin tranquilidad, sin amor, sin posibilidad creadora, sea del centro que genera el círculo del quietismo y revela el engaño cronológico del Tiempo.[21]

«Proyecta la rueda su círculo negro en el cruce barcino de las tres sendas» (p. 1315): la determinación numérica de los senderos nos remonta a la «Exégesis trina» de la *Lámpara*: «Tres son los tránsitos de amor y los caminos estáticos y los de la belleza... A los tres centros divinos están vinculados los tres círculos temporales y a los círculos temporales los tres enigmas del Mal» (I, p. 816). Pero en el cuadro teatral la figura emblemática asume una fuerza visionaria más imprecisa y remite a análogas sugestiones, contenidas siempre en las acotaciones, de otras obras.[22]

En el alusivo fondo de escena los «remotos canes» que ladran (dos veces, en las acotaciones) al compás del canto descarado de la Mozuela, parecerían sólo un dato realista, que en cambio se transforma en presagio maléfico, concretándose en la sombra de un perro blanco que atraviesa la escena en momentos significativos: al retorno del Afilador en paralelo con la disminución de la luz, casi un ofuscamiento de la visión que se realiza simultáneamente al surgir de lo maravilloso: «Lenta se oscurecía la luna con errantes lutos. La sombra ahuyentada de un perro blanco cruzó el campillo. Quedaba, todo de la noche, el cantar, abolida la sombra de la Mozuela en la nocturna tiniebla» (p. 1324-5) y en la acotación final, poco antes de la aparición del trágico pelele: «Agorina un blanco mastín sobre el campillo de céspedes» (p. 1333).

La cita de sí mismo es evidente y en la economía de la colección remite al texto central, al *Embrujado*, donde el perro blanco es la mani-

---

21. «El centro, como unidad, saca de su entraña la tela infinita de la esfera, sin mudanza y sin modo temporal se desenvuelve en la expresión geométrica inmutable y perfecta, sellada y arcana» (*La lámpara maravillosa, O. C.*, I, p. 838). «Por cualquiera de las tres veredas estéticas que peregrinen las almas, siempre en el reposo del último tránsito, allí donde se cierra el círculo, rompen el enigma del Tiempo. Pasado, Presente, Porvenir, los tres instantes se desvinculan y cada uno expresa una cifra del Todo...» (*La lámpara maravillosa*, p. 816).
22. Véase, por ejemplo, *Cara de plata*, I, esc. 1: «Un pastor, escotero y remoto sobre una peña, asiste al concilio haciendo círculos con el regatón del cayado en los líquenes milenos del roquedo», p. 731.

festación de los poderes ocultos de Rosa Galans.[23] El autor deja a la vista sus repeticiones, como para invitar a seguir la elaboración, los ajustes hacia nuevas perspectivas.

El paso real fantástico que se da con respecto al perro, grotescamente después se gira en el recorrido contrario seguido por la escoba, que de instrumento privilegiado de evasiones sabáticas se vulgariza en tosco medio de persuasión de la hija reacia por parte de la Ventera.

Pero, en la sintaxis visiva de la escena, las tijeras (que, cuando se hace la oferta de ligazón aparecen nuevamente en primer plano) están siempre en el centro del sistema: su potencial sugestivo se carga de una plurivalente simbología que, si bien sugiere en el aspecto cruciforme la idea de la conjunción, la une a la de la muerte por la conexión con la figuración de las Parcas; y además contiene implicaciones sexuales, no sólo por las alusiones reconocibles en su forma, sino también por la relación —aquí visivamente indicada por el gesto de la Mozuela— con la idea de la penetración característica de los utensilios cortantes.[24]

Y cuando grotescamente las tijeras reaparecen, primero como inquietante amenaza luminosa («Quiebra el rayo de luna con el brillo de las tijeras» p. 1333), después, instrumento impropio de muerte, clavadas en el pecho del «pelele de un hombre», el carácter obsesivo de la imagen inmediatamente hace recordar otra figuración grotesca que probablemente Valle Inclán pudo tener presente: el «capricho» goyesco (n. 51, *¿le repulen?*) donde las tijeras resultan relacionadas con deformadas imágenes de una naturaleza humana tan sórdida que cae en la animalidad.

Menos violentamente, en *Ligazón* no se trata de dar cuerpo a una sátira moral, sino de hacer visible (y por ello teatral) el recorrido del deseo y de las pasiones en personajes sin ejemplaridad y reducidos a «siluetas», contrafiguras mímicas de pulsiones, sin nombre y sin consistencia visiva ni psicológica. (Detrás está la experiencia de la desfiguración esperpéntica que reduce al hombre a muñeco o a bestia: procedimiento utilizado aquí en el perfil visivo y nominal de la Raposa).

Con este fin también los objetos se convierten en términos de un sistema de correspondencias que utiliza a la par en la geometría dramática todas las «presencias» escénicas, anulando la jerarquía convencional (personajes, animales, objetos...).

En esta dirección además son usados funcionalmente los juegos de luz, sea en la ya observada oposición luciente / opaco, sea en el progresivo obscurecimiento del paisaje que amortigua los efectos iniciales de perfiles y reflejos, cuando se consolida el sortilegio y la excitación pa-

23. Cfr. J. P. Borel, *Valle Inclán o la pasión de lo imposible*, en *El teatro de lo imposible*, Madrid, Guadarrama, 1966, pp. 211-12.

24. «Comme tous les outils tranchants, le ciseau figure le principe cosmique actif (mâle), penetrant, modifiant le principe passif (femelle)», J. Chevalier, A. Gheerbrant, *Dictionnaire des symboles*, Paris, Seghers, 1973.

sional, hasta el momento de oscuridad total (en el interior del ventorrillo) en el cual se cumple el homicidio: «Apaga la luz en su alcoba la Mozuela»).

En la praxis escénica el juego de luces y sombras confirma y concreta la oposición verbal ver / no ver que sostiene el texto hasta el extremo límite de «cegar». Véase el primer encuentro del Afilador con la Mozuela:

AFILADOR: Sal al claro de luna para bien verte...
MOZUELA: Nunca hasta el momento me has visto...
AFILADOR: Sin haberte nunca visto, me eres conocida (p. 1312).

Las inesperadas capacidades brujeriles de ella en el segundo encuentro:

MOZUELA: En estas aguas del dornil... he visto todos tus pasos (p.

La expresión de una tierna confesión:
MOZUELA: ¡Ya no esperaba volver a verte!... (p. 1327).
La metafórica reducción de la percepción:
AFILADOR: ¿Adónde estás que no te veo?... Ni verte ni palparte.
Que desemboca en la seguera erótica:
MOZUELA: ¿Tú serás el primero que me tenga!
AFILADOR: ¿A qué me ciegas? (p. 1331).

Paralela y secundaria corre la oposición mirar / no mirar que pertenece a la relación Raposa-Ventera / Mozuela, donde en «mirar» se contiene una finalidad astuta y egoísta de la mirada, que incluso puede llevar a «cegar». Sólo un ejemplo:

VENTERA: ...La gargantilla de tus desprecios, mírala aquí...
MOZUELA: ¡Ay, mi madre! ¡Usted con poco se ciega!
VENTERA: ...Por tu bien miro... un amigo que no mira la plata...
...Ni por ti miras, ni por la vejez de quien se ha visto en tantos empeños...
¡Mira por tu madre, ya que por ti no mires!...
MOZUELA: ...Con una gargantilla aún no ciego... (p. 1321-2).

En la precaria relación mirada-comportamiento, visión-conocimiento, el movimiento es siempre hacia la oscuridad, las tinieblas: es una imagen alrededor de la cual se podría instituir todo un juego de persistencias, variaciones, desarrollos meditativos en la obra de Valle Inclán.[25]

---

25. «Son de tierra los ojos, y son menguadas sus certezas. Cada mirada apenas tiende un camino de conocimiento a través de la esfera que se cierra en torno de todas las cosas, y que en infinitos círculos guarda la posibilidad de las infinitas conciencias. La unidad del mundo se quiebra en los ojos, como la unidad de la luz en el prisma triangular de cristal. [...] Las pupilas ciegas de los dises, en los mármoles griegos, simboliza esta suprema visión, que aprisiona en un círculo todo cuanto mira». (*La lámpara maravillosa*, p. 826-27).

Pero en *Ligazón* no debemos buscar los sutiles refinamientos de la *Lámpara maravillosa* o una situación trágica y ni siquiera tan sólo un pobre motivo de farsa: sino más bien la superior ironía valleinclanesca que es la misma forma de su humana, pero siempre demiúrgica, piedad. Como él mismo ha explicado varias veces lúcida y conscientemente: «Ustedes saben que en las tragedias antiguas, los personajes marchaban al destino trágico, valiéndose del gesto trágico. Yo en mi nuevo género también conduzco a los personajes al destino trágico, pero me valgo para ello del gesto ridículo. En la vida existen muchos seres que llevan la tragedia dentro de sí y que son incapaces de una actitud levantada, resultando, por el contrario, grotescos en todos sus actos».[26]

MARIATERESA CATTANEO

Università di Milano (Italia)

---

26. Cfr. Dru Dougherty, cit., pp. 107-108 (entrevista del 12 de septiembre de 1921, en La Habana).

Bajo la sensación del cloroformo
me hacen temblar con alarido interno
la luz de acuario de un jardín moderno
y el amarillo olor del yodoformo.

IV

NARRATIVA: CUENTO Y NOVELA

LOS CUENTOS DE VALLE INCLÁN: SU EVOLUCIÓN; DEL DECADENTISMO AL SIMBOLISMO

1. *Los cuentos de Valle Inclán: entre el simbolismo y el decadentismo: la fase decadente. Femeninas.*

Como la mayor parte de los escritores de la Generación del 98, Valle Inclán hizo sus primeras armas en las letras con el cuento, en el género literario que había alcanzado su mayoría de edad en la literatura española con los narradores de la llamada *Generación naturalista* (Pardo Bazán, Clarín y Blasco Ibáñez), que es la inmediatamente anterior a la de los novetaiochos. La aparición de los suplementos literarios de algunos diarios, como el del *Lunes de El Imparcial*, y las revistas literarias habían dado un gran impulso al cuento, como género literario.

Don Ramón María del Valle Inclán llevó a sus cuentos los dos mundos a los que estaba más entrañablemente unido por su vida y sus primeros pasos en la literatura: el *galaico*, en que se formó y compuso sus primeras narraciones breves; y el *hispano-americano*, de fuerte acento mexicano, en el que entró en sus años mozos, en el periodismo. Y cada uno de estos dos mundos tuvo una gran influencia en el abanderamiento de Valle Inclán en las dos corrientes estéticas que predominaban en las letras europeas, y con ellas en la española, en la última década del pasado siglo: el mundo gallego, lleno de misterio y de amor por lo sobrenatural, como, parte de ese misterio, le llevó al *simbolismo*, mientras que el hispano-americano, de acentuado carácter tropical rebosante de sensualidad, le atrajo hacia el *decadentismo*.

Entre estas dos corrientes, la del *simbolismo* de hondas raíces galaicas, y el *decadentismo*, muy metido en el ambiente tropical hispanoamericano, se movió el arte narrativo de Valle Inclán durante la última década del pasado siglo y las dos primeras del XX; y privó en su narrativa hasta el período llamado de *entreguerras*, en el que fueron desplazadas por las nuevas corrientes de vanguardia, sobre todo por el *expresionismo*.

Las dos corrientes estéticas, la del *simbolismo* y la del *decadentismo*, en las que se formó literariamente, se influyeron recíprocamente en sus primeros cuentos; y así en sus cuentos gallegos fue penetrando una nota sensual, que no había en un principio, y en los hispanoamericanos fue tomando vida en espíritu simbolista, que elevó lo sensual a símbolo del carácter hispanoamericano. En la convergencia de estas dos corrientes estéticas, el *simbolismo celta-galaico* y el *decandentismo hispano-americano*, emparentado con el mundo francés, terminó por prevalecer el primero, unciendo al segundo a su carro triunfal. La victoria del simbolismo sobre el decadentismo se puede ver en sus celebradas *Sonatas* (de *Estío*, de *Otoño*, de *Invierno* y de *Primavera*) en las que la narración brevísima del cuento se amplió a la novela corta; pues en las cuatro la historia decadente sirve para expresar un ambiente simbolista, de búsqueda de lo esencial y permanente de ese ambiente, ya sea de la América Tropical o de Galicia, ya del País Vasco o de Italia. Sólo escaparon a esa mutua influencia y quedaron fuera de la influencia simbolista, los cuentos decadentes en que se recogía una historia amorosa de ambiente internacional europeo.

2. *Las fuentes hispanoamericanas de su decadentismo*

El simbolismo valleinclanesco procedía de la tradición gallega, literaria y popular, más que de la influencia de la estética gala de este nombre, aunque estuviera ésta en el ambiente literario de Europa. Pertenecen a este arte simbolista, más galaico que galo, sus dos primeros cuentos conocidos, compuestos en sus años mozos antes de que saliera de Galicia: *A media noche* (1889), publicado en la *Ilustración Ibérica*, de Barcelona; y *El rey de la máscara* (1892), aparecido en *El Mundo*, en Madrid.

Este simbolismo era como un estremecimiento ante el misterio de las cosas y de las almas. Su viaje a América, a México, produjo en él una cierta transformación al ponerse en contacto Valle Inclán con las tierras y el ambiente tropical de Hispano-América. Penetró entonces en su simbolismo una nota fuertemente sensual que estaba tanto en el carácter de aquel nuevo mundo que visitaba como en la literatura que por este tiempo emergía en las letras hispanoamericanas. Esta nota sensual afectó incluso a su sensibilidad que tomó un tono decadente, sin dejar el simbolismo.

Al componer en México sus nuevos cuentos, no se olvidó totalmente de su simbolismo galaico, amante del estremecimiento del alma frente al misterio de la existencia, sino que lo combinó en sus composiciones narrativas con el sensualismo decadente gozador de sensaciones exquisitas. Sus cuentos se publicaron en dos periódicos mexicanos, *El Correo Español* y *El Universal*.

En *El Universal* apareció su primer cuento publicado en América, *Zan de los osos* (6 mayo 1892), luego se publicó *Bajo los trópicos* (*Recuerdos de México*, 16 junio 1892), que es el antecedente de *La Niña Chole*, su conocido cuento de *Femeninas*. El 19 de junio vio la luz *Caritativa*, cuyos principales personajes son Pedro Pondal y Octavia Santino, que reaparecerán en otro cuento, *Confesión* (19 julio 1892), y que llevara más tarde al teatro, ya en España, en su primera obra dramática *Cenizas* (1899).

En México dio una nueva forma a su primer cuento *A media noche*, que apareció ahora con el título de *Los caminos de mi tierra* (22 junio 1892). Ese mismo mes se publicó *El canario* (26 junio 1892), que más tarde incorporará, con distintos títulos, los de *La generala* y *Antes de que te cases*, a sus varias colecciones de cuentos. Poco después (3 julio) compuso *¡Ah! de mis muertos*.

3. *Triunfo del decadentismo. Los cuentos de Femeninas*

Al volver a España y radicarse en Pontevedra cultivó, en sus cuentos, la misma combinación de temas gallegos, estremecidos de misterio, y otros, gallegos o no gallegos, impregnados de fuerte sensualidad. En ellos revivía sus recuerdos de las tierras calientes americanas, unidas ahora a la densación muelle y misteriosa del mundo gallego al que había vuelto.

Entre el 8 de julio y el 28 de octubre de 1893 publicó, en la revista pontevedresa *Estracto*, una serie de cuentos con ese doble carácter simbolista gallego y decadente hispanoamericano: «*X*», que reaparecería más tarde con el título de *Una desconocida*, en la colección de cuentistas españoles *Flores de almendro: Páginas de tierras calientes*, nueva versión de *Bajo los trópicos;* y *Octavia Santino*, nueva presentación de *Confesión*. Con ellos alternó uno totalmente nuevo, de tema gallego, *El cabecilla*, en el que una fuerte nota dramática desplazó tanto a la decadente como a la de misterio. Es la nota dramática de exaltación del heroismo de las clases populares, la cual será una de las más características de la *fase expresionista* de su arte, al final de su carrera literaria.

Este equilibrio estético, entre el *simbolismo galaico* y el *decadentismo de origen galo* o *hispanoamericano*, se rompió en favor de este último en su primera colección de cuentos *Femeninas* (1894), publicada en Pontevedra. Lo decadente prima en esta colección ya sea proyectado sobre el mundo internacional, el hispanoamericano o el gallego. Los cuentos llevan diferentes fechas, pero compuestos, en distintos lugares, en un breve período de poco más de un año. Las distintas fechas y lugares se corresponden con las de su viaje de regreso de México a España: *La Condesa de Cela* (México, Veracruz, enero 1893); *Tula Varona* (Pontevedra, septiembre 1893); *Octavia Santino* (México, julio 1892); *La Niña Chole* (París, 1893); *La generala* (en el barco Le Havre, abril 1892), y *Rosarito* (Villagarcía de Arosa, abril 1894).

El fuerte carácter decadente de este primer volumen de cuentos, que no se correspondía totalmente con el equilibrio estético que venía practicando en la primera fase de su arte narrativo, despistó a algunos críticos españoles, como Melchor Fernández Almagro, haciéndoles creer que esta era la estética por excelencia de su ficción, sin percibir que la simbolista tenía más hondas raíces en su vida espiritual y en su arte.

Con *Femeninas* triunfa plenamente en el arte valleinclanesco o la sensibilidad decadente, con un fuerte sentido erótico, morboso y perverso. Las mujeres, de encendido erotismo (la Condesa de Cela, la Niña Chole, la Generala, Octavia Santina) son la encarnación de esa sensibilidad decadente. Su erotismo se proyecta contra las normas morales de la sociedad burguesa. En algunas historias, como en *Tula Varona*, la nota decadente se expresa en la crueldad con que la mujer trata al enamorado. Este mismo carácter decadente aparece en *Epitalamio: Historia de amores* (1897), publicado, como obra suelta, en la colección *Flirt*. Este cuento fue más tarde incorporado, con otro título, a las nuevas colecciones de historias breves.

En todos estos cuentos el autor está preocupado por la expresión de su sensibilidad, reflejada en la historia amorosa que nos cuenta. Nada se proyecta más allá de una y de la otra. El ambiente es en ella un fondo borroso carente de significación. En general son historias inspiradas en fuentes literarias españolas o extranjeras, o en anécdotas conocidas transformadas en literatura por el arte narrativo valleinclanesco.

La falta de trascendencia del ambiente se revela tanto en los de carácter no gallego, sin geografía concreta *(La Generala, Tula Varona)*, como en los gallegos urbanos *(La Condesa de Cela)*, de geografía concreta compostelana, en que cuenta los amores encendidos entre una dama aristocrática gallega y un estudiante cubano.

Hay, en cambio, en *Femeninas*, dos cuentos, *La Niña Chole* y *Rosarito*, en los que el ambiente, de aspiraciones simbolistas, trasciende la historia en busca de un mundo que está más allá de la anécdota: el primero de tema hispanoamericano y el segundo gallego. Estos dos cuentos responden a dos ambientes completamente distintos: en *La Niña Chole* lo sensual es tanto la expresión del carácter de los personajes como de la tierra y su ambiente; mientras que en *Rosarito* lo decadente, con sus notas de horror y crueldad un tanto diabólicas, está impregnado de misterio en las almas, en las cosas y en el ambiente.

Rosarito es el cuento más largo de los incluidos en *Femeninas*. Aparecen en él las dos notas que serán más permanentes y características del arte narrativo valleinclanesco: una poética, en la evocación del ambiente de la historia; y otra dramática, en el tejido de la fábula misma: la de la niña Rosarito enamorada y seducida por el expatriado carlista don Miguel de Montenegro. Los personajes de la historia tienen ilustres nombres nobiliarios gallegos, como el expatriado Montenegro, primera forma del Marqués de Bradomín, que veremos aparecer primero en el cuento *Eulalia* y más tarde en las cuatro *Sonatas*.

Otro de los personajes de este cuento es la Condesa de Cela, protagonista de otro de los cuentos de *Femeninas*. La vemos aquí ya vieja, abuela de Rosarito. Vemos también el tema erótico decadente de las relaciones de un galán con una madre y a la vez con la hija de ella, que en esta historia es con una abuela y una nieta. Este tema, con distintos personajes y ambiente, lo repite Valle Inclán en *Epitalamio*, cuento titulado más tarde *Augusta*. Antes lo había tratado otro novelista gallego, doña Emilia Pardo Bazán, en su novela corta *Belcebú* (1908) y en la larga *El cisne de Vilamorta* (1886), esta última de su fase naturalista y aquella de sus tentativas de superar el naturalismo con un simbolismo que gustaba de lo mágico.

En *Rosarito* la nota de horror y crueldad es muy fuerte en la última escena en la que vemos el cadáver de la seducida Rosarito, tendida en la cama con un puñal clavado en el corazón; mientras se ve la ventana abierta de la alcoba por la que se había escapado el seductor.

Dos de los cuentos de *Femeninas* pasaron al arte dramático valleinclanesco: *Octavia Santino* se convirtió, con ligeras variantes, en el drama *Cenizas* (1899), el cual a su vez se presenta, años más tarde, en una nueva versión titulada *El yermo de las almas* (1908); y el cuento *La Generala*, que pasó a la colección de cuentos titulada *Corte de amor*, entrará a formar parte, como una de las partes de la fábula, del esperpento *Los cuernos de don Friolera*.

Los cuentos decadentes de Valle Inclán son una amplia exploración artística, estética, en busca de nuevos horizontes para su sensibilidad refinada y exquisita, que gustaba, en el tema erótico, de lo anormal, de lo morboso y a veces de lo macabro. Esta sensibilidad, expresión de la personalidad del escritor, que había sido un tanto descuidada por el realismo, que lo había desplazado a un papel de espectador, más o menos imparcial y frío, se manifiesta ahora en toda su plenitud, aunque esta plenitud sea más sensorial que imaginativa.

Los decadentes, con su exaltación de la sensibilidad refinada y exquisita del escritor, dieron realce a todos los sentidos; y, sin omitir los de la vista y el oído, que habían sido plenamente utilizados en el período del impresionismo realista, destacaron ahora los del olfato, el gusto y el tacto.

Tras esa sensibilidad refinada y exquisita hay un desafío dirigido a la vez a las normas estéticas y morales de la sociedad burguesa, que ellos consideran limitada, asfixiante tanto desde el punto de vista del arte como de la auténtica moral humana, que es más individual que colectiva. En la actitud de los escritores decadentes vibra la repulsa de la moral burguesa decimonona; y de este modo su posición equivale a una protesta, a una toma de posición frente a una serie de problemas sociales y morales.

Valle Inclán fue uno de los maestros del cuento decadente español, particularmente en que era como una protesta a la vez estética y moral contra la sociedad burguesa española, contra su arte realista y contra su moral más realista todavía. En el cuento decadente, se esforzó Valle Inclán en afirmar su individualidad en dos direcciones: por un lado, como expresión de su personalidad original y creadora; y, por otro, como un medio de enfrentarse con las normas de la sociedad burguesa de su tiempo. En cambio, en los cuentos que marcan ya su tendencia hacia el simbolismo, aunque aparezcan en ellos bastantes elementos decadentes, el escritor gallego hace el máximo esfuerzo para penetrar en el mundo colectivo, más espiritual que social y moral, del que se considera una parte integrante, como el gallego, o por el que siente una viva simpatía, por haber vivido en él y formar parte de sus vivencias espirituales, como ocurre con el hispanoamericano.

Valle Inclán gustó de repetir sus cuentos, pero nunca lo hizo limitándose a dar una nueva copia del viejo cuento, sino que siempre introdujo en ellos algunas variaciones, algunas veces importantes. Algunas veces el viejo cuento aparece con un nuevo título, como hemos visto en las varias versiones de *Octavia Santino*, y en otras, conservando el viejo título, introduce algunas modificaciones.

Cada nueva edición de un cuento valleinclanesco no es nunca una simple repetición textual del anterior, sino que presenta alguna variante. Estas variantes y modificaciones son de gran interés para ir conociendo la evolución que se fue produciendo en su arte en su marcha del *decadentismo* hacia el *simbolismo*. Valle Inclán que gustó de la novedad, tanto como sentía un gran cariño por el pasado, nunca olvidó totalmente sus creaciones sino que estuvo continuamente rebautizándolas.

4. *Los cuentos simbolistas: su temática galaica.*

Jardín umbrío y Jardín novelesco. La transición del decadentismo al simbolismo en el cuento valleinclanesco.

Valle Inclán, que había entrado, en la narrativa, bajo el signo del *simbolismo* con sus dos primeros cuentos *A media noche* (1899) y *El rey de la máscara* (1892), hondamente metidos en el mundo físico y espiritual tradicional de Galicia, se había desviado de este camino a su llegada a México, y ponerse allí en contacto con una realidad y una literatura que le llevaron hacia el *decadentismo*. Estos contactos con el mundo literario y físico de un pueblo, México, de la América española, fue la única fortuna que trajo de su viaje a México y el que expresó en su primer volumen de cuentos *Femeninas* (1895).

Ya de nuevo en Pontevedra, su nuevo contacto con Galicia le hizo volver a poner un pie en una estética simbolista anclada en el mundo céltico galaico; mientras conservaba puesto el otro en el decadente internacional y en el hispanoamericano. Esta dualidad de las primeras formas de la narrativa valleinclanesca en el cuento, se manifiesta en la doble cara de su producción literaria en este tiempo; y así si bien rinde culto al decadentismo en *Epitalamio* (1897), compuesto ya durante su nueva estancia en Madrid, por otro, expresó el simbolismo céltico en *Adega* (1899). Pero a partir del nuevo siglo sería el simbolismo la corriente estética más constante y original de su narrativa, tanto en el cuento como en la novela.

El traslado de Valle Inclán de Pontevedra a Madrid, a mediados de la última década del pasado siglo, le acercó más que le alejó del mundo gallego y con él al simbolismo. El tema madrileño que atraía por entonces a Pérez Galdós y a Benavente, no le seducía a Valle Inclán; y prefirió a él la evocación de la tierra lejana. Compuso entonces su cuento *Adega* (1899), que sería el corazón de su novela corta *Flor de Santidad* (1906), su principal visión simbolista de Galicia aunque también compuso el drama *Cenizas* (1899), de claro sabor decadente, con personajes gallegos en Madrid. .

Su gran labor simbolista, de profundas raíces gallegas, comenzó con la publicación en diferentes periódicos y revistas, de varias partes de su primera *Sonata*, cuya acción se desarrolla en Galicia. Apareció entonces en la revista *Juventud Hierba Santa* (1 octubre 1901), que era la primera parte de esa *Sonata*. En los *Lunes de El Imparcial* se publicaron otras partes de la misma *Sonata: Sonata de Otoño* (3 de septiembre 1902) y *Don Juan Manuel* (23 septiembre), nueva versión de su cuento *Rosarito;* y *El Palacio de Brandeso* (21 enero 1903). Por este tiempo apareció en *El Liberal* su cuento *Malpocado* (noviembre 1902), que mereció un premio literario.

Los cuentos de tema gallego, entre ellos las escenas sueltas de la futura *Sonata de Otoño*, de aspiraciones simbolistas, era lo más nuevo y original de la producción literaria valleinclanesca en los primeros años de este siglo.

5. *Jardín umbrío y Corte de Amor.* El doble mundo decadente y simbolista en el que se movía Valle Inclán a principios de siglo, se refleja en las dos colecciones de cuentos publicados en 1903: *Jardín umbrío*, que incluía cuatro cuentos de tema gallego, *Malpocado, El rey de la máscara, El miedo* y *Un cabecilla*, tres de los cuales habían aparecido ya sueltos y sólo uno, compuesto en forma de drama. *Tragedia de ensueño*, era totalmente nuevo; y *Corte de amor*, que lleva el subtítulo de *Florilogio de honestas y nobles damas*, en la que incluyó cuatro historias de distinto carácter: dos decadentes, de tema internacional, Augusta, nueva versión de su viejo cuento *Epitalamio*, y *Rosita*, que era un cuento nuevo; y otros dos de tema gallego, *Eulalia*, que ya había sido publicado en *El Imparcial*, y había recibido un premio literario, y *Beatriz*, nueva versión de su antiguo cuento *Satanás*, que también había entrado en un concurso literario abierto por *El Imparcial*, y el cual no recibió premio alguno, a pesar de los elogios de don Juan Valera, que era uno de los miembros del jurado. En ediciones posteriores se le añadieron a *Corte de amor* otros dos cuentos, procedentes de *Femeninas*, *La Condesa de Cela* y *La Generala*, con los que se acentuó todavía más el carácter decadente de esta colección.

Aunque estas dos colecciones de cuentos se publicaron el mismo año, cada una de ellas señala un camino distinto en la evolución de la narrativa valleinclanesca: *Jardín umbrío*, con sus temas gallegos, en que mezcla el misterio y lo sobrenatural, representa la marcha del autor hacia los nuevos horizontes artísticos del *simbolismo;* mientras que la *Corte de amor*, y mucho más después de que esta colección recibió los préstamos de *Femeninas*, permanece metida en el *decadentismo galo e hispanoamericano.* Sólo a través de su dos cuentos de ambiente gallego, *Eulalia* y *Beatriz,* asoma en esta segunda colección un deseo de transcender la exquisita sensibilidad del artista en busca de los ilimitados horizontes del misterio.

En estos dos cuentos de ambiente gallego de *Corte de amor, Eulalia* y *Beatriz,* la historia tiene un fuerte carácter dramático, lo cual procede, en gran parte, de un elemento demoníaco con el que se asocian entrañablemente el amor y la muerte, como si ambos fuesen inseparables compañeros. Esta asociación de amor y muerte será, a partir de ese momento, uno de los temas constantes de la ficción valleinclanesca, y que florecerá en toda su plenitud, en la fase *expresionista* de su arte, en el *Retablo de la avaricia, la lujuria* y *le muerte.*

Este elemento demoníaco es muy visible en Beatriz, de aquí su viejo nombre de *Satanás,* que tenía este cuento. El elemento demoníaco con sus viejas brujas campesinas y su magia y contramagia, está a su vez unido a las más viejas creencias gallegas, que no son simples supersticiones, sino antiguas creencias religiosas, paganas o célticas, que constituyen la tradición del país, formada en tiempos mitológicos. Y de este modo, la nota decadente se transforma en otra simbolista expresiva de las formas más tradicionales del mundo gallego.

Esta nota demoníaca se reduce considerablemente en los cuentos de tema internacional en sus personajes y ambiente. En estas historias eróticas internacionales, aunque no totalmente exentas de algún toque demoníaco, el amor es más placer que dolor, con excepción de *Octavia Santino,* en la cual, por infuencia del arte dramático del belga Maeterlinck, para quien el amor era más sufrimiento y sacrificio que placer, hay una fuerte nota dramática dolorosa.

6. *Historias perversas* y *Cofre de sándalo.* De *Femeninas* y de *Corte de amor,* hontanares de su arte narrativo en el cuento, proceden otras dos colecciones de cuentos publicados años más tarde: *Historias perversas* (1907) y *Cofre de sándalo* (1909) que servían el viejo vino decadente en nuevos odres, con nuevos títulos. Estas dos colecciones de cuentos representan más una paralización en la evolución de la narrativa valleinclanesca que un avance.

Historias perversas era en realidad una nueva edición de *Femeninas,* con la adición de nuevos cuentos que no figuraban en la edición original de esta colección: *Beatriz,* tomada de *Corte amor;* y *Epitalamio,* conocida también por *Augusta,* que procedía igualmente de ella. Esto nos indica que *Historias perversas* no era más que una refundición de sus dos colecciones de cuentos decadentes, *Femeninas* y *Corte de amor,* dejando fuera de la nueva colección el cuento más gallego de esta última, *Eulalia,* quizá porque ya se había incorporado a su novela corta *Sonata de otoño.*

En *Cofre de sándalo* recogió de nuevo las historias amorosas de *Femeninas:* la Condesa de Cela, Tula Varona, Octavia Santino y La Generala, añadiéndole el prólogo que había escrito don Manuel Murguía, el más autorizado portavoz del regionalismo gallego, para *Femeninas*, y un nuevo cuento de fuerte carácter simbolista gallego, *Mi hermana Antonia*, que parecía un tanto extraño en medio de aquel rebaño de cuentos decadentes. Este cuento simbolista galaico se incorporará más tarde a las colecciones de cuentos de este carácter, como *Jardín umbrío*.

7. *La nueva colección de cuentos, Jardín novelesco.* *Jardín umbrío* (1903), publicado el mismo año que su otra colección de cuentos *Corte de amor*, representó el triunfo del simbolismo en el arte narrativo valle-inclanesco: de un simbolismo metido en las entrañas del alma legendaria de Galicia y también de un presente vivo en el espíritu de su pueblo. En la primera edición de *Jardín umbrío* sólo figuraban cinco cuentos: *El miedo, Tragedia de ensueño, El rey de la máscara, El cabecilla* y *Malpocado*. En 1905 apareció, con el título de *Jardín novelesco*, una colección de trece cuentos, entre ellos los cinco de *Jardín Umbrío* y otros más, unos nuevos y otros viejos, pero todos ellos unidos por el común denominador del simbolismo galaico: *La adoración de los Reyes, La misa de San Electus, Don Juan Manuel* (nueva versión de su cuento *Rosarito*), *Un ejemplo, Del misterio, A media noche, Comedia de ensueño, Nochebuena* y *Georgias*.

De todas las colecciones de cuentos de Valle Inclán son estas dos, de hondo sentido simbolista, las que sufrieron más cambios, terminando por refundirse en una sola. En 1908 publicó Valle Inclán una segunda edición de *Jardín novelesco*, con el subtítulo de *Historias de santos, de almas en pena, de duendes y de ladrones*. El subtítulo expresaba mejor que el título el carácter galaico-simbolista de esta colección. Se incluían cinco nuevos cuentos en esta nueva edición: *Fue Satanás, la Hueste, Egloga, Una desconocida* y *Hierbas olorosas;* y, en cambio, se eliminaba de ella *Don Juan Manuel*, con lo que la nueva edición de *Jardín novelesco* quedaba reducida a dieciocho cuentos.

Se publicó en 1914 la segunda edición de *Jardín umbrío* —incluida en el volumen VII de su *Ópera Omnia*— con el subtítulo de *Historias de santos, almas en pena, duendes y ladrones*, que era el mismo que llevaba la segunda de *Jardín novelesco*, indicando con este subtítulo común la convergencia de sus dos colecciones de cuentos simbolistas, en los que primaba la temática gallega. En la nueva edición se incluían, además la mayor parte de los cuentos de *Jardín novelesco*. Esta nueva edición se componía de los cinco cuentos originales de la primera de *Jardín umbrío* (con excepción de *Malpocado*); y la mayor parte de los de *Jardín novelesco*. En total sumaban 17 cuentos: *Juan Quinto, La Adoración de los Reyes, La tragedia de ensueño, Beatriz, Un cabecilla, La misa de San Electus, El rey de la máscara, Mi hermana Antonia, Del misterio, A media noche, Mi bisabuelo, Rosarito, Comedia de ensueño, Nilón de Arnoya, Un ejemplo* y *Nochebuena*.

8. *Los elementos sobrenaturales y religiosos en los cuentos simbolistas valleinclanescos.* Todos estos cuentos, aun aquellos en los que aparece una fuerte nota decadente *(Beatriz, Rosarito)*, expresan un

mundo de misterio, que envuelve la vida y aún más la muerte que la está rondando constantemente.

En estas historias hay un elemento sobrenatural, más de embrujamiento y hechizo que puramente religioso. Esta nota de embrujamiento se percibe sobre todo en cuatro historias eróticas recogidas en la versión de *Jardín umbrío* publicada en 1914, en las *Obras completas de Valle Inclán: Beatriz, Rosarito, Mi hermana Antonia* y *Nilón de Arnoya*. En estas cuatro historias, las mujeres se mueven como si estuvieran hechizadas por el hombre que las persigue más que las corteja; y en alguna de ellas, *Mi hermana Antonia*, el enamorado parece tener pacto con el diablo.

Este sentido del amor, como un hechizo que se enseñorea del alma, tiene hondas raíces en la tradición céltica, que se expresó en la tradición lírica de estos pueblos célticos en todos los tiempos, y en la gallega desde la poesía lírica de los cancioneros medievales hasta la más moderna de Rosalía Castro.

En estas historias es donde aparece esa síntesis de paganismo, celtismo y cristianismo, de la que gustarían Valle Inclán y algunos de los escritores irlandeses contemporáneos más distinguidos. Esta fusión, de viejas y más nuevas creencias religiosas, toma un tono trágico en *La misa de San Electus*, en la que tres campesinos mueren de rabia; y se torna, en cambio, festiva en *Nochebuena*, en la que los campesinos alegran con canciones satíricas de su persona al cura que los festeja. Mientras en otras, como *El rey de la máscara*, la alegría del Carnaval se convierte en una nota macabra, al dejarle, los campesinos festejados por un cura, un antruejo que no es otra cosa que el cadáver de otro cura, del abad de Brandeso.

La nota religiosa, purificada de todo sentido demoniaco y de elementos popularizantes, es presentada en toda su sencillez, más cristiana que céltica pagana, en dos historias que parecen dos relatos de *Flos Sanctorum, La Adoración de los Reyes* y *Nochebuena*. Estos dos relatos tienen un gran parentesco temático y estético con los poemas incluidos en su colección de poemas *Aromas de leyenda* (1907). En el primero de estos dos cuentos, como en algunos de los poemas de Valle Inclán, pocos en número, asoma una estética parnasiana, rica en elementos plásticos, debida quizás al mundo oriental que ambienta la historia; y en el segundo, *Nochebuena*, en la que presenta con tierna sencillez *la leyenda de San Amaro*, tan metida en las tradiciones religiosas gallegas, palpita el ambiente simbolista de lo mítico y legendario.

En otro relato, *Del misterio*, el mundo religioso, el sobrenatural y del más allá, se mezcla con el político del más acá: es la escena de la evasión de un preso carlista que se ha escapado de la cárcel, y a quien su madre ve huido en un trance de espiritista, pues con esta historia entra de nuevo en los cuentos de Valle Inclán el tema de los guerrilleros y conspiradores carlistas, los cuales son los protagonistas de otros cuentos: *A media noche, Mi bisabuelo, Don Juan Manuel* y *Un cabecilla*.

9. *Los elementos políticos y popularizantes heroicos de sus cuentos.*
La nota dramática, que fue desplazando poco a poco a lo sensual en el arte narrativo valleinclanesco, en su evolución del *decadentismo* al *expresionismo,* a través del *simbolismo,* es muy visible en las historias de los personajes carlistas, ya sean cabecillas alzados en armas o aristócratas huidos en su país, los primeros como el molinero en *Un cabecilla* y los segundos en *Don Juan Manuel* y *Mi bisabuelo.*

Valle Inclán gustó de presentar en estos cuentos tipos varoniles, gente de pelo en pecho, sin miedo a perder la vida y a enfrentarse con la muerte; y, a diferencia de sus novelas, sobre todo de las *Sonatas,* en las que eran aristócratas los personajes varoniles, en los cuentos pertenecen a todas las clases sociales gallegas: unos son hidalgos (don Juan Manuel, don Manuel Bermúdez) y otros sacerdotes (un cura en *Juan Quinto*), otros populares, como el molinero en *Un cabecilla,* y un bandido en *Juan Quinto.*

Estos personajes varoniles populares, expresión del carácter de una raza, aparecieron en la fase simbolista de su arte antes en sus cuentos que en su novela; y son los que ascenderán a un plano de primera importancia en la *fase expresionista* de su arte novelesco, en *Tirano Banderas* y las novelas de la serie de *El ruedo ibérico.*

Los curas gallegos de pelo en pecho, que ya habían aparecido en la narrativa española decimonona en las novelas de la escritora gallega, naturalista, doña Emilia Pardo Bazán, figuran en lugar preferente en estos cuentos de carácter dramático tejidos en torno a una personalidad de ánimo heroico. Valle Inclán, para mostrar el ánimo esforzado de los curas rurales gallegos, de los *abades* como se llaman en lengua gallega y tituló el gran cuentista español, los enfrenta con otros personajes varoniles tenidos oficialmente por valientes; y así lo vemos enfrentado con un bandido en el cuento *Juan Quinto,* en el que el bandido que ha entrado en su casa para robarle se va con las manos vacías ante la actitud resuelta del cura que, en lugar de entregarle el dinero escondido, se burla de su valor; y en *El miedo,* enfrenta a un cura con un cadete de la guardia real, que ha sentido miedo al ver moverse en la iglesia una calavera, en la que se había metido una serpiente. El cura, que no había sentido miedo alguno ante este suceso, se niega a darle la absolución al joven militar, en cuya hoja de servicios figuraba, en la columna del valor, como supuesto.

Estos cuentos, en los que presenta Valle Inclán personajes de ánimo templado, impermeable al temor, son una de las aportaciones más estimables al cuento español. Continuó en ellos la herencia, creada, en este género narrativo, en el siglo XIX, por el romántico Pedro Antonio de Alarcón en sus *Historietas nacionales;* y también la de la naturalista gallega doña Emilia Pardo Bazán, en los cuentos de tema gallego, más en los rurales que en los urbanos, con sus hidalgos, curas de armas tomar y campesinos valentones.

Por influencia de la estética simbolista, introdujo Valle Inclán en ellos dos notas que serán, a partir de ese momento, una de las características de su arte: una nota de *misterio*, que envuelve por igual a los personajes y a su ambiente; y otro de ser uno y otro, el personaje y el ambiente, *símbolos de una unidad superior* que es el país a que pertenecen.

10. *Los cuentos en forma dialogada: Comedia y Tragedia de ensueño.* Al más puro arte simbolista, de influencia del teatro de Maeterlinck, pertenecen dos cuentos compuestos en forma dramática dialogada: *Tragedia de ensueño* y *Comedia de ensueño*, en los que la nota dramática, trágica, es más fuerte que en los otros relatos de la colección porque se extiende a lo largo de toda la fábula.

En ellos la influencia maeterlincknesca se combina con la tradición popular gallega, pues estas dos historias parecen, cada una en distinta forma, dos relatos de los que se cuentan en Galicia, a lo largo del año, al calor del fuego de una cocina aldeana la *Tragedia de ensueño* es como un cuento infantil de fuerte carácter trágico; y la *Comedia de ensueño* semeja una historia de bandidos de la tradición popular galaica que ha sido elaborada artísticamente por Valle Inclán.

Tragedia de ensueño, brevísima pieza dramática, es una de las obras más bellas del teatro simbolista valleinclanesco. En ella todos los elementos dramáticos colaboran para realzar y dar mayor intensidad al ambiente trágico: la historia del nietecito moribundo desde que se había extraviado en el monte la oveja que le daba leche al niño; y la abuela que le canta, en espera de la llegada de la extraviada oveja, que nunca volverá, para espantar la muerte que ronda la casa.

Hay en esta obra dramática primeriza de Valle Inclán una inteligente y artística utilización de todos los elementos dramáticos desde el diálogo hasta la escenografía, desde las luces al coro, que es como una anticipación de lo que será el teatro de García Lorca. *Tragedia de ensueño* es como una polifonía en la que colaboran armoniosamente todos esos elementos dramáticos: el canto de la abuela, sentada en la entrada de la cabaña en que vive; el coro-ballet de las tres azafatas del rey, el cual, como el antiguo coro griego, trae movilidad y encanto a la escena; el pastor, que, como la profética voz del destino, anuncia la inexorable muerte del nietecillo, único superviviente de todos sus siete hijos; y el paisaje que rodea la cabaña tan desolado como la triste historia del niño moribundo.

En la *Comedia de ensueño* se combinan las notas de hechizamiento y crueldad para formar una historia de horror: la de un capitán de bandidos que quedó locamente enamorado, como hechizado, por la mujer a la cual le cortó el brazo para robarle las joyas que llevaba en él; y la del perro, de los bandidos, que se escapa, para comerlo, con el brazo cortado por el capitán, y para el cual ese brazo se había convertido en la única reliquia que tenía de la mujer que lo había hechizado, y tras el cual, tras el perro ladrón, salió enloquecido el hechizado capitán.

En la *Comedia de ensueño* no hay una utilización tan bella y artística de todos los elementos dramáticos, como vimos en la *Tragedia de ensueño*, notoriamente superior a ella en el diálogo y también en el ambiente poético en que está envuelta toda la obra.

La colección de cuentos de *Jardín umbrío*, sobre todo en su última forma, representa la plenitud del arte narrativo de Valle Inclán en el cuento. Esta colección es como un hontanar de su arte simbolista y con él del español, del que partieron una serie de corrientes que fertilizaron su obra teatral y también sus novelas no sólo las de la fase *simbolista* sino más tarde las de la *expresionista*.

Cada uno de estos cuentos es una honda cala en el carácter de España, a través de su tierra gallega: en los personajes, en las historias y en el ambiente. Es una cala un tanto semejante a la que llevó a cabo, por estos mismos años, en sus novelas cortas de temática gallega *Sonata de Otoño* (1902) y *Flor de Santidad* (1904). Con la diferencia de que estas nuevas calas de *Jardín umbrío* operan sobre una temática, unos personajes y un ambiente más extenso y variado.

EMILIO GONZÁLEZ LÓPEZ

Profesor Emérito
Graduate Center
City University of New York

FIN · DE
LA · CABEZA · DEL · BAUTISTA

EL TEMA DONJUANISTA EN LAS «SONATAS». ONOMÁSTICA Y VOZ NARRATIVA

Aun si no hubiera otras muchas razones por qué lo de que Bradomín sea «el más admirable de los Don Juanes» (I, 458) [1] debiera tomarse *cum grano salis*, habría un inconveniente insuperable: lo de que uno sea o no un don Juan depende del juicio de los observadores, no del del protagonista. En un drama, el público o el lector es el testigo, formando su propia opinión de la heroicidad del protagonista; en una narrativa de primera persona, como las *Sonatas*, este papel del lector es muy reducido y, en cambio, el narrador-protagonista suple esta función. Hasta el don Juan romántico de Zorrilla, aunque capaz de amar y de salvarse al final de la obra, no nos revela sus sentimientos más íntimos; como el don Juan de Tirso, lo conocemos por su participación en los acontecimientos del drama, y por sus reacciones a éstos, no por ninguna explicación dirigida directamente al lector. Pero en cuanto que Bradomín-narrador represente a Bradomín-protagonista como un don Juan, conscientemente, sólo logra revelar su vanidad, y si otro personaje dice que Bradomín es «el más admirable de los don Juanes», puede ser para despistar y no para informar, porque es Bradomín-narrador que lo hace hablar. Dice Bermejo Marcos:

> ...Valle Inclán pretende estar haciendo exactamente lo contrario de lo que en realidad hace. Aquí [es decir, en las *Sotanas*] dedicado «seriamente» a recrear la figura del don Juan que se mueve ante nosotros como un galante caballero decimonónico, el autor entre telones nos guiña un ojo irónico casi en cada línea de sus cuatro *Sonatas*. Bradomín engola la voz, adopta un modo de hablar enfático y pedantón, presume de lo que no es, y el autor, como el que no quiere la cosa, nos va dejando al descubierto lo que hay de vacío, de mentira, de postura ridícula e insincera en muchas de sus bufonadas románticas, decadentistas y hasta modernistas, de su personaje. Pretende hablar muy en

---

1. Todas las citas corresponden a páginas en las *Obras completas* (Madrid: Rua Nova, 1944), I, 193-462. Para indicar la *Sonata* a que pertenece una cita dada, escribo la inicial de *Primavera*, *Estío*, *Otoño* o *Invierno*, según el caso, seguida del número de la página.

serio y lo que hace es burlarse de los movimientos literarios que más admiraba.[2]

Es muy perspicaz esta observación, aunque podría refinarse un poquito más, en vista de la sutileza y eficacia con que Valle emplea esta técnica de caracterización. También estoy de acuerdo con Zamora Vicente que Bradomín está consciente de su proceder donjuanesco y que lo cultiva calculadamente. Dice Zamora:

> Bradomín se sabe un don Juan. El personaje de Tirso o el de Zorrilla, aun dentro de las características esenciales del tipo del Burlador, es un poco muñeco. Obedece a leyes rigurosas, superiores a él en muchísimos casos. Es, al fin y al cabo, un juguete del instinto. Un vendaval erótico ha llamado Américo Castro al Burlador. Bradomín matiza la exigencia de la carne haciéndola el principal mandato, la ley irrecusable y meditadamente aceptada. Así se nos convierte en ese don Juan consciente, que mide, antes de realizar cualquier acto, el alcance seductor de él. Tiene de las mujeres un pobre concepto, y se empeña en exponerlo repetidamente.[3]

Pero hay que tener en cuenta también la técnica narrativa. Realmente no se sabe hasta qué punto el don Juan de Tirso o de Zorrilla «se sepa un don Juan» (sé que sería algo anacrónico preguntar hasta qué punto un arquetipo esté consciente de lo típico de sus acciones en relación con el tipo que está creando con estas mismas acciones), porque aquellos don Juanes nos callan la mayor parte de sus pensamientos. En cambio, Bradomín nos narra sus experiencias juveniles en la vejez, lo cual rompe marcadamente con la tradición. Primero, el que un don Juan alcance la vejez sale chocantemente de molde; segundo, el hecho de narrar su propia vida concede un grado de importancia a la vida, y en particular a la vida donjuanesca, que choca violentamente con los principios básicos del Don Juan, el cual, despreciando la vida, desafía a la muerte y vive por el momento. Además, cuando el viejo marqués nos revela sus pensamientos juveniles, lo tiene en su poder no sólo seleccionarlos sino también modificarlos, sin que mencionemos el olvido, que ha de haber borrado o cambiado muchas de sus memorias. Así es que, sería ridículo tratar del tema del donjuanismo en las *Sonatas* con la expectación de que Bradomín saldría un representante fiel del Don Juan arquetípico.

Paradójicamente, Bradomín ama la edad que está satirizando; ama

---

2. Manuel Bermejo Marcos, *Valle-Inclán: Introducción a su obra* (Salamanca: Anaya, 1971), p. 72.
3. Alonso Zamora Vicente, *Las «Sonatas» de Ramón del Valle-Inclán* (Buenos Aires: Instituto de Filología Románica, 1051), p. 35.

también el esteticismo literario que está parodiando. «Yo hallé siempre más bella la majestad caída que sentada en el trono, ...» nos dice (I 450), y esta actitud se refleja en toda su conducta. Lo que admira Bradomín en el «plateado» Juan de Guzmán *(Estío)* es el hecho que en otra edad habría sido conquistador, mientras en su propia época es destinado a ser bandolero: «Juan de Guzmán en el siglo XVI hubiera conquistado su Real Ejecutoria de Hidalguía peleando bajo las banderas de Hernán Cortés» (E 292). Cuando Bradomín sale del Palacio Brandeso en pos del impaciente don Juan Manuel, jinete aquél sobre un «rocín» (0 360) que describe como «viejo, prudente, reflexivo y grave como un Pontífice» (0 359), mientras éste es «glorioso y magnífico» (0 359) sobre su potro fiero («tordo montaraz» [0 360]), Bradomín hace las veces de Sancho Panza; regresan de esta salida con don Juan Manuel tendido boca abajo sobre el rocín de Bradomín. Aún sin ver los molinos que iba a visitar (Don Quijote al menos los alcanzó), este paladín anacrónico regresa no sólo sin toparse con gigantes, sino también sin confrontar la profana realidad de los aparatos mecánicos. Para Bradomín, el hecho de que el ánimo de este hidalgo está en conflicto con su vejez y con la decadencia de la época no es causa de tristeza, sino de diversión (la sonrisa que acompaña la bagatela). Este marqués se entretiene desempeñando el papel de azafata a una dama moribunda (O 329), de escudero a un hidalgo anciano y excéntrico, o de acólito a un humilde capellán (E 288), porque satisface un capricho, pero se niega de recitar un soneto satírico suyo, desairando al pretendiente rey don Carlos, quien se lo pidió, porque: «—Para juglar nací muy alto» (I 417).

A pesar del «yo» de primera persona, el narrador se distancia mucho del personaje de la misma identidad. Desde el punto de vista de las leyes del discurso, por ejemplo, debemos encontrar raro que Bradomín diga de sí mismo: «Yo le escuchaba con un gesto de fatiga» (P 207); «... repetí el mismo gesto imperioso» (I 452) [se observa un gesto, no se lo experimenta]; «Y mi voz, helada por un temblor, tenía cierta amabilidad felina que puso miedo en el corazón de la Princesa» (I 233) [el narrador describe con más objetividad a Bradomín que a la princesa Gaetani; es más bien un narrador omnisciente que de primera persona]; «Yo interrumpo con una vaga sonrisa sentimental» (I 459) [se observa que la sonrisa de otra persona sea «vaga» y «sentimental»; estas palabras suenan afectadas cuando uno las aplica a sí mismo]. Abundan ejemplos de esta manera de narrar y de describirse el personaje-narrador, pero no es un defecto de la obra sino una técnica del autor. Por este recurso se pone de manifiesto la distancia entre el narrador viejo y el personaje que describe. Para entrar en el mundo de las *Sonatas*, hay que imaginar que había un Marqués de Bradomín de carne y hueso y que el anciano que está escribiendo sus «memorias» es este hombre, aunque ya es viejo y los acontecimientos que relata están ya hondamente sepultados en su memoria; aun si quisiera recordar todos los eventos fielmente, sin novelar, sería imposible: tiene que reconstruir

conversaciones y describir caras borrosas, edificios y paisajes idealizados por la memoria, sentimientos que ya hace mucho tiempo está
incapaz de sentir. Pero este narrador ni siquiera se esfuerza; al contrario, escribe sus memorias no para «enseñar, sino a divertir» (I 456),
nos dice, y sigue: «Toda mi doctrina está en una sola frase: ¡Viva la
bagatela! Para mí, haber aprendido a sonreír, es la mayor ·conquista
de la Humanidad.» [4]

Este tema de la bagatela ha sido estudiado por Gerard Cox Flynn y
por otros,[5] pero hay todavía una perspectiva importante que queda casi
sin estudiar. Una característica de la mayor parte de las afirmaciones
de Bradomín-personaje es que llevan un grano de sinceridad, pero que
a la misma vez hacen mofa de la supuesta realidad; debemos por eso
adivinar algún germen de verdad en esta referencia a la bagatela, aunque sería caer en su trampa si aceptásemos al pie de la letra esta aserción del protagonista. Claro que lo de ser la sonrisa la mayor conquista
de la humanidad suena muy modernista, pero es interesante que dice
«conquista» y «aprender», como si fuera la sonrisa algo adquirido muy
tarde en el desarrollo del ser humano, y por un esfuerzo consciente.
Desde un punto de vista es necesario aceptar al valor nominal la aserción del protagonista que si escribe sus memorias será para divertir y
no para enseñar, porque tanto el comportamiento del protagonista y de

---

4. No sabemos la «intención consciente» de Valle en crear al Marqués-narrador, y si tienen razón René Wellek y Austin Warren en su *Theory of Literature*,
3.ª ed. (New York: Harcourt, 1956), p. 42, no nos importa mucho, porque según
ellos «the meaning of a work of art is not exhausted by, or even equivalent to, its
intention». El lector de este ensayo inferirá con acierto que cuando yo aludo a la
«intención» del autor, mi empleo de los términos alusivos abarca todo sentido
de «intención», tanto consciente como inconsciente, tanto racional como intuitiva.
5. El artículo que publicó Gerard Cox Flynn bajo el título de «La *bagatela*
de Ramón del Valle-Inclán» (en *Actas del Primer Congreso Internacional de Hispanistas*, ed. Frank Pierce y Cyril A. Jones [Oxford: Dolphin, 1964], pp. 281-887) es
una discusión muy detallada del significado de la afirmación de Bradomín que su
lema es «¡Viva la bagatela!». Aunque no estoy de acuerdo con su interpretación
nietscheana de la bagatela, sus argumentos son conscientes e interesantes. Para
mí, la aserción de que «...la bagatela valleinclanesca, a la manera nietscheana, se
mete a destruir los valores tradicionales de España» (p. 282), no es suficiente, ni
tampoco acierta, porque mofarse de los valores tradicionales no es lo mismo como
destruirlos (es más bien pasarlos por alto). La bagatela es más compleja: (1) los
valores tradicionales ya no funcionan; (2) Bradomín lo sabe; (3) la demás gente
sigue confiando en los valores estériles de antaño; (4) Bradomín se siente superior
y se burla de los demás; (5) Bradomín observa a Bradomín burlándose de los
demás, y se burla del burlador; (6) el autor manipula a los dos Bradomines, protagonista y narrador, en las manos del cual son meros juguetes. El lector tiene
varias alternativas: (1) puede leer las *Sonatas* para los argumentos, el humor superficial, el estilo plástico y lírico; (2) las puede leer fijándose en los temas aparentes, modernistas, decadentes, bohemios; (3) las puede leer en busca de temas
nacionales de más importancia que la sátira superficial o la parodia de técnicas
y formas de arte en boga; (4) las puede leer buscando una filosofía más honda
y más universal. En otras palabras, al nivel superficial, la bagatela divierte, pero
al nivel más profundo, enseña.

los otros personajes, como la manera de expresarse el narrador, se mantienen constantemente al margen de lo absurdo (pero sin cruzar el frágil límite entre el humor y el ridículo). En cambio, para entender las *Sonatas* hay que tener presente que la noción de la bagatela cumple dos fines: el primero es el obvio, el de caracterizar al Marqués como un superficial *poseur;* el otro es de ocultar detrás de una cortina de humo los verdaderos temas de las obras. Son estos temas escondidos que debemos buscar.

Conviene empezar con los nombres, porque su selección debe ser atribuida al autor y, por eso, se relacionarán a los temas. Sería imposible discutir todas las ramificaciones de la onomástica sin salir de nuestras limitaciones espaciales, pero es preciso que discutamos los nombres más salientes. Empecemos con las Marías.

En *Primavera*, las cinco hijas de la princesa Gaetani son Marías; en *Otoño*, las dos hermanas y las dos hijas de Concha son Marías (y la madre de Bradomín se llama María Soledad); en *Invierno*, la única «conquista» de Bradomín, la condesa Volfani, es una María. Además, hay que inferir que el nombre formal de Concha *(Otoño)* sería «María de la Concepción». En otras palabras, con la excepción de la *Niña Chole* [es decir, la *chola*] *(Estío)*, el nombre cristiano de la cual no se menciona, todas las conquistas de Bradomín son Marías. Pero es interesante que al llegar a Concha, una de sus varias conquistas incestuosas, nunca la nombra el narrador sino por el apodo, una excepción que hace únicamente en el caso de ella y en el de la Niña Chole; el menosprecio en la palabra *chola*, base de *Chole*, es patente, pero tampoco se disimula mucho el epíteto «coño» en el empleo de *Concha*. El resultado del uso de *Concha* (aparte de sus alusiones a *coña* «chanza», *conchabar*, etc.) es una serie creciente de sinécdoques: el órgano de procreación femenino representa a todo el cuerpo (con la insinuación de que sea característico del todo), un miembro del sexo femenino (Concha) representa a todos, y —por transitividad— todas las mujeres son «coños». Al nivel menos sutil, esto refleja un concepto vil y simplista de la mujer: ella existe sólo para satisfacer el deseo sexual del hombre y, como objeto, carece de derechos, de individualidad, de ciudadanía; pero Valle no se preocupa tanto por los derechos de la mujer como por ideas más abstractas, y emplea esta sinécdoque para crear una metáfora en la cual la mujer represente una vorágine o una fuerza consumidora de la virilidad (siendo la virilidad, para él, una de las dos fuerzas vitales: la de carácter masculino y la de carácter femenino). La Niña Chole representa no sólo a la mujer indígena violada por el español, sino a una raza mestiza, concebida como fruto de la violación de sus madres; además, es la sirena que desvía al hombre (energía varonil) de su ruta y lo manda a la muerte (tipificado por el incidente del negro con los tiburones [E 269-70]). La adoración de la Virgen se reduce a un rito sensual en *Otoño* (con sugerencias de lo que en la época se llamaría perversión), seguido de la explotación física del cuerpo de la mujer (esto se lleva al extremo de que Bradomín no se retrae del cuerpo de Concha hasta que ella ya esté muerta, y no deja pasar muchos minutos hasta que realice la penetración de otro cuerpo femenino —el de Isabel Bendaña [0 381]).

A los Reyes Católicos se los conmemora en la onomástica también. Las dos hermanas de Concha se llaman María Fernanda y María Isabel, Isabel Bendaña (prima de Bradomín) es la que lleva a las hijas al palacio, y las hijas se llaman María Fernanda y María Isabel. Es interesante que las tocayas del Rey Fernando sean mujeres, lo cual parece simbolizar la cancelación de la fuerza varonil. Quizá se hundió la identidad de Fernando en la de Isabel, encarnada en la forma de Isabel Bendaña, de modo que cuando Bradomín tenga coito con ella está cometiendo un acto no sólo incestuoso e impío, sino también de traición contra la monarquía tradicional y contra toda la gloria del perdido imperio. Y en medio de todo está Concha (la «virgen» de la Concepción), enferma y moribunda, símbolo no de la esperanza sino de la decadencia.

La centralidad de Concha entre las parejas de tocayas de los Reyes Católicos sugiere otro simbolismo también: a la muerte de Concha, Bradomín dice que lloró «como un Dios antiguo al extinguirse su culto» (O 385). Pero no es Bradomín sino una caricatura grotesca del Dios tradicional de la civilización occidental, quien también está privado de su culto, cuando menos en su capacidad de Primer Móvil del universo y de enfoque central de la sociedad. En resumen, la España de los Reyes Católicos se ha degenerado en un país sin fuerzas ni ánimo para buscar remedios a sus males, sobrecargado de gloriosos títulos y de tradiciones estériles; en otras palabras, los arreos del antiguo imperio han sobrevivido al imperio, y por holgazanes ya estorban el progreso social.

Hay y varias alusiones veladas en las *Sonatas* a la noción de la odisea, como: «Yo sentía levantarse en mi alma, como un canto homérico, la tradición aventurera de todo mi linaje» (E 256); «—Don Roldán pudo salvarse, y en una barca llegó hasta la isla de Sálvora, y atraído por una sirena naufragó en aquella playa, y tuvo de la sirena un hijo, que por serlo de don Roldán se llamó Padín, y viene a ser lo mismo que Paladín. Ahí tienes por qué una sirena abraza y sostiene tu escudo en la iglesia de Lantano.» (0 357) También se sugiere que la vida de Bradomín es una peregrinación: En *Primavera*, llega al Palacio Gaetani y se sumerge en una atmósfera entre medieval y renacentista, donde fue tentado sacrílegamente por la cándida belleza de María Rosario (entre un fondo de *Leitmotivs* de rosas, de rosales y de rosarios); después de la muerte de la inocencia (María Nieves) —la cual, irónicamente, impide la consumación de la pretendida conquista de María Rosario—, sale expulsado del jardín a la manera de Adán, dejando atrás a la pobre María Rosario, condenada ella a repetir eternamente las palabras de Eva: «—¡Fue Satanás!» (P 253).

El viaje de Bradomín al nuevo mundo *(Estío)* evoca el descubrimiento y la conquista de estas tierras, quizá simbolizando también la migración del alma y de la raza españolas, y sin duda re-creando la seducción o violación de las mujeres indígenas por los españoles: «...contemplé la abrasada playa donde desembarcaron antes que pueblo alguno de la vieja Europa los aventureros españoles, hijos de Alarico el bárbaro y de Tarik el Moro» (E 266); «Vi la ciudad que fundaron [Veracruz], y a la que dieron abolengo de valentía, espejarse en el mar inquieto y de plomo como si mirase fascinada la ruta que trajeron los hombres blancos: ...» (E 266-67); «¡Es triste ver, cómo los hermanos espirituales de aquellos aventureros de Indias [es decir, los Conquistadores], no hallan ya otro destino en la vida que el bandolerismo!» (E 293) Porque durante esta peregrinación de Bradomín su vida se enreda con la de la Niña Chole, debemos discutir un poco sus relaciones con su padre de hija y de esposa. Su padre, el general Diego Bermúdez, logra hacer lo que no logra Bradomín en *Invierno*, es decir, tener relaciones sexuales con su propia hija, lo cual evoca dos temas: primero, y más superficialmente, se compara la actitud más abúlica de Bradomín (sueña más que actúa) con el carácter decisivo y enérgico del general: Bradomín trata de seducir a su hija Maximina con palabras, mas el general simplemente la rapta, sin decir nada (el apellido *Bermúdez* simboliza que, para parafrasear al *Poema del Cid*,[6] él es «manos sin lengua», y no lo que a veces parece Bradomín, «lengua sin manos»); segundo, y de más importancia, la doble relación entre la Niña Chole y su padre refuerza el tema del español que primero engendra una raza mestiza y después sigue violándola generación por generación, el mismo tema que vemos desplegarse en las relaciones de Bradomín con Niña Chole, siendo él el español, descendiente de conquistadores (quizá descendientes los dos del mismo bisabuelo del siglo dieciséis), y ella la mestiza, representante de la hija bastarda de alguna Malinche.[7]

La peregrinación que hace Bradomín en *Otoño* es sólo de Viana del Prior al Palacio Brandeso, los dos situados en la misma región de Galicia. En este episodio, el Marqués acompaña a Concha, parienta y amante suya, durante sus últimos días de vida, reanudando con ella las relaciones sexuales interrumpidas desde hacía dos años, y Concha muere sin confesión. Después de la muerte de Concha, Bradomín se

---

6. *Poema de Mío Cid*, ed., introduc. y notas por Ramón Menéndez Pidal (Madrid: Espasa-Calpe, 1975), l. 3.328.

7. En la crítica suele referirse a la Niña Chole con el epíteto de *criolla*, siguiendo el uso del narrador; también la abadesa del priorato le pregunta si es de «origen español» (E 280), a lo que contesta que sí, pero «...vacilaba al responder, y sus mejillas se teñían de rosa...» lo cual, a pesar de la ambigüedad de «origen español», refuerza la asunción de que era mestiza. Junto con la primera descripción que el narrador nos da de la Niña Chole («...tenía esas bellas actitudes de ídolo, esa quietud extática y sagrada de la raza maya, raza tan antigua, tan noble, tan misteriosa, que parece haber emigrado del fondo de la Asiria» [E 260].), este incidente casi prueba que tiene cuando menos un poco de sangre indígena. En breve, es «criolla» en cuanto al estado social, pero es «mestiza» por lo que toca a su herencia racial.

suicida simbólicamente, matando un milano que amenaza matar unas palomas blancas ([0 384] estas palomas con las alas cortadas, metafóricas representantes de las Marías, son símbolos de la virtud femenina, la cual el milano Don Juan quiere herir con sus garras y llevar consigo). Quizá sea un defecto de las *Sonatas* el hecho que *Otoño* se publicó primero e *Invierno* no se publicó hasta que midiera la publicación de *Estío* y de *Primavera*, aunque en general las cuatro *Sonatas* se encajan bien como etapas en la vida de un mismo protagonista. En el caso de la muerte del milano, se trata de un motivo que cuadra muy bien con el resto de *Otoño*, pero al que le falta encaje con *Invierno*, porque prefigura un cambio en el proceder de Bradomín que no observamos en *Invierno*, donde sigue siendo un Don Juan (ave de rapiña), aunque se confiesa fatigado «de mi larga peregrinación por el mundo» (I 387). Pero dentro de *Otoño*, el motivo del milano funciona perfectamente para simbolizar que la muerte de Concha no sólo le priva a Bradomín de su culto, sino también de su vida: «Yo sentía una extraña tristeza como si el crepúsculo cayese sobre mi vida...» (I 385), dice, y sigle: «¡Había muerto aquella flor de ensueño a quien todas mis palabras le parecían bellas! ¡Aquella flor de ensueño a quien todos mis gestos le parecían soberanos!... ¿Volvería a encontrar otra pálida princesa... que me admirase siempre magnífico?» Como microcosmo de la sociedad donjuanesca —una sociedad que exagera las cualidades «varoniles»—, Bradomín se encuentra al umbral de la muerte; cuando muere Concha (personaje alegórico que representa los que creen en Don Juan— la sociedad de una época anterior ya muerta), muere también Don Juan, porque Don Juan es un concepto, no una persona, y muertos los repositorios de la leyenda, la figura legendaria tiene que morir también. Al matar al milano, Bradomín simplemente ratifica lo ya determinado, como si después de recibir la condena a muerte el condenado diera la orden de fuego al pelotón.

Invierno empieza con el arribo del Marqués a Estella, disfrazado de clérigo. Esta última peregrinación en su vejez, como la de los tres Magos, tiene una estrella por guía y por destino (aunque las circunstancias militares son históricas, y a pesar de que el nombre del lugar es histórico y no ficticio, es evidente que Valle se aprovechó conscientemente del simbolismo de *stella*, es decir, «estrella»). El Marqués también viene para ver a un pretendiente de rey (Carlos VII), especie de mesías para los que se dedican a la «causa» carlista. Un motivo que refuerza este tema del mesías y de un lugar santo es la escena en que la Infanta le pregunta a Bradomín: «—¿Marqués, es verdad que también has estado en Tierra Santa?» (I 406), a lo que el Marqués responde: «—También estuve allí, Alteza.» En esta *Sonata*, el Marqués pierde un brazo en una emboscada de poca importancia, tal como España per-

---

8. Véase Verity Smith, *Ramón del Valle-Inclán* (New York: Twayne, 1973), pp. 108-18.

derá el resto de su imperio en 1898, y falla en el intento de seducir a
su hija Maximina, la cual se suicida antes de dejarse conquistar. El
nombre de la hija *(maxi-mina)* es como una síntesis de la historiá de
España (antes la máxima potencia mundial, ya casi la mínima) y de
sus pérdidas antes perdió las posesiones de tierra firme («maxi»), y
pronto perderá las islas («mini»). En esto vemos una contribución trans-
cendental del autor, quien escribe la *Sonata* después de 1898, y no un
pronóstico del narrador, el cual escribe sus memorias antes de 1898.
Sin embargo, a pesar de que la vida de Bradomín abarca un período
que empieza en el primer cuarto del siglo diecinueve y extiende al último cuarto, parece que estas peregrinaciones del Marqués simbolizan
en caricatura la peregrinación de España por los siglos, y que Bradomín
funciona como una alegoría grotesca del nacimiento, de la decadencia,
y de la caída del imperio español.

Precisa ahora que regresemos a la cuestión de cuándo se aprendió
la humanidad a sonreír. Hemos visto arriba que según implica Bradomín, la «conquista» de la sonrisa es muy reciente. Pero esta sonrisa
de Bradomín no es la convencional, sino una defensa contra la absur-
didad de la vida, un talento necesario para sobrevivir en un mundo sin
Dios y sin valores absolutos. Preguntado cómo recibió su herida, Fray
Ambrosio (cuyo nombre alude al alimento de los dioses) replica, ora-
cularmente: «—¡Sin gloria, como usted la suya!... ¿Hazañas? Ya no hay
hazañas, ni guerra, ni otra cosa más que una farsa.» (I 450) Aunque la
pérdida del brazo de Bradomín pertenece a la segunda guerra carlista,
está claro que lo que dice Fray Ambrosio forma una analogía intencional con la derrota de 1898 y la pérdida de lo que quedaba del imperio—
un conflicto sin gloria ni hazañas. Cuando la Niña Chole le pregunta si
todos los españoles son locos [como él], Bradomín responde: «—Los
españoles nos dividimos en dos grandes bandos: Uno, el Marqués de
Bradomín, y en el otro, todos los demás» (E 274). Si tenemos presente
que Bradomín-protagonista es una creación autobiográfica de Bradomín-narrador, esta afirmación no es pura arrogancia trivial, sino la
verdad.

Al presenciar el rapto de la Niña Chole, sin resistir él, se explica
así: «Yo sentía una fiera y dolorosa altivez al dominarme. Mis enemigos, los que osan acusarme de todos los crímenes, no podrán acusarme
de haber reñido por una mujer. Nunca como entonces he sido fiel a mi
divisa: Despreciar a los demás y no amarse así mismo.» (E 309) Para
justificar haberse reconciliado después con la Niña Chole, la cual se
había dejado raptar con aparente consentimiento, dice Bradomín:
«...compadezco a los desgraciados que, engañados por una mujer, se
consumen sin volver a besarla.» (E. 319). Desde el punto de vista tradicional, todas estas actitudes son defectuosas, y puesto que los demás
españoles subscriben todavía los valores tradicionales (según Bradomín), es verdad que los españoles se dividen en dos «grandes» bandos
—él y los demás. Porque él no es singular, sino colectivo; él representa

al hombre moderno. La influencia de Nietsche en esta actitud ha sido discutida,[9] la cual es innegable, pero más que una teoría coherente e íntegra tomada de un solo filósofo, me parece una destilación única de las ideas que se discutían en las tertulias de estudiantes y de escritores.

Bradomín es egoísta, pero dista mucho su filosofía de no meterse dèl concepto nietscheano del superhombre. En cambio, aunque lo de asociar la estética con la moral y lo de no cometerse emocionalmente inspiran reminiscencias de Schopenhauer, carece por completo en la filosofía de Bradomín el principio schopenhaueriano de la condolencia. No obstante, sean las que sean las influencias, no hay cuestión que al nivel filosófico Bradomín representa un hombre moderno, con una moral moderna. Esta moral se resume en diez breves palabras: «Despreciar a los demás y no amarse a sí mismo.» Habrá algunos que dirán que Bradomín no practica lo que predica, porque su egoísmo es evidencia de su amor propio, pero no acertarán, porque lo que él quiere decir es que la demás gente son meros objetos (su «sentimentalismo» es tan contrahecho como su «catolicismo») y que el papel de aristocrático *dandy* que desempeña es una persona que adopta para divertirse (precisamente porque sus dones naturales son modestos). «...fui defensor de la tradición por estética», dice Bradomín. «El carlismo tiene para mí el encanto de las grandes catedrales...» (I 450). En otras palabras, Bradomín se siente superior a todos los demás porque mientras ellos siguen inútilmente luchando por una «causa», tratando fútilmente de restaurar la grandeza de la monarquía con otro Carlos al mando, Bradomín participa sólo para divertirse, gozando el espectáculo, sin creer en la «causa» y hasta sin desear que triunfe. La referencia a las catedrales no es casual tampoco, porque también su «catolicismo» es pura estética, sin el más mínimo elemento de credulidad ni de fe.

Ahora, si examinamos el papel de Don Juan en la literatura clásica y romántica, y si aceptamos la tesis de Bradomín, implícito en sus temas, de que el espíritu de Don Juan dominaba en todas las épocas anteriores, junto con su valoración de los más auténticos Don Juanes de la época moderna (es decir, que son bandoleros o degenerados hidalgos campesinos), entonces llegamos a la conclusión de que Bradomín sí es un Don Juan, pero uno proporcionado al clima sociocultural finisecular. De Juan Guzmán dice Bradomín-narrador: «Cuentan que al igual que aquel príncipe [es decir, César Borgia], mató siempre sin saña, con frialdad, como matan los hombres que desprecian la vida, y que, sin duda por eso, no miran como un crimen dar la muerte.» (E 292). Un «defensor de la tradición por estética» puede admirar al Don Juan tradicional que desprecia la vida, y puede emularlo en cuanto al desprecio de su propia vida, pero para quitarle la vida a otro con frialdad sólo se ofrecen situaciones triviales (otra vez la bagatela), como en el

---

9. Cf. la nota 5, arriba.

episodio de *Estío* en que Bradomín mata a dos hombres de su propia partida que intentaban prender al bandolero Juan Guzmán, acto impulsivo y audaz, cruel y sin motivo honroso, pero de poca monta. En otras palabras, ya no hay empleo para los hombres de acción, sin escrúpulos, porque ya no hay mundos nuevos que conquistar. Uno no sobrevive por la fuerza del brazo y el ánimo del corazón, sino por la habilidad de sonreír y de disimular.

Dice Polonio en *Primavera*: «—¡Aquí antes nadie se vestía de máscara, pero como yo regalaba a todo el mundo mis caretas de cartón!» (P 226-27) Polonio es un bufón, cuyo nombre alude al Polonius de *Hamlet*, pero tal como hará Fray Ambrosio en *Invierno*, desempeña un papel oracular. El motivo de las máscaras sugiere varios subtemas: (1) la disimulación; (2) la superficialidad («de cartón»); (3) porque según Polonio las máscaras dieron «gran impulso a los Carnavales...» (P 226) se subentiende que la vida se ha convertido en carnaval en que todo el mundo anda disfrazado de algún tipo tradicional (por lo general, en caricatura); (4) para encontrar la realidad, si la hay, es necesario buscarla detrás de la máscara, un paso en la dirección del esperpento.

Fred Abrams ha mostrado que las letras del apellido *Bradomín* pueden deletrear el nombre «Ramón D. B. I.» [10] Para los que se interesan en la identificación del autor con su personaje, es sin duda una observación interesante. Sin embargo, es más interesante que *Bradomín* esconde la palabra gallega *brado* («alarido, grito»), y los morfemas *domin* y *min. Brado*, en el sentido de «alarido de batalla», es un nombre irónico, porque tanto la «causa» como la participación de Bradomín en ella son —como admite el mismo protagonista, y con aparente orgullo— una bagatela. Pero esto se nota en el nombre mismo, porque no es *brado* a secas, sino *brado-min;* es decir, es un mínimo alarido, lo cual sería·casi una contradicción, como «gigante pequeño» o «enano enorme». Como «grito», este *brado-min* puede representar el grito del Don Juan como tipo histórico, ya muy indistinto, casi imperceptible; o puede también aludir al grito del Don Juan moderno, que por bagatela no suena muy alto.

El morfema *domín* es base del *don* de *Don Juan*, del verbo *dominar*, y de varios derivados. El «don» es «dueño» de propiedades y de títulos, sus «dominios»; domina a sus súbditos y a su familia, particularmente a las mujeres. El Don Juan Manuel original (el histórico) nos enseñó la importancia de «dominar» a la mujer. Después, los Reyes Católicos se muestran capaces de «dominar» a sus vasallos nobles, entre los cuales muchos, a su turno, lucharon por «dominar» a los italianos, a los belgas, a los alemanes, a los ingleses. Los navegantes luchan por «dominar» los océanos; descubren el nuevo mundo y después, por mucho tiempo, los aventureros se dedican a «dominar» a los indios, a las selvas y a los otros

---

10. Fred Abrams, «The Onomastic Link between Valle-Inclán and the Marqués de Bradomín», *Romance Notes*, 14 (1972), 243.

europeos que empezaban a explorar el hemisferio occidental. Pero para el nuevo «dominador», ya no hay salida para toda su agresión, sino en la disipación o en el crimen.

Así es que Bradomín —de la familia Bendaña *(ben-daña)*— visto como símbolo decadente de España, representa la autodestrucción del país y su declinación. La agresión sexual, tanto la del hombre, quien domina a la mujer por la fuerza, como la de la mujer, la cual devora al hombre, simbolizan el conflicto de dos clases de energía: (1) la que conquista por la fuerza, la «varonil»; (2) la estética o creadora, la «femenina». Durante los siglos de la grandeza de España, hubo un balance entre las fuerzas agresivas y las creadoras, pero con los siglos, progresivamente, las fuerzas agresivas se vuelven contra la sociedad española misma, conforme a contracción de la esfera de influencia española. Por el siglo diecinueve, parece decirnos el autor, ya España se suicida, gastando toda esta agresión tradicional contra sí misma, simbolizado este proceso por la agresión sexual de los hombres, la cual resulta en las *Sonatas* en la locura de María Rosario *(Primavera)*, en la sordidez de la muerte de Concha *(Otoño)*, en el suicidio de Maximina *(Invierno)*, y en el ataque apoplético del Conde de Volfani *(Invierno)*. Es decir, España se daña *(Bendaña)*, no se hace bien *(Bendaña)*;[11] o se puede decir que tanto el bien como el daño proceden del mismo espíritu español.

Pero Bradomín es un símbolo también de la ineficacia en el mundo moderno del donjuanismo como fundamento de un sistema social. Según Concha, es «el último Marqués de Bradomín» y «no sabe palabra de esas cosas [es decir, de las genealogías y de las leyendas de sus antepasados, las cuales remontan a la leyenda de Roldán y la sirena citada arriba]» (0 356). Parece que el marquesado de Bradomín morirá con el Marqués, porque no tiene sucesor, no tiene heredero. Tampoco habrá quién perpetúe las leyendas de la casa de Bradomín; en macrocosmo, no habrá quién herede el donjuanismo nacional. Es muy simbólico que las hijas de Concha, blancas palomas las dos, llevan el milano muerto al dormitorio de su madre, para mostrárselo, como si van a anunciar la muerte de Don Juan, y que su madre, símbolo de la mujer tradicional (medio barragana y medio santa), ya está muerta. Las hijas, Fernanda e Isabel, son el futuro de España, una España moderna, síntesis de las dos fuerzas, la «masculina» y la «femenina».

DANIEL E. GULSTAD
12 Arts & Science
University of Missouri-Columbia
Columbia, Missouri 65211

---

11. Es posible que este apellido *Bendaña* tenga alguna influencia de la noción nietscheana del superhombre que vive más allá del bien y del mal; esta ambigüedad sólo aumenta el atractivo del simbolismo, empero, porque se puede contemplar al protagonista desde varios ángulos sin contradicción.

MODIFICACIONES EN EL TRATAMIENTO DE LA HISTORIA EN EL «RUEDO IBÉRICO»

En los últimos veinte años *El ruedo ibérico* ha sido el motivo de varios estudios críticos en los cuales se ha hecho hincapié en la estructura circular y en la historicidad del texto.[1] Dichos análisis han considerado *El ruedo* como una obra monolítica, íntegra, sin destacar el desarrollo evidente que se observa entre las tres novelas que forman la serie. Según nuestro parecer, esta aproximación explica esto y puede dar luz a un nuevo entendimiento del texto, ya que Valle Inclán mismo publicó dos ediciones de *La corte de los milagros* y *¡Viva mi dueño!*, las dos novelas completas de la trilogía, y no dejó una versión definitiva de la última, *Baza de espadas*.[2] De hecho, el Dr. Carlos Valle Inclán, el hijo del autor, afirmó en una entrevista con Harold Boudreau que el *Ruedo* estaba en estado de cambio y de nueva organización a la hora de la muerte de su padre.[3] Por consiguiente, creemos que un análisis textual de los diversos aspectos de las tres novelas como obras independientes apoyará la opinión del Dr. Valle Inclán y puede revelar modificaciones en el pensamiento y las actitudes de Valle Inclán ante la historia décimonona.

En un ensayo sobre el género de la novela histórica, Herbert Butterfield distingue como resultado de la integración de lo histórico a la ficción, dos clases fundamentales: la novela histórica del espacio o me-

---

1. Véanse Jean Franco, «The Concept of Time in *El ruedo ibérico*», *Bulletin of Hispanic Studies* 39 (1962), 177-87; Harold L. Boudreau, «Materials Toward an Analysis of Valle-Inclán's *Ruedo Ibérico*», Diss. University of Wisconsin, 1966; Peggy Lynne Tucker, *Time and History in Valle-Inclán's Historical Novels and «Tirano Banderas»* (Valencia: Albatros, 1980), Alison Sinclair, *Valle-Inclán's Ruedo Ibérico: A Popular View of Revolution* (London: Tamesis Books Limited, 1977); y Leda Schiavo, *Historia y Novela en Valle-Inclán: Para leer «El ruedo ibérico»* (Madrid: Castalia, 1980).

2. Para un estudio de las varias ediciones, véase Susana Speratti-Piñero, *De «Sonata de Otoño» al esperpento (Aspectos del arte de Valle-Inclán)* (London: Tamesis Books Limited, 1968).

3. Harold L. Boudreau, «The Metamorphosis of Valle-Inclán's *Ruedo Ibérico*» in *Ramón del Valle-Inclán: An Appraisal of His Life and Works*, ed. Anthony N. Zahareas, Rodolfo Cardona and Summer Greenfield (New York: Las Américas, 1968), 773-74.

dio histórico y la novela al estilo crónico.[4] Antes de publicar la primera novela de la serie, Valle Inclán también sugiere esta distinción cuando le describe a Mariano Tornar la naturaleza de su nuevo proyecto: «Otra, primera de una serie que titulo *El Ruedo Ibérico*, se llama *La Corte Isabelina*, cuyo título indica el tema. No es esta serie a modo de episodios, como los de Galdós o como los de Baroja. Es una novela única y grande, al estilo de *La guerra y la paz*, en la que doy una visión de la sensibilidad española desde la caída de Isabel II.»[5] En otra entrevista posterior con José Montero Alonso, Valle repite la misma visión de la novela histórica cuando le explica «El Ruedo Ibérico no tendrá, a lo largo de sus volúmenes, protagonista. Su gran protagonista es el medio social, el ambiente.»[6] En nuestro análisis se verá cómo Valle Inclán logra esta visión, sobre todo en *La corte de los milagros* por la fusión de todos los elementos textuales.

La corte crea el ambiente de la España isabelina durante los meses anteriores a la Revolución de 1868. La acción misma de la obra resulta bastante complicada por la división de la novela en varias escenas breves en que aparecen distintos personajes. A menudo, estas figuras sólo participan en una escena, lo cual aumenta la complejidad de la obra. Estructuralmente, *La corte* está dividida en nueve libros, titulados «La Rosa de Oro», «Ecos de Asmodeo», «El Coto de Los Carvajales», «La jaula del pájaro», «La soguilla de Caronte», «Para que no cantes», «Malos agüeros», «Réquiem del Espadón», y «Jornada regia», que alternan tres estratos de la sociedad española: la reina Isabel II y su corte; el Marqués de Torre-Mellada y Adolfo Bonifaz, los representantes de la nobleza y Tío Juanes y los caballistas andaluces, cuyas acciones criminales reflejan la decadencia de la corte. A diferencia de la división tradicional en capítulos, cada libro mantiene su independencia del resto por el desarrollo de una trama narrativa o del carácter de una figura o grupo. De hecho, algunos libros de esta novela y de las dos posteriores fueron publicados por Valle Inclán como obras independientes.[7]

---

4. Herbert Butterfield, *The Historical Novel* (Cambridge: The University Press, 1924), 31-32.
5. Aparece esta entrevista en Dru Dougherty, *Un Valle Inclán olvidado: Entrevistas y conferencias* (Madrid: Editorial Fundamentos, 1983), 163.
6. Aparece esta entrevista en Dougherty, 189.
7. Para estudios de los textos individuales, véanse Harold Boudreu, «The Metamorphosis of Valle-Inclán's *Ruedo Ibérico*» in *Ramón del Valle-Inclán: An Appraisal of His Life and Works*, ed. Anthony N. Zahareas, Rodolfo Cardona and Sumner Greenfield (New York: Las Américas Publishing Co., 1968), 758-776, Leda Schiavo, «Sobre la génesis de *El ruedo Ibérico: Otra castiza de Samaria*», *Nueva Revista de Filología Hispánica* 25 (1976), 303-331, Alison Sinclair, «The First Fragment of *El Ruedo Ibérico*», *Bulletin of Hispanic Studies* 49 (1972), 165-74; Verity A. Smith», «Fin de un revolucionario» y su conexión con el Ciclo Ibérico», *Revista de Literatura* 27 (1964), 61-88; Emma Susana Speratti- Piñero, *De «Sonata de Otoño al esperpento» (Aspectos del arte de Valle-Inclán)* (London: Tamesis Books Limited, 1968).

En resumen, «La Rosa de Oro» desarrolla la figura de Isabel II el día en que recibe el premio papal del mismo nombre, «Ecos de Asmodeo» presenta la tertulia en casa de Torre Mellada y luego los problemas familiares que tiene el Marqués por la participación de su hijo Gonzalón en la muerte de un guardia. El tercer libro, «El Coto de los Carvajales» presenta el viaje en tren a Andalucía y el siguiente, «La jaula del pájaro», el secuestro de un joven. «La soguilla de Caronte» es el libro central en que se funden el mundo de Torre Mellada y el de los caballistas. Como un espejo, la segunda parte de la novela refleja los temas de los libros anteriores. El sexto, «Para qua no cantes», vuelve al ambiente de los caballistas, el séptimo, «Malos agüeros», se trata de la vuelta en tren a Madrid y el octavo, «Réquiem del Espadón», es otra estampa del salón de los Torre-Mellada y de la vida de la tertulia. Se cierra la novela como se abre, con el personaje de Isabel II, en «Jornada regia».

A pesar de la acción fragmentada y del carácter independiente de los libros, la novela presenta cierta unidad por la estructura. En «The Concept of Time in "El Ruedo Ibérico"», Jean Franco ha sido la primera en observar el orden invertido de los libros paralelos alrededor del libro central, lo cual se ha llamado la circularidad de *El Ruedo*.[8] Esta estructura en *La corte* sugiere la forma de un tríptico medieval donde los cuadros individuales adquieren unidad por el sentido de balance. Por consiguiente, Antonio Risco ha acertado al hablar de la forma arquitectónica de *La corte*.[9] Igualmente esta estructura tiene el efecto de detener el tiempo porque se atrae la atención del lector como si se parara el tiempo. Éste ha sido el enfoque de varios estudios previos. Sin embargo, no se ha destacado en ellos que es una estructura muy adecuada y un elemento íntegro para comunicar el ambiente del medio social en vez de narrar la historia en sí. Lo cual se verá en otros aspectos del desarrollo de la primera novela de *El ruedo*.

La naturaleza y la función de las referencias históricas también contribuyen al estilo de novela histórica, es decir, ya se trate de una novela histórica del medio social o una de estilo más bien crónico. A través de *La corte* los hechos históricos y políticos del día forman parte de la conversación de los personajes, pero no se narra ningún suceso en sí, excepto en el caso de «La Rosa de Oro», donde se presenta a Isabel II el día que recibió la rosa de oro del Papa Pío IX. No obstante, la elaboración de este acontecimiento aunque de una forma muy verídica sirve de marco para que Valle Inclán dé un retrato satírico de la figura y acciones de Isabel II, ya que no se trata en el libro de las ceremonias oficiales sino de las actividades de la antecámara que captan a la reina

8. Jean Franco, «The Concept of Time in 'El Ruedo Ibérico'«, *Bulletin of Hispanic Studies*, 39 (1962), 177-187.

9. Antonio Risco, *La estética de Valle-Inclán en los esperpentos y en «El ruedo ibérico»* (Madrid: Gredos, 1966), 143.

en situaciones comprometedoras. Por una parte se dedica una escena detallada a Isabel mientras se afloja el corsé y coquetea con el joven y tempestuoso Adolfo Bonifaz. Por otra, se resumen las ceremonias oficiales en una frase. Así se narra la entrega de la rosa de oro como «fue muy conmovedor el momento».[10] De un modo parecido, se presentan el besamanos y el banquete: «el besamanos fue largo, pero tan lúcido de mantos y oropeles, que muchos en su embeleso no lo reputaron cansado, y las horas se les hicieron instantes» y «el ceremonial conmemorando el fausto suceso de la Rosa de Oro finó con banquete y baile de gran gala» (*CM* 31). El hecho de que Valle Inclán da un resumen de las ceremonias oficiales y dedica escenas enteras a las insignificantes actividades mundanas de las antecámaras y los salones no sólo satiriza a las figuras sino que pone énfasis en la vida cotidiana de la corte.

Aunque aparecen en la novela varias figuras históricas, entre ellas, Isabel II, Francisco de Asís, el General Narváez, González Bravo y Sor Patrocinio, los personajes de ficción, los Torre-Mellada y Adolfo Bonifaz, dominan la acción y de verdad aparecen en todos los libros menos en dos. Además, en varias ocasiones se presentan los personajes históricos mezclados con los de ficción. González Bravo, por ejemplo, aparece en la novela por primera vez cuando Torre Mellada busca su ayuda para que Gonzalón se escape de cualquier castigo por su participación en la muerte del guardia. Esta intervención de los personajes históricos, sólo en los asuntos de los creados por el autor consigue subrayar el aspecto ficticio de la narración. De esta forma, la historia llega a ser el fondo de la acción novelesca y sirve de otro elemento que crea el ambiente, en este caso la visión de una España penetrada por la decadencia en todas las esferas.

Como los personajes de las otras obras de Valle Inclán de esta época, se deshumanizan los caracteres mediante las técnicas comunes del esperpento. Estos recursos esperpénticos tienen un papel importante en dar unidad a la novela y crear una visión homogénea de los diversos y numerosos personajes. Además de la deformación esperpéntica, todas las figuras principales de ficción son prototipos de varios estratos de la sociedad española. Por ejemplo, cuando aparece el Marqués de Torre-Mellada por primera vez, se incluye una lista impresionante de todos sus títulos:

El Excelentísimo Señor Don Jerónimo Fernando Baltasar de Cisneros y Carvajal, Maldonado y Pacheco, Grande de España, Marqués de Torre-Mellada, Conde de Cetina y Villar del Monte, Maestrante de Sevilla, Caballero de Hábito de Alcántara, Gran Cruz de la Inclita Orden de Carlos III, Gentilhombre de Casa y

---

10. Ramón del Valle Inclán, *El ruedo ibérico*, Primera Serie, Tomo I, *La Corte de los milagros* (Madrid: Imprenta Rivadeneyra, 1937). Todas las citas de esta obra pertenecen a esta edición y aparecen en el texto con la abreviatura *CM*.

Boca con Ejercicio y Servidumbre, Hermano Mayor de la Venerable Orden Tercera y Teniente Hermano de la Cofradía del Rosario, hacía las veces como Sumiller de Corps. (*CM* 22-23).

La relación entre varios de los apellidos y títulos de Torre-Mellada y los de las familias españolas bien conocidas lo establece como el noble típico. Se refiere igualmente a su residencia como «la clásica portada de los palacios de nobles en Madrid» (*CM* 39); lo cual refuerza la misma visión del Marqués. Adolfo Bonifaz, el nuevo favorito de la reina, tiene una función parecida. Es el típico noble joven que se dedica al juego, a la bebida y a las mujeres. El hecho de que es una figura ficticia destaca su función arquetípica del amante isabelino en vez de una presentación satírica del amante histórico de este período, Carlos Marfori. Como prototipo cabe mejor en la visión de la época que nos da Valle.

Estos no son ejemplos únicos. Aún, Tío Juanes llega a ser el tipo representativo de los caballistas andaluces. En una de las pocas escenas de *El ruedo* en que Valle Inclán proyecta los pensamientos de un personaje, se concentra en la figura de Tío Juanes al volver del entierro de su mujer. Ni una sola vez piensa en la pérdida de su mujer sino que justifica su propia participación en el secuestro: «¡Castigo del fisco! ¡Castigo del amo! ¡Y en última instancia el sin fin de calamidades que se le ocurra ordenar al Padre Celestial! ¡Unos hartazgo, y otros tan poco, que una vuelta de las nubes basta a dejarlos sin pan y sin techo! ¡Si es más que justicia rebajarle a los ricos sus caudales!» (*CM* 192). Sus pensamientos son una repetición de los mismos valores expresados en los diálogos anteriores de los caballistas y de esta forma se convierte en el representante del pueblo. El narrador destaca este elemento cuando comenta al final de la escena que «El viejo pardo, por el hilo de sus cavilaciones y recelos, deducía el monstruo de una revolución social. En aquella hora española, el pueblo labraba este concepto, desde los latifundios alcarreños a la sierra Penibética» (*CM* 192). De esta manera, los personajes de *La corte* tienen una función social en vez de ser importantes como caracteres individuales.

Este aspecto de la caracterización de *La corte* es aún más evidente en el desarrollo de los personajes secundarios de la novela que reflejan diversos puntos de vista políticos o representan tipos tradicionales. De mayor importancia es la clientela de los cafés que ofrecen otra visión de la clase baja distinta de la de los caballistas. En la introducción del Café Suizo, Valle Inclán pone énfasis en el aspecto repetido de las acciones de la clientela por medio del uso del imperfecto:

Las horas luminosas en aquella tertulia solían ser las de madrugada, cuando aparecía el sablista famélico, siempre cesante... Entonces el gacetillero cruel, jugaba del vocablo, el provinciano se extasiaba, el cómico encarecía el corte de su sastre, el borracho profesional, lloroso y babón, le adulaba, y el guitarrista, con sonsoniche, feriaba a una niña de tablado: Era aquél uno de los círculos más depurados de la sensibilidad española, y lo fue muchos años. (*CM* 55-56).

A diferencia de muchas de las descripciones de los personajes de *La corte*, a este resumen de las acciones de los clientes del Suizo le faltan los rasgos individuales de los personajes, lo cual refuerza lo típico de la escena. Aun cuando Valle Inclán destaca una figura captándola como en el caso de la daifa, pone énfasis en los aspectos peculiares de su carácter: «Era menuda y morocha, el pelo endrino, la lengua de taravilla, y una falsa truculencia, un arrebato sin objeto, en palabras y acciones... En aquel alarde de risas, timos manolos y frases toreras, advertíase la amanerada repetición de un tema» (*CM* 63). En la primera parte de la descripción, Valle Inclán la individualiza por medio de la descripción física mientras en la segunda subraya su carácter típico mediante el énfasis en la repetición exagerada de sus gestos.

Otras figuras que frecuentan los cafés recuerdan tipos literarios que también sugieren el pasado tradicional de España. El Rey de Navarra es una elaboración de la figura del hidalgo de *Lazarillo de Tormes*. Como éste, aquél trata de vivir en un mundo imaginado de la pasada grandeza: «Este Rey de Navarra, quimérico y perdulario, era en verdad un gran señor, rama primogénita de Alfonso X, el Sabio: Pleitos, usuras y dádivas le habían empobrecido, y desde muy joven vivía de trampas... Era ingenioso, placentero y muy cortesano» (*CM* 58). Don Felipito, el cantante ciego de coplas, también es ejemplo de la elaboración de una figura literaria, pero en este caso es una de las creaciones de Valle Inclán mismo, Max Estrella de *Luces de Bohemia*. Como Max, don Felipito trata de vender sus coplas que predicen los problemas de España.

Además de los caballistas, aparecen en los libros del escenario campestre tipos que recuerdan figuras de previas obras valleinclanescas. Como en el caso de Gilda la costurera son elaboraciones de figuras tradicionales. Como Benita de *Romance de Lobos*, el único papel de Gilda es prepararle la mortaja a la Dalmaciana. «Al pie del ventano, hilvana la mortaja Gilda la Costurera: con afanoso braceo, tasca bajo el diente la hebra, y requiere las tijeras, y es, toda ella, un cierre de ojos, y un mover de labios, y un abismarse en cálculos, con el palmo tendido sobre la mortaja» (*CM* 125). De particular interés es el uso del presente que disminuye la calidad temporal de la lengua y que por consiguiente sugiere lo eterno y destaca lo tradicional. Por medio de esta serie de diversos tipos, Valle Inclán da una visión más amplia de la sociedad española. Además, pone énfasis en lo habitual, lo típico de sus acciones. Este uso de los tipos y prototipos en la caracterización es un elemento principal en la creación del ambiente de un espacio histórico en vez de la narración de la historia misma.

Ciertos recursos estilísticos también contribuyen al desarrollo de una novela de espacio histórico. En general, en *La corte* predomina la frase larga en que se acumulan una serie de adjetivos para captar al personaje o la acción. Por su naturaleza esta sintaxis consigue inmovilizar el tiempo. En su estudio perspicaz de la estilística, Antonio Risco ha observado varias técnicas empleadas por Valle Inclán que complementan este efecto. La más notable es el uso del participio absoluto, el gerundio, el infinitivo, u oraciones nominales.[11] Sustituyendo estas estructuras por una cláusula con una forma personal del verbo, Valle Inclán disminuye el aspecto temporal de la lengua, lo cual contribuye a inmovilizar la acción y destacar su calidad de duración. Captar el personaje en medio de una acción y poner énfasis en lo estático de sus gestos logran crear el ambiente y destacan lo típico de la escena.

Valle Inclán cuenta con otros procedimientos que tienen efectos parecidos en *La corte*. Primero, se refiere al hecho que una acción o escena es una de una serie de otras situaciones semejantes. Cuando Gonzalón vuelve después de la muerte del guardia, por ejemplo, se subraya que «Gonzalón Torre-Mellada, venoso y soñoliento, en la prima mañana, como tantas veces, pasó...» (*CM* 69). Segundo, hay referencias a previos sucesos históricos o anteriores reinados que implican el eterno círculo de la historia española: «La clara luz de la tarde madrileña entraba por los balcones reales, y el séquito joyante de tornasoles, plumas, mantos y entorchados, evocaba las luces de la Corte de Carlos IV» (*CM* 25). De igual forma ciertas descripciones como en el caso de Dolorcitas Chamorro recuerdan los retratos reales de Goya: «Tenía la cara arrugada, las cejas con retoque, y llevaba sobre la frente un peinado de rizos aplastados, que acababa de darle cierta semejanza con los retratos de la Reina María Luisa» (*CM* 43). Estas alusiones insinúan la falta completa de progreso y la naturaleza anacrónica de la España isabelina.

Como han observado otros críticos, Valle Inclán cambia al tiempo presente para narrar, pero en *La corte* el cambio no es fortuito. Ya lo hemos visto en la descripción de Gilda la Costurera. En otra escena Valle Inclán vuelve a narrar en el presente. En este caso se trata de la descripción de la figura de La Carifancho:

> La Carifancho, comadre renegrida y garbosa, canta, disputa y peina la mata, a la boca de un silo, en Castril de las Cuevas... Las voces, las greñas arañadas y las rapiñas, tejen el hilo de la cotidiana disputa que allí mueven las mujeres... En Castril de las Cuevas la herradura, el cuerno, el espejillo rayado, los azabaches y corales de las gigas, el santico bendito con ataduras y por los pies ajorcado, son los mejores influjos para torcer y mejorar los destinos del Castigo Errate... En Castril de las Cuevas, a la boca de un silo, canta y peina la greña Malena de Carifancho (*CM* 224-225).

---

11. Risco, 121-124, 184-188. El estudio de las técnicas de la inmovilización de Tucker en *Time and History* (90-99) se basa también en Risco, pero como Risco tampoco distingue entre las novelas.

Como en el ejemplo de Gilda el tiempo presente evoca aquí lo atemporal de la escena. La enumeración de las soluciones de los gitanos a los problemas legales recuerda la escena de *La Celestina* en que se enumeran las pociones y por consiguiente refuerza el papel tradicional de Malena. Por medio de la estructura circular de la descripción se inmoviliza la figura de Malena .y se destaca lo eterno de la escena.

En resumen, como novela histórica, *La corte de los milagros* capta el ambiente de la España isabelina. Por medio de la estructura circular, el uso de prototipos, la integración de lo histórico, como fondo, y el estilo inmovilizador de Valle Inclán establece y pone énfasis en el medio social de la España isabelina. De esta forma, la novela es de espacio histórico en vez de narración de la historia. Al considerar las dos próximas novelas se verá cómo Valle Inclán se desvía de esta tendencia de la novela histórica.

¡Viva mi dueño!, la segunda novela de la serie, trata de la división política y la lucha que existe por toda España después de la muerte de Narváez. Como *La corte*, esta novela es una serie de nueve libros que están divididos en escenas breves en que aparece una variedad de personajes. «Almanaque revolucionario», «Espejos de Madrid», «El yerno de Gálvez», «Las reales antecámaras», «Cartel de ferias», «Barato de espadas», «El Vicario de los Verdes», «Capítulo de esponsales», y «Periquito gacetillero», tienen una parecida estructura circular a la de la novela anterior.

En resumen, «Almanaque revolucionario» es una serie de bosquejos de figuras ficticias e históricas al estilo de una crónica décimonona. «Espejos de Madrid» capta las actividades de los familiares nobles de Torre Mellada y Adolfo Bonifaz durante una noche y la mañana siguiente. El tercer libro, «El yerno de Gálvez», desarrolla la figura de Fernández Vallín y sus problemas políticos y el siguiente, «Las reales antecámaras», presenta las actividades de la Reina Isabel II en un día. «Cartel de ferias» es el libro central que presenta la celebración del Herradero de Los Carvajales. Hasta cierto punto los libros siguientes reflejan los temas de los paralelos. El sexto, «Barato de espadas», vuelve la vista hacia los problemas políticos de Isabel II, pero el séptimo «El Vicario de los Verdes» trata de los problemas de otra figura, el cura de Solana en vez de Fernández Vallín.[12] El libro siguiente, «Capítulo de esponsales», tampoco es paralelo a su libro correspondiente, pues vuelve a los problemas de la reina en vez de a la nobleza. El último, «Periquito gacetillero», refleja la estructura de la primera en que es otra serie de bosquejos de figuras históricas pero en este caso son los carlistas.

---

12. Ya que el Vicario de los Verdes decide ayudar a los partidarios de Vallín, algunos críticos como Boudreau («Materials», 36) consideran que este libro trata del tema de Vallín.

A pesar de la misma configuración estructural de *La corte*, el efecto de *¡Viva!* es distinto. En particular, no posee la inmovilización de la novela anterior. Se debe esto en parte al hecho de que no hay paralelos tan sistemáticos entre los libros que están colocados en torno al libro central. A veces la acción de un libro da motivo para otro, pero tampoco hay una estructura definida. Por ejemplo, se inician los problemas de «El yerno de Gálvez», «El Vicario de los Verdes», y «Capítulo de esponsales» en «Espejos de Madrid», «Cartel de ferias» y «Barato de espadas» respectivamente, pero el primer par de libros son consecutivos y los otros dos alternan con otro. De esta forma la estructura circular no es tan uniforme ni unida. Por consiguiente, no crea la calidad estática de la novela anterior y se destaca la fragmentación del texto.

En *¡Viva!* tampoco hay el énfasis temático en la creación del medio social como en *La corte*. Al contrario, se nota desde el comienzo de la novela que el mayor interés reside en la representación de la situación política. La mayor parte de la acción misma trata de las luchas entre las facciones políticas mientras esperan el momento propicio de actuar. Este interés es evidente en la integración de varias figuras históricas y su papel más importante en la acción. De hecho, «Almanaque revolucionario», «El yerno de Gálvez», «Las reales antecámaras», .Barato de espadas», «Capítulo de esponsales» y «Periquito gacetillero» tienen que ver con las actividades políticas de figuras históricas. También se ha extendido la presentación a varios grupos de la oposición, los generales y los carlistas, lo cual da una visión más amplia de la política. En particular, se incluyen unos fragmentos dedicados a los progresistas Salustiano Olózaga y el General Prim y a los varios pretendiente al trono, Fernando de Coburgo, los Duques de Montpensier, Don Juan y Don Carlos. A diferencia de *La corte*, se ven estos personajes históricos mientras discuten la política o participan en una intriga.

La caracterización de Isabel II es un ejemplo de este cambio de los procedimientos de Valle Inclán. En *La corte* se desarrolla su carácter por medio de sus conversaciones con Pepita Rua y los otros de su antecámara. Sus acciones cotidianas reflejan su sensualidad, su puerilidad y su creencia en las supersticiones que contrastan con el concepto de un ser real. Entretanto en *¡Viva!* aparece Isabel desempeñando su papel monárquico que firma decretos, consulta con los miembros de su consejo y con sus asesores religiosos, Sor Patrocinio y el Padre Claret. A veces estas conversaciones sirven para informarle al lector indirectamente de la situación política en vez de ser base de la sátira como en la novela anterior. En particular, discute el efecto de nombrar dos nuevos capitanes generales y muestra sus preocupaciones en cuanto a su creciente impopularidad. Ya no es la reina caprichosa de *La corte* sino que se da cuenta ahora de la seriedad del descontento de los generales: «La revolución, si estallase, sería para algo más que para un cambio de Gobierno. ¡No me hago ilusiones! ¡Sería para imponerme la abdicación y arrancarme de las sienes la Corona;» [13] De tal forma, Isabel llega a tener una conciencia política de la que carece en *La corte*.

También se ve este interés histórico en el desarrollo de las figuras secundarias reales en el hecho de que Valle Inclán dedica más atención al desarrollo de las motivaciones de las acciones políticas del personaje. Por ejemplo, un pasaje que trata de la figura de González Bravo explica en forma de resumen las razones que motivan su cambio de política (*VD* 12). También el segmento dedicado al General Prim se refiere a una anécdota de su participación en otra conspiración para indicar su carácter intransigente: «La más invicta espada, siempre díscola, ahora esgrime su jaque floreo, entre las nieblas del Támesis: Con el torvo y escarmentado despecho de los fracasos anteriores, ya no excusa pacto ni compromiso, para sacar a puja la Corona de Castillos y Leones» (*VD* 20). Aunque puede servir de fuente de la sátira, de esta forma Valle Inclán da una exposición más clara del fondo histórico.

Además de la mayor participación de los personajes históricos y la crecida importancia de las referencias históricas, Valle Inclán subraya la narración verdaderos sucesos históricos. En «Las reales antecámaras» indica los celos y el rencor de los generales que resultan de la nominación de Novaliches y de la Concha como los nuevos Capitanes Generales. Según la versión valleinclanesca, este descontento estalla en el paseo de dieciocho generales del Prado al despacho de don Augusto Ulloa, lo cual sirve para base de la acción de «Barato de espadas». Si se consulta *Apuntes históricos sobre la revolución de 1868*, una crónica de la época, se encuentra un relato parecido del episodio.[14] Lo interesante es que Valle Inclán lo integra en la novela mientras unos viejos comentan el acontecimiento:

> En un banco, tibio de sol, el terceto de cesantes, emulándose, canta los nombres:
> —¡El Duque de la Torre!
> —¡Don Domingo Dulce!
> … … … … … … … … … … … … … … … … … …
> —¿Los ha contado usted?
> —¡Diez y ocho!
> ¡Si esto no es la revolución, puede ser la mecha! ¡Son muchos charrascos!
> —Consecuencia lógica de los nombramientos para las dos vacantes de Capitanes Generales. (*VD* 264-265).

---

13. Ramón María del Valle Inclán, *¡Viva mi dueño!* (Madrid: Editorial Plenitud, 1954), 269. Todas las citas de esta obra pertenecen a esta edición y aparecen en el texto con la abreviatura *VD*.

14. Ricardo Muñiz, *Apuntes sobre la revolución de 1868* (Madrid: Fortanet, 1884), 209-210. Schiavo también señala esta fuente en *Historia y Novela* (121).

Empleando un tipo de coro, Valle Inclán presenta la perspectiva y la sensibilidad del pueblo.

Además, se nota su interés en el fondo en el uso más extenso del resumen para dar los antecedentes de un suceso. En uno de los fragmentos más interesantes de *¡Viva!*, Valle abandona la postura del narrador distanciado y analiza la historia española. Al principio observa el paralelo entre la puesta del sol que refleja el espíritu de Goya y Velázquez y el carácter español: «Sobre la Pradera de San Isidro, gladiaban amarillos y rojos goyescos, en contraste con la límpida quietud velazqueña que depuraba los límites azulinos del Pardo y la Moncloa. La luz de la tarde madrileña definía los dos ámbitos en que se combate eternamente la dualidad del alma española» (*VD* 381). Según Valle Inclán, el fracaso de Isabel II y su corte es su incapacidad de entender esta dicotomía del carácter español: «La Corte de Isabel Segunda, con sus frailes, sus togados, sus validos, sus héroes bujos y sus payasos trágicos, obsesa por la engañosa unidad nacional, fanáticamente incomprensiva era sorda y ciega para este antagonismo geomántico, que todas las tardes, como un mensaje, lleva el sol a los miradores del Real Palacio» (*VD* 381). Declara que este deseo de la unidad nacional por la unidad religiosa ya no tiene urgencia: «En aquellos amenes, la unidad del credo religioso, que a lo largo de tres sombrías centurias pudo hacer las veces de vínculo político, se relajaba ya impotente para mantener la ficción, una vez abolida las hogueras del Santo Oficio» (*VD* 381). Por fin, concluye que la última batalla ocurrió durante la invasión napoleónica, pero el ejército sigue tratando de perpetuar la ilusión: «Los Ejércitos Nacionales, que con heroicas retiradas, al perder todas las guerras, hacían gloriosos todos los desastres, no lograban mantener la pureza del caduco vínculo nacional, como la hoguera y el fraile» (*VD* 382). Se destaca este pasaje porque es raro que Valle Inclán dé un resumen de la situación de una forma tan directa, lo cual contribuye al énfasis más profundo en la historia misma.

Aunque Valle Inclán sigue empleando muchos de los mismos procedimientos estilísticos en *¡Viva!* como son el tiempo presente y las oraciones nominales, ya no hay la misma inmovilización de *La corte*, donde los dos recursos subrayan a menudo el aspecto tradicional de la escena. Aquí, el uso de los dos resulta en efectos diversos. En primer lugar, las oraciones nominales contribuyen al ritmo más rápido del texto. En particular, se usan con más frecuencia en esta novela para captar el movimiento o la acción. Por ejemplo, se narra el desfile hasta la corrida de toros de este modo: «La Corte muestra su vana magnificencia en landós y carretelas. Clarines. Escolta de Guardias. Morriones y plumeros. Grupas en corveta. Caballerizos de espadín y tricornio, a la portezuela de las carrozas reales. La Reina Nuestra Señora, lozanea entre azules y guipures» (*VD* 375). Todo el trozo sigue del mismo estilo. Este segmento tiene una calidad cinematográfica en que cada oración se parece a una toma y las pausas que resultan de los fragmentos sugieren el ritmo de una marcha. Siendo más enfática, la oración nominal atrae la atención del lector y su brevedad y discontinuidad crean el ritmo vertiginoso ya mencionado.

En segundo lugar, el uso del presente en *¡Viva!* aumenta el tono dramático de la escena. A veces el presente sirve para destacar la ironía como en el ejemplo de la yuxtaposición del comentario de Isabel y la descripción de las dos lavanderas:

> —¡Naturalmente! Para tomar una resolución he de oír a todos los que me aconsejan y rezan por mí.
> Sonaban cornetas crepusculares con el relevo de guardias. Remotas, en la orilla del río —azules y morados de trastarde—, riñen de lengua dos lavanderas, y cada cual se azota la nalga con una mueca para los balcones reales. (*VD* 174)

El cambio abrupto al presente llama la atención al pasaje y aumenta el efecto irónico.

Además hay varias escenas que están narradas de una forma extensa en el presente. Como el ejemplo anterior, el presente lleva la fuerza dramática en sí. En este caso Isabel trata de evitar firmar la carta al Papa en que deshereda a Alfonso XII:

> La Reina, Nuestra Señora, aquejada de parecidos escrúpulos, se mira los dedos manchados de tinta, y se rasca con el cabo de la pluma, bajo una coca del peinado. ¡Un borrón! Acude a la lengua, y lo enjuga, según lo practicaba el Dómine Candela. Requiere la arenilla, vierte el tintero, se mira las manos con dediles de luto... (*VD* 294-295).

Toda la escena sigue igual. Siendo más enfático, el uso del presente comunica las dudas de la Reina y crea la ilusión de lo inmediato. En vez de relegar a Isabel al pasado, la narración en el presente sugiere la continuidad de su influencia hasta la actualidad. También se ha dicho que el uso del presente se acerca al estilo crónico.[15] Lo cual se puede aplicar a este ejemplo. Además, a través de *¡Viva!* se narran los segmentos que tratan de las figuras históricas. Los pasajes de «Almanaque revolucionario» dedicados a don Juan Prim, Salustiano Olózaga y Fernando de Coburgo se narran en parte en el presente y todo el que se refiere a los Duques de Montpensier, también. Además, las primeras cuatro partes de «Las reales antecámaras» que presentan la llegada a las Cortes y la sesión misma tienen el mismo efecto crónico por la narración en el presente.

En resumen, desde *La corte* hasta *¡Viva!* se nota un cambio de enfo-

---

15. Tucker, 99.

que. La historia y la política llegan a tener más importancia en sí. Esto resulta de la mayor participación de los personajes históricos y de la representación de hechos históricos de una forma más directa. A la vez se disminuyen o se modifican los recursos como los prototipos, la rígida estructura circular, el uso del presente y de las oraciones nominales que han contribuido tanto en *La corte* a la novela histórica como a la creación de un medio social. Se verá aún más el alejamiento de estos procedimientos en *Baza de espadas*, la tercera y última novela de la serie.

A diferencia de *La corte* o *¡Viva!*, *Baza* se divide en cinco libros, «¿Qué pasa en Cádiz?», «La Venta de los Enanos», «Alta mar», «Tratos púnicos» y «Albures gaditanos». Es posible que este cambio estructural sólo sea por casualidad, ya que el texto se publicó en forma novelesca muchos años después de su publicación en *El Sol* (Madrid) (junio-julio de 1932). Por eso, sólo se puede conjeturar si Valle Inclán lo terminó definitivamente o no. De todas formas se distingue de las dos obras anteriores en la importancia aun mayor que se les concede al fondo histórico y a la narración de sucesos históricos.

En resumen, «¿Qué pasa en Cádiz?» sirve de introducción como los invitados a casa del Marqués de Salamanca comentan los últimos sucesos. El libro siguiente, «La Venta de los Enanos», tiene base histórica en que los generales unionistas esperan ser desterrados. El libro central, «Alta mar», tiene el carácter más narrativo de *El ruedo* donde se entrelazan las historias de un grupo de anarquistas y de unos asesinos durante el viaje en barco a Londres. *Baza* ya no muestra la estructura circular en que «Tratos púnicos» presenta la figura del General Prim mientras hace gestiones tanto con los republicanos como con los carlistas. El último libro de *Baza* tanto como *El ruedo* narra los preparativos para el pronunciamiento abortado del 9 de agosto de 1868, el cual habría sido el comienzo de la Gloriosa. En fin, se nota el énfasis más histórico de *Baza* en que la historia ya no es el fondo sino el enfoque de la narración.

Aunque hemos visto en las novelas anteriores varios ejemplos de los paralelos entre ciertos aspectos de la representación de Valle Inclán de la historia y los sucesos mismos, los paralelos de *Baza* no tienen precedencia y la novela llega a ser una dramatización de la historia. Por ejemplo, en «La Venta de los Enanos», los generales Serrano y Dulce consideran las varias alternativas para evitar el encarcelamiento. Entre ellas toman en consideración la ayuda del Coronel Merelo. Su oferta y las actitudes de los varios participantes ya ha aparecido en el relato de Bermejo en *La estafeta de palacio*, una crónica que tenía Valle Inclán.[16] En »Albures gaditanos», Valle Inclán sigue aún en más detalle los sucesos históricos. Elabora el fracaso de todas las facciones de coor-

---

16. Ildefonso Antonio Bermejo, *La estafeta de palacio (Historia del reinado de Isabel II)* [Madrid: Lagajos, 1872], III, 812.

dinar sus esfuerzos para realizar sus planes de derribar a la reina el 9 de agosto de 1868. En su relato pone énfasis en que tanto los unionistas como los republicanos recelan dar el primer paso por miedo de que la otra facción pueda llevarle la ventaja. Para llevar a cabo la sublevación, los dos grupos necesitan el apoyo del Brigadier Topete que controla la marina y del sargento Izquierdo que manda la guarnición de Sevilla mientras los dos tratan con las dos facciones para asegurar el puesto después de la sublevación. Como en otros casos, esta visión de los antecedentes de los sucesos es muy verídica, pues Bermejo nota en *La estafeta de palacio* la misma falta inicial de confianza y cooperación entre los unionistas y los republianos que realizaron al fin y al cabo la revolución de septiembre.[17] Además del relato verídico de los hechos históricos, Valle Inclán los narra directamente en vez de incorporarlos mediante un tipo de coro como en *¡Viva!* por ejemplo.

Las modificaciones en la caracterización también refuerzan la mayor importancia que tiene la historia en esta novela. En primer lugar, las figuras históricas dominan la acción y ha desaparecido del todo la figura de Torre Mellada. Sólo Adolfo Bonifaz aparece en «¿Qué pasa en Cádiz?» para anunciar que «Me ha despedido con una escena de lágrimas».[18] El único libro en que las figuras ficticias desempeñan un papel importante es «Alta mar», que es una refundición de «Otra castiza de Samaria» publicado en 1929.[19] En segundo lugar, se modifican las técnicas mismas de la caracterización. En particular, hay poco interés en el desarrollo del carácter individual del personaje menos su postura política excepto en el caso del general Juan Prim, quien es el eje de la acción de la novela. Al contrario, su función principal es la representación de la historia.

Ciertos recursos narrativos también refuerzan esta dramatización de la historia. En particular, se ha eliminado en gran parte la descripción de gestos y de modos de hablar en el diálogo. Ponemos por caso el pasaje vi de «Tratos púnicos» que empieza con una descripción breve del Brigadier Las Heras y Sánchez Mira y termina con una referencia al lugar. El resto es una discusión de las acciones posibles del General Prim. Sin una indicación constante del hablante, el lector empieza a fijarse más en el contenido del diálogo en vez de tener en cuenta al hablante como en *La corte*. De este modo, el uso extensivo del diálogo de este tipo por una parte aumenta el ritmo y por otra crea la impresión de la objetividad, ya que los personajes mismos presentan la acción. También, utiliza Valle Inclán el diálogo para comunicar la reac-

17. Bermejo, 811-814.
18. Ramón del Valle Inclán, *Baza de espadas*, 2.ª ed. (Madrid: Espasa-Calpe, 1971), 17. Todas las citas pertenecen a esta edición y aparecen en el texto con la abreviatura *BE*.
19. Véase Schiavo, «Sobre la génesis», 303-331.

ción global ante un suceso como en el caso del fracaso de las facciones para emprender la sublevación:

> —¡Traigamos a los desterrados en Canarias!
> —¡Y al General Prim!
> —¡A todos!
> ... ...
> —¡Traigamos a los Generales!
> —¡Otro aplazamiento!
> —¡Otro fracaso! (*BE* 212).

Como un coro, el diálogo da una síntesis de varias opiniones desde una perspectiva más objetiva. El uso de frases breves, como en este ejemplo, contribuye al ritmo más frenético que eficazmente comunica la tensión que existía entre las varias facciones.

En resumen, en *Baza* los sucesos y las figuras históricas llegan a dominar la representación de tal forma que la novela llega a ser una dramatización de la historia. La falta de una estructura circular, la escasez de descripción y la dependencia del diálogo contribuyen al estilo de la crónica aún más que en *¡Viva!* En fin, aunque las diferencias entre *La corte de los milagros*, *¡Viva mi dueño!* y *Baza de espadas* son una cuestión de grado dentro del contexto de toda la obra de Valle Inclán, alterna su aproximación a la novela histórica en *El ruedo*. Ya hemos observado que desde *La corte* hasta *Baza* hay una progresión de la novela histórica del espacio o medio histórico a la novela al estilo crónico, consecuencia de varias técnicas narrativas y estilísticas.

Aunque sea una pregunta sin respuesta, queda por considerar qué factores pueden haber contribuido a este cambio de enfoque por parte de Valle Inclán. Si se comparan las fechas de publicación de las varias ediciones de las novelas y libros individuales, se observa una relación en los cambios de tema y estilo. En particular, «Cartel de ferias», «Espejos de Madrid» y «El Vicario de los Verdes», los libros de *¡Viva!* en que predomina lo ficticio aparecieron antes en otra versión y bajo otro título en el caso de los dos últimos. También, la versión original de «Alta mar», «Otra castiza de Samaria», en que se integran la trama novelesca y los personajes ficticios se publicó en noviembre de 1929 casi dos años y medio antes de la publicación de *Baza* en *El Sol* (junio-julio 1932). Así, los libros de las otras dos novelas de *El ruedo* en que Valle Inclán se interesa más en el medio social llevan en general una fecha más temprana que aquellos en que predomina la narración de la historia. Sin embargo, lo más sorprendente es la segunda edición de *La corte de los milagros* publicada por entregas en *El Sol* (octubre-diciembre 1931), en que Valle Inclán añadió un décimo libro, «Aires nacionales». Este cambio destruye por completo la estructura circular y ha dejado a los críticos perplejos.

En una entrevista con Martínez Sierra, tal vez Valle Inclán nos dio la clave de la respuesta cuando explica que «Creo que la novela camina paralelamente con la Historia y con los movimientos políticos».[20] Ya se ha dicho en varias ocasiones que el esperpento es una reacción valleinclanesca ante su propio medio de los años 20. Así con la llegada de la Segunda República en la primavera de 1931, la estructura circular que sugiere la eternidad y la falta de cambio ya no tendría tanta vigencia. De este modo también se puede explicar la ausencia de Isabel II y la familia real en *Baza*, pubilcado en 1932. Por eso, creemos que Leda Schiavo ha acertado al tratar de explicar el abandono de Valle Inclán de *El ruedo ibérico* cuando observó que «no pudo encontrar una perspectiva histórica "a la altura de las circunstancias". El antimilitarismo era un tópico fácil en los años artificialmente estancados de la dictadura de Primo de Rivera. Pero al estallar el proceso de aceleración histórica en 1931, Valle Inclán quedó descolocado, y esto frenó su tarea de "historiador"».[21] En conclusión, un análisis del texto de *El ruedo ibérico* puede servir como espejo de la actitud de Valle Inclán ante los cambios políticos o históricos en sus propias circunstancias.

LINDA S. GLAZE

Auburn University

---

20. Aparece esta entrevista en Dougherty, 178.
21. Schiavo, *Historia y novela*, 27.

Don Ramón del Valle-Inclán.

V

VALLE INCLÁN Y LA NOVELÍSTICA HISPANOAMERICANA CONTEMPORÁNEA

«TIRANO BANDERAS» Y LA NUEVA NARRATIVA HISPANOAMERICANA [1]

Suele situarse el comienzo de esa compleja, variada y rica corriente novelística que por falta de mejor nombre se ha llamado «nueva narrativa hispanoamericana» hacia el año 1950. Se han señalado como obras iniciales *El señor Presidente* (1946), *El túnel* (1948) y *El reino de este mundo* (1949). Creo que es más acertado pensar que de las novelas publicadas en esos años es *Los pasos perdidos* (1953), obra de obligada lectura para todo latinoamericano, la primera que presenta orgánica e integralmente las características fundamentales de técnica, problemática y cosmovisión que van a caracterizar a la narrativa latinoamericana contemporánea. Es esta obra de Carpentier una reelaboración del mito de la búsqueda de El Dorado expresado en términos contemporáneos: el viaje a un El Dorado espiritual, fuente de sentido, se convierte en el retorno a los orígenes, a las raíces culturales y étnicas, en el reencuentro del profundo sentido del ser latinoamericano. Inicia este relato la urgente búsqueda y afirmación de lo esencial americano, del carácter popular y continental de la cultura latinoamericana que con creciente vigor se manifiesta en nuestros pueblos y nuestras literaturas.

La nueva novela hispanoamericana se caracteriza porque nombra las cosas de la realidad viva que surge con el desarrollo de la modernidad en América Latina y va creando los conceptos para entender las nuevas formas de vida y para poder ordenar la experiencia social e histórica. Describe la praxis social; lo que Carpentier ha llamado «los contextos». Nos da un análisis de los acontecimientos históricos y sociales en sus relaciones mutuas y en un lenguaje radicalmente original que rehace la sintaxis y el vocabulario tradicional con el fin de modificar la cosmovisión de lector, su consciencia de la realidad y por lo tanto su posibilidad de transformar la realidad social. La nueva novela va a ejercer una función crítica en zonas de la realidad hasta entonces inadvertidas: «los contextos», bien porque han surgido con la modernidad, es decir con el vertiginoso desarrollo social producto de la tecnología y sus consecuentes efectos en las relaciones humanas, o porque el

1. La investigación para este trabajo ha sido posible, en parte, por una beca de The City University of New York PSC-BHE Research Award Program.

novelista no las había utilizado como materia novelística. Buen ejemplo sería el poder político como materia novelable.

El novelista en su representación (ficticia) de la realidad expresa reflexiones y puntos de vista que muestran el valor, la verdad, la justicia, el desarrollo y la jerarquía de hechos de la vida actual.

Si el periodista es el cronista de la actualidad y tiene como materia prima el mundo aparencial, el novelista cuya materia prima es la existencia —como dijera Martín Santos— desentraña la realidad aparencial para revelar los nexos causales que engendran el hecho. La noticia es el síntoma, la erupción, de un cuerpo cuya anatomía es revelada por la novela.

La nueva narrativa es esencialmente historicista. Una cronología es una relación histórica continua y detallada de hechos que sigue el orden del tiempo sin análisis ni interpretación. La historia es la relación cronológica de hechos significativos (los que afectan el destino de un pueblo, una cultura o sus instituciones) que incluye una explicación de sus causas que evidencia una ideología. La novela histórica, entonces, es la representación —ficticia— de hechos significativos que revela la estructura del poder y por lo tanto la estructura de la sociedad.

La nueva novela está escrita en un lenguaje radicalmente nuevo. El novelista contemporáneo sabe que para narrar los acontecimientos de hoy, de las nuevas formas de vida material y espiritual surgidas en los últimos años hay que usar el lenguaje de hoy. La lengua tiene sus frases hechas, que son conceptos valorativos que forman una visión del mundo que es producto de una ideología. El novelista contemporáneo intenta romper el mecanismo de la percepción automática al destruir la sintaxis tradicional. El efecto que este lenguaje de la nueva novela tiene en el lector es turbarlo, confundirlo, sacudirlo, desencajarlo y hacerlo pensar. Su objetivo es hacerle ver el mundo —los acontecimientos narrados— desde una nueva óptica para que así el lector forme su propia valoración de la realidad. Creo, sin embargo, que la primera novela que presenta las características anteriores y que, por lo tanto, hay que considerar el punto de partida de lo que se ha llamado la nueva narrativa hispanoamericana es la obra del gallego Ramón María del Valle Inclán, *Tirano Banderas. Novela de Tierra Caliente*, del año 1926.

Tirano Banderas marca una ruptura en la novelística del mundo hispánico.

Valle Inclán desarrolla una serie de procedimientos narrativos para analizar, desde una óptica distinta a la tradicional la sociedad latinoamericana y uno de sus problemas fundamentales y constitutivos: el dictador. Estos procedimientos narrativos y analíticos son los que van a caracterizar a la nueva novela. Inicia, de esta manera, también, un subgénero de la novela hispanoamericana contemporánea: la novela del dictador. En este subgénero se encuentran algunas de las más importantes obras de nuestra más reciente literatura: por ejemplo, *El recurso del método, El otoño del patriarca, Yo, el Supremo.*

Si consideramos a *Tirano Banderas* desde la óptica humanista y antropocéntrica utilizada por el expresionismo veremos que la novela desarrolla un método analítico paradigmático para el entendimiento y conceptualización de la historia latinoamericana, sus problemas sociales, políticos y culturales, y la función de la literatura en la sociedad contemporánea.

Santos Banderas es símbolo del cáncer que carcome a nuestras sociedades y a nuestros destinos como individuos y como nación. La novela caracteriza con especificidad la dinámica de la problemática social e historia de América Latina. A la vez sirve de instrumento para conocer a fondo el Mal, por el que sentimos el deseo de conocerlo para destruirlo y de destruirlo sin conocerlo. Esta tensión produce en el lector una concepción trágica y conflictiva de la novela y de la vida.

El nuevo y extraño lenguaje, nunca antes oído, distancia la obra de la gente. El efecto producido por la primera lectura es de asombro, confusión, fascinación. Oímos un español que, aunque usa las palabras del español, no suena al español que estamos acostumbrados a oír. Este lenguaje nos muestra la realidad bajo una nueva luz, bajo una especie de rayos X que permiten ver cosas nunca antes vistas y hacer relaciones que revelan el sentido que antes estaba oculto. Nos fuerza a abandonar nuestros juicios previos —prejuicios— y a examinar nuestra realidad radicalmente. Esta es una de las características esenciales de la nueva novela. El lector confuso ante la irrupción en la novela de una lengua popular, violenta, explosiva, cargada de imágenes visuales, ante la violentación del Orden (temporal, argumental, lingüístico, ideológico), se apercibe de la ineficiencia de los conceptos tradicionales para entender esta novela y, por ende, la realidad que proyecta; ve la inutilidad de las instituciones obsoletas y de los argumentos para legitimizarlas. *Tirano Banderas* presenta el orden establecido desde una óptica crítica que es característica de la nueva novela.

Tirano Banderas realiza una operación subversiva. Enjuicia las concepciones tradicionalistas de la historia y de la composición social de América Latina. Cuestiona qué es novela, literatura, lenguaje literario, cultura.

Tirano Banderas no es una obra didáctica sino crítica. No existe el motivo sublime o inexplicable, no hay zonas sagradas. Cumple con lo que Martín Santos señalaba como la función de la novela:

Desacralizadora-sacrogenética. Desacralizadora —destruye mediante una crítica aguda de lo injusto. Sacrogenética —al mismo tiempo colabora a la edificación de los nuevos mitos que pasan a formar las Sagradas Escrituras del mañana.[2]

La novela presenta un conflicto entre la visión del artista y el orden

---

2. Entrevista hecha a Luis Martín Santos y que aparece en: Janet Wincoff Díaz, «Luis Martín Santos and the Contemporary Spanish Novel», *Hispania*, vol. LI (1968), pp. 232-238.

tradicional; conflicto que se remonta a Kierkegaard, Nietzsche, Dostoyevsky y que caracteriza al expresionismo específicamente y, en general, a la literatura contemporánea.

En *Tirano Banderas* resalta la claridad expresionista crítica y teórica. El protagonista de la novela es en realidad América. Observamos una visión sumamente sintetizada y representativa de cuatrocientos años de historia de América (recordemos que la novela alude a hechos anecdóticos de Lope de Aguirre (1518-1561) y a incidentes de la Revolución Mexicana).

Vemos que *Tirano Banderas* cumple con una de las características esenciales de nuestra novela: es el discurso metapolítico por excelencia en la historia de América.

LA NOVELA NATIVISTA

Comparemos a *Tirano Banderas* con la novelística hispanoamericana de los años veinte para caracterizar la ruptura que ocurre en el desarrollo de la novela.

En 1926 se publican *Tirano Banderas*, en Madrid, y *Don Segundo Sombra*, en Buenos Aires.

Don Segundo Sombra, junto con *La vorágine* (1924) y *Doña Bárbara* (1929), forma parte de esa corriente novelística, llamada, en hispanoamérica, nativista, que se extiende hasta la próxima década y que surge de la preocupación simbolista de encontrar lo esencial del *etnos* —lo que hoy llamamos cultura— en el carácter de la tierra y sus habitantes.

Para Ricardo Güiraldes lo esencial de la nación Argentina, del hombre argentino, es la Pampa y don Segundo Sombra representa ese espíritu que pudiéramos llamar la argentinidad.

A través de don Segundo, del personaje de la novela, y del lenguaje terso, parco, y cargado de voces regionales y modismos sintácticos Güiraldes busca expresar los valores ideales del hombre argentino, los valores eternos, los que no cambian: la hombría, la valentía, la honradez, la justicia, el honor, etc. Son valores atemporales que para los nativistas existen independientes y ajenos a la historia. El personaje resulta una proyección de la idealidad del autor que busca lo no-temporal, lo que está fuera de la historia y de la compleja y dolorosa realidad social.

Si pensamos por un momento en obras como *Paz en la guerra* de Unamuno, *Camino de perfección* de Baroja o *Campos de Castilla* de Machado, que son las manifestaciones más representativas del simbolismo español y que pudiéramos considerar la expresión de la corriente nativista en España veremos que el autor simbolista buscaba expresar a través del arte las raíces eternas y ocultas del ser humano que está en armonía con la tierra en que vive. Busca lo que todos tenemos en común dentro de los valores espirituales de una cultura. Expresaba las afinidades entre el hombre de pueblo, representativo, típico, primitivo y el paisaje. Para el simbolista el mundo es armónico, coherente, tiene sentido y la vida es continua.

¿Dónde está el mundo angustioso, desarticulado, violento, del habitante de la pampa expulsado de su tierra no por el metafórico (y eufemístico) avance de la civilización, sino real y concretamente por la barbarie del soldado?

Es esta representación de un mundo angustiado, violento, de una compleja problemática social, ya muy distante de la armonía simbolista, la que existe en *Tirano Banderas* y es por traer esta representación del mundo a la literatura que esta novela marca el punto de partida de una corriente literaria que penetra nuestra realidad para desvelarla y revelarla cuestionando la naturaleza de esa realidad que nos ha sido dada y considerada como lo real y permanente. Y a la misma vez la novela cuestiona su propia naturaleza y al hacerlo va desarrollando los métodos analíticos y los recursos narrativos que le permiten penetrar más y más en esa realidad.

Valle Inclán estaba consciente de su creación y de su posición. Francisco Madrid, uno de sus biógrafos cita estas conclusivas palabras del autor: «Lo que he escrito antes de *Tirano Banderas* es musiquilla de violín... Esta novela es la primera obra que escribo. Mi labor empieza ahora.»[3] En ese momento Valle Inclán tiene 57 años.

VALLE INCLÁN Y TIRANO BANDERAS

Puede parecer una reducción simplista, sostener que es un español quien logra una expresión artística tan concisa y dramática de los problemas esenciales de América y crea efectivos métodos de análisis y técnicas de representación para indagar y expresar la realidad social e histórica de América Latina.

Veamos algunos factores que aclaran este problema y muestran la posición ideológica de Valle Inclán.

La lejanía y la distancia son, a menudo, aliadas del intelecto —aunque sean enemigas dolorosas del sentimiento— para comprender mejor la problemática de un pueblo. Así como Joyce pasó su vida adulta desterrado de su amada Irlanda tratando de comprender y expresar el carácter del irlandés, así Valle Inclán, hijo de la nación colonizadora fue conociendo a la América hispana —a las antiguas colonias— comprendiéndolas, queriéndolas, defendiéndolas, y expresando su profunda visión humana de nuestros grandes problemas históricos y sociales, aún en la misma España y contra españoles.

En 1923 le escribe a Alfonso Reyes:
...no pueden hacerse revoluciones a medias. Los gachupines

---

3. Francisco Madrid, *La vida altiva de Valle Inclán* (Buenos Aires, 1943), p. 113.

poseen el setenta por cien de la propiedad territorial. Son el extracto de la barbarie ibera. La tierra en manos de esos extranjeros es la más nociva forma de poseer. Peor mil veces que en manos muertas. Nuestro México, para acabar con las revoluciones tiene que nacionalizar la propiedad de la tierra, y al encomendero... (y sigue). A más que la revolución de México es la revolución latente en toda la América Latina. La revolución no puede reducirse a un cambio de visorreyes, sino a la superación cultural de la raza india, a la plenitud de sus derechos y a la expulsión de judíos y moriscos gachupines. Mejor, claro, sería el degüelle.

Si usted cree que en esta baraunda de noticias conviniera una clarinada en España, dígamelo y no más.[4]

Valle Inclán estuvo en América tres veces. En 1892, en 1911 y en 1921. La primera vez fue en son de conquistador, de buscavidas tratando de hacer fortuna. Se conocen las anécdotas del primer viaje, contadas casi fabulosamente en la biografía de Ramón Gómez de la Serna.[5] El segundo viaje fue a la Argentina en compañía de la que era entonces su mujer, la actriz de teatro Josefina Blanco.[6] Fue una gira de varios meses y junto con la compañía teatral Valle Inclán visitó pueblos en el interior de la Argentina.

Es el tercer viaje, hecho por invitación del Presidente Alvaro Obregón con motivo del primer centenario de la independencia de México, el que más efecto causó. Valle Inclán pasó varios meses y recorrió México en un carro de ferrocarril que le facilitó el gobierno. Al regresar a España hace escala en La Habana y allí, como nos cuenta Salvador Bueno es atacado por *El Diario de la Marina*.[7] Publicó este periódico dos artículos contra él. Uno de ellos titulado «La hispanofobia de Valle Inclán». Es curioso notar que años más tarde aparece en *Tirano Banderas* un personaje, don Nicolás Díaz del Rivero, director-propietario del periódico «El Criterio Español» que según dice Valle Inclán tenía «una pluma hiperbólica, patriotera y ramplona con fervientes devotos en la gachupía de empeñistas y abarroteros».[8]

Es de esa época, del 3 de septiembre de 1920 la entrevista que Cipriano Rivas Cherif hizo a Valle Inclán, en la cual éste respondió a la

4. Emma Susana Speratti-Piñero, De «*Sonata de otoño*» al esperpento (*Aspectos del arte de Valle Inclán*) [London: Támesis Books Limited, 1968], p. 203. En este libro se transcriben varias cartas y fragmentos de cartas de Valle Inclán a Alfonso Reyes que este último le proporcionó a la autora, Apéndice II, pp. 201-204.

5. *Don Ramón María del Valle Inclán* (Madrid: Colección Austral [1944], 1959).

6. J. Rubia Barcia, «A Synoptic View of his Life and Works», en Anthony N. Zahareas, ed., *Ramón del Valle Inclán. An Appraisal of His Life and Works* (New York: Las Américas, 1968), pp. 3-35.

7. *La letra como testigo* (La Habana: Universidad Central de Las Villas, 1957), pp. 91-114.

8. *Tirano Banderas* (Madrid: Colección Austral [1926], 1968), p. 35.

pregunta «¿Qué debe hacer un artista de nuestros días?» diciendo que el primer deber del artista era luchar por la justicia social. Rivas Cherif concluye la entrevista: «Don Ramón es bolchevique o si se quiere bolchevista en cuanto le inspiran gran simpatía los procedimientos antidemocráticos dictatoriales de que los bolcheviques se valen en pro de un ideal humanitario, que, a su entender sólo puede imponer una minoría al mundo».[9]

Creo que es de este entendimiento de la realidad que surge la toma de conciencia de Valle Inclán y desde el que tenemos que hacer la lectura de su obra. Creo que únicamente desde el punto de vista del compromiso social se puede entender la antes citada frase «Todo cuanto he escrito antes de *Tirano Banderas* es musiquilla de violín».

¿En qué consiste la novela *Tirano Banderas*?

Veamos la síntesis que hace Valle Inclán cuando comenzaba a escribirla. En carta a Alfonso Reyes de 1923 le dice:

> hablemos de nuestro México. Estos tiempos trabajaba en una novela americana: «Tirano Banderas». La novela de un tirano con rasgos del Doctor Francia, de Rosas, de Melgarejo, de López, y de don Porfirio. Una síntesis el héroe, el lenguaje una suma de modismos americanos de todos los países de lengua española, desde el modo lépero al modo gaucho. La República de Santa Trinidad de Tierra Firme es un país imaginario, como esas cortes europeas que pinta en algún libro Abel Hermant.[10]

Tirano Banderas presenta una visión panorámica y sintética de la vida de una república tropical en el momento en que ocurre un golpe de estado. La novela está construida como si fuera un guión de cine y presenta de manera visual, dramática, cinematográfica una serie de variados incidentes que ocurren durante tres días y que están relacionados con el golpe. Pero en realidad en esos tres días están condensados 400 años de la historia de América: desde la expedición de Lope de Aguirre por el Río Marañón en busca de El Dorado durante la cual le escribió a Felipe II para romper sus vínculos con la Corona y ser así, este hombre enloquecido por el oro y la sangre, el primer español que se rebela contra el poder real y exige su libertad como natural de América, hasta la Revolución Mexicana.

La obra presenta una revolucionaria síntesis lingüística. Con este aspecto entramos en los procedimientos narrativos que Valle Inclán desarrolla para expresar la compleja realidad americana.

Tirano Banderas está escrita en un castellano enriquecido con americanismos con una sintaxis tan violentada que resulta una lengua tan nueva y tan extraña que deja perplejo al lector. Esta lengua llena de

---

9. Francisco Madrid, op. cit., p. 43.
10. Speratti-Piñero, op. cit.

regionalismos es muy distinta de la que usaba Güiraldes en *Don Segundo Sombra* o de la usada en general por la novela costumbrista y regionalista. Cuando el costumbrista, y también el simbolista, usan expresiones dialectales de una región determinada es generalmente la lengua del campesino, del bajo pueblo, o de grupos marginados de la cultura oficial. El autor exhibe estos personajes como muestras exóticas, típicas, de lo popular. Es una actitud condescendiente. Hay siempre una comparación implícita con la alta cultura de la cual el autor es portavoz. La novela costumbrista era el instrumento mediante el cual el público culto que leía novelas oía y veía surrepticiamente a las otras clases inferiores. Por mucha simpatía que el autor sienta por el personaje siempre hay una jerarquización cultural y social y la lengua regional se encuentra en un nivel más bajo que la lengua de la clase media.

Es muy distinta la función del lenguaje en *Tirano Banderas*. Mientras que la novela costumbrista o regionalista expresa un microcosmo lingüístico pues sólo usa voces de una determinada zona geográfica, económica o social de la nación, *Tirano Banderas* da un macrocosmo lingüístico, superando fronteras políticas, raciales, .clasistas y étnicas. No es la lengua de la pampa, o de los llanos venezolanos o del arrabal, sino la lengua popular de América usada en función estética para expresar la realidad continental en una de las maneras más comprensivas que se ha logrado. Es una lengua polifónica que refleja nuestra complejidad cultural. Valle Inclán lleva la despreciada lengua del pueblo a su más alta potencialidad poética y plástica; la convierte en un lenguaje metafórico que expresa dramáticamente el sufrimiento del pueblo oprimido y humillado y revela los conflictos de su génesis histórica. El material con que la novela está construida es la lengua popular, los coloquialismos y expresiones vulgares ahora se convierten en las piedras mágicas depositarias secretas del patrimonio cultural de la nación. Dice Valle Inclán, en ese libro único en la lengua castellana que es una teoría de la poética simbolista, *La lámpara maravillosa* (1919): «El verbo de los poetas, como el de los santos, no requiere descifrarse por gramática para mover las almas. Su esencia es el milagro musical.» [11] Más adelante añade: «El idioma de un pueblo es la lámpara de su karma. Toda palabra encierra un oculto poder cabalístico.» [12] Y después: «La suprema belleza de las palabras sólo se revela, perdido el significado con que nace, en el goce de la esencial musical, cuando la voz humana, por virtud del tono, vuelve a infundirles toda su ideología.» [13]

Valle Inclán demuestra el oculto poder del poeta, el secreto poder de la cultura que es liberar al ser humano mediante el arte, mostrarle su valor real.

---

11. *La lámpara maravillosa* (Madrid: Espasa-Calpe, 1967), p. 44.
12. Ibíd., p. 37.
13. Ibíd., p. 49.

Es esta síntesis de un idioma nuevo, cargado de elementos populares, la dramática expresión de la injusticia social que sufre un pueblo y la visión historicista lo que sitúa a esta obra en el inicio de la corriente novelística que llega hasta el presente.

Aclaremos algunos fundamentos teóricos, Lukács en *La novela histórica* (1937) señala que la verdad artística consiste en representar los sentimientos, ideas y pensamientos de un niño en un lenguaje en que estas cosas puedan ser entendidas por un adulto. Dice que es un error del naturalismo creer que esta autenticidad pueda lograrse imitando el viejo lenguaje. Los personajes tienen que ser genuinos tanto en forma como en contenido, pero el lenguaje no es de ellos, es del narrador. Su historicidad genuina es la que concibe la historia como el destino de un pueblo; cuando esta visión se debilita lo social aparece meramente como ambiente pintoresco sin integrar orgánicamente al personaje a su destino. Cuando los intereses principales del autor se identifican con los de clase dominante el concepto de la historia que resulta es decorativo y exótico; tratan estos escritores de producir una contraimagen de la prosa gris, desolada, estéril, vigente. Sin embargo es diferente con los escritores que tienen lazos con lo popular y reaccionan contra el prosaísmo vigente con desconfianza y aborrecimiento. Lo que caracteriza su obra no es un refinamiento estético y una desilusión ética, sino la indignación ante grandes masas populares cuyas ilusiones y aspiraciones están sin cumplir. Es este el fundamento teórico que explica la poética de *Tirano Banderas* y de la nueva narrativa hispanoamericana.

TIRANO BANDERAS Y LA NOVELA DEL DICTADOR

Señalamos al comienzo de este trabajo que *Tirano Banderas* inicia un subgénero de la novela hispanoamericana que tan interesantes obras ha producido. No es por casualidad que se conjugan en esta novela perspectivas tan útiles y poderosas para el entendimiento de nuestra realidad social e histórica. El caudillo es una constante histórica determinativa en Latinoamérica; es un arquetipo de la cultura; es quien detenta el poder del estado o muchas veces es el estado; es quien influye o determina el destino de hombres y pueblos; es, a fin de cuentas, quien a menudo tiene el poder de decisión en el problema esencial de la vida: el destino.

La novela es el discurso metapolítico por excelencia en la historia de América. La novela es la representación de la realidad. No hay otra verdad que la imagen histórica de la verdad. En sociedades represivas quien único, a veces, puede cuestionar el Poder es el artista porque es quien único expresa sus representaciones de la realidad como ficticias; el periodista, el historiador, el político, el profesor y otros representantes institucionales como aluden directa y llanamente a los problemas inmediatos son silenciados si sus ideas no coinciden con las del Poder. Así la ficción es la única modalidad expresiva que no se reprime totalmente y que puede plantear problemas de legitimidad social, cuestionar modos de vida, interrogar la Norma.

La novela latinoamericana va a desempeñar una función subversiva. La literatura hispanoamericana es un instrumento de transformación social. A este aspecto de la literatura es al que se refiere Martín Santos cuando dice que la función de la novela es desacralizadora-sacrogenética.

Y aquí está la importancia de *Tirano Banderas* y de la novela del dictador.

Valle Inclán convierte a la dictadura en gran espectáculo.

En inagotable mina de material para la novela de América Latina. Al convertir a la dictadura en espectáculo destruye el aura sagrada que el poder confiere y comienza el proceso de destrucción o deconstrucción que es lo que esencialmente se propone la nueva novela: revelar las estructuras no visibles, exponer los vínculos y lazos que la dictadura crea, la red de coordenadas sociales en la que se desarrolla. Así, por ejemplo, Pedro Páramo y Artemio Cruz, resultan facetas y manifestaciones de este Orden.

La novela del dictador presenta al caudillo como la representación antropomórfica y paternalista del estado y trata de analizar y describir el problema fundamental de la actividad política que es la conquista, conservación y utilización del poder. Esta novela trata de revelar la dinámica del Poder.

El recurso narrativo que han utilizado, principalmente, hasta ahora, es la parodia. Creemos que es un subgénero que nace y por lo tanto va camino de madurez.

Veremos que la novela del dictador resultará la crónica verista del problema medular de nuestros pueblos, de nuestra cultura, diagrama del mecanismo sobre el cual gira nuestro destino.

RICARDO DÍEZ

Department of Modern Languages and Literatures
Broklyn College
Brokyn, N.Y. 11210

MORIR EN GALICIA

1936

VALLE: Y EL NARCISISMO ESPERPÉNTICO
LATINOAMERICANO

Un estudio previo sobre *Tirano Banderas* y la manipulación del mito histórico del «tirano» Lope de Aguirre, me puso en camino para ahondar un poco sobre la influencia de Valle en la posterior novela de la dictadura. Este ensayo, no pretende ni con mucho hacer un análisis detenido sobre el tema, que por su amplitud, sobrepasa los límites de este esbozo. Sin embargo, lo que pretendo es delinear brevemente algunas áreas en las cuales es posible determinar que las técnicas que dan vida al «esperpento» han sido utilizadas, aunque no con idénticos resultados en los procesos de construcción del relato dictatorial latinoamericano.

Al estudiar la obra de Valle Inclán, frecuentemente nos encontramos con innumerables aproximaciones críticas que han pretendido definir la teoría del esperpento, como una técnica basada en la deformación sistemática de la realidad. María Eugenia March nos dice, al definir lo esperpéntico: «Se trata de una deformación total-física y espiritual, de lenguaje y acciones»,[1] a la vez que Rodolfo Cardona en *Visión del Esperpento* nos explica que:

> «La sátira grotesca de los esperpentos plantea un problema difícil: de un lado, como suspender con eficacia implacable los convencionalismos aceptados para que la crítica se destaque de la sátira, y del otro, como conservar alguna apariencia de realismo, alguna forma de defensa y protección frente a la caótica medida de las cosas deformadas. Precisemos más. En casi todos los esperpentos Valle Inclán literaturiza la Historia: de una manera se ampara en la técnica deformadora que caracteriza su estilo; por otra Valle Inclán maneja a su capricho los datos históricos.[2]

Estas dos aseveraciones plantean el problema del «esperpento» como un fenómeno técnico de elaboración artística formal (lenguaje) que

---

1. María Eugenia March, *Forma e Idea de los Esperpentos de Valle Inclán* (Madrid: Estudios de Hispanófila, 1969), p. 33.
2. Rodolfo Cardona y Anthony N. Zahareas, *Visión del Esperpento* (Madrid: Editorial Castalia, 1970), p. 63.

tiende a distorsionar caprichosamente el contenido histórico. Desde el punto de vista planteado por la crítica tradicional, Cardona se ve ante la imposibilidad crítica de conservar la apariencia de realismo antagonizada por la técnica deformadora que impone Valle.

Por otro lado, es bastante obvio, y la crítica lo ha dicho repetidas veces, que Valle propone una manera diferente de novelar que nada tiene que ver con el realismo. La innovación de Valle y su contribución a la literatura, es precisamente la ruptura de las normas clásicas de reproducción de la realidad en la literatura. El «esperpento» no busca reproducir la realidad, sino mostrar como se percibe la realidad, sin olvidar que solamente podemos percibir reflejos ya que la «esencia de lo real» solo puede ser comprendida a través del análisis riguroso.

El problema de definir el esperpento recurre y es inevitable cuando lo separamos en dos entidades, el contenido y la forma, como si éstas pudieran existir autónomamente en el texto literario. La vieja polémica, de si las formas determinan el contenido o viceversa podrían resolverse con el análisis de una unidad lingüística verbal. La palabra, unidad percibible en forma oral o visual (escrita) refleja una esencia real, un contenido semántico que sólo puede ser expresado en una forma única. En otras palabras, la concepción del tiempo verbal y su acción, reclaman una forma verbal específica que no puede ser cambiada so pena de alterar su contenido. De la misma manera, «el esperpento» no puede ser definido o interpretado como un fenómeno de forma, aislado de su contenido (esencia de lo real-histórico), porque limitaríamos inmediatamente la comprensión totalizante de la ficción Valle-Inclanesca.

Aceptado esto como principio, es posible comprender que el «esperpento» no es sólo una técnica de elaboración artística, un predominio de la forma sobre el contenido en la cual la historia está deformada por la técnica literaria. El esperpento es un todo en sí, indivisible, una visión dentro de la cual la historia y su significado son percibidas en forma distorsionada por los «héroes» quienes a su vez reflejan tragicómicamente el contenido de la realidad histórica. También citado por Eugenia March, Guerrero Zamora en *Historia del Teatro contemporáneo*, nos dice:

> Si la generación del 98 hubiera necesitado esbozar su teoría dramática, ésta sería, y es en semejante justificación nacional en lo que el esperpento cobra carta de naturaleza, donde demuestra no ser elaborado, cerebral gratuito sino expresión coherente de una época, de una conciencia histórica, de un hondo sentimiento.[3]

Max Estrella indudablemente, agudo poseedor de una conciencia histórica, como lo demuestra en su diálogo con don Latino, no sólo no

3. Juan Guerrero Zamora, *Historia del Teatro Contemporáneo* (Barcelona: Juan Flors editor, 1961), p. 185.

pretende mostrarnos una realidad «deformada» sino explicarnos también que esta «deformación», que no es más que un fenómeno de percepción, deja de serlo cuando la sometemos al riguroso examen de la realidad.

Cuando Valle Inclán pone en la boca de Max Estrella, su concepto de la realidad esperpéntica, Valle Inclán expresa y manifiesta, a su vez, su incredulidad en los héroes clásicos que representan ese lado visible de la Historia, de la misma manera que Max le niega a don Latino de Hispalis el privilegio de inmortalizarse en la tragedia.

> Max: Don Latino de Hispalis, grotesco personaje, te inmortalizaré en una novela.
> Don Latino: Una tragedia, Max.
> Don Latino: Pues algo será.
> Max: El Esperpento.
> Don Latino: —No tuerzas la boca, Max.
> ....
> Max: —España es una deformación grotesca de la civilización europea.
> Don Latino: —¡Pudiera! Yo me inhibo.
> Max: —Las imágenes más bellas en un espejo cóncavo son absurdas.
> Don Latino: —Conforme. Pero a mí me divierte mirarme en los espejos de la calle del Gato.
> Max: —Y a mí. La deformación deja de serlo cuando está sujeta a una matemática perfecta. Mi estética actual es transformar con matemática de espejo cóncavo las normas clásicas.[4]

Este diálogo de *Luces de Bohemia*, tan citado por la crítica, es sin lugar a dudas el origen de la llamada teoría del esperpento. Pero también, es preciso anotar dos cosas fundamentales: primero, que don Latino de Hispalis cuyo nombre no requiere mayor explicación, simboliza con su grotesca figura la rencarnación de la Historia quien se recrea y se divierte mirándose en los espejos del callejón del Gato. Como Narciso, perdido en la autocontemplación de su propia imagen, no advierte Latino de Hispalis que el reflejo por bello que parezca, puede ser absurdo ante los ojos y al análisis crítico de Max.

Como podemos ver, para Max, la distorsión no es solamente un elemento de diversión, sino un medio de someter a la realidad a un análisis (matemático por exacto) que nos permita llegar a la verdad histórica. Sólo de allí podemos concluir que el esperpento es para Valle un fenómeno de percepción que no es completo si no es sometido al análisis riguroso de la realidad. Latino de Hispalis ante este análisis de Max,

---

4. Ramón del Valle Inclán, *Luces de Bohemia* (Madrid: Espasa-Calpe, 1972).

sólo es merecedor del «esperpento», no de la tragedia que lo elevaría a la categoría de héroe real. La literatura Valle-Inclanesca deja en este sentido de ser o pretender ser reflejo de la realidad, para convertirse, como un espejo cóncavo, en el medio (espejo) en donde confluyen el objeto (la historia) y su proyección. Esta diferencia fundamental, que no implica el dominio de la forma (el reflejo) sobre la realidad (fondo), nos dice por el contrario que es en la superficie del espejo (la literatura) donde coinciden y se sobreponen simétricamente el fondo y la forma como un todo absoluto e inseparable.

La consideración «forma» y «contenido», como una unidad dialéctica es mantenida por Valle quien consideraba su obra, como un trabajo de compromiso y consideraba el «arte puro», en los tiempos que vivía como una canallada. Por ello, el esperpento está embebido de una concepción histórica que trasciende el mero tecnicismo literario que engolfa forma y fondo en una unidad indivisible, y sólo así, llega a transplantarse a América como una visión de mundo.

A pesar de los muchos antecedentes que tiene *Tirano Banderas* publicada en 1926, tanto en América como en Europa, podemos decir, sin temor a equivocarnos que la concepción histórica de Valle trasladada a América, señala el punto de partida para la expresión de la esperpéntica realidad dictatorial latinoamericana. *Tirano Banderas*, posterior a *Los Cuernos de don Friolera* y última en la serie de los esperpentos, aunque Valle la denominara «novela» [5] es el origen de una extensa serie novelística latinoamericana cuyo tema central ha sido desde entonces, los dictadores y las dictaduras de América Latina.

Ya para 1974, y después de haberse terminado de publicar tres de las más famosas novelas de las de las dictaduras: *El Recurso del Método* de Alejo Carpentier, *YO. El Supremo* de Roa Bastos y *El Otoño del Patriarca* de Gabriel García Márquez, cabía preguntarse si estas tres novelas, aclamadas por la crítica, cerrarían de una vez por todas, toda esa serie de la novela de las dictaduras, que iniciara, al menos en español Valle Inclán, y fuera continuada por Miguel Ángel Asturias en 1946 con la publicación de *El Señor Presidente*. El que un gran bloque de la literatura latinoamericana se haya dedicado a recontarnos la historia de nuestros dictadores, merecía la atención crítica no sólo desde el punto de vista formal, sino histórico literario.

Mucho se ha hecho en estos últimos años en cuanto a este tema, sin embargo, la influencia de Valle Inclán en estos tres de los más renombrados escritores latinoamericanos, no ha sido todavía justamente aquilatada. Cuando más lejos hemos llegado, ha sido el mencionar a Valle como el iniciador de la novelística sobre los dictadores. Sin em-

---

5. Rodolfo Cardona, «De junio a diciembre de 1925 empezó a publicar *Tirano Banderas: Novela de Tierra Caliente*, para algunos críticos la culminación de su visión esperpéntica, y a la verdad, una admirable síntesis de la tragedia política del mundo hispánico...», p. 25.

bargo, poco se ha investigado de los vínculos que unen a *Tirano Banderas* a las novelas posteriores.

Es a nivel del discurso anecdótico en donde más fácilmente se pueden establecer ciertos elementos comunes que unen a los escritores latinoamericanos y a Valle y vinculan a los dictadores de la ficción quienes sintetizan en sí, el extenso anecdotario político latinoamericano.

En *Novelas del Dictador, Dictadores de Novela*, el crítico colombiano Conrado Zuloaga, ha coleccionado un innumerable muestrario anecdótico que demuestra sin lugar a dudas, que los tiranos de la realidad comparten una visión egocéntrica de la Historia. Al igual que Don Latino de Híspalis, quien piensa podría ser inmortalizado en una tragedia y se divierte con los reflejos de los espejos del callejón del Gato, el narcisismo histórico ha sido compartido por muchos de nuestros dictadores. Así por ejemplo tenemos, para citar a algunos, Rafael Leonidas Trujillo quien se veía así mismo como acreedor y merecedor de los siguientes títulos:

> El Benefactor de la Patria, el Honorable Presidente, el Paladín de la Democracia, el Primer Médico de la República, el Portador de la Gran Cruz de la orden Papal de San Gregorio, El Supremo Coloso, el Genio de la Paz, el Salvador de la Patria, el Protector de todos los Obreros, el Caballero de Honor de la Soberana orden de Malta, el Primer Maestro de la República... el Héroe del Trabajo, el Primer Periodista de la República... su Excelencia el Generalísimo Profesor Doctor H. C. (Pittsburg) Dr. H. C. Dr. H. C. Rafael Leonidas Trujillo.[6]

Los ejemplos de esta autoinvestida percepción del Poder, pueden ejemplarizarse .con Manuel Estrada Cabrera, dictador de Guatemala, quien como cita Conrado Zuloaga: «consultaba brujos con regularidad y pasaba horas meditando ante un espejo con el hábito de un monje dominico»,[7] o también «Maximiliano Hernández Martínez dictador de la república de El Salvador entre 1931 y 1944, y autor, entre muchas otras cosas, de una masacre de más de diez mil campesinos en Izalco, cerca de la frontera con Guatemala».[8] Todos estos elementos, y otros, de la realidad política, aparecen de una manera u otra, amalgamados en Tirano Santos Banderas, El Patriarca, El Primer Magistrado, o El Supremo, quienes nos son descritos egocéntricamente como epítomes de la crueldad y la soledad del poder.

> Tirano Banderas, agaritado en la ventana, inmóvil y distante, acrecentaba su prestigio de pájaro sagrado...

---

6. Conrado Zuloaga, *Novelas del Dictador. Dictadores de novela* (Bogotá: Calos Valencia Editores, 1977), p. 29.
7. Conrado Zuloaga, p. 38.
8. Conrado Zuloaga, p. 45.

Tirano Banderas estúvose mirando el cielo de estrellas: Amaba la noche y los astros. El arcano de bellos enigmas recogía el dolor de su alma tétrica: Sabía numerar el tiempo por las constelaciones: La eternidad de las leyes siderales abría una coma religiosa en su estoica crueldad indiana.[9]

Pues su leyenda había empezado mucho antes de que él mismo se creyera dueño de todo su poder, cuando todavía estaba a merced de presagios e interrumpía de pronto un viaje recién iniciado porque oyó cantar la pigua sobre su cabeza y cambiaba la fecha de una aparición pública porque su madre Bendición Alvarado encontró un huevo con dos yemas... confiaba más en las barajas que en su instinto montuno... me visitaba dos veces para hacerme consultas de naipes durante aquellos muchos años en que aún se creía mortal... y tan pronto como él cortaba el naipe las cartas se volvían pozos de aguas turbias...[10]

Provocar el terror. Pero el terror no surge de estas cábalas idiotas. En otros países en donde la anarquía, la oligarquía, las sinarquías de los apátridas han entronizado a los déspotas, estos métodos acaso fueron eficaces. Aquí la generalidad del pueblo se encarna en el Estado. Aquí puedo afirmar yo sí con entera razón: El Estado-Soy-Yo.[11]

De todo esto podemos deducir que los dictadores de la ficción, empezando por Santos Banderas se construyen como un reflejo de la leyenda política cuyo origen se encuentra en la realidad histórica. Es posible entonces afirmar que la novela de los dictadores es en esencia, profundamente histórica. Sin embargo, la perspectiva histórica con que cada uno de estos escritores enfrentan el problema de la dictadura, aunque variado, usa en cierta medida la técnica deshumanizadora que Valle Inclán empleara para la creación del esperpento. No es decir, que las novelas latinoamericanas de la dictadura sean esperpénticas, en tanto, que el esperpento tiene como objetivo la deshumanización del héroe a través de la sátira caricaturesca para enfocarnos en lo esencialmente real. Ricardo Gullón en «Reality of the Esperpento» nos dice:

The «esperpento», certainly, has the unreal reality of art. But if we speak of reality in more inclusive terms, we may say that the «esperpento» reveals it. Contrary to common opinion, the «esperpento», either as Valle Inclán or as others conceived it,

---

9. Valle Inclán, *Tirano Banderas* (Madrid: Espasa-Calpe, 1972), p. 31.
10. Gabriel García Márquez, *El Otoño del Patriarca* (Buenos Aires: Editorial Sudamericana, 1975), p. 96.
11. Augusto Roa Bastos, *Yo, El Supremo* (Madrid: Siglo XXI, 1974), p. 67.

was used to approach reality in a more lucid and open-eyed way
than the so-called realistic way.[12]

A no dudarlo, los escritores contemporáneos de América Latina,
han optado por tratar el tema de los dictadores desde una perspectiva
que mucho se asemeja al tratamiento que Valle da a Santos Banderas
dictador de aquel limbo tropical Santa Fe de Tierra Firme. Para empezar, con excepción de Roa Bastos quien toma al Paraguay y a Gaspar
Rodríguez Francia, como modelos de su ficción, García Márquez y Alejo Carpentier sitúan a sus personajes en países imaginarios que guardan
vagos parecidos con algunas de las naciones sudamericanas. Sin embargo, y lo que es importante, no es la similaridad de los elementos formales y estructurales los que llaman la atención, sino los objetivos que
pretenden y los elementos utilizados por Márquez, Roa Bastos y Carpentier y su similaridad con las técnicas usadas por Valle Inclán en la
construcción de Santos Banderas.

El proceso de deshumanización de los personajes no es gratuito en
Valle. Esto obedece al deseo explícito de expresar un concepto a través
del cual la sátira adquiere una cualidad universal, que se traduce en
desdén, en un desprecio, que tiene mucho de demiúrgico, por todos
aquellos que distorsionan con sus actos la conciencia histórica. De allí
que Santos Banderas nos sea descrito como «máscara o calavera indiana» contraponiendo con el parecer de la forma (apariencia-reflejo) la
vaciedad interior (contenido-histórico) del tirano.

García Márquez no se aleja demasiado de la técnica Valle Inclanes-
ca. *El Otoño del Patriarca* está lleno de pasajes y descripciones en las
cuales el proceso de deshumanización del personaje nos enfrenta a la
caricatura monstruosa de un hombre en el poder viéndose a sí mismo
en el reflejo perfecto de su doble:

> yo más torcido que un lebranche con este veneno y usted con la
> cabeza en la mano buscando donde ponerla, dicho sea sin el
> menor respeto mi general, pues ahora le puedo decir que nunca
> lo he querido... estoy rogando que lo maten aunque sea de buena
> manera para que me pague esta vida de huérfano que me ha dado,
> primero aplanándome las patas con manos de pilón para que se
> me volvieran de sonámbulo como las suyas, después atravesán-
> dome las criadillas con leznas para que se me formara la potra,
> después poniéndome a beber trementina para que se me olvida-
> ra leer y escribir...[13]

12. Ricardo Gullón, «Reality of the Esperpento», *Valle Inclán, Centennial Studies*
(Texas: University of Texas, 1968), p. 125.
13. Gabriel García Márquez, p. 28.

Sin embargo, y pese a estos recurrentes esbozos caricaturescos con que García Márquez impone la presencia del tirano a lo largo de toda la novela, el efecto producido es diametralmente opuesto al del esperpéntico Santos Banderas. Si Valle logra deshumanizar al tirano, es porque lo vacía de su humanidad para convertirlo en vana cáscara del poder. La exageración, tan prominente de las características físicas del Patriarca, no llegan a la esencia del «ser» y el lenguaje que debería contribuir al descubrimiento de lo real, se recrea en lo meramente superficial, dejando la esencia intocada. Esta contradicción se agudiza, porque pese a la deformación física, el Patriarca adquiere su propia humanidad y en vez de producirnos escarnio, nos induce a sentir lástima cuando descubrimos su propia soledad:

> había sabido desde sus orígenes que lo engañaban para complacerlo, que le cobraban por adularlo, que reclutaban por la fuerza de las armas a las muchedumbres concentradas a su paso con gritos de júbilo y letreros venales de vida eterna al magnífico que es más antiguo que su edad, pero aprendió a vivir con ésas y con todas las miserias de la gloria a medida que descubría en el transcurso de sus años incontables que la mentira es más cómoda que la duda, más útil que el amor, más perdurable que la verdad, había llegado sin asombro a la ficción de ignominia de mandar sin poder, de ser exaltado sin gloria y de ser obedecido sin autoridad cuando se convenció en el refugio de hojas amarillas que nunca había de ser el dueño de todo su poder.[14]

Comparativamente, las técnicas de deshumanización, a nivel de lenguaje son las mismas. Tanto Valle como García Márquez se basan en la exageración caricaturesca de los personajes. Sin embargo (esto prueba que el «esperpento» no es sólo técnica), mientras Valle usa el lenguaje para desconstruir el mito y enfocar la realidad, en el *Otoño del Patriarca* el lenguaje actúa como una fuerza catalizadora que tiende a reconstruir la imagen arquetípica de la tiranía.

Lo esperpéntico en Valle, no sólo trabaja a nivel de caricatura personal, sino también circunstancial. Nada está más fuera de sí, que el discurso del Dr. Sánchez Ocaña en la prisión de Santa Mónica:

> —¡Héroes de la libertad! ¡Mártires de la más noble causa! ¡Vuestros nombres escritos con letras de oro, fulgirán en las páginas de nuestra Historia! ¡Hermanos, los que van a morir os rinden un saludo y os presentan armas![15]

---

14. Gabriel García Márquez, p. 270.
15. Valle Inclán, *Tirano Banderas*, p. 104.

El humor sin estallar en carcajada, se hace aparente, no por el contenido del discurso, sino por la falta de equilibrio entre la situación real y el exabrupto emocional del Dr. Sánchez Ocaña que desentona por la intromisión de lo caricaturescamente absurdo. La situación de los prisioneros que es a todas luces trágica se desplaza hacia la comicidad, creando y recreando la actitud de Valle que una vez dijera al referirse a la Historia de España, pero aplicable a la historia latinoamericana también: «a fuerza de ser trágica es grotesca, y no que a fuerza de ser grotesca, es trágica».[16]

Esta misma técnica, aplicada a las circunstancias que rodean al dictador de la ficción, es aplicada, y con mucho éxito por Alejo Carpentier en el *Recurso del Método*. El primer Mandatario, absorbido por la cultura francesa, moderado y refinado en el cosmopolitismo de París, súbitamente estalla y da rienda suelta a su «tropicalismo» cuando recibe el telegrama en donde se le comunica que el coronel Ataúlfo Galván se ha levantado en armas:

> Descendí con él las escaleras alfombradas de rojo, acompañándolo hasta la entrada. E iba yo a proponer al doctor Peralta que fuésemos a la Rue des Acacias, al Bois-Charbons de monsieur Musard cuando ante nosotros paró un taxi, del que bajó, singularmente, agitado, el Cholo Mendoza. Algo grave ocurría a mi embajador... me alargó con gesto descompuesto, la versión en claro de un cifrado... CUMPLO CON INFORMARLE GENERAL ATAULFO GALVÁN SE ALZÓ SAN FELIPE DEL PALMAR CON BATALLONES INFANTERÍA...
> —¡Coño de madre! ¡Hijo de puta! —aulló el Primer Magistrado, arrojando los cables al suelo... ¡Coño de madre! ¡Hijo de puta! repetía el Primer Magistrado como si a estas únicas palabras se hubiese limitado su vocabulario.[17]

Como podemos ver, la intromisión del absurdo rompe la seriedad de la escena y la convierte en una caricatura que desplaza la atención, de lo meramente cotidiano a la distorsión de la realidad. Sino que también podemos ver que en la velada comparación cultural entre lo «auténtico» americano y lo europeo, lo americano resulta ser «grotesco». En el siguiente ejemplo, también vemos claramente el conflicto en lo que pretende ser «cultura europea» y su deformación:

---

16. María Eugenia March, quien citando un verso de *La Marquesa Rosalinda*, «Trágico, a fuer de ser grotesco», afirma que: «Esta fórmula conviene al 'esperpento' y a su determinante el pueblo español: 'Trágico a fuer de grotesco', no al revés, grotesco a fuer de trágico».

17. Alejo Carpentier, *El Recurso del Método* (Madrid: Siglo XXI, 1974), p. 31.

—«No jodas tanto con tus clásicos alemanes» —dijo el primer Magistrado. Von Schlieffen quería que las batallas se dirigieran sobre el tablero de ajedrez de los mapas, a distancia, con enlaces telefónicos, automóviles y motocicletas. Pero, en estos puñeteros países sin carreteras, con tantas selvas, pantanos y cordilleras los enlaces tenían que hacerse a lomo de mula... las batallas nuestras había que llevarlas —como la de hoy— de a cojones, olvidando las teorías enseñadas en las Academias Militares... En América Latina, con artillería, metralla y todos los peroles modernos comprados a los yankis, la naturaleza nos tiene todavía peleando como en tiempos de las guerras púnicas.[18]

A este respecto, si como dice Max Estrella, «España es una concepción religiosa, es una tribu del Centro de África» o también, «España es una deformación grotesca de la civilización europea», tenemos que concluir que América Latina, es vista como una deformación cómica de la cultura española.

Rodolfo Cardona anota que: «La visión del esperpento subraya la naturaleza crítica de lo grotesco moderno y su función como conciencia de la época por su tendencia a exagerar y a deformar la realidad hasta el extremo de la payasada».[19]

Quizás, otro elemento importante a considerarse con respecto a Valle Inclán y a su influencia en la novelística de los dictadores, tiene que ver con los elementos ideológicos de la ficción. A este respecto, se ha dicho y se ha repetido hasta el cansancio, que la literatura latinoamericana contemporánea, es sobre todo, de un profundo contenido histórico. Sin embargo, y esto hay que aclararlo, en la visión histórica en la producción literaria en América Latina, no ha existido una homogenidad ideológica. De allí que, la percepción de la Historia (con mayúscula) haya variado desde la reverencia hasta el escarnio, y que en cierta manera, la deformación de la Historia que Valle Inclán descubriera en el callejón del Gato y lo enunciara a través de Max Estrella, en *«Luces de Bohemia»*, sea denunciada, mucho más tarde y desde diferente perspectiva, por muchos escritores que van desde Jorge Luis Borges hasta Márquez y Carpentier. En el espectro político que cubre desde la izquierda a la derecha con todas sus variaciones y matices, es aparente en la producción literaria latinoamericana que existe, entre todos los escritores latinoamericanos una profunda desatisfacción con la Historia. En alguna medida, tanto Valle Inclán como los latinoamericanos, pretenden, sino corregir la historia como en el caso de Roa Bastos y *Yo. El Supremo*, por lo menos inducirnos al análisis correcto. Esto es aparente, sobre todo, en Roa Bastos quien hace decir al Supremo:

---

18. Alejo Carpentier, p. 161.
19. Rodolfo Cardona, p. 87.

¿No crees que de mí se podría hacer una historia fabulosa?...
No, Patiño, no. Del Poder Absoluto no pueden hacerse historias.
Si se pudiera el Supremo estaría demás: En la literatura o en
la realidad.[20]

Borges, por ejemplo, en su *La historia universal de la Infamia*, desgraciadamente y demasiado en serio, convierte en ilusorios héroes, a
bandidos y maleantes. Dentro de esta concepción cínica de la Historia,
no es de admirarse, que nuestros caudillos y tiranos que proliferaran
desde el inicio mismo del republicanismo, se viesen a sí mismos como
«héroes vencedores» de gestas fratricidas, sin darse cuenta que en el
embriago del poder, solamente reflejaban «esperpénticamente» los verdaderos héroes a quienes desesperadamente trataban de imitar.

García Márquez, más que en sus novelas, nos proyecta su percepción de la Historia en «Los funerales de Mamá Grande» en la cual la
historia se equipara a la basura de los funerales de la matriarca más
poderosa de la tierra:

Algunos allí presentes dispusieron de la suficiente clarividen-
cia para comprender que estaban asistiendo al nacimiento de una
nueva época. Ahora podía el Sumo Pontífice subir al cielo en
cuerpo y alma, cumplida su misión en la tierra, y podía el presidente de la república sentarse a gobernar según su buen criterio
y podían las reinas de todo lo habido y por haber casarse y ser
felices y engendrar y parir muchos hijos... sólo faltaba que alguien recostara el taburete en la puerta para contar esta historia,
lección y escarmiento para las generaciones futuras y que ninguno de los incrédulos del mundo se quedara sin conocer la noticia
de la Mamá Grande, que mañana vendrán los barrenderos y ba-
rrerán la basura de sus funerales por todos los siglos de los
siglos.[21]

Estos ejemplos y muchos otros que podrían citarse, nos obligan a
pensar que el mito histórico, con sus héroes y, gestas tienden a ser
analizados, re-evaluados y denunciados a través de la actual ficción latinoamericana. Sin embargo, preciso es reconocerlo, pese a sus grandes
diferencias, El Patriarca de García Márquez, El Supremo de Roa Bastos y El Primer Magistrado de Alejo Carpentier, dictadores de ficción,
tienen un ancestro común en Santos Banderas de Valle Inclán, quien
heredó muchos de los rasgos de Porfirio Díaz, Melgarejo, Rosas, entre
otros, que sintetizados por Valle han reflejado desde entonces la esperpéntica realidad latinoamericana.

HERBERT O. ESPINOZA

20. Augusto Roa Bastos, p. 36.
21. Gabriel García Márquez, «Los Funerales de Mamá Grande, *Cinco Maestros*
(New York: Alexander Coleman, ed., 1969), p. 245.

BIBLIOGRAFÍA

ALBERICH, J.: «Ambigüedad y humorismo en las *Sonatas* de Valle Inclán», en *Hispanic Review*, XXXIII, 1965, pp. 360-82.

ALONSO, A.: «La musicalidad en la prosa de Valle Inclán», en *Materia y forma en poesía*, Madrid, Gredos, 1969, pp. 268-314.

ALONSO SEONE, María José: «Aspectos del modernismo en *La guerra carlista* de Valle Inclán», *Axerguía* (Córdoba), n.° 2, junio 1981, pp. 235-272.

—: *La guerra carlista*. Edición, introducción y notas por María José Alonso Seone, 2 tomos, Madrid, Espasa-Calpe, 1979.

ALLEGRA, Giovanni: Ramón del Valle Inclán. *Aromi di leggenda. Il passeggero*, introduzione e versione con testo a fronte di G. Allegra, Palermo Novecento E., 1987.

—: *Decadentismo, milenarismo y «barbarie» en Valle Inclán*, en *El reino interior*, trad. esp., ampliada, Madrid, Encuentro Ediciones, 1986, pp. 266-327.

—: *La lampada meravigliosa (esercizi spiritual)*. Trad. con introducción de Giovanni Allegra Lanciano, Ed. R. Carabba, 1982.

ANDERSON-IMBERT, Enrique: «Escamoteo de la realidad en las «*Sonatas*», en Anthony N. Zahareas, Rodolfo Cardona, and Sumner Greenfield, eds. *Ramón del Valle Inclán: An Appraisal of his Life and Works*, New York, Las Americas Publishing Co., 1968, pp. 203-215.

BARBEITO, Clara Luisa: *Épica y tragedia en la obra de Valle Inclán*, Madrid, Editorial Fundamentos, 1985.

—: «Paralelos y convergencias en el teatro de Valle Inclán y García Lorca» en *García Lorca Review*, Vol. XI, New York, Spring, 1983, pp. 87-97.

—: «Valle Inclán: *Memorias del Marqués de Bradomín* y la conquista de América» en *Paesi Mediterranei e America Latina*, Centro di Studi Americanistici, Roma, 1982, pp. 261-265.

—: «La obra teatral *El Marqués de Bradomín* desde otra perspectiva» en *Studia Gratularia*, Playor, Madrid, 1979.

—: «Valle Inclán: *Las Memorias del Marqués de Bradomín*», VI Conferencia Mediterránea, Instituto Latino Americano, Roma, julio 1981.

—: «Early Works of Ramón del Valle Inclán», Fith Annual Conference of Midhudson Modern Languages Association, noviembre 26, 1979.

BAKHTIN, M.: *Rabelais and His Work*. MIT Univ. Press, 1968. (Para el artículo de Iris Zavala.)

—: *La poètique de Dostoievski*, París, Seuil, 1970 (íd., íd.)

—: *Esthétique et théorie du roman*. París, Gallimard, 1978. (íd., íd.)

BARJA, César: «Ramón del Valle Inclán», en *Libro de Autores Contemporáneos*, Nueva Edición, New York, Las Américas, 1964, pp. 360-417.

BERMEJO MARCOS, M.: *Valle Inclán: Introducción a su obra*, Salamanca, Anaya, 1971.

360

Benítez Claros, Rafael: «Metricismo en las *Comedias bárbaras*», *Revista de Literatura*, Madrid, vol. III, 1953, pp. 247-257.

Bobes Naves, M. del Carmen: «*Retablo de la avaricia, la lujuria y la muerte*. Análisis sémico», en *Comentario de textos literarios*, Madrid, Cupsa, 1978, p. 129-157.

—: «Sistema lingüístico y sistema literario en *Ligazón*», en *Comentario de textos literarios*, Madrid, Cupsa, 1978, pp. 158-191.

Borel, Jean Paul: «Valle Inclán o la pasión de lo imposible», en *Teatro de lo imposible*. Traducción del francés de Torrente Ballester, Madrid, Guadarrama, 1966, pp. 171-207.

Boudreau, H. L.: «Banditry and Valle Inclán's Ruedo Ibérico», en *Hispanic Review*, XXXV, 1967, pp. 85-92.

Brooks, J. L.: «Los dramas de Valle Inclán» en *Estudios dedicados a R. Ramón Menéndez-Pidal*, Madrid, CSIS, 1975, volumen VII, pp. 177-198.

Bowra, C. M.: *La Imaginación Romántica*, Madrid, Taurus, 1972.

Canoa, Joaquina: *Semiología de las «Comedias bárbaras»*, Madrid, Cupsa, 1977.

Cardona Castro, Ángeles: «Estudio de un fragmento de *Los cuernos de Don Friolera*», en *Análisis de un texto literario* de A. Cardona, B. Varela, X. Fages, Ed. Bruño, Madrid, 1980.

Cardona Castro, Ángeles y Mundi Pedret, Francisco: «*Las galas del difunto* de Valle Inclán: Estudio semiótico de las acotaciones dramáticas» en *Crítica Semiológica de textos literarios hispánicos*. Actas del Congreso Internacional de Semiótica, CSIC, Madrid, 1983, pp. 857 ss.

Cardona, Rodolfo, and Zahareas Anthony: *Visión del esperpento*, Madrid, Castalia, 1970.

—: «El tiempo en la *Sonata de otoño*», en *Ramón del Valle Inclán: An Appraisal of his Life and Works*. Eds. Zahareas, Cardona, and Greenfield, New York, Las Americas Publishing Co., 1968, pp. 216-223.

Casalduero, Joaquín: «Observaciones sobre el arte de Valle Inclán», en *Ramón del Valle Inclán: An Appraisal of his Life and Works*. Eds. Zahareas, Cardona and Greenfield, New York, Las Americas Publishing Co., 1968, pp. 151-158.

—: «Elementos funcionales de las Sonatas de Valle Inclán», en *Estudios de literatura española*, 2.ª ed., Madrid, Gredos, 1967, pp. 258-275.

Castelao Alfonso, R.: *Galicia y Valle Inclán*, Lugo, Ediciones Celta, 1971.

Cela, Camilo José: «Don Ramón del Valle Inclán cumple cien años», en *Papeles de San Armadans*, tomo XLIII, Palma de Mallorca-Madrid, enero 1966, pp. 5-8.

Cipli Juaskaite, Birute: Capítulo en *Ignacio-Javier López, Caballero de novela*. Barcelona, Puvill, 1966.

Cros, Edmond: *Ideología y genética textual. El caso del «Buscón»*, Madrid, Cupsa, 1980. (Para el artículo de Iris Zavala.)

Culler, Jonathan: *Structuralist Poetics*. Itheca/N. Y. Cornell Univ. Press, 1975. (Para el artículo de Iris Zavala).

Díaz-Migoyo, Gonzalo: *Guía de Tirano Banderas*, Madrid, Fundamentos, 1985.

Díaz Ortiz, Pedro: «Valle Inclán y el teatro contemporáneo», *Cuadernos Hispanoamericanos*, Homenaje a Ramón del Valle Inclán, Col. LXVII, núm. 199-200, julio-agosto 1966, pp. 445-450.

Díaz-Plaja, Guillermo: *La estética de Valle Inclán*, Madrid, Gredos, 1965.

—: *Modernismo frente a Noventa y Ocho*, Madrid, Espasa-Calpe, 1966.

DOUGHERTY, Dru.: «Theater and Eroticism: Valle Inclan's *Farsa y licencia de la Reina castiza» Hispanic Review*, Winter, 1987.

—: *Valle Inclán y la Segunda República*, Valencia, Pre-Textos, 1986.

ESSLIN, Martin: *El teatro del absurdo*, traducción del inglés de Manuel Herrero, Barcelona, Seix Barral, S. A., 1964.

ENA BORDONADA, Ángela: «El personaje colectivo en *El ruedo ibérico:* Expresión de *grupo «Dicenda», Cuadernos de Filología Hispánica*, Univ. Complutense de Madrid, 1986, núm. 4, pp. 123-131.

—: «Presencia del "círculo" en la obra de Valle Inclán: su expresión en *El ruedo ibérico.» Homenaje a Luis Morales Oliver*, Madrid, Fundación Universitaria Española, 1986, pp. 643-651.

FERNÁNDEZ ALMAGRO, Melchor: *Vida y literatura de Valle Inclán*, Madrid, Taurus, 1966.

FERNÁNDEZ MONTESINOS, José: «Modernismo, esperpentismo o las dos evasiones», *ROcc* 44-45: *Homenaje a Valle Inclán*, 1966, pp. 146-165.

FITCHER, William L.: «Comienzos literarios / la formación literaria de Valle Inclán», en *Ramón del Valle Inclán: An Appraisal of his Life and WorKs*, Eds Zahareas, Cardona and Greenfield, New York, Las Americas Publishing Co., 1968, pp. 177-191.

FICHTER, William: *Publicaciones periodísticas de D. Ramón del Valle Inclán anteriores a 1895*. El colegio de México, México, 1952.

FRANCO, J.: «Te concept of Time in *El ruedo ibérico»*, en *Bulletin of Hispanic Studies*, XXXIX, 3, 1962, pp. 177-87.

FRANK, Joseph: «Spatial Ford in Modern Literature», *The Widening Gyre*, Blmmington, Indiana University Press, 1968, pp. 4-62.

GABRIELE, John P.: «Encuesta sobre el teatro de Valle Inclán a los 50 años de su muerte.» *Estreno* XIII, I (1987), pp. 2-7.

GARCÍA DE LA TORRE, J. M.: *Análisis temático de «El ruedo imérico»*, Madrid, Gredos, 1972.

GEROULD, Daniel: *Dream Comedy*. Trad. por Rosemary Shelvin Weiss. *Doubles, Demons and Dreamers. An International Collection of Symbolist Drama*. Ed. por Daniel Gerould. N.Y. Performing Arts Journal Publications, 1985, pp. 139-145.

GILLESPIE, *Gerald*, and A. N. ZAHAREAS: «Rosarito and the Novella Tradition», en *Ramón del Valle Inclán: An Appraisal of his Life and Works*. Eds. Zahareas, Cardona and Greenfield, New York, Las Americas, 1968, pp. 281-287.

GÓMEZ DE LA SERNA, Ramón: *Don Ramón del Valle Inclán*, Madrid, Espasa-Calpe (Colección Austral), 1959.

—: «Prólogo» en *Don Ramón del Valle Inclán: Obras escogidas* 3.ª ed., tomo I, Madrid, Aguilar, 1965.

GÓMEZ MARÍN, José Antonio: *La idea de la sociedad en Valle Inclán*, Madrid, Taurus, 1967.

GONZÁLEZ DEL VALLE, Luis: «El enigma de las palabras en *El embrujado». Hispanística*, pp. 149-152.

GONZÁLEZ LÓPEZ, Emilio: *Galicia, su alma y su cultura*, Buenos Aires, Ediciones Galicia, 1954.

—: *El arte dramático de Valle Inclán (del recadentismo al expresionismo)*, New York, Las Américas, 1967.

362

—: «Valle Inclán y los escritores gallegos» (Flor de santidad) en *Ramón del Valle Inclán: An Appraisal of his Life and Works*. Eds. Zahareas, Cardona and Greenfield, New York, Las Americas Publishing C., 1968, pp. 251-262.

GREENFIELD, Sumner: Valle Inclán: *Anatomía de un teatro problemático*, Madrid, Editorial Fundamentos, 1972.

—: «Cuento de abril: Literary Reminiscences and Commonplaces», en *Ramón del Valle Inclán: An Appraisal of his Life and Works*, Nueva York, Las Américas, 1968.

GREER, Thomas H.: *A Brief History of Western Man*, New York, Harcourt, Brace, Jovanovich, Inc., 1972.

GUILLÓN R.: «Realidad del esperpento», en *La invención del 98 y otros ensayos*, Madrid, Gredos, 1969.

GUERRERO, Obdulia: «Sobre las Comedias bárbaras de Don Ramón del Valle Inclán», en *Cuadernos Hispanoamericanos*, LXVII, núm. 199-200, 1966, p. 467.

GUERRERO ZAMORA, Juan: «Ramón del Valle Inclán», *Historia del teatro contemporáneo*, Barcelona: Juan Flors, 1961, volumen I, pp. 151-206.

GULSTAD, Daniel E.: «Parody in Valle Inclan's *Sonata de otoño*», *Revista Hispánica Moderna*, vol. XXV, núm. 3, enero-abril, New York, 1969, pp. 21-30.

HORMIGÓN Juan Antonio: *Ramón del Valle Inclán: La política, la cultura, el realismo y el pueblo*. Madrid, Comunicación serie B, 1972.

LADO, María Dolores: «La trilogía de la guerra carlista», en *Ramón del Valle Inclán: An Appraisalof his and Works*, Eds. Zahareas, Cardona, Greenfield, New York, Las Americas Publishing Co., 1968, pp. 334-351.

LAVAUD, E.: *Valle Inclán, Du journal au roman* (1888-1915), París, Kincksieck, 1979.

—: *Leer a Valle Inclán en 1986*, Hispanística XX (Dijon), 4 (1986). Dirigida por Eliane Lavaud.

LAVAUD, Jean-Marie: «*El Marqués de Bradomín: Coloquios románticos*. Análisis de una modalidad de creación.» *Hispanística*, pp. 125-148.

LIMA, Robert: *Ramón del Valle Inclán*, New York, Columbia University Press, 1972.

—: *An Annotated Bibliography of Ramón del Valle Inclán*, University Libraires, 1972.

—: *The Lamp of Marvels*. Trad. Robert Lima. Stockbridge, Mass., Lindesfarne Press, 1986.

LYON, J. E.: «Valle Inclán and the Art of the Theatre», *Bulletin of Hispanic Studies*, XLVI, 1983, pp. 132-152.

LLORENS, Eva: *Valle Inclán y la plástica*, Madrid, Insula, 1975.

MADRID, Francisco: *La vida de Valle Inclán*, Buenos Aires, Poseidon, 1943.

MAIER, Carol S.: *Valle Inclán y la lámpara maravillosa: Una poética iluminada*, tesis doctoral, Rutgers University, 1975.

MARAVALL: «La imagen de la sociedad arcaica en Valle Inclán», *Revista de Occidente*, 44-45, noviembre-diciembre 1966, pp. 225-256.

MARCH, María Eugenia: Forma e idea de los «esperpentos» de Valle Inclán, Chapel Hill, University of North Carolina Press, *Estudios de Hispanófila*, 1969.

MARÍAS, Julián: «Vuelta al Ruedo», *Revista de Occidente*, número 44-45, noviembre-diciembre 1966, pp. 166-202.

MATILLA RIVAS, Alfredo: *Las «Comedias bárbaras»: historicismo y expresionismo dramático*, New York, Anaya, 1972.

—: «Las Comedias bárbaras: una sola obra dramática», en *Ramón del Valle Inclán: An Appraisal of his Life and Works*, New York, La Americas Publishing Co., 1968, pp. 289-316.

—: «La media noche: Visión estelar de un momento de guerra», en *Ramón del Valle Inclán: An Appraisal of his Life and Works*, Eds. Zahareas, Cardona and Greenfield, New York, Las Americas Publishinv Co., 1968, pp. 460-466.

MORANT, Marco Antonio: «Sinónimos, centros de atracción perenne en *Martes de Carnaval*» en RILCE, III, 1, 1987, Universidad de Navarra, pp. 77-93.

ODRIOZOLA, A.: *Catálogo de la exposición bibliográfica Valle Inclán*, Pontevedra, Ateneo de Pontevedra, 1966.

PAZ-ANDRADE, Valentín: *La anunciación de Valle Inclán*, Buenos Aires, Losada, 1967.

PÉREZ-STANSFIELD, María Pilar: *Direcciones del teatro español de la posguerra. Ruptura con el teatro burgués y radicalismo contestario*. Madrid, Ed. Porrúa, 1983.

PIÑA, Gerardo: *De la Celestina a Paraphernalia...: estudios sobre teatro español*. N.Y. Península Publ., 1986.

PONCE, Fernando: *A ventura y destino de Valle Inclán*, Barcelona, Ediciones Marte, 1969.

RAMOS-KUETHE, Lourdes: *Valle-Inclán: Las Comedias bárbaras*. Madrid, Editorial Pliegos, 1985.

RISCO, A.: *La estética de Valle Inclán en los esperpentos y en «El ruedo ibérico»*, Madrid, Gredos, 1975.

—: *La estética de Valle Inclán*, Madrid, Gredos, 1977.

—: *El demiurvo y su mundo en Valle Inclán*, Madrid, Gredos, 1977.

RIVAS CHERIF, Cipriano: «La Comedia bárbara de Valle Inclán», en *Valle Inclán visto por...* Ed. José Esteban. Madrid, Editorial Gráficas Espejo, 1973, pp. 101-106.

RODRÍGUEZ SANTIBÁÑEZ, M.: «La configuración plástica en *La corte de los milagros*», en *Cuadernos hispanoamericanos*, XCIX, 1975, pp. 568-81.

RUBIA BARCIA, J.: *A Bibliography and Iconography of Valle Inclán*, Berkeley, University of California, 1960.

RUBIA BARCIA, J.: «Valle Inclán y la literatura gallega», *Revista Hispánica Moderna*, XXI. 1955, pp. 93-126 y 209-315.

—: «A Synoptic View of Valle Inclan's Life and Works», en *Ramón del Valle Inclán: An Appraisal of his Life and Works*. Eds. Zahareas, Cardona, and Greenfield. New York, Ias Americas Publishinv Co., 1968, pp. 3-34.

SALINAS, P.: «Significación del esperpento o Valle Inclán, hijo pródigo del 98», en *Literatura española. Siglo XX*, Madrid, 1972, pp. 86-114.

SALPER, Roberta: «The two Micaelas. The Archetypal Woman in Valle Inclán.» *Boletín de la Academia Puertorriqueña de la Lengua Española. Homenaje a Valle Inclán*, 1987.

SANTOS ZAS, Margarita: «Valle Inclán: una categoría estética para Galicia» en *Homenaje a Valle Inclán*, Outerio, La Coruña, 20 marzo 1985, pp. 35-40. Coordinado por Santos Zas.

SCHIAVO, L.: *Historia y novela en Valle Inclán. Para leer «El ruedo ibérico»*, Madrid, Castalia, 1980.

SENDER, Ramón: *Valle Inclán y la dificultad de la tragedia*, Madrid, Gredos, 1965.

SERRANO ALONSO, Javier: Ed., introd., notas y «Cuadro Sinóptico de publicaciones (1888-1936)», a *Ramón del Valle Inclán: Artículos completos y otras páginas olvidadas*. Madrid, Ed. Istmo, «Bella Bellatrix», 1987.

SINCLAIR, A.: «The first Fragment of *El ruedo ibérico*», en *Bulletin of Hispanic Studies*, XLIX, 1972, pp. 165-74.

—: *Valle Inclan's Ruedo Ibérico. A Popular View of Revolution.* Londres, Támesis, 1977.

SOBEJANO, G.: *Forma literaria y sensibilidad social (Mateo Alemán, Galdós, Clarín, el 98 y Valle Inclán)*, Madrid, Gredos, 1967.

SORIANO, Ignacio: «La lámpara maravillosa, clave de los esperpentos», *La Torre*, San Juan, vol. XVI, núm. 62, 1968, pp. 144-150.

SPERATTI-PIÑERO, Emma Susana: «Acerca de *La Corte de los milagros*», en *Nueva Revista de Filología Hispánica*, XI, 1957, pp. 343-56.

—: *El ocultismo en Valle Inclán*, London, Tamesis Books, 1974.

—: *De la «Sonata de otoño» al esperpento (aspectos del arte de Valle Inclán)*. London, Tamesis Books, 1968.

—: *La elaboración artística en Tirano Banderas*, México, El Colegio de México, 1957.

SCHIAVO, Leda: *Historia y novela en Valle Inclán. Para leer «El ruedo ibérico»*, Madrid, Castalia, 1980.

TARANOVSKY, Kiril F.: *Essays on Mandel'stam.* Harvard Slavid Studies, Madrid, Gredos, 1976.

TERRY, B.: «The Influence of Casanova and Barbey d'Aurevilly on the Sonatas of Valle Inclán», en *Revista de Estudios Hispánicos*, Alabama, I, 1967, pp. 61-68.

TOLDMAN, R. N.: *Dominant Themes in the Sonatas of Valle Inclán*, Madrid, Playor, 1976.

TORRE, Guillermo de: «*Claves de Valle Inclán*» *La vigencia de Rubén Darío y otras páginas*, Madrid, Ediciones Guadarrama, 1966, pp. 137-143.

UMPIERRE, Gustavo: «La moral heroica en las *Comedias bárbaras*», en *Homenaje a Casalduero, Crítica y Poesía*, Eds. Rizel.

—: «Muerte y transfiguración de don Juan Manuel Montenegro *(Romance de lobos)*», *Bulletin of Hispanic Studies* (july 1973), pp. 270-277.

VALIS, Noël: «Valle Inclán, Disraeli and the Phrase, ¡Viva la bagatela!», *Romance Notas*, 25, n.º 2 (1985), pp. 132-36.

—: «*La novela con trampa femenina: Sonata de otoño de Valle Inclán*», Universidad de Santiago y Colegio Universitario de La Coruña, abril 1986.

—: «Valle Inclán's *Sonata de otoño*: Refractions of a French Anarchist», *Comparative Literature Studies*, 22, n.º 2 (1985), pp. 218-30.

VILARNOVO, Antonio: «El realismo (esperpéntico) en *La Corte de los milagros*», en *Rilce*, III, 2, 1987, Universidad de Navarra, pp. 293-309.

VILLACEQUE Sol: «Lectura sociocrítica del *Incipit* de *Tirano Banderas*». *Hispanística*, pp. 91-108.

VILLANUEVA, D.: «La media noche, de Valle Inclán: Análisis y suerte de su técnica narrativa», en *Homenaje a Julio Caro Baroja*, Madrid, 1988, pp. 1.031-54.

WENTZLAFF-EGGEBERT, Q. H.: «Tirano Banderas» en: Volker Roloff y Harald Wentzlaff-Eggebert (eds.): *Der spanische Roman vom Mittelalter bis zur Gegenwart*, Dusseldorf, Schawann-Bagel, 1986, pp. 308-329.

YNDURAIN, F.: «Imaginería en *El ruedo ibérico* de Valle Inclán», en *Clásicos modernos*, Madrid, Gredos, 1969, pp. 136-69.

YOUNG, G. J.: «Sade, los decadentismos y Bradomín», en *Cuadernos Hispanoamericanos*, 1975, pp. 112-31.

ZAHAREAS, Anthony; CARDONA, Rodolfo, and GREENFIELD Sumner, eds.: *Ramón del Valle Inclán: An appraisal of his Life and Works*, New York, Las Americas Publishing Co., 1968.

—: «Introducción», *Teatro selecto de Ramón del Valle Inclán*, New York, Las Americas Publishing Co., 1969.

—: And Sumner Greenfield: Introduction and notes, *Divinas palabras* y *Luces de bohemia*, by Ramón del Valle Inclán, New York, Las Americas, 1972.

ZAMORA VICENTE, Alonso: *Las «Sonatas» de Valle Inclán*, 2.ª edición, Madrid, Gredos, 1966.

—: *La realidad esperpéntica. Aproximación a «Luces de bohemia»*, Madrid, Gredos, 1969.

—: *Valle Inclán, novelista por entregas*, Madrid, Taurus, 1973.

ZAVALA, Iris M.: «Notas sobre la caricatura política y el esperpento». *Asomante*, 1970, XXI: 28-34.

—: «Historia y literatura en el Ruedo ibérico», en *La Revolución de 1868. Historia, pensamiento y literatura*, eds. C.E. Lida, I.M. Zavala, Nueva York, 1970b.

ÍNDICE

III

TEATRO Y TEATRALIDAD EN VALLE INCLÁN

IV

NARRATIVA: CUENTO Y NOVELA

V

VALLE INCLÁN Y LA NOVELÍSTICA HISPANOAMERICANA CONTEMPORÁNEA

COLECCIÓN EDICIONES Y ESTUDIOS

ESTUDIOS

1. *El Teatro de la guerra civil,* F. Mundi Pedret. 1987, 336 pp.

2. *Las prosificaciones de las cántigas de Alfonso X El Sabio,* F. Mundi Pedret y A. Sáiz Ripoll, 1987, 296 pp.

3. *La narrativa de la Guerra Civil: Arturo Barea.* J. Mª. Fernández Gutiérrez y M. Herrera Rodrigo, 1988, 222 pp.

4. *Valle Inclán: Nueva valoración de su obra (Estudios críticos en el cincuentenario de su obra).* Edición a cargo de: Clara Luisa Barbeito, 1988, 368 pp.